英國史

The History of England

錢乘旦
許潔明
著

香港中和出版有限公司
www.hkopenpage.com

前言

在歐亞大陸的西部終端，跨過一道海峽，有一個島國，國名叫「大不列顛及北愛爾蘭聯合王國」，一般稱作「英國」。這個國家面積不大，人口不多，在今天這個世界上，充其量是個中等國家，若不是它在世界歷史上起過特殊的作用，人們怎麼也不會把關注的目光投向它。但它的歷史作用實在是太特殊了，不了解它，就不能理解今天的世界；沒有這個國家，現在的世界也可能就不是這個樣！英國的人口和面積與它的歷史地位太不相稱了，在人類文明的歷史上——至少在西方文明的歷史上，這種情況只出現過兩次，另一次就是古羅馬。

對中國人來說，英國是最早出現在我們面前的西方國家，也是迫使中國打開國門的第一個國家，對此，我們抱着複雜的心情。這種心情其實並不是中國所獨有，世界上許多國家都有過，至今仍然有。不過，正是這種複雜的心情標示着英國在世界歷史上的特殊作用：英國開創了世界的一種新文明，這種文明對多數國家來說是異質的，不接受它不可能，接受它卻又很痛苦。這是一種當今世界的主體文明，英國開創這種文明，帶給世界的，是災難，還是福音？

在世界所有國家中，大概只有英國在產生並發展這種文明時，社會所經歷的震蕩最小，世人所感受的心理落差也最少。用學術的話語來說：英國是一個「原生型」的或「自發型」的現代化國家，「原生型」或「自發型」國家非常少，寥寥無幾；多數國家是「派生型」或「觸發型」，是被迫進入現代化的，其歷史的自然進程被打斷，被迫走上一條它原本也許根本就不會走的路，所以，心理上的迷惘是可想而知的，歷史上的震動也特別大。被強制的過程一定是非常痛苦的，這是世界上多數國家所走過的路。

英國雖平穩走上現代化之路，其歷史卻也不平直，也有許多曲折，它有自己的輝煌，也有自己的失落。英國在古代被強制納入羅馬文明，從此後就在歐洲文明的框架中躑躅，和西歐許多其他地區一樣經歷了羅馬帝國的佔領，封建社會的轉型，長期的社會經濟停滯和徘徊，在世界文明的邊緣上悄悄地生存了一千多年，不為世人所知。這一千多年的默默無聞其實是正常的，因為，作為一個小國，遠離文明的中心，英國能做甚麼呢？但後來，當新社會的曙光初露霞曦時，英國卻突然躍出地平線，機遇是瞬間即逝的，英國卻抓住了機遇，也因為各種巧合，這個在文明世界最邊緣的蕞爾小國居然一躍而前，領先走進一種新文明，以至後來所有國家都要跟在它後面——一個小島帶動了世界，這是奇跡，還是必然？英國的歷史因此充滿了難解的謎，它處處暗藏着隱喻，既誘惑人們去發問，又鼓勵人們去尋找答案。英國的歷史極其誘人，你要想了解現代世界，就應該首先從英國歷史開始。

歷史本來是生動的，它原本是故事，是活人演繹的活報劇。寫歷史本來也應該很生動，它把生活錄寫成文字，因此是倒裝的創作：先演劇，再寫劇本。但在很長一段時間裡，中國的歷史書不好看，它把歷史視作教條，似乎生活都從條文裡出來，而不是相反。於是，生活和故事都沒有了，有的只是幾根骨架，架子上掛着幾條乾枯的肉絲，剛好符合條文的需要。如此寫歷史歷史便死了，所以應恢復歷史的生動性，讓它活生生地體現出來。

這本書是英國歷史的一個剪影，它儘量寫出生活、寫出故事情節，讓歷史書生動起來。但受到篇幅的限制，這個目標仍很難達到。讀者可以看出，雖書中筆法儘量通俗，其立意卻仍是學術的準確性，觀點和結論是研究所致，並非想當然，也非從眾之說。許多地方與眾說不同，這正說明是研究的結果，因而更符合歷史的真實，也更接近國際學術界的研究成果。我們力圖寫出一個生動活潑的學術面孔，目的是為了方便讀者，讓各種讀者都可以感興趣。這畢竟是一個「簡史」，「簡」就簡在不僅使漫長史事長話短説，而且將煩瑣的考訂隱於幕後，讓讀者直接接觸歷史過程；反過來，學術也能接近更多的讀者，讓他們了解更多的歷史。

希望這個目標能達到。

目錄

第三章　諾曼第征服和封建制度的發展

第四章　《大憲章》和議會的起源

第五章　英法百年戰爭和紅白玫瑰戰爭

第十七章 爭奪世界帝國

第十八章 從第一次世界大戰到第二次世界大戰

第十九章 走向福利國家

第一章 從遠古到羅馬佔領

一、自然環境與海

土地養育着人民，環境制約着發展。英國是一個島國，英國人具有島民特性：他們生活在四面環海的島嶼上，英國總面積二十四萬四千二百平方千米，東鄰北海，西、北面對大西洋，南面是英吉利海峽，與法國隔海相望。

地理學上這裡叫「不列顛群島」，它們星星點點地散佈在歐洲大陸西北邊的水域中。其中最大的島嶼——大不列顛島，上面分佈着英格蘭、蘇格蘭和威爾斯三個區域單位。北愛爾蘭和愛爾蘭共和國分享第二大島——愛爾蘭島，但在政治上，北愛爾蘭和大不列顛共同組成「聯合王國」，愛爾蘭共和國則是獨立於聯合王國而存在。至於那些環繞兩大主島的衛星島，它們與聯合王國的政治關係不盡相同：北部的昔德蘭群島、奧克尼群島、赫布里底群島、愛爾蘭海中的盎格利西島、南部的錫利群島和英吉利海峽的懷特島在政治上屬於聯合王國；曼島和海峽島既不屬於聯合王國，也沒有加入歐洲聯盟，然而，它們都是英聯邦的成員，擁有立法權、司法權和行政管理權，同時又與英國王室有特殊的關係。英國政府在國際事務和防務方面對曼島和海峽島擁有代表權，在某些情況下尚可干預其行政事務。

從地圖上看，零度子午線穿過倫敦東部的格林威治天文台，愛爾蘭島的最西部在西經十度，從英格蘭東海岸到威爾斯西海岸最寬地帶也只有三百英里（四百八十三千米）。英格蘭東南部的利澤德角正切北緯五十度，而蘇格蘭東北海岸的昔德蘭島則處於北緯六十度。這樣，從英格蘭的最南端到蘇格蘭的最北端只跨越十個緯度，最長也不過六百英里（九百六十六千米）。在歐洲國家中英國的面積之小可想而知。然而，小有小的好處，它有助於政治統一，社會、經濟和文化生活易於交流，制度容易規範化。

英國海岸線異常曲折，構成了許多港灣。在英國，「內陸」離海洋最遠處也不過七十五英里（一百二十千米）。在人類歷史兆始之時，不列顛尚不是游離在大陸之外的孤島，而是歐洲大陸的一部分。後來，隨着冰河紀晚期的冰川融化，海水升高及其對陸地低窪處的侵蝕，才形成北海和英吉利海峽，而不列顛也與歐洲大陸分離。但是，位於歐洲大陸架上的不列顛諸島沿海水域不深，一般在三百英尺（九十米）以內。同時，當大西洋暖流緩緩穿過這個「陸橋」之時，它溫暖了空氣、提升了水溫，使不列顛的氣候與同緯度其他地區相比，都要暖和宜人。淺水、暖流、深灣共同構成了遠古時代養育不列顛人的天賜富源。

不列顛島地貌特徵也是自然界幾百萬年長期發展變化的結果，在史前的幾百萬年中，地殼的運動曾使海底升騰，被摺疊擠壓而形成了英國最古老的陸地。後來，暖溫時代的冰川消融又使這塊土地大部分被沼澤和森林覆蓋。此後，沙丘和泥土掩埋了森林，使其遺骸構成了英國的煤礦藏。而且，此後數世紀中，不列顛的氣候一度在溫帶氣候和亞北極圈氣候間反覆交替，使那些因地殼運動而升起的地塊受到冰風雨霧等因素的影響，山峰被削平、窪地被填滿，形成不列顛的谷地和平原，沿海地帶低窪，海岸線凹凸曲折。遠古時代地理和氣候的變化還造就英國的諸多河流，在這幅員不大的國土上，河流分佈的細密令人驚異：蘇格蘭有克萊德河、福斯河和特溫得河；英格蘭和威爾斯有泰恩河、特倫特河、亨柏河、塞文河、埃文河、迪河和泰晤士河；北愛爾蘭有斑河與拉根河。

除此之外，英國的地貌特徵還可大致分為低地區和高地區兩個部分，這種劃分在歷史上對於人口定居、軍事征服、交通與工農業發展都有意義。大體上說，高地區主要分佈在西部和北部，低地區主要分佈在南部和東部。

在低地區，海拔一般不超過一千英尺（三百零五米）。從地質結構看，西部和北部多為遠古地球運動所造就的古老岩石。南部和東部則因氣候變化而形成沙丘、黏土和石灰地，這是一個特別適合於精耕細作和畜養家畜的沃原。

從總體上看，英國的氣候是溫暖宜人的。夏日氣溫一般在攝氏三十二度以下，冬天則保持在零下十度以上。當然，由於受海拔高度的影響，蘇格蘭高地比英格蘭低地夏涼冬冷。例如，北部的昔德蘭群島冬天的平均氣溫在攝氏三度左右，夏天在十二度左右；最南部的懷特島冬天的氣溫平均為攝氏五度，夏天為十六度。

對英國降雨量發生影響的主要因素有：穿越大西洋的低氣壓；每年大部分時間都有的西南風；朝向大西洋的漫長西海岸；海島的狹長構造；以及西高東低的地理結構。結果，西部和北部降雨量最大，為年平均六十英寸（一千五百多毫米），秋冬季是落雨的高峰時節。相比之下，由於西北高地的屏障作用，東南部的降雨量只有年平均三十英寸（不到八百毫米），夏季降雨更多一些。但總的說來，英國是一個降雨量充沛，多淫雨大霧、少暴雨洪災的國家。

海在英國人的生活中是一個最重要的因素，與海洋相關的一切物質和精神財富都是不列顛人的至寶：古代社會因海的便利帶給不列顛人開放的文化價值觀。近代時期，不列顛人為尋求財富而通過大海走遍全世界。中世紀的英格蘭國王因海的屏障而不必保有常備軍，近代初期這個民族比歐洲許多國家都更早地實現了政治統一。海的便利和海洋的屏障作用同在，二十一英里（三十四千米）寬的英吉利海峽把英國與大陸相隔，使英國既容易保持獨立，又避開了島國常出現的孤立、封閉和停滯。在古代，它把英國帶到古代文明的搖籃地中海；到後來，它又給英國帶來基督教、文藝復興和宗教改革。十六世紀以後，世界商業貿易的重心從地中海移向大西洋，曾經位於文明邊緣的英國人，突然發現自己處於世界文明變化的中心，因而就更加奮發圖強。這一切無不與海島的獨立、海的屏障和航海的便利息息相關。所以，在不列顛自然史上一個有紀念意義的重大事件是，在公元前六千年左右，地質運動所帶來的北海潮水淹沒了不列顛與歐洲大陸的連接之處，不列顛從此成為與西歐大陸隔海相望的島，不列顛人也就成了靠海而生存的海洋民族。

二、早期的人類活動

從整體上看，人類的歷史比不列顛島的自然歷史更古老。在更新紀時代，中非的南方古猿已經用熔岩和石英小卵石製造粗糙的砍削器，直立人則開始用岩石製作有邊手斧。非洲的手斧文化向北傳播，在四十萬年前到達摩洛哥，三十萬年前到達法國。據估計，當不列顛尚與歐洲大陸相連之時，人類是在第二紀冰期中一個較為溫暖的時代，追趕着馴鹿和麝牛而不知不覺來到不列顛的。在肯特郡發現的手斧說明，至少在三十萬年前人類已在不列顛群島生存。這些首先進入不列顛的人類先祖尚處在從直立人向智人過渡的時期，一九三五年在離倫敦十八英里、位於泰晤士河邊的肯特郡斯旺斯康村發現的頭骨化石，說明生活在二十萬年前（舊石器時代）的斯旺斯康人，已經不再是直立人，而開始屬於接近現代人的智人了。

托馬斯·霍布斯說過，舊石器時代的生活是「孤寂、貧困、艱辛、殘忍和短暫的」，人的生命週期一般在二十五年左右，男人們追捕獵物，婦幼則採果挖根以維持生計。在遊獵社會每五百平方千米土地上的物產才足以滿足一個人的生存所需，據此推測該時代的不列顛最多只會有五百人。在埃塞克斯郡的克拉克當海灘發現了代表英國舊石器時代早期的克拉克當文化，年代大約為二十五萬年前，這裡出土的石器有中心厚邊沿薄的類似於手斧的砍砸器，以及由薄石片做成的具有刀刃性質的尖狀器和刮削器。這類工具一般都會有多種用途，它基本上屬於早期斯旺斯康人的傑作。

此後，法國的勒瓦盧瓦文化打製石片技術表明人類開始了一場製作工具的革命：人類從龜形石核上打下一邊平直的大石片，製成無需加工就有鋒刃的、能剝製獸皮的石刀，有些石片工具的粗端還加以修整，以便裝柄，人類還用薄石片直接製成各種有專門用途的手斧。在第三紀間冰期，勒瓦盧瓦文化向不列顛推進。緊接着是第四冰期（武末冰期）的莫斯特文化，其特徵是刀口經過修整的石片工具，或有兩個切削面的石核工具，這些工具的製造者是生活在十萬—十五萬年前的尼安德塔人。尼安德塔人用獸皮製衣，使用火，以採集和狩獵為生，開始掩埋死者的屍體。他們已領悟到生命的短暫，有了生命的觀念，並開始朦朧意識到一種看不見的力量。到公元前四萬年左右，克羅馬儂人取代尼安德塔人，克羅馬儂人已是真正的智人——高大、直立、強健，他們是真正的獵人，獵取馴鹿、野牛、野馬和猛獁象，他們製作窄長形的兩面打製的葉形尖器，從而發現了切削刀的原理，他們發明了石製鑿子，用以把骨頭和鹿角做成尖矛、箭、漁叉等，還可用來雕刻寶石，可見舊石器時代晚期的人類已經有了審美意識。克羅馬儂人的葉形尖器文化曾從法國傳到不列顛，在德比郡的克羅斯韋爾發現了用來製作皮衣和雕刻骨頭的燧石工具，這時大約在公元前一萬三千—前九千年左右，人們在這裡發現了第一個有明顯不列顛特徵的文化——雕刻着一匹馬的骨片，這是出土很少的英國舊石器時代的藝術品。

公元前八三〇〇年左右大冰川時期突然結束了，舊石器時代人類所追獵的野牛、馴鹿、犀牛也突然消失，取而代之的是躲藏在大森林裡的喜暖的小動物赤鹿、大角鹿、野豬等，以及樺木、松樹、橡樹、榆樹和菩提樹。環境的巨變摧毀了舊石器時代晚期的採集狩獵經濟，而讓位於中石器時代的漁獵經濟。人類開始學習抓魚、捉鳥、逐鹿。他們開始製作獨木舟、漁叉、長矛、弓箭。這時，北海一帶的馬格勒莫斯文化和法國的塔登努阿文化為不列顛人提供了中石器時代的生產技術：馬格勒莫斯人製作了伐樹造舟的扁斧，塔登努阿人則精於製作幾何形的小燧石工具，這些小燧石安置在木棍上就成了長矛、漁叉和箭。兩種文化在不列顛的混合促進了不列顛土著文化的產生，位於英格蘭西蘇塞克斯的霍舍姆文化就是其中一種。霍舍姆人用塔登努阿人的小燧石和馬格勒莫斯人的重型手斧，在不列顛第一次建造出一種寬八英尺、深四英尺，以樹枝和草皮做頂的「住房」——穴坑。

新石器時代的農耕和畜牧業是並存的。農耕經濟興起於今天的西亞、北非地區，它為人類的生存提供了十倍的資源，是工業革命出現前人類生產力發生的最大一次變化。在這個時代，那些身材纖細、面孔黝黑、頭型窄長的地中海人向東到達多瑙河，向西沿西班牙海岸北上，經布列塔尼到達英格蘭、愛爾蘭和蘇格蘭，這些人被稱為「伊比利亞人」。到公元前三八〇〇年左右，新石器時代的農業文明已經取代了中石器時代的漁獵文化。

起初，新石器時代的拓殖者在石灰石高地、海邊沙地和白堊土低地定居下來。他們清除森林，開墾沃土，飼養牛、羊、豬、狗，種植大麥小麥，製作陶器，穿戴獸皮衣裝。新石器時代不列顛農業最有代表性的遺址是威爾特郡的溫德米爾土丘文化。這裡留下了新石器時代人用土埂圍起的營地，它們由圍繞同一圓心的溝渠和堤防組成，溝渠堤防又常常被一條條指向中心的堤道所切斷。溫德米爾山丘上最大一個營地遺址外圈佔地二十三英畝，內圈佔地為外圈的四分之一，與溝渠交叉的大量堤道表明，營地是用以保護家畜免遭侵襲的。新石器時代不列顛人的住房最初是用橡樹樁支撐獸皮而造成的地穴式土坑，後來慢慢地露出地面，成為半地穴式的房屋。他們用燧石手斧砍橡樹樁，為尋找製造大砍伐器的燧石，他們在白堊土上挖掘三十—四十英尺深的礦井，採出燧石製成手斧。這樣，溫德米爾山民開始了不列顛最原始的開採業——採石業，而手斧製作也成為遠古不列顛最早的製造業。以溫德米爾土丘文化為代表的新石器不列顛人顯然是群居的，他們有營地、燧石礦坑、帶有火塘的半地穴式集體住所，並營造長一百—四百英尺、寬三十—五十英尺、高約十二英尺的長方形集體殯葬墓室。

英格蘭科茲窩丘陵的古墓室是由巨石建造的，墓室可容五到五十人不等，可供數年喪葬之用。在愛爾蘭、蘇格蘭東南部、昔德蘭群島、奧克尼和西部群島上共有上百處類似的墓葬遺址，有的是由一條通道進入的圓形墓室，有的是由直立的巨型石板建造的方形墓室，內部由平行石板隔成分室。這些建築使用的石頭重約四噸、八噸、十噸不等，顯然，從巨石的開採、運輸到古墓的建造並非一個家族能完成，從社會學角度看，它說明在新石器時代，不列顛已存在超家族的政治單位。從宗教學意義上說，對於原始社會普遍流行的再生觀念，巨石古墓起到了使死者靈魂免於離散，從而再次進入新生命的作用。不論怎樣解釋，這些荒涼而醒目的紀念物，在英格蘭、愛爾蘭、蘇格蘭和威爾斯的山丘上至今仍然歷歷在目。

此後，與青銅時代相聯繫的「大杯文化」出現在不列顛，一支被後人稱為「大杯人」的遊牧人群，從萊茵河谷越過海峽進入不列顛，他們的名稱來自製作精良而呈褐紅色的杯形壺，其形體龐大，故為「大杯」。大杯人的居所比新石器時代的不列顛人要簡單，但其陶器要精緻得多。大杯人穿亞麻衣服，不再實行集體墓葬，而是用平底墳、圓形墳作單體葬。墓室中常出土戟、弓、箭、裝飾品和大杯壺。一些史前史學者曾認為，大杯人把冶金術從萊茵河畔帶到英格蘭，現今的考古學家證明，英格蘭的大杯居民是從愛爾蘭得到銅製短劍和手斧的，這些東西有可能是在新石器晚期從埃及傳入西班牙，又從西班牙傳入愛爾蘭。不管怎麼說，到公元前二〇〇〇年，愛爾蘭人已開始用康瓦爾生產的錫製造青銅扁斧和戟。可見，即使說大杯人是遷徙而來的，也不是他們帶來製造青銅器的技術，而是愛爾蘭工匠創造了燦爛的不列顛青銅文化。總之，在不列顛，遲至公元前一四〇〇年，青銅扁斧和戟已取代了石製的武器和工具。

在威塞克斯出土的墓葬表明，大約在公元前一九〇〇年左右，大杯人開始有貧富分化和等級差別，圓形大墓裡的殉葬品遠較普通圓墳的多：兩邊有凸緣的戟、青銅匕首、石製權標頭、金耳環、骨鑷子、飾針和精美的陶器。顯然，這些墓主是大杯人社會中的武士貴族。青銅時代的不列顛無疑已是一個人口較多而富裕的，開始出現等級分化的社會了。

在英格蘭的索爾茲伯里平原上，至今還矗立着一群群史前巨石，對於這一景觀，美國小說家亨利・占士說，「它孤獨地屹立在歷史上，如同它孤獨地屹立在這塊大平原上一樣。」人們把這些巨石稱為「斯通亨治」（Stonehenge，石林）。對這些神秘莫測的巨石群，有人推測說，「斯通亨治Ⅰ」是新石器時代的索爾茲伯里人在大約公元前二九〇〇—前二五〇〇年間建造的。這一石群方圓三百八十英尺，向外有一條通道，圈外一百英尺處有一塊巨大的側石，若站在圓石林的中間，可在側石上看到仲夏日的日出，即天文學上稱為「日至」的現象。「斯通亨治Ⅱ」是大杯人在大約公元前二〇〇〇年建造的，那是由溝內和堤上都置有巨石的兩道同

英格蘭中部索爾茲伯里平原上的巨石群

心圓組成，使用八十二塊各重五噸的青石，都是從遙遠的威爾斯運來的。青銅時代的不列顛先祖在荒野澤地和山丘土嶺上，還建造了許多這類圓形巨石林，但其規模要小得多。「斯通亨治III」是由後來的威塞克斯的部落首領們建造的，其中最著名的是埃夫伯里石林，其結構較之斯通亨治I、II發生了很大變化。據推測，人們把這組每塊重二十五噸的天然巨石，從二十英里外的馬爾博羅運來，矗立在地面，又在上面放置每塊重七噸的巨石作為過樑。這個圓石林方圓九十七英尺，圈內建有五個巨大的三石塔，形成一個馬蹄形內圈，開口處正對着圓石林外的一塊側石，在整個圓形石林的外邊圍有土埂和壕溝。這項工程的技術難度在於，把一些高二十五英尺、重約二十噸的巨石圍成一圈後，要在立着的石頭上打凸榫，在作橫樑的石頭上鑿卯眼，然後把過樑架立在兩塊直立的石頭上。

這樣的工程需要有組織的勞動大軍，這是顯而易見的。但巨石群意味着甚麼？其用途何在？這些令後人百思不解。巨石群無疑反映了一種宗教的驅使力，因為很難推測除宗教的力量之外，還有甚麼東西會使原始的不列顛人，建築像埃夫伯里巨石群這樣的歐洲最大的人造石群。「斯通亨治」很可能是一種祭祀太陽的神廟，因為對仲夏日出的觀測構成了整個建築的軸心。或許每一組巨石群都不僅僅是一個神廟，它還是原始不列顛人的「天文台」。斯通亨治在原始的社會生活中很可能起這樣的作用：是一個日曆，告訴人們何時該去播種，何時應去收割，遠古時代的祭司還能根據這個日曆去宣召人們參加對日月的祭祀活動。在社會學和政治學方面，巨石群給人的啟迪是：建造這樣的巨大工程其前提條件是政治權力的相對集中，同時，還需要一個相對穩定和有一定物質基礎的社會環境。可見，不列顛的巨石群不僅是對太陽神的紀念，而且是對原始不列顛人技術能力和社會組織能力的紀念。

公元前二〇〇〇年—前一一〇〇年，在「大杯文化」和「威塞克斯酋長制文化」的基礎上，形成了兩種新的不列顛人文化：泰晤士河之北的陶土食器文化和泰晤士河之南的陶甕喪葬文化，兩者都得名於其墓葬出土的器物。泰晤士河之北的不列顛人製造簡陋的粗陶器，婦女們佩帶金耳環和用約克郡煤玉製成的項圈。泰晤士河之南的不列顛人死後火葬並用陶甕保存骨灰，他們種植亞麻、小麥和大麥，馴養羊群，紡織羊毛，分散居住在圍成一圈的圓形小石棚內。這些施行陶甕喪葬的人後來向北發展，進入約克郡、蘭開郡、蘇格蘭，甚至在整個不列顛群島形成一種統一的遷徙農業文化。

後來，農業技術和冶金技術都發生深刻的變化，這種變化是由高地區域地力的消耗而引起的，人們開始向土質肥沃的低地區集中，強調土地使用的長期性和穀類種植，他們力求保持某種生態平衡，因此用混合農業取代了遷徙農業。人們在整齊的方形田地裡種植穀物，並出現了圈圍起來的「畜牧場」和「存豬欄」。這種文化被稱為「德弗雷爾—里姆伯里」土著文化，今天在蘇塞克斯郡和多塞特郡仍可見到這些圈圍牧場的遺址，它暗示着土地作為私有財產的出現。在混合農業社會裡，青銅製造業有了顯著的進步：古老的長劍為雙刃重劍代替，連把手斧、連桿長矛、鐮刀、刃器、器皿桶具都是青銅製造的，銅盾、馬具也講究起來，龍頭已包括轡繩、口啣、銅環等物。

在不列顛，與鐵器時代相關的一般稱為凱爾特文化。何為不列顛凱爾特人？他們是甚麼時候來到不列顛的？這些是難以回答的問題，難就難在今天 Celt 一詞只指一種語言，而不指一個種族和文化。儘管如此，從廣義上說，凱爾特人是鐵器時代歐洲的和前羅馬時期印歐民族的一個部分，其支系分佈在從大不列顛群島、西班牙到小亞細亞的廣大區域。其中有一部分後來被吸收進羅馬帝國，如布立呑人、高盧人、波伊人、加拉西亞人、凱爾特伯利亞人等。不列顛凱爾特人指的是當公元一世紀羅馬人征服不列顛時，他們所見到的説凱爾特語的不列顛土著居民，其中包括在公元前一世紀才進入不列顛的比爾蓋人。許多歷史學家還認為，早在公元前七世紀那些把奧地利的哈爾施塔特文化帶到不列顛的人們已經操説凱爾特語了。不管怎麼説，在公元前七至前一世紀，那些操凱爾特語的人改變了不列顛的社會生活：武士們帶着鐵戟和鐵刀，農夫們帶着鐵鐮、鐵斧和窄形的鐵犁鏵。後來，不列顛凱爾特人製造了配有條幅鐵雙輪和鐵馬啣的戰車，比爾蓋人的製鐵技術更為精湛，其鐵斧已能劈砍巨樹，鐵犁已能深耕土地。不列顛的凱爾特居民還用鐵條作為貨幣，在多塞特郡布拉斯通伯里出土、重309.7克的扁形鐵條，就是商人們用以交換商品的錢幣，比爾蓋人用鑄幣把陶輪買到不列顛，又把不列顛的穀物、鐵、錫、獸皮和獵狗賣到歐洲大陸。

在英格蘭南部，分佈在各地的三千多個各式各樣的柵欄城，是鐵器時代的特色，它們大的佔地五十公頃，小的只有半公頃，有人稱之為「山堡」，因柵欄城一般都築在山丘之頂；也有人稱之為「山寨」，因為它們大多是一些建在懸崖和海岬高處的村子。無論怎樣稱呼，這些柵欄城都是不列顛凱爾特人的居住、宗教和政治中心，也是有經濟意義的牧地圍欄區。當然，它更重要的作用是防禦。柵欄城建築在大約公元前一二〇〇—前一五〇〇年間，只分佈在英格蘭南部。在英格蘭的西部和北部，鐵器時代的不列顛人大概喜歡住在帶圍欄的宅地或空曠的村落中。在蘇格蘭，直到羅馬時代，凱爾特人仍住棚屋，裸體赤足，以採集狩獵為生。凱爾特人的社會已具有軍事貴族制性質，這一點被其輝煌的墓葬所證實，軍事貴族入葬時帶劍披盔，全副武裝，還有酒器和戰車等隨葬品。

後來，當比爾蓋人的王國強大到足以結束部落之間的征戰時，英格蘭南部的柵欄城就消失了。在比爾蓋人的諸國王中，最強大的是莎士比亞戲劇中稱為「辛白林」的國王庫諾比林努斯，其王國以埃塞克斯郡和赫特福德郡為中心，廣及牛津、肯特和森林區。這時，不列顛基本的政治形式是「王」制，即以軍事首領為中心，其周圍有一批武士。部落民分為三個等級：祭司、武士和農民。人們信奉德魯伊教，德魯伊教認為人類靈魂不死並在逝者和活人間傳承。德魯伊教信奉萬物有靈，以荒野的橡樹林為其神殿，以槲寄生和月亮為崇拜物，並為防止戰爭和疾病而實行人祭。祭司起着與現代的教師、預言家、醫生和法官相類似的作用，他們輔佐國王，教誨居民。總之，在凱撒到達不列顛之前，不列顛凱爾特人處於部落社會晚期的混合農業時期，他們使用鐵製武器和工具，有自己的貨幣和細陶器，知曉人類生存的意義，有着原始的宗教意識，建立了自己的政治組織。

三、羅馬統治下的不列顛

公元前五十五年八月的一個夜晚，卸任羅馬共和國執政官而新任高盧總督的尤利烏斯·凱撒，帶領兩個軍團一萬人，乘坐八十條快船從法國的布洛貢出發，一路向西方神秘的島嶼駛去。次日清晨就看到朦朧的多佛港峭壁上佈滿了守備的布立吞人，凱撒只得繼續揚帆北上，進入一片開闊的海灘，然而，布立吞人也在陸上移動，並衝入岸邊的淺灘迎擊羅馬人。此後，經過小規模的戰鬥，布立吞人在羅馬的強大陣容下驚慌而逃，凱撒奪得了灘頭堡，但由於後援船隊遭遇大風暴無法抵達，處於危險中的羅馬人只好帶着布立吞人質匆忙返回大陸。

第二年，凱撒帶領八百海船二萬五千人，毫無困難地登上不列顛島。他們迅速向內地進軍，渡過泰晤士河，打敗了不列顛南部最強大的國王卡西維拉努斯。但是，兩個月後發生在高盧的起義又迫使凱撒率軍回撤歐洲大陸，他從此再沒有機會踏上這片土地，羅馬人對不列顛的征服也因之推遲了一個世紀。

凱撒征戰不列顛的初衷是：處罰為高盧起義者提供避難所的布立吞人，同時又垂涎這個海島的珍珠、金銀和穀物，他想為羅馬奪得一片神秘的土地，以便建立新的行省來增加共和國的賦稅收入，同時，用軍事上的勝利來實現他自己的政治野心。總之，征服不列顛是羅馬人開疆擴土的需要，但在客觀上，羅馬人給這片土地留下了最早的文字記載。從凱撒遠征到公元四十三年克勞狄烏斯入侵這一個世紀中，布立吞人與羅馬人的商業貿易和文化交流擴大了，許多羅馬僑民和商人在內戰爆發後沿着凱撒的足跡從高盧移居不列顛，開始了拉丁文化對不列顛的潛移默化的影響。

公元四十三年，剛剛登基的皇帝克勞狄烏斯希望通過軍事勝利提高自己在羅馬軍中的威望，同時，萊茵軍團勢力膨脹，又造成對其帝位的威脅。克勞狄烏斯下定決心，從其中抽調兩個軍團移師不列顛，同時羅馬帝國政府還認為，要鏟除高盧的德魯伊教就得征服其發源地不列顛。出於上述種種理由，克勞狄烏斯命令

凱撒（Gaius Julius Caesar，公元前 100 年—前 44 年），史稱凱撒大帝，羅馬共和國末期的軍事統帥、政治家，羅馬帝國的奠基者

阿魯斯．普勞提烏斯率四萬人向不列顛進發，普勞提烏斯揚帆啟航，直驅肯特郡的里奇博雷夫港。登陸成功後，他們避開風暴，橫掃肯特，直搗卡圖維拉尼王國的首府科爾切斯特。到公元四十七年，羅馬人已征服了不列顛低地區，建成從埃克塞特到林肯的壕坑大道。公元六十一年，羅馬人抵達德魯伊教的中心盎格利西島，野蠻地屠殺德魯伊祭司和女教徒。

羅馬人帶來了沉重的賦稅和兵役，帶來官吏的壓榨和高利貸的盤剝，這迫使普拉蘇塔古斯的王后布狄卡在公元六十年聯絡南部埃塞克斯的特林諾瓦提斯一道起義，他們攻佔科爾切斯特，掃蕩了倫敦城，迫使正在盎格利西島鎮壓德魯伊教徒的普勞提烏斯急速回兵，才挽救了羅馬人在不列顛的統治。這樣，克勞狄烏斯歷經十八年才最終征服了不列顛。

拉迪亞德．基普林在一九一一年發表的《河之謠》中寫道：「羅馬人來了，飛揚跋扈，架橋又築路，統治這片國土。」阿薩．布里格斯在一九八三年出版的《英國社會史》中寫道：「無論羅馬人出於何種經濟和政治動機，他們在很大程度上是傳播『文明』。或者如塔西陀所説，是『促使一個迄今因分散、野蠻而崇尚武力的民族突然間心甘情願地變得平和、安閒起來。』」

布狄卡起義後，羅馬人開始採用相對溫和的統治政策。公元七十八年，羅馬史學家塔西陀的岳父阿格里古拉出任不列顛總督，他利用修築通向威爾斯的羅馬大道和沿途修建駐軍城堡這一方略，完成了對威爾斯的征服。他嘗試着遠征蘇格蘭而未獲成功。公元八十三年，阿格里古拉完成了繞行不列顛諸島的遠航，並制定了征服不列顛全島以確保羅馬人統治的政策，但未及付諸實施便於公元八十四年被召回羅馬。在他擔任總督期間，一度實行諸如公平賦稅、取締壟斷、革除貪官、鼓勵建築、維護教育、推廣拉丁語等賢明措施，使英格蘭土著居民漸漸拋棄原有的生活方式而效仿羅馬人，以此鞏固了羅馬人在不列顛的統治。

後來，由於帝國需要更多的軍隊在多瑙河設防，羅馬在不列顛的駐軍從公元六十年的四個軍團六萬人，減少到公元一〇〇年的三個軍團四萬人，分駐在南威爾斯的卡那封、英格蘭西北部的切斯特和北部的約克。

而且，倫敦城作為對外貿易和島內商業的中心而得到迅速的發展。羅馬人佔領不列顛後，在倫敦城和上述三個駐軍中心地之間，修築了寬二十—二十四英尺、長五千多英里的石塊路。這就是可供四輪馬車全年通行的「羅馬大道」，在羅馬大道上，每隔八—十五英里就設一個驛站，有的驛站還備有驛馬和淋浴設施。修路的初衷是為了調兵運輜，但後來成了商業發展和信息傳遞的媒介，成為鞏固羅馬人在不列顛統治的工具和使不列顛拉丁化的第一個載體。

羅馬皇帝哈德良於一二二年出訪不列顛行省，又提出建築「長城」，以阻止北方不列根特斯人南下與南方不列根特斯人結盟的策略。一二二—一二八年，羅馬人修築了一道從泰恩河口到索爾韋灣橫貫不列顛島的石泥混合城牆，牆高十五英尺，底寬十英尺，頂寬七英尺，長七十三英里。並在城牆上設有塔樓，每間隔一英里還建有城堡和兵營。這條長城被稱為「哈德良長城」。公元一四三年，羅馬人又在從福斯灣到克萊德河口的地方修築了一條長三十七英里的土牆「安東尼長城」。公元二一〇年，羅馬皇帝蘇維魯斯加固了「哈德良長城」，直到四世紀末羅馬人仍用這個長城作防衛工事。

哈德良長城和阿格里古拉城堡為不列顛南部贏得了三百年的安寧，使它分享到羅馬帝國的和平時代。在這些年代裡，羅馬人通過利用凱爾特部族首領進行地方自治，以及促進不列顛土著社會上層拉丁化的方法來維持他們在不列顛的統治。這樣，城鎮成為羅馬人統治的工具，也成為使不列顛拉丁化的第二個載體，羅馬人的生活方式，羅馬帝國的文化正是通過城鎮向不列顛鄉村輻射的。

羅馬人在不列顛建設的城鎮大體分三類：退休老兵最先在科爾切斯特、林肯、格洛斯特和約克建成四個殖民城。同時，羅馬不列顛的統治中心，即原來稱為「維魯拉米恩」的凱爾特人舊都逐漸發展成較大的城市，倫敦則在泰晤士河上架橋設棧，利用其寬闊的河口闢港納船，變成了商業中心，從而可以與維魯拉米恩相匹敵，結果，兩城都取得「都城」的地位。另外，帝國政府又將凱爾特人的部落中心組建成行省下屬的自治單位，使凱爾特貴族遷居其中，給他們有限的羅馬公民權，並把這些類似於後來的特許自治市的居民點稱

羅馬人在不列顛修建的哈德良長城遺址

為「平民城」。這三類城鎮都有富裕市民組成的議事會，議事會負責推舉管理街道、水渠等公共建築，以及行使司法權的地方長官。羅馬統治時期不列顛有二三十個較大的城鎮，其人口規模從倫敦的一萬五千人到平民城的一千人左右不等。文化教育、政治活動和閒暇中心都集中在城鎮，周圍的鄉村則從屬於城鎮的管理。羅馬時代不列顛城鎮的基本格局是，城鎮中心有一個廣場，四周為店舖和公共建築，較大的城鎮以直線條和長方形規劃為棋盤形。這些城鎮從一開始就具有一種與土著不列顛文化完全不同的社會和文化風格：廣場上分佈着神廟、大會堂、公共浴池、戲院、圓形競技場和角鬥場等公共建築，羅馬人給不列顛帶來了以城鎮為中心的生活方式和文化習俗。

當然，由於這些城鎮大多是羅馬人強加給不列顛的，並非不列顛經濟政治和社會生活自然發展的結果，所以除了倫敦有自己的造幣廠、碼頭、工場和向外輻射的羅馬大道，從而成為不列顛的經濟中心之外，其餘城鎮甚至連自我維持的經濟力量都沒有，它們實際上是寄生於鄉村的。而且，由於鄉村尚無力生產大量的餘糧以維持城鎮的工商業人口，所以，在漫長的羅馬征服時代，儘管各城鎮都有自己的發展史，但它們基本上是作為羅馬帝國政府的行政管理中心而存在的，到公元五世紀帝國政府風雨飄搖時，這些城鎮也就隨之衰落了。

在羅馬時代，大多數不列顛人對鄉村有着更深厚的感情，因為鄉村與他們的生活更為相關，這樣，被稱為「維拉」的莊園就成了不列顛拉丁化的第三個載體。「維拉」原指農村的一座房子，後包括主人所有的土地以及對這片土地的經營方式。在羅馬時代的不列顛，維拉指一個以莊宅為主體的私有地產的管理中心，它既管理着那些出租給小農或役使奴隸耕種的私有地產，也因莊宅主人盡力模仿城鎮生活方式而使之有別於土著凱爾特人的農莊。在羅馬時代，分散在東南部的六百二十個大大小小的維拉，絕大多數屬於富有的布立吞人。公元二世紀維拉最初出現之時，一般的建築格局是四五個房間加上一個前廊，這種佈局大大有別於凱爾特人的棚屋組合圈，凱爾特人的圓形建築使眾多家庭擁擠在一個狹小的空間內，而羅馬人面向曠野的前廊則為居住者提供了私人的生活空間。維拉建設的高峰在四世紀。這時，某些富有的布立吞人甚至建築有三四十個房間並帶有數個庭院的大維拉，同時設置以地下暖爐和疏煙瓦道構成的中心取暖系統，沐浴設施也成了時尚。此外，大維拉還附設有糧庫、畜圈和農業工人的住所。

在羅馬時代的不列顛，與維拉並存並與它有一定聯繫的是土著凱爾特人的農莊。在這裡，傳統的凱爾特方形耕地始終存在着。對這些凱爾特農莊，羅馬人能起的作用只是通過羅馬大道、城鎮和集市，通過引入葡萄藤、櫻桃樹、豆類、蘿蔔和歐洲防風麥等新的農作物而使其經濟得到某種程度的發展。在這裡，農民們仍然以種植穀物和飼養牛羊為生，其中養羊業獲益最大。在三世紀，不列顛羊毛製品在整個羅馬帝國都享有盛名。到四世紀，羅馬化的維拉集中地出現在牧業中心科茲窩丘陵地帶，這不是巧合，我們可以說，羅馬化的維拉是建築在土著不列顛人的牧羊業基礎上的。

羅馬時代不列顛經濟的特徵是，存在着一種以農業為基礎的、十分有限的商品經濟。在這種初始型商品經濟中，饋贈與賞賜之風相當盛行。當時，在不列顛本土設有一些鑄幣廠，但貨幣大多是從意大利和高盧輸入的，貨幣主要用於購買當地生產的或進口的食品，如產自德羅威奇及萊茵河下游的食鹽，不列顛生產的啤酒，以及進口的葡萄酒、陶器、傢具、服飾與珠寶等。除了羊毛製品和穀物外，不列顛還出口金、銀、銅、鐵、錫、鉛、木材和奴隸。儘管在羅馬人到來之前康瓦爾已大量出口錫，而且，羅馬人在卡馬森的德羅科西礦場進行了一個世紀的金礦開採，然而，不列顛金和錫的生產量和出口量都不大。自羅馬人在奧古斯都時代佔據了西班牙錫礦以後，不列顛錫在地中海市場的價格就大大下降了。公元二五〇年西班牙礦場關閉後，康瓦爾的礦業才再次興旺。在金屬礦產中，鉛對羅馬人有更大的吸引力。鉛可用於製造浴池、水管和棺槨。從德比、門迪普斯和弗林特出產的鉛礦砂還可提煉銀。青銅業仍在發展，錫蠟業的興起與不列顛人的飲酒習俗相關。在羅馬人統治不列顛的最初兩個世紀，由於進口大量的羅馬陶器和萊茵河流域生產的葡萄酒，不列顛的進出口比例不平衡。此後，軍隊對陶器的需求導致本土製陶工場出現，杜洛布里瓦漸漸成為大規模製陶業的中心，在新福里斯特還有大量個體陶工製作簡易的陶器。

公元一九七年，不列顛被劃分為兩個行省，二八四年又被劃分為四個省，三六九年則分為五個省。在羅馬帝國的行省中，不列顛始終是地域廣闊的省份，羅馬皇帝對它有個人支配權，但直接統治權屬於總督。總督的職責是指揮羅馬駐軍，管理民眾社會，負責道路的建設和養護、募兵、管理公共驛站。對涉及羅馬公民的重大刑事案和徵用礦場等法律事務，總督在起訴和初審時有一定司法權。行省的財政是由皇帝指派並直接對他個人負責的財務官管理的，財務官則要求各地富裕家族或部族首領代徵土地稅、人頭稅、消費稅和穀物稅等，總督無權插手。

羅馬征服不列顛前，布立吞凱爾特人主要的文化特徵是崇尚武力和膜拜英雄，其宗教信仰尚處在祭獻湖泊、山川等自然物的原始宗教階段。隨着羅馬對不列顛的征服，羅馬的官吏、士兵和商人把具有人形的奧林匹斯山諸神和羅馬人的崇拜儀式都帶到不列顛，比如掌管自然和豐產的色雷斯穀神，掌管森林的蘇爾維那女神，人格化的命運女神和勝利女神，以及圓柱瓦頂的神廟、石祭壇、塑像和獻祭物等。結果，不列顛社會各階層的宗教崇拜對象就五花八門了：羅馬官吏和上層社會的人們崇拜羅馬皇帝的保護神，以便把羅馬的統治神聖化。切斯特的土王泰比里瓦斯·克勞狄科吉達布紐斯則供奉海神尼普和智慧女神密涅瓦。種種宗教崇拜把羅馬的神祇、羅馬帝國的王朝和土著的統治者混合在一起，使不列顛行省的上層人士和羅馬駐軍保持着對羅馬帝國的忠誠感。但是，在哈德良長城沿線的一些與土著農村居民聯繫密切的要塞中，人們主要崇拜諸如拜拉圖卡杜魯斯和科林迪烏斯等凱爾特人的神祇。在不列顛南部的民間社會中，儘管人們吸收了羅馬人的拜神儀式，但不列顛的自然神仍能征服人心。而且，羅馬人對凱爾特神祇採取一種寬容態度，並致力於使凱爾特人的神祇與奧林匹斯諸神相互認同，給凱爾特人的自然神加上羅馬諸神的名字，例如，公元一世紀羅馬人佔領巴恩之後，這裡成了羅馬人的沐浴聖地，一個名叫盧休斯·馬西斯·默姆的占卜者把凱爾特人的健康溫泉之神與羅馬古典神密涅瓦融合，給巴恩女神取名為蘇利斯·密涅瓦。這樣，羅馬帝國和不列顛之間在宗教和文化方面的相互影響，對土著不列顛人深層的心理意識起着潛移默化的作用。通過把羅馬的古典形式加之於凱爾特宗教，凱爾特宗教與凱爾特社會的聯繫在羅馬統治下就被隱匿了起來，不過土著的文化雖有所改變，卻並沒有消失。

結果，在不列顛南部出現了處支配地位的「羅馬—凱爾特神廟」。土著的凱爾特人沒有神廟，產生於曠野的自然崇拜其對象最多不過是一些粗糙的木質雕像。羅馬人為凱爾特的木像建造了神廟，其建築形式一般是一個箱形的主屋，由一圈有頂迴廊包圍着。這是以羅馬的建築方式去適應凱爾特人的慶典儀式而形成的一種建築風格，羅馬—凱爾特神廟是不列顛特有的，在高盧和日耳曼地區都未曾發現。

與此同時，像在羅馬帝國的其他地方一樣，一些具有東方起源的神祇，如埃及神話中司生育與繁殖的女神愛西斯、六翼天使蘇拉皮斯、酒神狄俄尼索斯、小亞細亞原始宗教與波斯神話中的太陽神米斯拉斯也都在不列顛得到一定範圍的崇拜。總之，羅馬人的神祇、凱爾特人的精靈崇拜和從東方傳入的五花八門的宗教，使羅馬時代的不列顛成了一個宗教大觀園。其中，最有意義的是羅馬古典神與凱爾特精靈崇拜的融合。從時間上看，早在奧林匹斯諸神流行之前，精靈崇拜就已存在了。不列顛人是熱衷於宗教崇拜的，羅馬人所作的貢獻，就是提供了新的工藝和建築形式，使不列顛人更便於表達自己的宗教感情；提供了羅馬文字，使不列顛人的宗教感情變得持久和清晰。

基督教是在公元二世紀傳到不列顛的。在這裡，第一個有確實記載的基督教殉道者是三世紀的聖·奧爾本。一九七五年在切斯特發現了一個屬於三世紀基督徒的窖藏，內有十八塊刻有十字架的還願匾，它們是整個羅馬帝國境內出土的最早的基督教還願匾，成為在公元三世紀英國已有基督徒的有力證據。公元三一三年「米蘭敕令」使基督教在羅馬帝國取得合法地位，公元三一四年不列顛有數名主教參加了在法國阿爾舉行的宗教會議，公元三五九年不列顛的主教又出席了在意大利里米尼舉行的宗教會議。這些都說明，遲至公元四世紀，基督教顯然已在不列顛的城鎮和鄉村得到了傳播。五世紀上半葉羅馬帝國衰落時在不列顛出現了史稱「皮拉久教」的基督教異端運動，皮拉久教否定早期基督教思想家奧古斯丁的原罪說，堅持每個人都有選擇不犯罪的自由意志。在羅馬主教英諾森和羅馬政府公開迫害皮拉久教徒的時候，不列顛的本土宗教，尤其是鄉村農民繼續崇拜的原始自然神教則出現反彈的趨勢。

四、羅馬人撤離

公元一世紀，羅馬帝國的活力和強大導致羅馬人對不列顛的征服，而公元五世紀，羅馬帝國的衰弱和枯竭又使羅馬人撤出了不列顛。我們知道，西羅馬帝國的經濟發展主要靠奴隸勞動和被征服異族之貢賦。但是，羅馬帝國的向外擴張到公元二世紀就停止了，地域受限制意味着帝國的財源也已經緊縮。同時，那些揮霍財富耗竭國庫的軍隊和官吏卻在膨脹，到公元四世紀羅馬帝國已有四萬官吏和五十萬軍人，而帝國的總人口則因為戰爭、饑荒和時疫而下降，這又是羅馬帝國衰落的原因之一。隨着時間推移，羅馬各軍團越來越為一些謀求政治私利的軍官所控制，他們用以爭奪帝位。加之，基督教的興起又使那些目睹世風日下而灰心喪氣的有識之士，把希望寄託在死後而不是現世。這樣，無論從經濟、政治還是宗教信仰方面來看，三世紀末的羅馬帝國已隱患重重。從外因看，蠻族的入侵又進一步導致了西羅馬帝國的滅亡。三世紀末撒克遜人因搜尋戰利品首次襲擊了不列顛東海岸，為此，羅馬人一度沿着從索倫特海峽到沃什灣的海岸建築了堡壘和信號台。公元四世紀，羅馬帝國政府特意委任駐不列顛的撒克遜基地防衛官負責指揮這些堡壘和信號台。但各種努力並不足以抵抗蠻族的入侵，在公元三六七年，蘇格蘭人從西部，皮克特人從北部，撒克遜人從東部，一起襲擊和蹂躪了哈德良長城，殺死了撒克遜基地防衛官。公元三八三年，羅馬大將馬格納斯·馬克西紐斯在不列顛稱帝，並率軍到高盧爭奪帝位。公元三九八年，為了抵抗善戰的哥特國王阿拉里克，掌握羅馬實權的軍隊統帥命令撤走在不列顛的駐軍。公元四〇七年，剩下的羅馬軍隊在不列顛推舉君士坦丁三世為帝，君士坦丁三世隨即率軍離開不列顛到高盧參加爭奪帝位的戰爭。公元四〇九年，所剩無幾的羅馬軍人和官吏被不列顛人徹底地趕出這個島嶼，羅馬人在不列顛的統治結束。

關於羅馬征服對不列顛的影響，一向眾說紛紜。就整個不列顛而言，在羅馬帝國未涉足的地區，凱爾特文化保持不變，在羅馬帝國的疆域內，凱爾特文明的基礎也依然存在。但是，此時代與前羅馬時期的主要區別在於，羅馬不列顛是個有文化的社會，與這種文化水平相關的是，羅馬不列顛是一個由法律條文主宰的社會，羅馬時期是個轉折點，它使不列顛從史前跨進了文明時代。然而，不列顛羅馬化主要是在城鎮和維拉中發生的，儘管制度、語言、文化、法律和生活方式都出現變化，但土著人有三分之二生活在鄉村，他們很少接觸拉丁文化，自然說着凱爾特語和崇拜凱爾特神祇。對不列顛的廣大人民而言，羅馬的佔領僅意味着沉重的賦稅和穀物輸出。羅馬人撤離之後城鎮和大維拉很快就衰落了，五世紀中期盎格魯—撒克遜人入侵時，不列顛仍是凱爾特人的家園。從外觀來看，羅馬人留下的只是羅馬大道和城市遺址，羅馬佔領雖長達三百多年時間，但它在不列顛後來的歷史上卻沒有留下甚麼痕跡。

作者點評

自然環境對歷史的影響曾被大大地渲染過，但後來又被很多人完全否定了。事實上，環境對人類歷史確實是有影響的，尤其在文明曙光初露時更是這樣，不列顛的早期歷史就是一例。不列顛是島嶼國家，它的歷史就受到海洋的巨大影響，海洋使它屢遭侵犯，但同時又使它開放，不得不面對外來的世界。不列顛的文明都是外來的，外來的文明來了去，去了又來，最後積澱成一個島國文明，積澱了不列顛民族的心態特徵。不過，在我們第一章講述的歷史中這種積澱還沒有形成，外來的文明僅僅是匆匆的過客。不列顛仍是洪荒之野，世界之邊，文明的曙光只留下幾道淺淺的亮痕，誰能夠想得到它以後會出落得如此輝煌？

第二章 盎格魯—撒克遜時期的不列顛

一、軍事征服

除了土著凱爾特人和羅馬移民的後裔之外，現代英國人的先祖還有一部分是從西歐大陸渡海進入不列顛的盎格魯—撒克遜人（Anglo-Saxon），他們是古代日耳曼人的一支。一般說來，在五世紀以前英國被稱為「布立吞」，自盎格魯—撒克遜人到來以後，才稱為「英格蘭」，其含義是「盎格魯人的土地」。

盎格魯—撒克遜人入侵不列顛的歷史，前後至少持續了一百五十年。他們最初是作為海盜，然後作為僱傭兵，最後作為拓殖者相繼進入不列顛的。早在公元二八七年，盎格魯—撒克遜海盜就首次掠奪了不列顛沿海地區。公元四二九年，他們深入不列顛腹地。然而，永久性地征服不列顛的不是盎格魯—撒克遜海盜，而是那些被僱來保衛這塊土地的僱傭兵。據英國最早的歷史學家吉爾達斯和比德說，英格蘭南部的沃提根國王在四四九年為了抵抗皮克特人和蘇格蘭人的侵擾，僱來了撒克遜人、羅馬老兵亨吉斯特和霍薩兩兄弟所率領的軍隊，六年後，來者在肯特和英格蘭東部建立了自己的王國。此外，約克、林肯和安卡什特的墓葬出土文物也說明，在公元五世紀上半葉這裡的確居住過日耳曼人僱傭兵。

與羅馬軍團不同的是，日耳曼僱傭兵不僅駐紮在英格蘭，他們還拓殖了這塊土地，並相繼引來了更多的同類。盎格魯—撒克遜人在各自的軍事首領的帶領下，一小批一小批地乘快速帆船沿泰晤士河、亨柏河和特倫特河，到達了英格蘭腹地。其中，蘇塞克斯王國的締造者艾爾勒帶來了人數最多的一支。比德把這些入侵者分為三支：來自丹麥半島隘口安根地區的盎格魯人、來自易北河下游的撒克遜人和來自日德蘭半島的朱特人。大致說來，盎格魯人定居在英格蘭北部，撒克遜人在南部，朱特人則住在懷特島和漢普頓郡一帶。他們基本上是從丹麥半島順北海沿岸南下，先進入萊茵地區，在那裡匯合後又進入不列顛。此外，也有一些來自下萊茵佛里西安地區的軍事部落。當然，日耳曼人這種集體遷入不列顛的行為純屬一種巧合，那時的日耳曼人只有部落的歸屬感，還沒有共同的日耳曼民族起源意識。

這些正處在軍事民主制末期，或稱為「英雄時代」的部落民，沒有技藝和文字，卻對戰爭和社會管理具有高超的能力。英雄史詩《貝奧武夫》(*Beowulf*)折射出那個時代的價值觀念，在盎格魯—撒克遜人的社會裡，最有力的人際紐帶是國王和親兵間的主從關係。部落親兵跟隨部落首領即「王」四處征戰，搶奪財寶和土地，國王又將戰利品分給親兵作回報。《貝奧武夫》中寫道，當英雄貝奧武夫除妖歸來後，「王」海格拉克回報給他的是土地、宅邸和官職。在這種社會裡，「王」國的生存在於部族首領和親兵們通過戰爭尋求戰利品的能力，因此，對「王」的背叛意味着親兵身份及其利益的永久喪失。在那個生活輾轉不寧、命運反覆無常的時代，為了生存的需要，人們崇尚英雄主義的道德標準：戰場上的勇敢、宴會上的豪飲和武器的鋒利。最受推崇的是因忠誠或獻身於國王而英名留世，正如貝奧武夫所說：「世上人人經生死，留取英名警後世。」

在軍事貴族社會的英雄主義文化價值觀和掠地劫物的現實生活需要的推動下，盎格魯—撒克遜人繼續

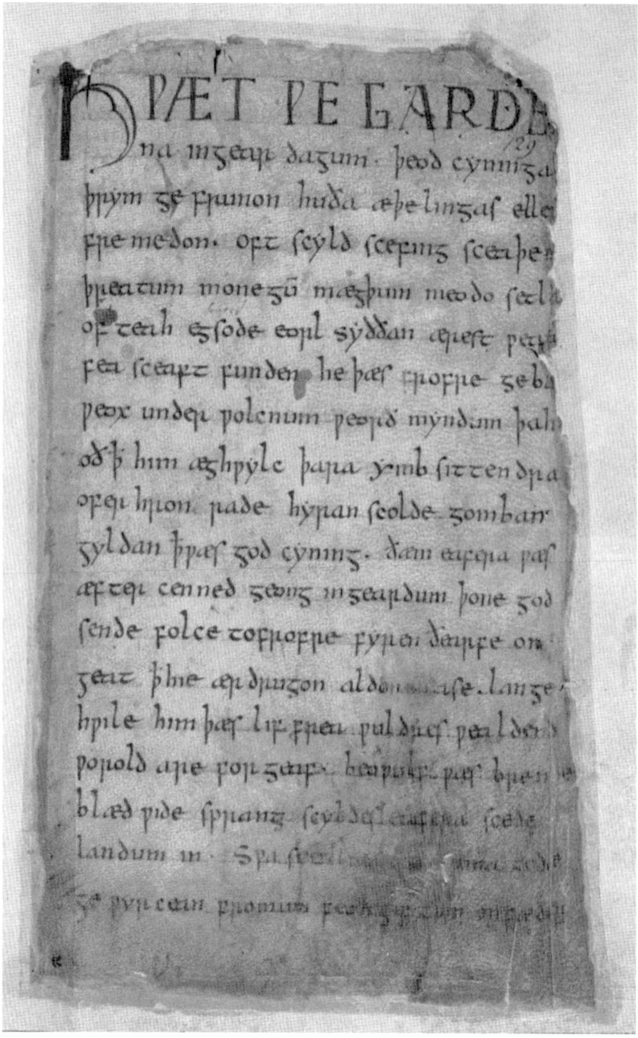

盎格魯—撒克遜詩歌《貝奧武夫》手稿，現藏於倫敦大英圖書館

亞瑟王與傳說中圓桌騎士的畫像

在不列顛推進。公元四四九年後，撒克遜人向西挺進，公元五〇〇年前後，傳說中的亞瑟王領導不列顛人在多塞特郡的巴頓山重創蠻族部落，使盎格魯—撒克遜人的前進停頓了五十年。公元五五〇年後，盎格魯—撒克遜人又繼續向西進軍。到公元六五〇年，他們在英格蘭已建立了許多個蠻族王國，其中重要的有七個：北部的諾森布里亞，中部地區的麥西亞，東部沿海地帶的東盎格利亞、肯特、埃塞克斯，南部的威塞克斯和蘇塞克斯。當然，土著凱爾特人並沒有被盎格魯—撒克遜人消滅殆盡，從約克郡到索爾茲伯里平原一線的西部地區仍居住着一些土著不列顛人。這個地區被稱為斯特拉斯克萊德。

但是，那些逃脫了屠殺、饑荒和疫病而幸存下來的凱爾特人，大多數變成了盎格魯—撒克遜人的奴隸。所以，在盎格魯—撒克遜語中「布立吞」與「奴隸」可以互換使用，這一點絕非偶然。從這時起，不列顛進入「七國時期」。

二、基督教的傳播

面臨着來自盎格魯—撒克遜人的接連不斷的入侵，不列顛社會元氣大傷。儘管田間的勞作並非全然荒棄，儘管人們把貨幣作為裝飾品和古玩而加以珍藏，但是，羅馬大道失去了養護，城市內部衰落混亂，維拉農作經濟和商品貨幣經濟不復存在。這是文明的斷裂還是連續？這種間斷性或連續性在廣度和深度方面又如何？這一直是歷史學家爭論的焦點。對此，要做出全面的回答是很難的。但是，我們至少知道，不同於軍事征戰的是，文化的作用總有着一種「隨風潛入夜，潤物細無聲」的特色。假如從宗教的角度看，基督教進入這個由親兵和農民構成的蠻族社會，似乎也隱含着一種對羅馬文化的延續。可以說，蠻族社會向基督教的皈依，在某種程度上說明了拉丁文化並未泯滅，就好像當初在羅馬時代，不列顛凱爾特土著文化保留下來並得到一定程度的發展一樣。

據說，公元五八五年，貴族出身的羅馬修士，後來位極教皇的額我略，在羅馬奴隸市場上看到幾個待售奴隸是金髮碧眼的盎格魯青年，問知他們仍是異教徒後感慨萬千。額我略立即懇請教皇派他去不列顛傳播基督教，教皇因其賢能而不忍放行。額我略當上了教皇後，得知肯特國王埃塞伯特娶了一個信仰基督教的高盧公主，於是，舊念復萌，便於公元五九七年派密友奧古斯丁帶領四十個羅馬教士，到肯特王國的首都坎特伯雷傳教。公元五九八年，埃塞伯特皈依基督教，並建立了坎特伯雷大教堂。公元六〇一年，奧古斯丁成為坎特伯雷第一任大主教。埃塞伯特的侄子埃塞克斯國王馬上步叔父之後塵，盎格利亞國王雷德沃德、諾森布里亞國王愛德溫也隨後效仿。國王的皈依帶動了親兵和百姓對基督教的接納，基督教終於在公元六六三年前後永久性地征服了英格蘭東南部。

然而，在英格蘭傳教最為成功的，還是那些原始而孤單的凱爾特人的基督教會，尤其是從愛爾蘭來的傳教士，在北部英格蘭人中間取得的巨大成就。愛爾蘭人信奉的基督教是由威爾斯人聖·帕特里克於五世紀初

坎特伯雷第一任主教奧古斯丁像

占士・威廉・埃德蒙・道爾（James William Edmund Doyle，1822—1892）所繪聖奧古斯丁向肯特國王埃塞伯特傳教場景

傳授的。由於他的努力，到六世紀初，大部分愛爾蘭人都已信奉基督教，修道院也成倍增加，以至於愛爾蘭的教會都依修道院方式組織了起來。院長成了地方社會的管理者，結果，在愛爾蘭，主教不但沒有轄區，而且要受修道院院長的管理。六至七世紀，那些從屬於故鄉某個修道院而雲遊四方的愛爾蘭傳教士，逐漸向高盧、法蘭克、蘇格蘭和英格蘭滲透。

公元五六三年，愛爾蘭教士哥倫布率領眾徒把基督教傳到蘇格蘭西部，他集教士和隱修士於一身，在離蘇格蘭西岸不遠的艾歐訥島建立許多茅舍修道院。諾森布里亞的奧斯瓦德曾因避難而暫住艾歐訥島修道院，公元六三三年，他成為諾森布里亞國王（六三三—六四一）時，麥西亞的異教徒國王彭達已把羅馬基督教使團從諾森布里亞驅走，奧斯瓦德只好向艾歐訥島的修道院求助，艾歐訥島修道院派基督徒艾丹到諾森布里亞的林迪斯法恩島，創建了英格蘭北部的第一個基督教修道院。這裡很快成為基督徒講經佈道與研習學術的中心，諾森布里亞也成為北英格蘭基督教的發源地。

這樣，在英格蘭南部的盎格魯—撒克遜人皈依羅馬基督教之時，凱爾特人基督教連同其特有的修道院制度已在英格蘭北部佔主導地位了。這就造成了英格蘭北部的基督教與東南部的基督教不同：第一，羅馬基督教繼承了羅馬帝國的中央集權觀、私有制和教階制度，管理權集中於主教手裡，劃分組織嚴密的主教管轄區；凱爾特基督教徒則由男修道院院長管理，所謂修道生活，實際上是在深山孤島上集體隱居，他們沒有私有土地，沒有主教制和教階制度，主持人是雲遊四方的傳教士，他們對其他教士只有極小而又模糊的權力。第二，羅馬基督教徒蓄圓頂短髮；凱爾特基督教徒模仿都伊德教徒蓄絡腮長鬍。第三，雙方都同意把復活節定在春分後的第一個滿月日，但凱爾特基督教把它確定在三月二十五日，羅馬基督教則定在三月二十一日。

麥西亞的異教國王彭達死後，艾丹的後繼者用凱爾特基督教征服了麥西亞。然而，在諾森布里亞，奧斯威（六四一—六七一）繼奧斯瓦德為王，他娶了傾心於羅馬基督教的肯特公主，王后要遵守復活節的四旬齋，這樣就帶來了急需解決的實際問題，即究竟復活節為何日？為此，公元六六四年，奧斯威在惠特比召集兩派要員開會，在會上，曾在羅馬研習過基督教的諾森布里亞人懷爾弗萊德，陳述了羅馬基督徒確定復活節的情況，指出三月二十一日是整個基督教世界遵循的日子。國王奧斯威考慮到王國統一的需要，宣佈支持羅馬派，並把復活節定於三月二十一日。這就是著名的「惠特比裁決」，它使英格蘭避免了因南北基督教教會傳統的不同而分裂的可能性，宗教的統一為以後幾個世紀中英格蘭走向政治統一創造了前提。這個宗教方面的初步統一完成於諾森布里亞國王之手，這不僅使諾森布里亞成為英格蘭的政治中心，而且，很快成為當時西北歐的學術文化中心。

此後，英格蘭教會在組織上的統一工作是由坎特伯雷大主教、小亞細亞人西奧多完成的。西奧多在六六九年被羅馬教皇任命為英格蘭大主教時，已經六十七歲，但是，他勵精圖治，老當益壯。公元六七二年，西奧多在赫特福德召開宗教會議，頒佈了在英格蘭進行主教制管理的教規，到他八十五歲過世時，已完成了英格蘭教會組織上的統一工作，還為英格蘭建立了宗教會議制度。到六九〇年，十四個主教區已遍佈英格蘭。

當然，除了上述一些人為的主觀因素之外，基督教在英格蘭的傳播及其統一還有以下幾個客觀因素：第一，盎格魯—撒克遜人信奉崇拜山水萬物並混有巫術成分的泛靈論，這種原始宗教無法回答生老病死等人類宇宙的問題，也沒有與農業社會的倫理道德相關的制度體系。基督教有關於天堂地獄和人之永生的說教，為走向定居農業社會的盎格魯—撒克遜人提供了有用的價值信念。第二，基督教反對暴力，保護穩定的婚姻生活和遺產繼承權，早已進入農業定居時代的英格蘭也需要這樣一種與王權政治相符的管理體系和秩序觀念，這就不可避免地選擇了羅馬基督教。基督教是一種具有成文經典的宗教，隨着這種宗教的傳授，居民識文斷字的能力在增長，居民在基督教文明的熏陶下，在語言、藝術、法律、教育等方面也在發展。而且，必須看到的是，在盎格魯—撒克遜時代的初期，組織程度最高的社會共同體無疑是以大教堂和禮拜堂為中心的群眾性宗教團體。幾個世紀中，手工業者、商人、扈從和無業遊民都因宗教的原因，蜂擁至建有大教堂的地方。所以，在羅馬撤出不列顛後，盎格魯—撒克遜人城市生活的最早復甦，無疑與大教堂的建立及基督教的傳播密切相關，這些以大教堂為中心的聚居地成為中世紀英格蘭城鎮的起源地之一。

三、「七國」和威塞克斯統一的努力

公元七世紀，在宗教統一的同時，英格蘭的七個王國中逐步出現三個較大的霸主——亨柏河以北的諾森布里亞、亨柏河以南的麥西亞和南部的威塞克斯。七世紀，諾森布里亞在國王埃德文（六一六—六三三）、奧斯瓦德（六三三—六四一）和奧斯威（六四一—六七〇）在位的五十多年間一度稱雄，大有統一英格蘭之趨勢，所以，這三個國王被史學家比德稱為「不列顛統治者」。在一個很短的時間內，奧斯威甚至把王國擴大到北起福斯河口，南至威塞克斯邊境的廣大地域。但是，諾森布里亞國王無法乘勝前進的原因，在於他們常處在腹背受敵的境地：北部的皮克特人、蘇格蘭人和南部的麥西亞人都經常對諾森布里亞進行侵擾。

到公元八世紀，統一英格蘭的可能性轉移到麥西亞國王手中。七一六年，麥西亞王埃塞爾巴德（七一六—七五七）已控制了埃塞克斯和倫敦，其繼承者奧發（七五七—七九六）是麥西亞最有成就的國王，也是阿爾弗雷德大帝之前最強大的英格蘭王。奧發在位期間，他先後取得了肯特、蘇塞克斯和黑斯廷斯，使麥西亞王國的勢力伸展到亨柏河以南的整個英格蘭。他還在威爾斯與麥西亞的交界處修築了「奧發土牆」，用以防禦威爾斯人的入侵。他改革幣制，鑄造了製作精、成色足、流通廣的銀便士。這種銀便士在奧發死後仍在海外流通達五百年之久。他鼓勵英格蘭人與歐洲大陸通商。這些政績使法蘭克王國的查理曼大帝和羅馬教皇亞德一世都很敬重奧發。可見，奧發獲得「盎格魯之王」的稱號是名副其實的。然而，九世紀興起的兩股力量卻摧毀了奧發統一英格蘭的大業，這就是威塞克斯王朝的興起和維京人（Viking）的入侵。

維京人主要是指挪威人和丹麥人。他們引人注目的擴張是一種全歐現象，對英格蘭和愛爾蘭的侵略只是其中的一個組成部分。而且，維京人入侵似乎有兩條戰線：一條是繞蘇格蘭北岸進入該島西部再南下，另一條是直接進入英格蘭東南部沿海地帶再前往高盧。維京人於八世紀左右進入了英格蘭、愛爾蘭，促進了不

維京戰士和戰船

維京戰船，現收藏於挪威奧斯陸維京船博物館

列顛封建農奴化和英格蘭的統一。維京人是勇敢善戰的民族，以貢品和戰利品為生。其遷徙的動機既是為了掠奪土地，更主要的卻是為了掠奪戰利品。他們往往乘春季的第一陣東風，乘坐長七十五英尺、架設十六對槳、右邊有駕駛座的高速帆船，身着鎧甲頭盔，手操鳶形盾和鐵戰斧，從海上飛馳而來。公元七八六年，維京人首次攻擊威塞克斯，但目的僅在於掠奪商人。維京人第一次較大規模地襲擊不列顛發生在八世紀九十年代中期，他們在三年間連續摧毀了不列顛人最著名的三個聖地：七九三年，搶劫林迪斯法恩修道院；七九四年，攻佔耶羅修道院；七九五年，攻擊艾歐訥島的聖·哥倫布修道院。半個世紀以後，維京人又大舉進擊英格蘭。八四一年，他們攻擊肯特、東盎格利亞和林德塞，八四二年，襲擊倫敦和羅徹斯特。八五一年，維京人第一次在泰晤士河口過冬。同時，維京人對愛爾蘭的攻擊也更頻繁了。八六六年，一支強大的維京人在東盎格利亞登陸，五年內就征服了麥西亞和諾森布里亞這兩個曾經一度強盛的英格蘭王國，並開始進攻威塞克斯王國。

當英格蘭的財富被搶劫耗盡之後，維京海盜把眼光從金銀財寶轉向了英格蘭肥沃的土地，開始嘗試一種定居的生活方式。在這片地廣人稀的沃土上，他們逐漸與原來的居民融合了。他們不僅帶來了維京人自己的語言、法律和習俗，而且，使現代英國人種在凱爾特人、盎格魯—撒克遜人的基礎上，又加入了維京人的血統。在英國歷史上，維京人較為集中的居住區被稱為「丹麥區」。

在維京人南下時，麥西亞王奧發於七九六年去世。這時，自六世紀以來就逐步發展起來的威塞克斯王國，在國王埃格伯特（八〇三—八三九）領導下，於八二五年在埃蘭丹尼打敗了麥西亞王國。此後，蘇塞克斯、肯特、埃塞克斯和東盎格利亞等地的「王」迅速向埃格伯特稱臣，尊稱他為「不列顛統治者」。威塞克斯王國發展的原因是它地處英格蘭南部較安全的地理位置，以及它具有向人口稀少的西部擴張的可能性。倘若維京人沒有繼續侵入英格蘭，威塞克斯王國很可能會乘埃蘭丹尼之勝而大大發展起來，甚至有可能統一英格蘭。

公元八七一年，埃格伯特之孫阿爾弗雷德繼位，是為英國歷史上著名的「阿爾弗雷德大帝」（八七一—八九九）。他六歲時被帶到羅馬朝聖，後來就一直留在那裡受教育。公元八七一年正趕上丹麥人由東往西大舉向威塞克斯王國進攻，阿爾弗雷德大帝繼位首年就與維京人交戰達十九次之多。最後，阿爾弗雷德只好向丹麥人繳納贖金使其退回，求得暫時的和平。八七八年冬，丹麥人再次突然進攻威塞克斯，佔領了奇彭納姆並大肆掠奪威爾特和薩默塞特。威塞克斯人逃的逃、降的降，阿爾弗雷德及一小隊忠勇將士被迫避入南薩默塞特邊遠的阿瑟爾尼島，這個有着茂密原始森林並由沼澤環繞的孤島使英格蘭國王得以生存。在阿爾弗雷德受到威爾斯人和丹麥人的夾擊之時，忠誠於阿爾弗雷德的撒克遜軍事貴族「塞恩」，偷襲了從威爾斯南部開往德文的二十三艘丹麥船艦。此後，阿爾弗雷德又宣召在薩默塞特、威爾特和漢普頓的民軍，在威爾特和薩默塞特交界處與撒克遜「塞恩」會合，然後在愛丁頓

阿爾弗雷德大帝（Alfred the Great）銅像

之役中大敗丹麥王古斯倫。阿爾弗雷德獲得這次決定性勝利的三週之後，丹麥王就欣然同意撤離威塞克斯，古斯倫還皈依了基督教，這樣才使英格蘭倖免於滅亡。公元八八五年，丹麥人在東盎格利亞撕毀和平協議，阿爾弗雷德趁勢於次年收復倫敦城，並與古斯倫訂立了一個對英格蘭更有利的條約，即把英格蘭兩分天下。分界線沿泰晤士河口到倫敦，繞倫敦北部到貝德福特，然後呈弧形穿過英格蘭到切斯特。線北為古斯倫的屬地，稱丹麥區，主要包括萊斯特郡、林肯郡、諾丁漢郡和約克郡，線南歸阿爾弗雷德大帝。這樣，麥西亞王國的西部、倫敦和英格蘭南部均併入了威塞克斯王國的版圖。

公元八九二—八九六年，丹麥人又一次在肯特登陸，深入腹地威爾特和切斯特，並在東盎格利亞長期逗留。這時，阿爾弗雷德看到由公社社員組成的民軍作戰不力，便着手建立新的防衛體系：他親自設計了船艦，組建了海軍；他把那些跟隨他南征北戰的軍事貴族「塞恩」和民軍都分為兩部分，一半在家務農，一半駐外打仗。這種任何時候都只有一半軍人在服役，另外一半在務農的亦農亦軍的做法，是英國歷史上的「民軍」制度的肇始。阿爾弗雷德還在王國境內每隔二十英里就修建一座擁有街道柵欄的城堡，既以它為設防中心，又是居民的避難所。在他所修建的三十多座城堡中，較大的城堡不僅是軍事要塞，而且很快在當地農業經濟發展中發揮了重要的作用，商人與工匠隨之遷移而來。這樣，軍事防衛與經濟發展融合為一體，加上阿爾弗雷德建設的道路體系，使這些「防衛中心」逐漸成為中世紀英格蘭城鎮的起源地之一。

阿爾弗雷德大帝不僅在軍事上戰功卓著，在文化方面也為英格蘭作出了巨大貢獻。儘管他沒能活着看到英格蘭統一在威塞克斯王朝之下，但是，他的法典和翻譯著作，以及他在位期間開始組織編撰的《盎格魯—撒克遜編年史》，都加強了其臣民的英格蘭民族意識，為英格蘭的統一奠定了心理和文化的基礎。比德早在八世紀上半葉，即統一的英格蘭杳無蹤影之時，就已經看到基督教的作用，看到他的同胞在統一的英格蘭教會中分擔着共同的命運，有着共同的組織，為此，比德設想出一個「英吉利民族」的術語，從而寫下了命名為《英吉利民族的教會史》這樣一本偉大的著作。一個多世紀以後，到了阿爾弗雷德大帝在位的時期，這位賢明的國王在綜合威塞克斯法典、肯特法典和麥西亞法典的基礎上，頒佈了影響深遠的、英國的第一部法典《阿爾弗雷德法典》。此外，他還組織力量把教皇額我略的《牧師要職手冊》和《對話》、比德的《英吉利民族的教會史》、奧羅修斯的《反世俗的歷史》、博緒埃的《哲學的安慰》、聖·奧古斯丁的《自述》等神學、哲學和史學著作，從拉丁文翻譯為古英文。

阿爾弗雷德大帝臨終之時，把王位傳給其子「長者愛德華」（八九九—九二四），愛德華沿用父親的修道築壘戰術，穩固地向丹麥區推進，並得到其姊麥西亞女郡主埃塞爾弗萊德的幫助。埃塞爾弗萊德也逐年地在自己的領地上修建一些碉堡和防禦工事。女郡主過世後，愛德華於九一八年徹底地把麥西亞和威塞克斯合併起來。這樣，威塞克斯王國的疆域向北推進到了亨柏河。公元九二五年，長者愛德華的兒子埃塞爾斯坦（九二五—九三九）繼位，他又把整個英格蘭北部統一到威塞克斯王朝之內。他的策略是利用英格蘭北部的老丹麥人對那些新近從愛爾蘭東渡而侵佔了約克城的「北方丹麥人」的仇恨，進行分離運動，使丹麥人的王國彼此之間不團結，從而奪取了約克城，建立了威塞克斯王國在北方的優勢。公元九三九年，埃塞爾斯坦過世，新國王埃德蒙（九三九—九四六）一度喪失疆土，九四四年他又再次驅逐北方丹麥人而重建英格蘭人的統治，以至於到埃德加（九五九—九七五）在位期間，英格蘭出現了和平安寧的局面。總之，在上述幾位君王統治的十世紀上半葉，他們繼續追隨阿爾弗雷德大帝的遺願，為英格蘭的統一打下了基礎。這時也是英格蘭君主制及王權建立的時期。

四、社會、文化和經濟

對於英格蘭君主國的建立，上述地理學上的開疆擴土只是一種外在的體現，它真正的內涵是建立一種適合英格蘭人的王權制度。早期的盎格魯—撒克遜諸王幾乎都是氏族部落時代末期的軍事首領。在軍事首領向君王轉變的過程中，基督教起了重要的作用。基督教的加冕儀式提高了王的地位，使之成為有別於其他軍事首領的上帝的代表，基督教提倡的公開的吻劍儀式又增強了臣民對君主的效忠感。帶領親兵住在自己領地上的軍事首領，開始成為對其忠誠的官吏，即鄉村的郡長和市鎮的長官的君王。緊接着，王位長子繼承制的逐漸穩定、國王對土地徵收的實物稅及其對臣民的司法管理權等，都使君王的權力和職能在不斷增長。尤其重要的是，君主有權徵收「丹麥金」，這種為抵禦丹麥入侵者的蹂躪，或為抵抗丹麥軍隊籌備軍費而課徵的賦稅，是西歐最早的「國稅」。丹麥金後來作為土地稅延續下來，一般為每一百二十英畝土地徵收兩先令。除了這些職權外，隨着征戰的頻繁，君王在外交方面的權力也遠遠地超越了軍事首領。他們可以用發佈特許證的形式授給軍功卓著的臣民土地，他們能在王國之間交換使節。

每當做出重大決策之時，國王都召集「賢人會議」，應召者為軍事貴族、男修道院院長、宮廷侍從等。賢人會議的地點、時間和應召出席者並不固定，但會議的權力卻很大。賢人會議不僅討論王國內外事務、發佈法令和簽訂契約，還批准公共事務和王國宗教活動。賢人會議甚至有權在國王遺囑不清的情況下推舉王位繼承人，阿爾弗雷德大帝就是由賢人會議繞開先王的兒子而擁立的。公元九三一年三月二十三日，威塞克斯國王埃塞爾斯坦在科爾切斯特召開了一次賢人會議，參加者有威爾斯王、三十七名「塞恩」、十三個郡長、三名修道院院長和十五名主教。賢人會議自此成為一個較為固定的設置，成為國家政治生活中的重要力量，但它與英國議會的起源並沒有內在聯繫。

使英格蘭王權得到加強的還有國王的內廷。在盎格魯—撒克遜時代國王有許多內侍：膳食管家、執事、典禮司儀官、財務管家和由教士擔任的書記等，但只有財務管家和書記佔有重要位置。財務管家管理王的衣服、武器、珠寶、金錢等，後來發展成度支部（國庫）；書記負責替國王起草拉丁文的賜地文書，並用簡潔的英文替國王撰寫各種文告，實為國王的收發處，後來發展為秘書處。

與此同時，郡和百戶區的出現，也標誌着一種以血緣和家臣關係為基礎的部落「王權」，過渡到一種以佔有領土為基礎的地域性君權。「郡」的建制最早在威塞克斯和東盎格利亞出現，它的起源十分複雜。有時郡本身就是統一前的小王國，如肯特郡就是肯特王的領地；有時也因部落領地的分割而形成郡，如諾福克郡就是這樣出現的。有時，一個城鎮及其周圍的區域自然發展成了一個郡，如多塞特郡的形成。到十世紀時，威塞克斯的幾代國王把這種建制推廣到英格蘭中部。而且，各郡都設有每年召集兩次的郡法庭，郡法庭實為一種履行國王行政命令、制定和頒佈地方法案，對民間案事和宗教訴訟進行判決的自由民集會。郡長由國王指定，由那些自願承擔某些義務的並有權勢的地方貴族擔任，其任務主要是閱兵和徵稅。大約到埃德加統治時期，英格蘭的郡制區域劃分才穩固地確立，基本上一直沿用到一九七四年。到了十一世紀，一個郡長往往同時管理幾個郡，郡法庭就由郡守即郡長的行政代理人統轄，這樣，郡守成了國王和地方法庭之間的關鍵人物。郡守之下的監守執行官統轄着郡的下屬單位「百戶區」，百戶區法庭是英格蘭基層的司法和管理機構，它每四週在露天場合召開一次會議，主要處理諸如偷盜牲口和買賣土地等事宜。百戶區法庭也負責攤派一些公共義務，如為軍隊提供給養和划槳手等。然而，百戶區不是地方行政體系的最底層，為了加強法制，居民組成十家相互負責的團體「十戶區」。在英格蘭的歷史上，「郡」、「百戶區」和「十戶區」的起源都缺乏明晰的線索可尋，或許可以說，在英格蘭歷史上地方行政區的設置與司法制度的形成密切相關，而他們都是在日常生活中逐漸約定俗成的，國王個人只是將這些自然形成的建制和司法習俗規範化而已。這樣，王國、郡、百戶區和十戶區就構成了一套自上而下的行政體系。這種四級建制體系的形成是英格蘭走向統一以及君主制運作的基礎。

那些在百戶區法庭和郡法庭擔任法官的郡守、主教和塞恩都遵循一種古老的不成文的「習慣法」。這種法律體系與羅馬法相去甚遠，因為羅馬人視法律為統治者意志行為的結果，日耳曼人則視法律為民間不可改變的習俗。在盎格魯—撒克遜時代的英格蘭，賢人會議和君王都可以修改法律，甚至實施新法，但這些法律從來就不像羅馬法那樣作為統治者的意志而具備包羅萬象的含義。反之，大量的習慣法是由地方法庭會議的執法人通過宣講而一代代傳下來的。在盎格魯—撒克遜時代的英格蘭，國王們解釋法律而不是創造法律，而且，人們認為法律越古老越美好。這一點恰恰反映了王權力量微小時代的風貌。這種法律體系是由盛行親族庇護和血親復仇的氏族部落社會，向強調公共秩序以保護和平與穩定的社會過渡時代的產物，標誌是從血親復仇讓位於賠償金和罰金制度。按習俗，賠償金的數量因受害者的社會等級地位和被損壞部位而有差異：殺死普通人賠償二百先令，貴族則為一千二百先令；打壞人的鼻子賠六十先令，敲掉一顆牙為八先令。然而，不論是進行血親復仇還是索取賠償金，都得在郡法庭或百戶區法庭通過與現代法庭相似的訴訟程序而決定。可見，英格蘭習慣法的最主要特點是它的大眾性，即法律主要由那些在法庭上起作用的一代一代相傳的民眾習俗構成。國王儘管參與創建了郡法庭和百戶區法庭這些建制，自己則很少司職於法律，其責任主要是監督這類以會議形式存在的法律設置來實施法律。

由於史料缺乏，對於該時代的社會結構的了解，在很大程度上只得依靠留存至今的六世紀晚期開始起草的威塞克斯《伊尼法典》以及史詩《貝奧武夫》、《凱德蒙宗教詩歌》和艾爾弗雷克的散文等，尤其要依靠九世紀的《阿爾弗雷德法典》。儘管法典所透析出來的多是「社會應該是甚麼樣」，而不完全是「社會實際是甚麼」，但在缺乏其他史料的情況下，法典、詩歌和散文也是一個有力的佐證。就整個英格蘭社會而言，所能利用的法典有肯特國王埃塞伯特在六〇二—六〇三年頒佈的法典、十一世紀克努特（一〇一八—一〇二三）的法典等。但是，對該時代的凱爾特人社會而言，此類歷史證據無法尋到，北方的皮克特人完全無法典可言，蘇格蘭人只有一篇關於其習俗的文章。另外，威爾斯王海威爾·得達在十世紀中葉頒佈過一部法典，但至今尚存的版本是否是原始法案還是個問題。至於愛爾蘭，八世紀早期就有過法典大全，後來編入《大傳統》中，但後世的專業法學家對其進行人為加工，從而使它失卻了真實性。儘管如此，從中演繹出一個普遍的模式仍是可能的。

這個模式就是在盎格魯—撒克遜時代，整個不列顛社會基本都處在軍事貴族的統治下，但是，從法典中規定的殺死不同社會地位的人需支付不同的賠償金來看，它在某種程度上已存在社會的等級區分。在該社會，人數最多的是在英格蘭被稱為「刻爾」，在愛爾蘭被稱為「波愛爾」的「自由民」。在威塞克斯，殺死自由民的賠償金為二百先令，在愛爾蘭為五頭奶牛。歷史學家大多認為，自由民是佔有一海得土地能養家活口的農民，他們除了對教堂提供實物和為國王提供軍事服役以外，沒有其他義務。現在的研究表明，這種說法過於簡單化，事實上刻爾內部的差別很大。另外，儘管自由民的租佃依附性和他們與主人的關係是日耳曼社會本來就固有的。但是，自十世紀起，自由民的義務具有相當大的強制性，小土地所有者變成了「半自由民」，他們在軍事上的作用也相對減小。

身份在自由民以下並為自由民佔有的人是「奴隸」，法律規定殺死此類人無需支付賠償金。身份高於自由民的是「貴族」，這類人本身就擁有許多自由民沒有的權利。在盎格魯—撒克遜時代的初期，「蓋西斯」一詞是指國王的隨從，後來指在各自的地產上定居的貴族，而不再是《貝奧武夫》中所描寫的直接由王供養的武士。九世紀時用「塞恩」一詞取代「蓋西斯」，指對王有軍事義務和依附關係的貴族，王以授予土地的方式回報其服務。「塞恩」對其租佃依附農具有司法權，他們在郡法庭和百戶區法庭擔任公職。塞恩內部有着身份地位的差異，它們由賠償金的多少決定。這種身份地位可通過向國王交納繼承捐後得以繼承。在威塞克斯，塞恩的賠償金有從六百到一千二百先令的不同等級。當時，在凱爾特人社會和盎格魯—撒克遜人社會，身份都是可以繼承的，但不是不可改變的，例如，那些無力支付賠償金的自由民就可能淪為奴隸。在愛爾蘭，自由民一般也是有一海得土地便足以維持家庭生計的農民，但有五個以上扈從的自由民就成為貴族。在這個等級制社會中，宗教人士有相應的身份地位之分，主教的社會地位類似於郡長，而教士的地位相當於塞恩。那些渡海從事三次以上商業貿易，並獲得成功的人，也可獲得與塞恩相同的身份地位。

總之，經過數世紀的演變，到了十世紀時，英國社會已存在有明顯區分的等級層次，只是社會等級不是由法律界定的，而是由習俗和名分確定的。最上層是那些與王有血緣關係的人士、宗教首領、各郡的郡長以及隨王出征並擁有地產和宅邸的塞恩；在此之下是處於社會中層的數量龐大的自由人和半自由人，包括租種土地並為主人服兵役的「格尼特」和通過勞役地租換得三十英畝土地租種的「格布爾」；再往下還有只種五英畝土地處於社會最底層且完全沒有自由的奴隸，他們有些是前撒克遜時代土著居民和凱爾特人的後裔，有些則是因個人或家庭蒙難而降為奴隸的盎格魯—撒克遜人。在這樣的社會裡，主僕關係仍然是至關重要的，一個人如果沒有主人就意味着處在社會基本結構之外，除非他本人就是主人。由於下層人對主人的依賴逐漸超出了對親族的依賴，實際生活中存在的各種各樣的主從關係也就逐漸地超出了親族關係的範疇。《阿爾弗雷德法典》言明：「如果某人的主人受到攻擊後其親屬未能為其復仇，這個人可以為主人作戰」，「如果某人的親屬受到不公正的攻擊，這個人可以為親屬作戰，但不得對主人作戰，這是不允許的」。

關於盎格魯—撒克遜時代的社會職業結構，公元十世紀的恩舍姆修道院院長、英格蘭最早的散文家艾爾弗雷克簡單地概括為：王權依靠三個支柱——勞作者、說教者與作戰者。他說：「勞作者係為我等提供衣食之人，唯犁耕播種者專事之；說教者為我等求助上帝，並在基督的臣民中弘揚福音之僧侶，唯此專事聖職者方使我等蒙恩受惠；作戰者係以武器防範臨近之敵，為我等護衛城市及家園之人。」無論從社會職業結構和等級結構來看，如簡單地把該時代的社會分為有權勢的貴族和卑微的農民兩類，很可能就會忽視貴族之間彼此的差異，也會忽視農民之間彼此的差異，也會忽視在長達數世紀中的社會流動和社會變化。

到了十一世紀，盎格魯—撒克遜人統治下的英格蘭顯然較不列顛的其他地區富裕，因為其他地區未受到發生在北海流域以及英格蘭與歐洲之間的商業貿易的影響。但是，盎格魯—撒克遜時代的英格蘭與不列顛的其他地區一樣，基本上仍是一個農業社會，直到十一世紀，英格蘭仍有十分之九的人口居住在農村，農產品佔絕對優勢。其實，在羅馬人撤出不列顛之後的幾個世紀中，英格蘭的農業生態環境和耕地面積沒有發生大的變化。也就是說，盎格魯—撒克遜人到達不列顛之後是在原有的土地結構上進行開發利用的，而不是在已被荒蕪的土地上進行再拓殖和重新構建農業生產結構。

在盎格魯—撒克遜時代，凱爾特人使用一種兩牛牽引的單把鐵鏵的輕型犁，它在英格蘭南部的白堊淺土地帶是適用的。對於強調種植穀物而需深耕深耙的盎格魯—撒克遜人，以及對泰晤士河流域和中部米德蘭地區的黏土地帶而言，這種輕型犁就不適用了，需要一種既帶有一柄能切斷草根的犁刀，又帶有一柄能深翻土地的犁鏵的輪式重型犁。在輕型犁變重型犁的過程中，羅馬人發明了犁刀，而丹麥人貢獻了犁輪。這種輪式重型犁特別適用於在黏土地帶和低地林區墾荒，而且，在黏土地帶使用這種犁往往要用八牛雙軛並駕拉牽，這種重型犁大概出現在盎格魯—撒克遜人統治的後期。

由於八頭牛一起拖曳重犁耕地時不便掉頭，這種技術在凱爾特人傳統的小型方地上便無用武之地，所以，盎格魯—撒克遜人的犁溝一般長達二百二十碼。同時，農民中一家一戶就有八頭耕牛的也很少。這樣，在盎格魯—撒克遜時期，犁地成為一種合作性勞動，在犁好大塊長形土地之後，每家每戶再從犁好的敞地上分得條田耕地。條田式敞地的面積一般在十六—三十英畝不等，農莊往往置於敞地的中心，這就是盎格魯—撒克遜時代的「敞田制」。在農業種植技術方面，盎格魯—撒克遜時期的英格蘭人主要實行二圃制，即把所分得的條田又分為二圃，一圃休荒，另一圃又分成兩半，一半種上冬小麥和黑麥，另一半在春季播種黑麥和裸麥，次年輪換。這種集體佔有分戶使用的形式還推廣到對草地、公地和林地的使用方面。生產乾草的地帶也劃分為塊，公用草地和林地則是人人都可以在那裡放羊牧牛和砍柴拾薪的地方。在農業經濟生活中，莊園成了最主要的組織結構，其基本結構為：屬於莊園主的地產，居住在這片田莊上的處於依附地位的農民。

盎格魯—撒克遜時代的農業經濟並非全是自給自足的性質，其產品還要供養修道院、教會和那些遷入自治市和城鎮的商人。在六世紀時，自治特許市尚不存在，到一〇八六年已有七十一個王家特許自治市。此類城鎮中有市場、鑄幣廠、行會、市鎮法庭和市鎮租借地。自治市鎮對國王是十分忠誠的，因為是國王設立了鑄幣廠，允許舉行集市，指定市法院的監管，劃撥可以出租和自由買賣的土地。這時的自治市鎮規模很小，倫敦只有一萬二千居民，約克鎮有八千人，林肯和諾域治有五千人，劍橋有一千三百人。這類自治市鎮興起的途徑多種多樣：有的圍繞一片王家地產而形成；有的因大主教教堂或大修道院的存在而形成；有的則由阿爾弗雷德大帝及其後繼者興建的防衛中心發展而成。無論其形成途徑如何，自治市鎮的興起總帶動着商貿的發展和商人階層的形成。

羅馬時代的結束一度帶來了英格蘭貨幣經濟的衰亡，所以，羅馬鑄幣在不列顛的流通到公元五世紀停止了。七世紀時隨着社會秩序的穩定，商業的復興，鑄幣又開始流通。隨着彭達的鑄幣和奧發的高品位銀便士的使用，英國開始向歐洲大陸出口羊毛、奶酪和奴隸，並從歐洲大陸進口玻璃製品、精巧陶器、銀質器皿和葡萄酒類。在阿爾弗雷德大帝在位時，英製斗篷成為遠銷地中海的時裝。維京人的入侵一度使不列顛與歐洲大陸的貿易中斷了，同時卻又促進了不列顛與波羅的海區域的貿易。自七世紀中葉以來，重要的商業城鎮一般分佈在沿海地區和沿河地區，如威塞克斯王國的南漢普頓，肯特王國的福德威奇、薩爾、多佛、桑德維奇。倫敦城對肯特、蘇塞克斯和麥西亞都有十分重要的經濟意義，人們經海路和陸路來到這裡，比德形容它「商旅輻輳」。另外，還有東盎格利亞的伊普斯維奇和諾森布里亞的約克鎮，也是盎格魯—撒克遜時代的商業中心。在盎格魯—撒克遜時代，南漢普頓城已佔地七十二英畝，人口稠密，街道規整，生產金屬製品和木製品，另外這裡還有鑄幣廠，並有較為發達的製陶業和紡織工業。此外，在內地還有大量的初具規模的商業中心存在，如中部地區的班伯里和梅爾頓莫布里，肯特的梅德斯。這些地區與羅馬或前羅馬時代的移民有商業上的聯繫，倫敦和南漢普頓因國際貿易而發達，但大多數自治市鎮的富源主要來自不列顛本土的貿易。那些在大街小道上穿梭行走的商人主要販賣鐵器、鹽類。德比郡的鉛、懷特霍斯的奶酪、芬蘭德的酒、威塞克斯的美服以及各地鐵匠打製的頭盔和劍，都在英格蘭各地行銷。但是，在十二世紀之前，在蘇格蘭、愛爾蘭和威爾斯則沒有此類自治市鎮和如此發達的商業。

在盎格魯—撒克遜時代，文化教育的發展與基督教的傳播及修道院的建立息息相關。公元五九九年，聖·奧古斯丁到達肯特王國首都坎特伯雷之後，立即建立了聖彼得和聖保祿修道院。一個世紀後在梅爾梅斯堡、伊利、韋爾矛斯，甚至於整個英格蘭都出現了此類修道院。那時，從國王到普通農民都熱衷於進院修道，這種宗教的熱情反映了人們的價值觀從英雄時代的異教觀念向基督教世界觀的轉變。最有代表性的是年輕的聖·卡斯伯特從騎士向修道士的轉變，他脫下令人厭倦的戎裝，步入了梅爾羅德修道院，成為修道院院長，後來又成為著名的林迪斯法恩修道院的院長。公元六七六年，他在林迪斯法恩修道院建起了一座四周有草石混泥土牆的棚屋，以大麥、洋蔥為生，開始在一種完全隱修的狀態下創作讚美詞。

在盎格魯—撒克遜時代還有一座位於懷特拜的著名的女修道院，由女院長聖·赫爾塔管理。這裡後來發展成為培養主教的集訓中心。到公元八世紀，英格蘭的基督教使團甚至在西撒克遜人溫弗雷斯（化名博尼費斯）的帶領下，跨過英吉利海峽去大陸傳教，成功地使圖林根、黑森和巴伐利亞人皈依了基督教，對德意志的歷史產生了影響。

基督教的傳播和異教徒的皈依推動了不列顛教育和藝術的發展。基督教是一種以經文傳播的宗教，只有那些能讀解《聖經》的人才能對它有深刻的理解。因此，自聖·奧古斯丁時代英格蘭就有了學校，但是，直到六六九年，小亞細亞的西奧多擔任英格蘭大主教後，才開始在坎特伯雷大教堂系統地教授拉丁文、希臘文和羅馬法，同時也教授教會音樂和宗教曆法的計算，以及宗教韻文詩的創作方法。公元六八二年，西奧多的朋友、收藏家班尼狄克·比斯科普在諾森布里亞的韋爾矛斯和耶羅建立修道院，並在修道院中收藏了一些歐洲最好版本的希臘文和拉丁文書籍。

同時，歐洲學術界的泰斗、英國第一位神學家和史學家比德（六七三—七三五）於七歲時進入韋爾矛斯

早期基督教僧侶推動了英國文化發展

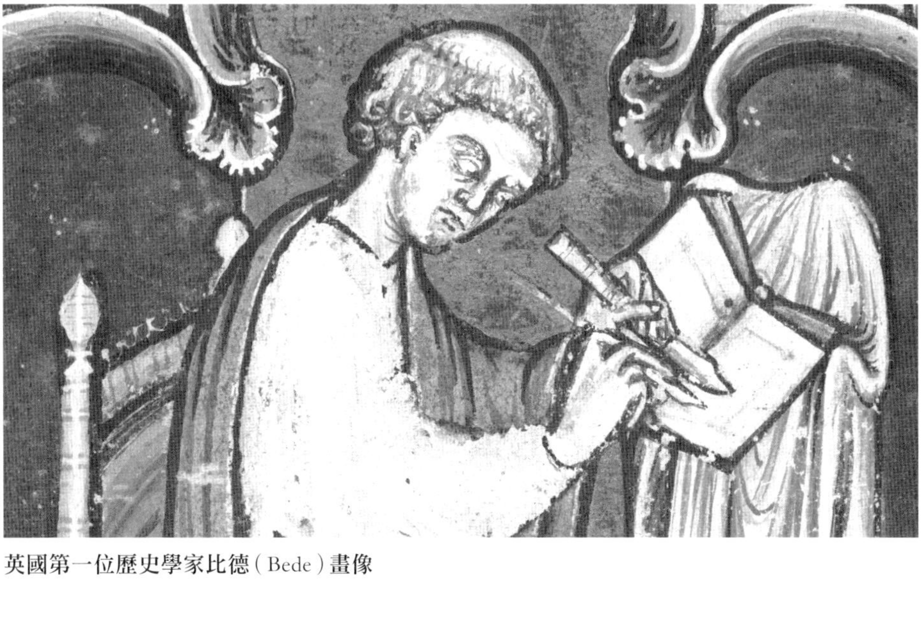

英國第一位歷史學家比德（Bede）畫像

修道院，在這裡度過了一生，並不時地到耶羅修道院研習經史。到七三五年比德六十三歲過世時，他已撰寫了科學、史學和神學方面的著作共三十七部，他的關於《聖經》的闡釋及其他神學著作，對中世紀歐洲文化的發展產生了巨大影響。在其最偉大的科學著作《時間之性質》中，他發展了基督教史學的奠基者、巴勒斯坦凱撒里亞地區的主教優西比烏（約二六〇—約三四〇）的紀年方法，提出以傳說中的耶穌基督誕生之年為基準，其前為「B.C.」（「基督誕生之前」），其後為「A.D.」（「我主紀年」）的紀年方法，被後人採用至今。他寫出了一本英國最早和最詳盡的歷史書《英吉利民族的教會史》。後來，比德的學生阿盧因跨過英吉利海峽，把英國教會辦學的經驗帶到大陸，在查理曼大帝宮廷中辦起了學校。

公元八—九世紀諾森布里亞藝術和教育的繁榮，得力於諾森布里亞國王所創造的安定的政治環境。維京人的入侵一度擾亂了這種安定，諾森布里亞等地的大修道院均被焚毀，藝術和文化教育一度隨着修道院體系的毀壞而衰落。阿爾弗雷德大帝力圖恢復修道院教育制度，但未成功。直到十世紀，阿爾弗雷德大帝的後繼者又通過努力，使整個英格蘭佈滿了修道院。這一復興運動是在克呂尼派的影響下發生的，國王埃德加甚至自命為「全體教士之父」來支持這個復興運動。經過克呂尼派的基督教復興運動，在九六〇—一〇六六年間，英格蘭又新建了約六十座修道院，在這個過程中從國王到塞恩都積極地劃出土地讓與修道院，結果，教界幾乎佔去了英格蘭三分之一的土地。修道院的重建意味着英格蘭教育的復興，但是，這次教育的復興不再依賴於拉丁文，而是促進了一種用古英語寫作的本土文學的興起。這種本土文學的根基是七世紀的《凱德蒙宗教詩歌》。據比德記載，凱德蒙是一個不識拉丁文的諾森布里亞農民，他把教士所講的《聖經》故事，用盎格魯—撒克遜語編為押韻的詩歌。後來人們把許多不一定是他編的英語宗教詩歌也統統稱為「凱德蒙組歌」。這些詩歌包括《但以理書》、《出埃及記》、《創世紀》等。到十—十一世紀時，具有凱德蒙傳統的英語詩歌得到了進一步的發展。同時，恩斯哈姆修道院的院長艾爾弗雷克把《舊約聖經》的一部分翻譯為英語，並用英語寫了不少訓誡、牧師通訊、聖徒傳之類的書籍。通過他的傳教和寫作，創立了一種新型的英語散文。

五、盎格魯—撒克遜時代的結束

在公元九七六—一〇一六年間，英格蘭的君主制受到了來自內部和外部的挑戰。從內部來說，年僅十三歲的埃塞爾雷德（九七八—一〇一六）是在猜疑和不信任的氣氛中繼位的，本人又軟弱無能。從外部來說，在沉寂了半個世紀之後，維京人再次大舉入侵。公元九八〇年，有英格蘭王室血統的挪威人奧拉夫·特里格維松，帶領九十三條船艦在福克斯通登陸，掠奪了肯特和東盎格利亞沿海地區。在九九一—九九四年間，英格蘭人曾以賠償兩萬鎊銀子換得了暫時的和平。九九四年特里格維松又與丹麥人斯韋恩一起帶九十四條船艦來犯，大肆掠奪了英格蘭南部的鄉村。一〇〇二年，埃塞爾雷德與諾曼第公爵的妹妹愛瑪結婚。這就為半個世紀後諾曼人征服英格蘭留下了藉口。而且，到一〇〇二年贖買和平的丹麥金已增加到二萬四千鎊銀子，一〇〇七年為三萬鎊、一〇一二年為四萬八千鎊。交納丹麥金並沒有阻止丹麥人的騷擾，一〇一二年，丹麥人搶劫了坎特伯雷大教堂並殺死了大主教。一〇一三年夏，斯韋恩決定征服整個英格蘭，丹麥船艦大舉開進英格蘭，秋天斯韋恩被丹法區的老丹麥人接納為王，一〇一三年底，整個英格蘭都被迫承認了斯韋恩的王權。一〇一四年二月，斯韋恩暴死，英格蘭貴族又把逃到諾曼第避難的埃塞爾雷德國王接回英格蘭。一〇一六年四月，埃塞爾雷德死於倫敦，倫敦城的貴族和市民推舉埃塞爾雷德之子埃德蒙為王，但七個月之後埃德蒙也死去。

這時，混亂不已的英格蘭需要一個強有力的國王，於是，斯韋恩之子克努特就輕而易舉地成為第一個真正統一了英格蘭的國王。克努特力主調和征服者和被征服者之間的感情，他既得到了丹麥人又得到了英格蘭人的效忠，並向北攻下了處於斯特拉斯克萊德國王統治下的坎北蘭。為了與諾曼第公爵結盟以保持一個穩定的局面，克努特於一〇一七年與埃塞爾雷德的未亡人、諾曼第公爵之妹愛瑪結婚。克努特還以英格蘭諸國王的法典為基礎制定了新法典，一〇一八年，他在牛津宣召有名望的丹麥人和英格蘭人，發誓遵從埃德加的法典並給人民帶來和平。他建立了一支親兵衛隊和海軍以維護國內外的安寧與和平。一〇一九年克努特繼承丹麥王位，一〇二八年又繼承了挪威王位。這樣，他身兼北歐兩王國的國王和歐洲重要君主國英格蘭的君主，組成了一個龐大的克努特帝國。一〇二七年，克努特到羅馬參加神聖羅馬帝國皇帝的加冕禮，他力請皇帝減輕英格蘭香客和商人在其境內出入的通行稅，並請求羅馬教皇減輕英國大主教在接受聖職取回教皇頒發的白羊皮披肩時所負擔的費用。克努特死於一〇三五年，時為四十歲。但是，在十九年的任期內他已經使英國傳統的管理制度得到了恢復。

克努特留下了兩個兒子，一個是克努特與諾森布里亞公主埃爾吉弗所生之子哈羅德，他於一〇三五—一〇四〇年統治英格蘭。克努特和前妻所生長子哈德．克努特則在一〇三五年克努特過世時被封為丹麥國王。一〇四〇年，哈羅德病死後哈德．克努特又入主英格蘭，挪威則在一〇三五年克努特死後獨立了出去。一〇四二年哈德．克努特死去。這樣，丹麥世系的國王對英格蘭的統治到此結束。一〇四三年復活節，英格蘭臣民迎回了先王埃塞爾雷德與愛瑪所生的、寄養在諾曼第公爵宮廷內的、有一半英格蘭血統和一半諾曼第血統的「虔信者愛德華」（一〇四二—一〇六六）。

作者點評

這是一個混亂的時期，羅馬時代突然結束，不列顛島退回到沒有文明的「黑暗」中去，在世界歷史上，這幾乎是絕無僅有的事例。在後來的幾百年時間裡，不列顛必須重新編織文明，從「野蠻」中再一次走出來，文明可說是從頭開始。盎格魯—撒克遜人進入不列顛時還處在「英雄時代」，即我們通常所說的部落時代，國家消失了，它必須重新建立一次，因此我們就看到一個盎格魯─撒克遜人的國家形成期，混亂於是就不可避免。歷史週而復始，文明死灰復燃，這真是一個獨特的現象，但幾百年時間荒廢了，歷史如何經得起此等「浪費」？不過盎格魯─撒克遜時期卻給英國民族留下了永恆的印記，現在的英國是盎格魯─撒克遜時代的後裔，在此之前歷史只是片斷，在此之後它連成了一條線。

第三章 諾曼第征服和封建制度的發展

一、諾曼第征服和封建制度的確立

諾曼第位於法國塞納河下游，它是個由丹麥人建立的公國，直到一〇六六年還是相當原始落後：該地沒有成文法，只有習慣法；沒有盎格魯—撒克遜人已分為三部分的王室宮廷，只有公爵府邸。然而，虔誠的基督徒、征服者威廉卻是一個在戰場上驍勇頑強，在宮廷中威嚴擅權的人。

威廉是羅貝爾公爵和農女阿利特的私生子，父親英年早逝，亡故於赴耶路撒冷朝聖的途中。七歲的威廉便即位為公爵。艱辛的生存環境培養了他不屈不撓的意志，養成一種目標與堅韌同在，殘忍與寬厚結合的能力。正是這樣一個人，在一〇六六年帶領諾曼第軍隊渡過海峽，與英王哈羅德交戰，並成為勝利者。

當然，威廉從海峽對岸來英格蘭稱王並非完全事出無因：一〇六六年一月，虔信者愛德華死後無嗣，這就給威廉提供了要求英格蘭王位的藉口。諾曼第公爵聲稱，愛德華曾在一〇五一年邀他訪問英國時，許諾他為英格蘭王位的繼承人，但賢人會議又推舉愛德華臨終時指定的哈羅德為英王。

從歐洲大陸的情況來看，威廉也是幸運的：他的兩個仇敵法王和安茹伯爵都死於一〇六〇年。此後，安茹伯爵領地陷入內亂；新登基的法蘭西幼王的攝政又在暗中對威廉表示了同情；羅馬教皇一方面不滿意哈羅德任命斯替岡德為坎特伯雷大主教，同時又認為諾曼第人遠征英格蘭有助於穩定他在南意大利的統治，從而用祝福的方式使諾曼第公爵的征戰和搶劫具有宗教上的合法性。

然而，威廉面對的並不是一個弱小而分裂的國家，而是一個富裕而和平的王國：它有良好的管理系統和防禦力量，商業發達，人口眾多，並與丹麥王國和睦親善。但是，在愛德華統治期間卻出現了兩個重要的問題。一是伯爵領地的興起及其勢力的壯大：早在十一世紀初丹麥人克努特統治英格蘭時期，他就在郡制之上設立了管轄範圍更大的伯爵領，經過一段時間的發展，伯爵勢力壯大。到愛德華時代英格蘭幾個最大的伯爵領地威塞克斯、麥西亞和諾森布里亞成為戈德溫、利奧弗里克和西沃克三大家族的世襲財產。其中勢力最大的是戈德溫家族，一〇五三年戈德溫伯爵去世時，他的三個兒子哈羅德、托斯提格和蓋爾斯分別控制了英格蘭最大的四個伯爵領地中的三個：威塞克斯、諾森布里亞和東盎格利亞。假若戈德溫家族始終團結友善，或許英格蘭能倖免於一〇六六年的諾曼第人征服。但是，這個家族在一〇六五年分裂了：在諾森布里亞爆發了反托斯提格暴政的起義，得到哈羅德的支持，托斯提格發誓要向挪威國王哈德達拉求援，向其兄弟復仇和收回其伯爵領地。另一個更為嚴重的問題是缺乏王位繼承人，這在由軍事民主制走向王權政治的時代是個至關重要的問題，在愛德華彌留之際，阿爾弗雷德大帝的男性後裔只剩下孱弱的小孩埃德加·艾瑟林。因此，瀕死的國王和賢人會議推舉戈德溫長子哈羅德為王。由於哈羅德離王室血統較遠，給威廉公爵和挪威國王哈德達拉進犯英格蘭找到了藉口。

在征戰不列顛時，威廉公爵又獲得了在天時和地利方面的好機會：當諾曼第公爵揚帆啟航之時，九月的北風使其艦隊只得暫時停靠在諾曼第沿岸而無法儘早渡過海峽。同時，挪威國王哈德達拉則乘風率隊從奧克霾群島向南駛達亨柏河口登陸，與托斯提格匯合。結果是挪威王而不是諾曼第公爵遭遇了怒火中燒的英格蘭人的大反擊。哈羅德率領親兵北上，於一〇六六年九月二十五日在約克北部的史丹佛橋殲滅挪威入侵者和托斯提格。三天後，幸運的威廉公爵在英格蘭南部登陸。早已被家族內訌、王位繼承問題和北上抵禦挪威人弄得筋疲力盡的哈羅德，只得匆忙穿越整個英格蘭而回師倫敦，很多弓箭手和步兵都未及時跟上。到達倫敦後，哈羅德錯誤地決定立即與威廉交戰於蘇塞克斯南端臨海的黑斯廷斯山。這時，威廉只有五千精兵，哈羅德有七千兵馬，但大多是匆忙徵集未經訓練的士兵。雙方士兵身着鎖子甲，頭帶錐形盔，一手持盾，一手握着長矛或利劍，對峙在黑斯廷斯山上。但是，哈羅德沒有騎兵，無論是弓箭手、盾牌牆，還是揮動巨斧的英格蘭步兵，都不足以迎擊威廉的精銳騎兵。經過一天的激戰，哈羅德及其親兵衛隊全部死在黑斯廷斯。在戰略上，這是西歐大陸結構緊密的封建主義軍事制度，對不列顛島從軍事民主制向君主制過渡時期相對分散落後的軍事制度的勝利。在戰術上，這是由弓箭手殿後的靈活機動的新式騎兵對僅依靠長矛戰斧的舊式步兵的勝利。

此後，威廉公爵向東征服了德文、坎特伯雷，沿泰晤士河南岸向西挺進，火燒了南沃克，穿過了漢普頓。然後渡過泰晤士河，包抄倫敦西北各地，使倫敦完全處於孤立無援的境地。另一方面，他頒佈文告允諾作為愛德華的繼承人，將保留盎格魯—撒克遜人的習慣權利。這樣，賢人會議只得於一〇六六年聖誕節在威斯敏斯特給他加冕為威廉一世（一〇六六—一〇八七）。一〇六八—一〇六九年威廉一世繼續率兵北上，實行焦土政策，打敗了頑固抵抗的麥西亞和諾森布里亞，最後於一〇七〇年結束了軍事征服。

在黑斯廷斯戰役中跟隨諾曼第公爵作戰的不可一世的騎士，最早在八世紀卡洛林王朝時期出現於法蘭西。當時，騎士要擁有備齊了馬鞍、馬鐙和馬嚼的數匹戰馬，以及利劍長矛、鳶形盾牌、馬刺長靴和鐵盔胄等新式裝備。對這種職業武士進行的訓練，要從孩提時代一直延續到二十一歲。其武器裝備和培養訓練的花

威廉一世（William I）

貝葉掛毯上繡製的諾曼第征服中的黑斯廷斯戰役圖案，現藏於法國貝葉市博物館

費是相當昂貴的。於是，查理．馬特使用羅馬時代出現過的，國王向跟隨作戰的武士授予土地的方式來解決這個問題，這種「回報」的地產就變成了封建財產。這顯然是一種契約制度，但並不是現代社會的非人格化的商業契約，因為土地的受封者在人格上變成了封主的臣屬，他必須效忠、服務，甚至為主人而獻身。在接受封土時舉行的「臣服禮」不僅具有宗教道德方面的約束力，它還表明因封主把作為封建財產的土地分給封臣，封臣就對封主有服從、效忠和尊重的義務。反之，因封臣對封主的效忠，封主對封臣就有保護其司法權益的義務。在這種財產分配與人際關係的雙重因素下，在這種封建財產與人身依附關係結合的過程中，封建主義得以產生。英國社會史學家阿薩．布里格斯説，狹義封建制度指作為領受土地的條件的軍役——騎兵兵役，廣義封建制度指帶有義務和隸屬關係的土地本身，亦即采邑制。狹義封建制的着眼點是動亂年代中的戰爭，廣義封建制的着眼點是對土地的保有和使用。而封建制度最外在的社會表現形式，則是由軍役和采邑構成的封君封臣的等級身份制。

威廉完成了對北方的征服後，一改盎格魯—撒克遜末期把英格蘭劃分為六個伯爵領的局面，他加強了對王國的直接管理，取消了私人軍隊和城堡，保留了百戶區法庭、郡法庭以及民軍制度。最主要的是，他在英格蘭推行法蘭克的騎士佔有制，以服兵役為條件給騎士分配土地，騎士對封地擁有佔有權、使用權而沒有所有權，威廉靠此組建了一支四千多人的軍隊。起初，騎士封地只享用終身，以後逐漸變為世襲。這樣，一種以土地分封為媒介，把維護封建政權的義務在各級土地所有者之間層層分割，以造成政治統治權與土地使用權密切結合的政治體制，隨着征服者威廉的到來，從歐洲大陸移植到了英國。不同的是，法蘭克的騎士封地制只要求封臣對直接封主效忠，而英格蘭的諾曼第分封制則要求附庸的附庸也要宣誓效忠，英王的直屬封臣在再次分封時，受封人除了宣誓「因為領有您的土地我將效忠於您」，還必須加上：「除了效忠國王之外」這一句話，這就是威廉強迫全英格蘭所有領主接受的「索爾茲伯里盟」的內容。據此，英國的各級封建主，不管是否是國王的直屬封臣，都首先是國王的附庸。

這種制度改變了英格蘭的社會，它之所以能夠實施，前提是在一〇六八—一〇六九年間威廉用戰爭使四千到五千個盎格魯—撒克遜時代的塞恩失去了土地。威廉宣稱所有的土地和森林盡為王有，他留下七分之一作為王室直轄領地，其他都用來分封給跟隨他南征北戰的一百七十多個諾曼第人。這些威廉的直屬封臣，除宣誓效忠，必須每年為他提供一定數量的騎士，為他服四十天的騎士役。直屬封臣留下部分土地直接經營，把其餘部分再次分封出去，形成新的次一級的封君封臣關係，如此層層封授，形成了以封建土地為基礎的等級制人身依附關係。隨着土地的分封，封君封臣都享有一些權利，相互之間也有應盡的義務，如：土地的佔有權和使用權是半軍事化的，佔有者要負責保衛城堡，參加警衛隊和為軍隊提供給養等，總稱為服騎士兵役，此其一；受封者在領主長子受封騎士、長女結婚，或個人需要贖金時有義務向封主提供一定數量的金錢，總稱為獻納協助金，此其二；封臣還要出席封君的各種法庭會議，以解決與封君之間的糾紛，和對不盡義務的封臣進行審判，在那個行政和司法無法區分的時代，這意味着向封君提供法律和政務上的協助，此其三。對封臣而言，以上三點是義務，對封君而言，這些要求就變成了權利。當然，封臣也有自己的權利，主要體現為他們有權獲得封土上的經濟收益，以及在其封土內實行以司法形式體現出來的政治統治。於是，承認這兩種權利並保護封臣的受封地不受侵犯也就成了封君的義務。實質上，這是一種不平等的、權利和義務都具有雙向性的契約關係。這種契約的關係使封建主義體現為一種以軍事服役為交換條件的土地分封的經濟制度，也體現為一種包含着政務的等級司法制度，而它在文化上的最外在的表現，則是多層次的等級身份制社會結構。這種社會所含有的契約關係儘管是人格化的和不平等的，卻形成了後來的《大憲章》、議會政治和習慣法體系的起源基礎。

一〇八六年，征服者威廉進行土地賦役調查，他向各郡派出調查員，由各郡的郡守、貴族、百戶區監守、教士和六個維蘭出席調查會，主要調查王室莊園和領主莊園的地產及其經營情況，莊園內各等級的戶籍情況等。調查目的是為了掌握全國的土地佔有情況，人口分佈及動產情況，以便確定個人在法庭上能否有做誓證的資格，同時了解直接封臣的人數、土地和牲畜總數，以便核定稅金數額。調查的深度和廣度使《盎格魯—撒克遜編年史》的作者都歎喟道：「不僅一海得一弗吉脫（等於四分之一海得）的土地不能漏掉，連一頭豬一頭牛也逃不脫調查者的眼睛。」所以，英格蘭人把用拉丁文寫成，存放在溫徹斯特，冊為兩卷的調查結果謔稱為《末日審判書》。這是英國中世紀最早的經濟檔案，是中世紀早期英國政府行政管理技術的輝煌成就，也是封建制度引入英格蘭的見證。

調查結果表明，一〇八六年全國地租總收入為七萬三千英鎊，其中約有近二分之一即三萬英鎊歸屬於一百七十家諾曼第貴族，另有四分之一歸威廉家族，剩下的四分之一屬於五十個高級教士。可見，這二百五十來人就控制了英格蘭的絕大部分土地。這些王公貴族、教會上層及其封臣和附庸，其人數不過一萬人，卻高居於一百萬—兩百萬英格蘭人之上。諾曼第征服後不僅塞恩無法生存，許多在盎格魯—撒克遜時代擁有自己的土地，並可隨意選擇庇護者的自由民，也淪落為「梭克曼」或「維蘭」。梭克曼是擁有自己的土地並可買賣的自由農民，但其土地不能隨自己一起轉給新的庇護人，因為土地的所有權是莊園主的。也就是說，梭克曼是附着於莊園上的自由農民，但他僅僅是在必須向莊園主交付地租和受莊園法庭管理這一方面從屬於主人。梭克曼主要分佈在盎格魯—撒克遜時代的丹麥區。《末日審判書》表明，在一〇六六—一〇八六年間丹麥區梭克曼的數目在急劇下降。諾曼第征服幾乎使各等級的盎格魯—撒克遜人都變成了維蘭，這是一種佔有領主份地而不能出賣的租佃農。他們被束縛在所出生的莊園之上，要為領主出週工和服散役，要依主人願望交納租佃稅，必須使用莊園主的碾房和麵包房加工自己的食品，在莊園主的女兒出嫁時要捐款等。在諾曼第征服後地位有所提高的只有奴隸：他們在盎格魯—撒克遜時期佔人口總數的 10%，在《末日審判書》制訂期間比例已經縮小，到十二世紀末幾乎不存在了。在十二世紀末的拉丁文中，「奴隸」與「維蘭」兩個詞彙是可以互換使用的，它說明了奴隸階層的消失，也說明了自由租佃農的農奴化趨向。

據《末日審判書》統計，諾曼第征服使盎格魯—撒克遜貴族「塞恩」消失殆盡，到一〇八六年只剩兩戶

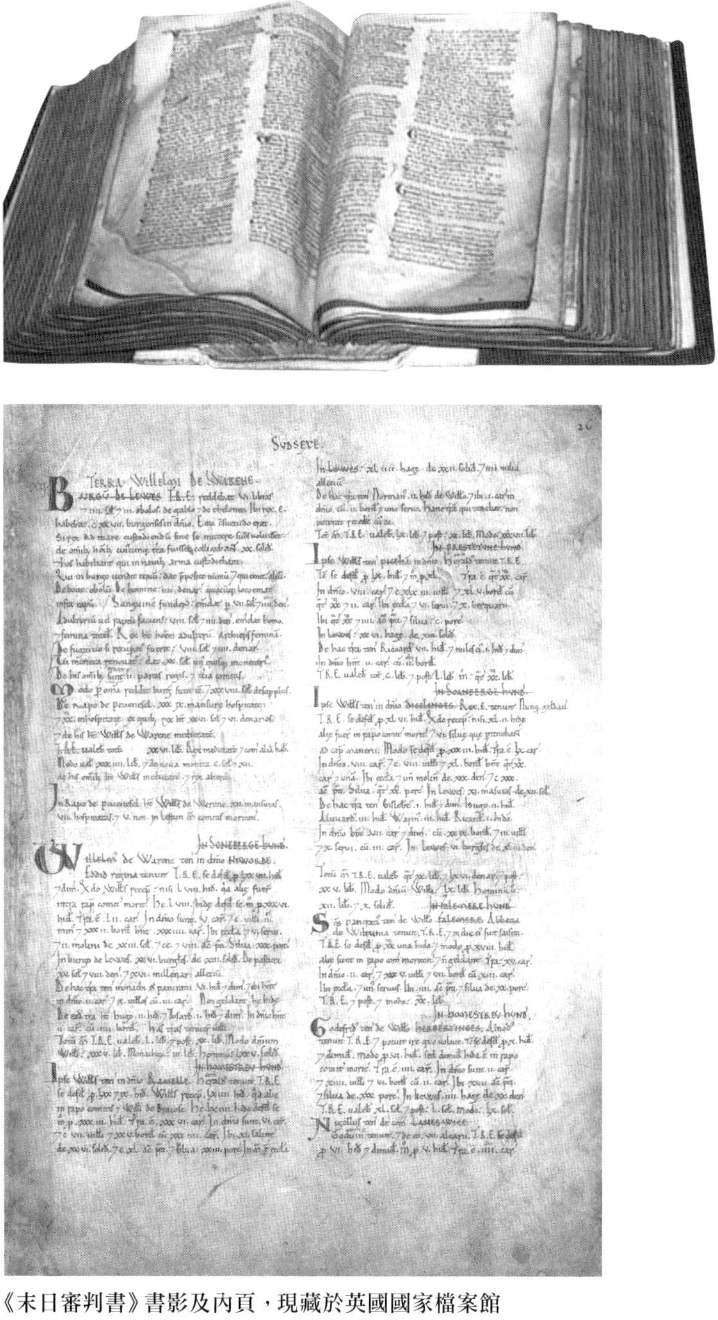

《末日審判書》書影及內頁，現藏於英國國家檔案館

亨利一世（Henry I）

仍屬威廉冊封的一百七十家貴族之列。取而代之的是諾曼第新貴，由於這些新貴仍保留着他們在歐洲大陸的領地，英格蘭和諾曼第這兩個過去各自獨立的實體，如今變成了跨海峽的單一的政治單位，不僅共擁一個王朝，而且共有一個諾曼第—盎格魯貴族階層，結果，直到一二〇四年為止，英格蘭與諾曼第的歷史都不可分割地交匯在一起。在征服者威廉的晚年，人們依稀見到支配下一個世紀政治風雲變幻的家族不和與領土爭端。在十二世紀，每當跨海峽的英格蘭和諾曼第分裂為兩個獨立體時，往往就會出現一個紛爭的時期。

威廉一世於《末日審判書》完成的第二年病故。這時，反叛威廉的長子羅貝爾正待在法王腓力的宮中，他的第二個兒子威廉．魯夫斯即位，稱威廉二世（一〇八七—一一〇〇）。此後，羅貝爾一直留在海峽對岸的諾曼第為公爵。但是，按照諾曼第的習俗，王位應由長子繼承，很多對魯夫斯不滿的諾曼第貴族便鼓動羅貝爾把諾曼第從英格蘭王國中分離出去，這就引起了貴族的反叛和教會的分裂。魯夫斯為了征服諾曼第就殘酷地向臣民徵稅，並瘋狂地搶劫教堂。一一〇〇年八月二日這個不受歡迎的國王在布魯肯豪斯附近狩獵，被不明來源的飛箭射中而亡。當天，其弟就控制了威斯敏斯特的國庫，第二天就促使一小撮貴族「選舉」他為亨利一世（一一〇〇—一一三五）。

亨利一世於一〇六八年出生在英格蘭，是一個受到較好教育且精明能幹的國王。上台伊始，他便在加冕典禮上頒佈《特權令》，允諾結束魯夫斯的勒索和壓榨政策，並把在位時的目標定為：一，征服諾曼第；二，使王位得以和平繼承以保持英格蘭王國的穩定。在第一個方面，亨利一世是成功的，到一一〇六年，他已經把羅貝爾在魯夫斯過世時分離出去的諾曼第收復了。在第二方面則因客觀原因未達目的：他的法定繼承人、兒子威廉於一一二〇年乘船失事而淹斃，只剩下女兒瑪蒂爾達。亨利一世曾試圖使大貴族承認瑪蒂爾達為合法繼承人，但未獲成功。後來，瑪蒂爾達嫁給了安茹和曼恩公爵若弗魯瓦。由於安茹公爵和諾曼第公爵是世仇，大貴族們更不可能接受瑪蒂爾達繼承王位了。一一三五年，亨利一世辭世，王位被其外甥、征服者威廉的外孫、法蘭西布盧瓦的史蒂芬（一一三五—一一五四）奪取。此後，儘管教會和貴族都承認了史蒂芬繼承王位的合法性，但是，一一三八年，瑪蒂爾達在安茹伯爵和蘇格蘭王的支持下開始爭奪王位。這樣，亨利一世維持了三十五年的和平又中斷了，內戰烽煙再起，英格蘭一片混亂，大貴族們分別投到史蒂芬或瑪蒂爾達的麾下，他們各自建壘鑄幣，相互締結盟約，全然一片無政府的封建混戰狀態。直到一一五四年十二月才達成協議，由瑪蒂爾達和安茹伯爵之子繼承王位，史稱「安茹王朝的亨利二世」（一一五四—一一八九）。

二、安茹諸王

史蒂芬統治的二十年間內亂不已的原因之一，是他本人缺乏先王的雄才大略，很難支配宮廷和控制王國。此外，與不停地在諾曼第和英格蘭之間奔波的亨利一世相比，史蒂芬不大去諾曼第，在位二十一年間只於一一三七年到過諾曼第一次，就諾曼第—盎格魯貴族的跨海峽性來說，這的確是個大錯誤，從這一點看，他沒有充分認識到英格蘭只是諾曼第王朝的一部分。同時，在亨利二世繼承王位的問題上教會起了決定性的支持作用，這也是事出有因的。早在一一三九年史蒂芬曾搶劫索爾茲伯里的洛格家族，使教會背離了史蒂芬。幾年之後，大主教西奧博爾德拒絕承認史蒂芬之子尤斯塔斯為王位繼承人，並逃往安茹伯爵領地。到一一五三年，安茹小伯爵已是一個十九歲的武士，他從母親一邊繼承了諾曼第公國，從父親一邊繼承了安茹、曼恩、布列塔尼，從妻子愛琳娜處繼承了阿圭丹、波瓦圖和加斯科尼。這樣，整個法蘭西有一半處在他的統治之下。他於一一五三年以諾曼第為跳板進攻英格蘭時，史蒂芬正因常年內亂和新近喪子而傷心絕望，很快就答應了教會起草的《威斯敏斯特協議》，即死後將王位轉歸安茹小伯爵。一一五四年十二月十九日安茹王朝正式成立，因亨利二世的父親若弗魯瓦喜在帽上插戴金雀花，故安茹王朝也稱「金雀花王朝」。

亨利二世就這樣成為盎格魯—撒克遜時代之後第一個毫無爭議地繼承了王位的君主；作為從英格蘭延伸到比利牛斯山脈這一廣闊帝國的國王，他比德意志皇帝富有，使法蘭西國王相形見絀。但是，儘管英格蘭為他提供了巨大的財富和君王的頭銜，但其王國的中心仍在故土——安茹伯爵領地。因為與他的出生地安茹相比，英格蘭在社會生活和文化方面還多少有點窮鄉僻壤的味道，這樣，文化的因素及其大陸領地的龐大使他在位的三十四年中有二十一年在大陸度過。而且，在內心深處亨利二世始終是一個法蘭西伯爵，出生在法蘭西也歸葬在法蘭西。當然，作為英格蘭和半個法蘭西的國君，亨利二世無疑是歐洲最大的君主，但是這些分散的領地並沒有一個中央政府在管理，他在英格蘭的身份儘管是國王，但在歐洲大陸各領地的身份只是法蘭西國王的封臣。這樣，大帝國的存在依賴於他個人的政治能力，只有他個人迅速往返於英格蘭和大陸間的奔波才能維持帝國的統一，所以傳說亨利二世只有在吃飯、睡覺和開會時才坐下來，而且他在南漢普頓總有一艘隨時待發的大帆船。

這種帶着御前會議、王室法庭、重要軍人和家屬一起遊巡的統治方式，從客觀上看不可避免地促進了分駐各地的行政機構的發展。像歷代諾曼第先王一樣，在國王不在時，代表王權的委員會和稅務法庭就要處理英格蘭的日常司法和財務工作，英格蘭「政府」因之得到了發展。

亨利二世的確是自威廉征服以來第一個受過良好教育的大陸來的國王，他雖然不懂英文，但諳熟拉丁文、普羅旺斯文。他是當時歐洲一流的外交家、政治家和實幹家。他終身痛恨懶惰但從不急躁，他和他的工作班子「王堂」總是在馬背上，不停地從帝國的一角馳往另一角，給人留下他幾乎同時出現於各處的印象，在一個大帝國中這一印象有助於維繫臣民的忠誠感。他還是個法學家，對司法事務能明斷速決。加冕後六個月他就驅逐了史蒂芬的佛萊芒僱傭兵，摧毀了非法的割據城堡，更換了大批受貴族支配的郡長，在英格蘭重建了君王的權威，使滿目瘡痍的英格蘭平靜了下來。然而，在亨利二世統治的後半期他也面臨着諾曼第先王們遇到的問題。他有四個兒子：亨利、理查、若弗魯瓦和約翰。在母親阿奎丹女公爵愛琳娜的教唆下，在法王路易七世的支持下，亨利二世的兒子們在一一七三年於諾曼第起兵反叛並波及布列塔尼，緊接着英格蘭的萊斯特伯爵領導佛萊芒人起義，一一七四年春蘇格蘭王又侵入英格蘭。但是，四面受敵的亨利二世得到教會、忠勇官兵、城鄉富人的支持，以一種令人震驚的速度一一殲滅了反叛和入侵的軍隊。此後，從一一七五—一一八二年是安茹帝國極盛時期，但維持帝國統一的工作永無止境。一一八〇年法王路易七世去世，殘忍而狡猾的腓力・奧古斯都繼位為新王。後來，亨利二世的長子小亨利去世，次子理查成為實際上的長子，亨利二世計劃把王位繼承權給小兒子約翰，理查盛怒之下與法王腓力・奧古斯都結盟。一一八八年十一月法王要求亨利二世把繼承權給予二兒子理查，遭到拒絕後，理查允諾把安茹王朝在法蘭西的全部土地交給法王，並向法王行了效忠禮。戰火再起，亨利二世在家族不和、王位相爭和海峽兩岸分離的苦難中掙扎，直到一一八九年死去。理查獲得了安茹王朝的全部領土，保住了這個跨海峽的大帝國。

獅心王理查（一一八九—一一九九）出生在英國，但少年時代是在阿奎丹度過的，由於生長在法蘭西並積極參加十字軍活動，他在位的十年間住在英國不過幾個月而已。加上他缺少政治頭腦和法律知識，就需要一個攝政。理查也知人善任，特別善於遴選大臣，著名的法學家兼大法官格蘭維爾及著名學者兼國務活動家華爾特主教，先後成為英格蘭的實際統治者——首席政法官。他們精明得體地處理着英格蘭的政務和司法事務，使獅心王能騰出手來率軍東征。

一一九〇年夏，獅心王與法王腓力．奧古斯都一起出發，參加了第三次十字軍東征。冬天到達了西西里，第二年五月攻克塞浦路斯，七月攻克了巴勒斯坦的阿卡海港，九月在耶路撒冷城外十二英里的地方，與穆斯林首領阿拉丁簽訂了允許基督徒進入聖地並停戰三年的協定，從而取得了驚人的勝利。這時，其弟約翰在國內叛亂，這個消息使他迅速回師。為了快速抵達英格蘭，他取道中歐，不幸落入奧地利大公利奧波德手裡，被引渡給德意志國王亨利六世，監禁了一年多（一一九二年十二月到一一九四年二月）。要贖回理查必須準備十五萬銀馬克，理查派部下回到安茹帝國，在英格蘭開徵各種稅金：對每份騎士封地徵收免除兵役稅二十先令；對全體英格蘭人徵收25%的動產稅；對每一百英畝的土地或每副犁具徵收兩先令，以此取代九九一年開徵的「丹麥金」。在理查在押期間，英格蘭行政機構運行完好，並徵集到大量的贖金，這與亨利二世時代行政管理制度的發展是分不開的。

當理查被囚禁時，早已返回故土的法王趁機佔領了金雀花王朝在大陸的一些領地，包括諾曼第。一一九四年獅心王被贖回，再次開徵稅收，以從法蘭西國王手中挽救安茹帝國。為了與法王作戰，他改變了有關每個封臣年服役四十天的詔令，組建了一支付發軍餉的軍隊，規定備有戰馬的騎士服役一天支付四便

獅心王理查一世（Richard I）

士，不備戰馬的每天支付兩便士，並僱傭了專事征戰的外國僱傭兵。這樣做雖然花費昂貴，但理查依靠這支軍隊在戰鬥中連連勝利，經過五年的勵精圖治，收復了在他被監禁期間被法王佔去的領土。一一九九年四月六日獅心王在一次戰鬥中被飛箭射中身亡。

理查沒有留下合法的子女，按照諾曼第的長子繼承制，獅心王的全部領土應歸其大弟弟若弗魯瓦的兒子——十二歲的布列塔尼公爵亞瑟。然而，英格蘭和諾曼第的貴族和亨利二世的遺孀愛琳娜公爵，都更傾向於理查的幼弟、阿奎丹和愛爾蘭的領主約翰公爵，盧瓦爾的男爵和法蘭西國王腓力・奧古斯都則支持亞瑟。王位之爭帶來安茹王朝時代英格蘭與大陸領地的又一次分裂。亞瑟率安茹帝國在西歐大陸的全部領土向法王行臣服禮，亞瑟的叔叔約翰則迅速行動，於四月在諾曼第首都魯昂自封為諾曼第公爵，並於一一九九年五月在倫敦加冕為英格蘭國王。然後，雙方都以戰爭相威脅，法王只好交給約翰兩萬銀馬克的贖金，抵償了理查在法蘭西的遺產。八月，約翰與昂古萊姆的女繼承人伊莎貝爾結婚，他以伊莎貝爾的名義要求獲得在大陸的新領土，這樣導致了約翰與法王之間的戰爭。戰爭中亞瑟被殘殺，約翰也失去了布列塔尼和盧瓦爾貴族的信任。一二〇四年，法王腓力佔領諾曼第、安茹、曼恩、都蘭、普瓦圖，約翰慌忙逃往英格蘭，他在歐洲大陸的領地就只剩下阿奎丹。這樣，「失地者約翰」變成了名副其實的「英格蘭王」。

三、早期的威爾斯、愛爾蘭和蘇格蘭問題

在一個半世紀的諾曼第征服時代（一〇六六—一二〇五），只有亨利二世在位的三十五年保持了相對持久的和平。有的歷史學家認為，倘若亨利二世不因兒子的問題耗費巨大精力，以他的才幹，在十二世紀時已經解決威爾斯、愛爾蘭和蘇格蘭問題了，不列顛已是一個統一的國家。事實並非這樣簡單，愛爾蘭、威爾斯和蘇格蘭問題一直是中世紀諸王必須面對的問題。

十一世紀的威爾斯，因層巒疊嶂的阻隔而分散為許多小王國。這些王國邊界的變動，依威爾斯王諸子之間分割遺產的繼承法，以及各統治者軍事力量的消長而定。而且，威爾斯的山脈使諾曼第的征服者們感到困難，在威廉一世的晚期，諾曼第人曾一度征服北威爾斯，但是，在一〇九四年又被土著凱爾特人奪了回去。此後，一些諾曼第大地主零敲碎打地蠶食威爾斯，得到的領地實際上為個人所有，不包括在英格蘭王國之內，從而形成了「邊疆貴族」。他們一邊佔領肥沃的土地，一邊修壘建城。這樣，到亨利一世末年，南威爾斯實際上已成為盎格魯—諾曼第人的一個行省了。後來，在史蒂芬政治動亂的時代，威爾斯人在北部領袖歐文因和南部領袖萊斯．阿普．格里非德的領導下舉行起義。亨利二世繼位後一度率大軍征服威爾斯也未獲成功。歐文因在北方把其領土推進到迪河，格里非德在南方則推進到卡迪根灣。

在愛爾蘭，一〇〇一年南部凱爾特人的首領布利安．伯羅幾乎統一了愛爾蘭，一〇一四年布利安被斯堪的納維亞人打敗，又使幾近完成的統一大業付之東流。後來，亨利二世利用羅馬教皇整頓愛爾蘭僧界和愛爾蘭部落首領德莫特佔領都柏林之機，於一一七一年十月帶大兵壓境，迫使愛爾蘭諸王紛紛稱臣效忠。一一七一—一一七二年亨利二世在都柏林建造王宮，把都柏林定為盎格魯愛爾蘭首府，並頒佈教會法，使愛爾蘭教會處於英格蘭教會和羅馬教會的控制之下，此後又把愛爾蘭交給約翰．德．考西管理，這樣就形成了

英格蘭在愛爾蘭東南部的設防地帶「界內」。但是，直到都鐸王朝時期英格蘭人才最後征服了北愛爾蘭。

蘇格蘭的情況與威爾斯、愛爾蘭不一樣。蘇格蘭是一個多山地帶，低地對其經濟政治發展起支配作用，但是，因高山和沼澤的阻礙，分散的低地又各自為政，因此，蘇格蘭從氏族部落向王國的過渡較其他西歐地區慢得多。而且，長期以來，皮克特人、蘇格蘭人、斯特拉斯克萊德與洛錫安的英格蘭王、北部和西部的斯堪的納維亞領主，在蘇格蘭這塊土地上時而結盟，時而敵對，使蘇格蘭的問題更趨複雜化。加之，與威爾斯相比，蘇格蘭離英格蘭更為遙遠，與愛爾蘭相比又較為統一，故它在抵抗諾曼第征服和安茹帝國的滲透時，更容易保持獨立性。一〇八一年，蘇格蘭出現了第一個國王，即坎莫爾王朝的馬爾科姆三世（一〇八一—一一二四）。同年，他從英格蘭人手裡奪得了從福斯河到特文特河之間的地帶，即洛錫安。盎格魯—撒克遜王埃德加的妹妹瑪格麗特因威廉的征戰而逃往洛錫安，嫁給馬爾科姆三世，帶來了英格蘭的語言、文化和基督教，加速了蘇格蘭的英格蘭化。後來，馬爾科姆三世與瑪格麗特之子大衛一世（一一二四—一一五三），趁史蒂芬朝英格蘭國力衰微之時向南擴張，並延攬英格蘭人才，使蘇格蘭也成為一個諾曼第式的封建王國，使基督教得到了發展，並與羅馬教廷建立了密切的關係。一一五三年，大衛長孫十一歲的馬爾科姆四世繼承蘇格蘭王位，正值中興的安茹王朝迫使他向亨利二世行效忠禮。一一六五年，馬爾科姆四世被其弟獅王威廉（一一六五—一二一四）打敗。威廉當上國王後不再向亨利二世稱臣，一一七三年，威廉支持亨利二世的長子反叛並乘機攻入英格蘭，戰敗後遭囚。蘇格蘭人用愛丁堡等五個大城堡及一批大侯爵作抵押才贖回了其國王，蘇格蘭徹底地依附於英格蘭，直到一一八九年，獅心王理查為了組織十字軍需要大量錢財時，蘇格蘭才得以贖回其獨立地位。此後，兩王國關係又漸趨緊張，一二〇九年，英王約翰的大軍又出現在蘇格蘭，獅王威廉被捕投降，後支付了十五萬馬克，並以兩個女兒為人質後才獲釋放。一二一四年，威廉去世，其子繼承蘇格蘭王位為亞歷山大二世（一二一四—一二四九）。若從歐洲政治舞台的角度看，在十二—十三世紀，蘇格蘭已通過與大陸王室的聯姻，日益成為歐洲政治舞台的一員，這一點有利於蘇格蘭保持對英格蘭的相對獨立性。

諾曼第征服對英格蘭教會產生了深刻的影響，而且，在整個諾曼第征服時期王權與教權的鬥爭，就像黑斯廷斯戰役中盎格魯—撒克遜人與諾曼第人的殊死搏鬥一樣激烈，只是前者是戰場上血的洗禮，後者是權勢間的智力拚博。

四、教會、行政、司法

在軍事上征服了英格蘭之後，征服者威廉馬上對教會進行改組。首先，他以北意大利人、羅馬派教士蘭弗朗克取代斯替岡德為坎特伯雷大主教。這個諳熟教會法的學者和威廉一起從諾曼第選拔了一批受過良好教育的教士，到英格蘭擔任主教或修道院院長。到一〇八七年，英格蘭的主教中只剩下一個盎格魯—撒克遜人了。其次，蘭弗朗克改變盎格魯—撒克遜時代的習俗，強令英格蘭的教士執行羅馬教廷獨居生活的規定。第三，威廉和蘭弗朗克規定主教和副主教不再干涉百戶區法庭和郡法庭事務，另立專門受理教士案件和兼管俗界道德問題的宗教法庭，這樣英格蘭的司法就有了宗教法庭和世俗法庭兩個體系。第四，蘭弗朗克支持諾曼第新貴在鄉村和城鎮到處修築小教堂，這些小教堂屬於領主的私有財產，由領主指定教士加以管理，以滿足轄地內基督徒舉行洗禮、婚禮、葬禮和塗油禮之需。蘭弗朗克使這些小教堂附屬於各主教的大教堂。從這個角度上說，是諾曼第貴族和騎士完成了盎格魯—撒克遜人開始的教區制度的建設。在改革教會的同時，征服者威廉把封建義務也強加給領有王國土地的主教和修道院院長，堅稱教界封建主也是國王的封臣，有為國王出兵服役、祈禱祝福和充當司法顧問的義務。

與此同時，羅馬教皇額我略七世於一〇七五年頒佈敕令，宣佈教皇高於世俗統治者，有權廢立國王，認為羅馬教廷有權審理一切教界訴案，主教應效忠於羅馬教廷而不是國王。額我略甚至宣稱整個英格蘭都是羅馬教廷的屬地。但是，威廉一世始終堅持，不經國王同意主教會議的決定和教皇命令在英格蘭都不生效。

羅馬教廷和威廉一世對英格蘭教會的權力之爭，就演變成在任命主教時是國王還是大主教主持授職儀式的問題。威廉一世在位時，他始終堅持新任命的主教或修道院院長，必須先向他行臣服禮，然後才由他本人親手把象徵權力的指環和權杖授予他們。

但是，到威廉二世統治時期，他搶劫了教會，沒收了十一座富有的修道院和三個主教區的財產，甚至有意使坎特伯雷大主教的職位在一〇八九年蘭弗朗克死後一直空缺五年，以收取坎特伯雷大教堂所轄地產的稅金。一〇九三年，病重的威廉二世準備任命安塞莫為坎特伯雷大主教，但是，安塞莫提出三個要求，即歸還坎特伯雷教區的地產，任命他為道德領域的辯護人，以及承認羅馬教皇烏爾班二世的權威。威廉二世只同意其中第一條。一〇九三年底安塞莫出任約克大主教，坎特伯雷大主教職位仍然空缺。這時，威廉二世承認德意志皇帝冊封的，代表世俗王權利益的教皇克勉三世，而英國教士則普遍承認教皇烏爾班。所以，威廉二世至死也未能解決因額我略改革運動引起的，威脅王權駕馭英格蘭教會的問題。

亨利一世較威廉二世魯夫斯更容易妥協也更有理智，繼位後他繼續與安塞莫爭奪授職權。一一〇五年，羅馬教皇先開除了國王首席顧問繆蘭公爵的教籍，亨利一世以不給安塞莫主教授職權相威脅。但是，迫於威爾斯邊界的叛亂和諾曼第分裂勢力的抬頭，亨利只好暫時退讓，他於一一〇五年六月到諾曼第與流亡在外的安塞莫大主教談判，答應歸還坎特伯雷教區的收入，請求安塞莫從羅馬回英格蘭，只要他承認國王有主教授職權即可。安塞莫不讓步。後在王妹布勞依斯女伯爵阿迪拉和著名宗教法學家伊沃的幫助下，兩人於同年八月在倫敦達成妥協：國王將授職權讓與教皇，但主教在行授職儀式後必須再向國王行臣服禮；主教由國王提出候補人後，由教會代表共同推舉。這樣，亨利放棄了世俗授職禮，但是，教士為了自己的采邑必須繼續效忠於他，而且，實際上國王的意見仍然是主教獲得職位的決定性因素。在某種程度上，亨利在形式上放棄了授職權而實質上保留了它。一一〇九年，安塞莫一死，諾曼第分裂局面結束，亨利一世地位穩固後，他乾脆以拖延的方式讓大主教席位空缺。但是，從長遠看，亨利放棄世俗授職禮無異於承認君主的世俗性，這在王權尚需加強的中世紀早期，對民族國家的形成顯然是個不利因素。

亨利二世身處王權與教權之爭重重迭起的十二世紀中期，王權與教權之爭最後以坎特伯雷大主教托馬斯·貝克特被殺而告終。這個震驚整個基督教世界的事件，從表面上看是兩個驕傲而忿怒人之間爭吵的結果。實質上是君王和教會在爭奪司法權。在史蒂芬統治的十九年間，內亂使國王對教士的司法權，對主教和修道院院長的任命權都喪失殆盡，宗教法庭甚至有權處理俗界的契約和債務問題。而且，教皇額我略七世的後繼者建立了一個強有力的羅馬天主教制度，這對英國教會擺脱王權的控制起了推波助瀾的作用。亨利二世上台後，他為了恢復在史蒂芬時代失去的權力，於一一六二年任命其好友大法官托馬斯·貝克特為坎特伯雷大主教。

貝克特出身在一個定居於倫敦的魯昂商人世家，受過高深的宗教教育，是一個精力充沛的政治家，錦衣美食，容易相處，有強烈的權力慾和功名心。一一五四年貝克特被亨利二世指定為大法官，成為國王在軍事、外交和司法方面的重要顧問。但是，在成為坎特伯雷大主教後，他扮演了教會利益的捍衛者。在一一六二年舉行的教俗貴族大會上，亨利二世堅持通過了《克拉倫敦約章》，劃分國家及教會的權限，規定教士犯重罪應先在世俗法庭檢舉，再到宗教法庭審理，如判為有罪而開除教籍，則需再次提交世俗法庭作最後的宣判。這個約章目的在於限制宗教法庭的權限。對此，貝克特在默認後又反悔並進而追隨教皇持反對態度。於是，亨利二世在北漢普頓開庭指控貝克特，貝克特逃往法蘭西過了六年的流亡生活。此間，亨利二世只好請約克大主教為亨利王子舉行了王位繼承加冕禮。一一七〇年貝克特回到英格蘭，他認為這一行為侵犯了坎特伯雷大主教獨有的加冕權，便利用教皇把參加加冕禮的人全部開除教籍。亨利二世為了防止教皇把英格蘭革除教籍去大陸會見貝克特，貝克特於一一七〇年十二月回到坎特伯雷大教堂。這時，有三個被貝克特開除教籍的主教伴隨亨利二世仍留在諾曼第，他們的小報告使亨利二世盛怒不已，國王的四個親兵騎士錯誤理解國王在盛怒下的言詞，擅自趕回英格蘭，把貝克特殺死在坎特伯雷大教堂。

這一強闖聖堂砍殺大主教的事件震驚了基督教世界，貝克特因之成為聖徒，教皇對亨利二世進行了處罰：亨利必須提供兩百個騎士去保衛耶路撒冷，並新建三所修道院。重要的是，亨利二世不得不廢除了《克拉倫敦約章》，並在許多重大問題上做出讓步：不再阻止英格蘭人向羅馬教廷上訴；教士沒有國王的允許可以擅自離開王國；教皇未經國王的同意可在英格蘭行令；對教士犯罪的審訊權和判決權都歸宗教法庭，世俗法庭只有事先確定犯罪者歸屬教界與否的權力；這些喪失的權利直到宗教改革時才一一收回。當然，亨利二世保留了對主教和修道院院長的挑選權，保留了主教對國王直屬封臣實行開除教籍時的商議權。

在行政管理方面，諾曼第人基本上保存和發展了盎格魯—撒克遜時代的主要成就：設置秘書處、國庫、郡長、郡法庭、百戶區法庭和民軍，連在虔信者愛德華時代才出現的國王頒佈書面令狀的方法也保留了下來。

當然，政府最重要的組成部分仍然是國王，對於王國的政治發展，國王個人的因素仍然比其他任何因素都重要。而且，出於政治上的原因和經濟上的原因，諾曼第時期的國王經常旅行。這種馬背上的管理並不是單獨進行的，他無論走到哪裡，總跟着一大群人：朝臣、官吏、僕役、商人、上訴者和食客。在跟隨他的一群人中，佔中心位置的仍是國王的家僕。他們提供家庭服務，有些人還兼管王國的政治和行政。他們的司職範圍已十分明確：司法僕臣掌管國王的玉璽和大法院的文書；財務僕臣照看國王的金錢和貴重物品；監軍負責王室騎兵，他們都屬於王室成員，其中一些人隨時可能被國王委以政治或軍事重任。而且，王室成員包括一些權貴，而王室僕役也是大業主和家族首領，國王的權威得以通過他們的影響在地方上擴展。從這一點看，無論在王國的中心或地方，政治的主動權都在王室，這一點與盎格魯—撒克遜時代沒有本質區別。

總而言之，在整個中世紀早期，王國重大決策主要是由隨身帶着玉璽、秘書處和財政官的國王，及其流動的集體在馬鞍上而不是在威斯敏斯特作出的，那時只有國王的大道而沒有王國的首都。金雀花王朝的國君由於領地遼闊而倍受鞍馬勞頓，約翰的失地則使王室的旅行局限於英格蘭。英格蘭政治的遊動性特徵直到十四世紀才告結束。

位於英國肯特郡的坎特伯雷大教堂

即使在王室旅行執政的中世紀早期，官僚行政機構的發展及其規範化也是不可抗拒的，它體現為某些機構的固定化和地方行政設施的發展。

在地方行政設施方面，諾曼第諸王沿用了盎格魯—撒克遜人的郡長、郡法庭和百戶法庭制度。郡長的職責主要是徵收王家莊園的稅收和助捐稅，然後上繳度支部。征服者威廉還把原來從屬於伯爵的召集和領導民軍的任務也轉交給郡長，郡長還有權管理郡法庭和在法庭上宣讀國王的令狀，郡長成為威廉一世時期最重要的地方官職，自此後的四個世紀中郡長在地方政府中的地位一直在上升。同時，諾曼第諸王都致力於保存盎格魯—撒克遜時代的郡法庭，把它作為國王和臣民間聯繫的橋樑，並繼續使用百戶區法庭作為徵收捐稅、維持社會秩序和處理較小的司法案件的設施。

諾曼第諸王在繼承盎格魯—撒克遜人國家體制的基礎上，又把諾曼第傳統的管理方式移植到英格蘭，其中最重要的是「王堂」（御前會議），這是一種不同於盎格魯—撒克遜人「賢人會議」的封建建制。在行政、立法和司法不像後來那樣界限分明的諾曼第時代，「王堂」的組成和職能不時地發生很大變化。這個無定形的設置實際上是後來產生的高等法院、樞密院和內閣的發源地。起初，它是諾曼第國王召集的封建領主大會，尤其是直屬封臣必須出席。在亨利一世統治期間（一一〇〇—一一三五）它有了比較固定的職能，成員也相對減少了，由宮廷官員、王室僕役、少數主教、男爵等組成，這些人都被稱為「法官」，實際上成了封建領主大會中的一個小委員會。小委員會的主要任務是協助國王管理財政，指揮地方政府，處理重大案件，受理郡法庭和百戶區法庭的上訴，在國王不在的情況下它由首席法官主持工作。後來，亨利二世任命其中的五個成員組成一個駐在固定地點的法院，從而逐漸演變出「王座法庭」。總之，「御前會議」只是一種為了使封建主能在政法問題上，尤其是在徵稅問題上達成一致的設置。

御前會議中工作量最大的是王座法庭，它實際上可審訊一切案件。而且，國王隨時都能找得到理由增加罪犯的數量，國王的直屬封臣一旦被判為重罪犯，就得將封土轉歸國王。這個機構的存在使司法權集中在國王手裡。威廉一世要求郡長到郡法庭聽候王座法庭的判決，威廉二世則在各郡指派定居的王家司法官，以加強王座法庭與地方的聯繫。到亨利一世時期，其重臣索爾茲伯里主教羅傑．波爾找到了一個永久性的解決辦法——把王座法庭的法官派往各郡去審理向王座法庭投訴的案件。這是巡迴法庭制度的先驅，派往各郡巡遊的王座法庭成為聯繫地方行政和中央管理的重要紐帶，他們承擔的司法工作具有流動性且十分繁重。羅傑還創建了度支部。這是一個坐落在倫敦的，具有財務管理和財政法庭性質的專門機構。各郡長必須一年兩度地來到這個公署，坐在鋪有方格桌布的桌旁，向度支部的男爵彙報其稅收狀況，並受到核算審理。他們將收繳的稅款按硬幣面值分別放入桌布上相應的方格內，通過移動硬幣進行計算，以上欄的應繳數與下欄的實繳數相抵，算出拖欠數或超額數，然後將結果記在羊皮紙正本和由郡長和度支部各存一半的副本上。但是度支部更多的工作是判決各項稅收是否歸王室。這是英國最早的專業性政府職能部門，這樣，通過郡長定期到倫敦度支部彙報工作，以及王座法庭大法官到各郡巡遊執法，形成了從下到上和從上到下的兩條相互配合的重要的聯繫紐帶。十二世紀英格蘭政府的能量就在於這種緊密聯繫。

十二世紀的英格蘭還是一個法制大發展的時代。亨利二世本人就是一個偉大的法學家，是英國習慣法的奠基者。在安茹時代英格蘭的犯罪率很高，但是，偵破、追捕、量刑和處罰的機制都不完善，只有一種稱為「十戶聯保制」的制度。而且，在盎格魯—撒克遜時期，審判採用「立誓免罪法」和「神命裁判法」。「立誓免罪法」是被告召來親友發誓證明其自辯無罪的誓言是可信的，此後，無須列舉證據即可判決被告無罪。在被告無法宣召親友作證時，則採用殘酷的「神判法」，使被告接受據信有神靈控制的考驗——探水神判法和探火神判法，如果被告能忍受熱鐵煨烤或短暫溺水則判決無罪。諾曼第人初到英格蘭時推行一種「司法格鬥」即「戰鬥神判法」，起訴者和被告各執一武器格鬥，直到一方叫「怕」為止，且喊「怕」者為有罪一方。為了尋求一種相對公正的司法方式，亨利二世在一一六六年頒佈了著名的《克拉倫敦詔令》，規定每個百戶區出十二人，每個城鎮出四人組成一個團體，經宣誓後可集體向郡長或巡遊法官檢舉罪犯，但這些人只有起訴權，判決程序仍依舊法。

在史蒂芬和亨利一世時期不少有勢力的人侵佔了鄰人的土地，這就需要經過一些司法審理使土地歸還原主。為此，亨利二世及其法官設計了一系列的令狀，任何一個自由人都可以從法官那裡購買這種令狀。令狀之一要求郡長調查被告的土地是否被錯誤處置；令狀之二要求查明原告是否為其父土地的合法繼承人；令狀之三要求列出教區長和教區牧師的名字；令狀之四要求確定土地是通過自由施捨還是通過封建租佃而佔有的。以上四條令狀都要根據郡長所列陪審員的答覆而作出判斷，從而決定土地的歸屬。這樣的陪審員就不僅具有起訴者和誓證者的作用，而且他們是一群需要闡明事實的人。這是諾曼第人帶到英格蘭的一種司法制度。後來，諾曼第人所創造的司法令狀與陪審制度被穩定而長期地使用下去，到一二〇〇年，真正的小型陪審團在此基礎上出現了，法官開始向支付小額金錢的訴訟人提供為其案件專門組織陪審團的機會。教皇英諾森三世於一二一五年在拉特蘭宗教會議上禁止教士參加俗界司法活動，這樣，必須經牧師祈禱才能成立的神判探水法和探火法就無法存在了。到十三—十四世紀，司法令狀和小型陪審團已成了現代陪審制度的前身而固定下來。

亨利二世時期的「司法令狀制度」最初被採用時，並沒有用王室法庭取代封建領主法庭之目的，僅僅是通過王室法庭提供的一種複審機會來監督領主法庭，也是為了盡力招徠司法訴訟以增加王室收入。但是，事實上，令狀制度一出現，王室法庭便逐漸取代了封建領主法庭，因為陪審團和令狀的存在使自由民很容易越過領主法庭直接向王室法庭投訴，實際上就出現了一種由御前會議議定和執行的英格蘭統一的法權，只是呈現為不同形式而已：例如，對大主教貝克特的審訊是由國王及其男爵組成的「大議會」進行的，大多數申訴則由跟隨國王走遍英格蘭的「小議會」受理。而且亨利二世把亨利一世不時派出國王大法官巡遊各郡的做法制度化了。這樣，除了宗教法之外，在一系列的司法活動中，以案例為基礎而演繹出來的「習慣法」，或稱「不成文法」就逐漸形成了，即司法官所實行的法律都是源於民間的判例和習慣。自一一九四年始王室法庭書記員開始把各種案例都記入訴訟檔案，十三世紀中葉王室法庭兼巡迴法庭的大法官格蘭維爾寫了一本《英格蘭法律與習慣》，它標誌着英格蘭習慣法時代的到來。

有的學者認為，大陸各國形成了以羅馬法為基礎的，以成文法典為基本形式的成文法體系，英國卻以不成文的習慣法而自成體系，獨立於羅馬法體系之外。當然，必須看到的是，這時的英格蘭，除了度支部外，基本上沒有中央統一指揮的地點固定的審判機構，以國王為主的司法活動仍然是間歇性的。

總之，威廉的征服改變了英國歷史的發展道路，它把一個異族的貴族集團強加給英格蘭，它在商業、宗教和文化方面把英格蘭和歐洲大陸聯繫在一起。最重要的是，它引進並加速了英國封建制度。當然，就某些方面來説，一〇六六年造成了很大的變化，就另一方面説，變化和延續很難歸之於諾曼第征服，尤其是在教區制度、郡制等地方行政區劃方面。同時，顯而易見的是，到金雀花王朝的亨利二世時代，其地域的廣大，政務國務的遊動性特徵，以及法制的大發展都是令人驚歎不已的。

作者點評

請讀者注意「封建」（feudalism）這個詞，它後來顯然被濫用了，在有些中文語彙中，一切壞東西都冠以「封建」兩字，從包辦婚姻、裹小腳、燒香拜佛、愛佔小便宜，到以前存在過的政治經濟制度等都無不屬於「封建」。但 feudalism 在歐洲是有確定性的，它指以土地分封為基礎的權利與義務關係，是一種經濟和社會的制度。「封建」社會結構建立在土地封授的基礎上，政治權、司法權乃至社會特權都隨土地分割而被分割，相應地分散在社會的各個層面上。因此，feudalism 意味着分權，而不是集權，集權的制度是不好用「封建」兩字來修飾的。早就有人指出中國人的早期翻譯中誤用了柳宗元的「封建論」，其實柳宗元的「封建」含義，確實與 feudalism 大不相同。中國自秦始皇統一之後就再也沒有出現過歐洲中世紀的分權結構，這既是大一統的好處，也是它的壞處。在英國的封建時期，我們看到明顯的分權特徵：國王與貴族分權，君主與教會分權，司法權層層分割，莊園則自成一統，等等等等。歐洲的各色人等都很清楚自己的地位，也知道由此而應該有甚麼，不應該有甚麼。這就潛藏着一種獨特的價值取向：既然權力是分割的，那麼社會權利和社會義務也就各人有份——好事和壞事都不可獨佔。在下一章中我們會看到，英國貴族如何出於這樣一種強烈的意識而與國王抗爭，由此開創了英國的「自由」。

第四章 《大憲章》和議會的起源

一、男爵叛亂和《大憲章》

由於安茹家族的內亂和法國國王腓力的插足，一一九九年繼位的約翰在短短的幾年中就使安茹帝國失去了在法蘭西的大部分領土，這就是「失地王」稱號的來源。史學家對約翰評論不一，有的人說他身上集中了安茹家族的一切毛病：虛偽、自私、殘暴和偏執；有的人說他並不缺乏智慧和進取心，只是他有一種疏遠重要人物（包括教皇）及其面對陰謀猶豫不決的致命弱點。但是，他做的事成少敗多，這一點是有所公論的。再有，在約翰統治期間，由於他與貴族交往時不顧封建關係的規範，視貴族的領地財產為己有，最後導致了《大憲章》的產生。

在失地王上台的最初幾年中，他依靠著名的國務活動家和坎特伯雷大主教、國王首席法官休伯特·華爾特的鼎力相助而維持了英格蘭的秩序與和平。但是，大陸的損失使他在臣民中威信大降，許多男爵因他在大陸的「失職」而失去了在法國的大片地產。一二〇五年，華爾特去世，引發了坎特伯雷大主教的繼任人選問題，使英格蘭又陷入七年的內亂。約翰要求坎特伯雷的教士們選舉諾域治的主教，這些教士堅持推選坎特伯雷修道院的副院長，並把這一爭執提交羅馬教皇英諾森三世。教皇把兩個候選人都擱置一旁，自己力薦曾在巴黎受過教育的英國人、紅衣主教史蒂芬·蘭頓。約翰王對教皇的命令加以拒絕並阻止蘭頓進入英格蘭。英諾森三世於一二〇八年發佈剝奪英格蘭教會的權利的禁令，並責令英國教會停止一切宗教活動；一二〇九年，教皇又進一步宣佈開除約翰王的教籍。作為王權對教權的反擊，約翰王下令沒收那些對國王不忠心的教堂的財產，在五年之中，倫敦、伊利、伍斯特、赫勒福特等教堂的主教紛紛逃離英國，林肯、切斯特、埃克塞特等教堂的主教席位也空缺無人。這樣的做法雖然有利於約翰掠奪教會財產，以緩解王室的財政危機；但是，在當時的歐洲，教皇的影響很大，被革出教門的國王特別容易導致內亂和外擾。一二一三年，約翰迫於法國國王入侵英格蘭的威脅不得不向教皇屈服，接受了史蒂芬·蘭頓為坎特伯雷大主教，恢復了被逐教士的職位，賠償了教會的損失，並承認自己為羅馬教皇的臣屬。

自一二〇四年失去諾曼第等地後，約翰王就隨時準備抵抗來自海峽對岸的入侵。為此，他建立了一支擁有五十一艘軍艦的王家艦隊，組織了地方武裝力量。後因法王腓力把注意力轉向法蘭西南部，英格蘭遭遇入侵的危險才不復存在。但是，約翰王擴軍備戰的策略並未中止，因為他一心想收復在法蘭西的失地。一二〇六年，約翰王遠征法國西南部的加斯科尼。一二〇九年，約翰王與神聖羅馬帝國皇帝結盟，一二一三年林堡大公、布拉邦特大公、佛蘭德爾伯爵、荷蘭伯爵和布洛涅伯爵加入這一聯盟。為了從政治和軍事上網羅盟友共同對付法蘭西，英王向這些入盟者敞開了王家財庫的大門。但是，約翰王的計劃得不到英格蘭北部貴族的支持，在一二一四年七月二十七日的布汶戰役中，聯盟被法王腓力打敗，這一失敗不僅使約翰王收復失地的希望化為泡影，而且使一二一五年的貴族反叛和《大憲章》的簽訂不可避免。

一二一五年貴族反叛起因於約翰為收復失地和擴軍備戰所進行的無休止的財政榨取。他一方面大規模掠奪教會的財產，另一方面，他隨意尋找藉口徵收「兵役免除税」，從過去的一個騎士一馬克，增加到一二〇四年的二點五馬克和一二一三年的三馬克。為了搜刮金錢，約翰對市民同樣不擇手段，他規定對出入英格蘭任一港口的商品都徵收十五分之一的關稅，並使英國人的動產稅增加了一倍。同時，在封臣後裔繼承領地時他過分榨取繼承稅，又高價出售封臣後代的財產監護權。那種個人無視法律的行為終究導致了貴族的反叛。

除了這些表面現象外，一二一五年的貴族反叛還有着更深層次的因素。如上文所述，封建主義是一種君主和貴族作為封君和封臣而建立在相互依存關係上的雙向契約關係，其相互的權利和義務雖然不見於成文法律，只存在於習俗之中，但為雙方熟知，具有法律效力。其中一方要求習俗之外的權利，或不履行自己的義務，就會被視為違法行為。這時，雙方就有權解除契約關係，甚至訴諸武力。這是英格蘭封建制度運作機制中的基本因素，所以，在英國歷史上，貴族以各種方式與君主抗衡的事例絕非一二，只是一二一五年貴族反叛因其具有武裝反抗的性質，並聯合市民階層促成了《大憲章》的形成而具有典型性。

一二一三年八月二十五日，在聖保祿大教堂的男爵會議上，貴族反叛聯盟的主要領導人史蒂芬·蘭頓大主教，宣讀了先王亨利一世在一一〇〇年加冕禮上的《特權令》，其中有「上帝的教堂在其大主教、主教或修道院院長故去而在下一任到來之前，我將既不賣掉也不轉移其地租，也將不取教堂的領地或教堂的人。」「對市鎮和鄉村徵收的普通貨幣稅……我現在命令從此之後禁止徵收……」等保證。這樣，他們從先例裡理直氣壯地找到了反叛約翰王的理論根據。一年以後，北部的騎士率先拒納兵役免除稅。在一二一五年主顯節（一月六日）倫敦會議上，男爵們再次要求恢復「古代習慣的自由」。一二一五年初春，男爵們武裝起來，聚集在史丹佛。他們主要是從北方各郡來的，以後才擴展到行會巨頭和南方的貴族。起義的領導人是阿恩威克、德·威爾、斯丹諾夫及羅拔·菲茨·華爾特。一二一五年四—五月，事態迅速擴大，從史丹佛推進到北漢普頓，大貴族在伯拉克利公開拒絕向國王行效忠禮，戰爭就這樣開始了。五月十七日，反叛的貴族秘密進入倫敦城，並取得了法王腓力的支持。約翰只好僱傭佛蘭德和波瓦圖的軍隊守衛王宮。外國軍隊的到來，更增加了英國社會各階層的不滿。從五月中旬到六月中旬，反叛者迅速從大貴族擴大到中小貴族、教會人士和城鎮居民。六月十五日，雙方在起義軍駐營地斯泰恩斯到國王駐地溫莎城堡的半道上，即泰晤士河畔的蘭尼米德草地舉行談判。六月十九日，國王和二十五名男爵代表在蘭頓、威廉·馬歇爾等人起草的《大憲章》上簽字。

《大憲章》共六十三款，數千言，它是當時倉促草擬的文件，不是議會政治的產物，因為當時沒有正式的議會。然而，儘管它是一個集封建權利和義務之大全的徹頭徹尾的封建文件，儘管它在約翰時代的作用不如以後的作用大，但是，它作為一個成文法典在亨利三世（一二一六——一二七二）在位的半個世紀中被奉為法律基礎，這樣便使它成為此後英國憲法政治發展的一個起點。由於作為其精髓的兩條原則：臣民對具有其財產和人身安全的保障權，以及在臣民與君王的契約關係中臣民具有對暴君的反抗權，它便具有相當深遠的意義。所以，儘管它作為一份表現封建貴族意志和自由的正式宣言書，在以後幾個世紀的大多數時間中曾被湮沒未聞，但是，到十七世紀的英國革命時，《大憲章》又被人們發掘出來，作為議會權利的一個法律方面的傳統依據而為反抗暴政者所利用。這個在封建制度頂峰時期的鬥爭產物，在英國人手裡又變成了摧毀封建制度的武器，原因之一就在於它所包含的自由主義精神。

從具體內容來說，《大憲章》對國王在封建規範下能做甚麼和不能做甚麼，作了非常詳盡的規定，也就是對封臣的權利作了全面的承認。比如說，它對貴族每年應向國王交多少貢賦，繼承遺產時應納多少遺產稅，子女未成年時領地遺產應如何處置，領主死後寡婦的嫁妝如何處理等做了具體的規定，並且不允許國王隨意破壞。在當時，它是一個典型的封建法和習慣法的文獻，它體現了國王的讓步，調整了封君與封臣的關係，使國王的徵稅和兵役要求建立在更合理的基礎上，實質上是有助於封建主的統治的。如第一條要求保證教會選舉的自由；第二—八條、三十七條和四十三條具體地規定了封建的繼承、監護和婚姻規則；第十三條保證自治市鎮的自由；第九—十一條規定對那些負有巨額或長期債務的中上等階層的債務人，不得過分地扣押其財產和增加利息；第二十條規定自由人、商人、包括維蘭在內的自由農人的犯罪者，應同樣課以罰金；第六十一條規定，執行委員會在國王破壞憲章的時候，可以發動戰爭反對國王。另外，還作出了有關統一全國度量衡，地方官不得越權，非戰爭狀態下商人自由進出，限制王室森林範圍和森林法官權力等規定。可

占士·威廉·埃德蒙·道爾所繪英王約翰簽署《大憲章》場景

帶有皇家印章的《大憲章》，藏於倫敦大英圖書館

見，《大憲章》是大貴族為保護其財產和生命而制定的，從其具體內容看，《大憲章》「陳述了舊法律，並未制定新法律」。

但如果跳出具體內容的圈子，就其精神實質而言，將呈現另一種面貌。《大憲章》中最為精髓的條款是：一、除封建義務所規定的貢款賦稅外，「王國內不可徵收任何兵役免除稅或捐助，除非得到本王國一致的同意」；「為了對某一捐助或兵役免除稅的額度進行討論並取得全國的同意，國王應發起召集大主教、主教、寺院長老、伯爵和大男爵等開會，討論研究徵款事宜」。二、「若不經同等人的合法裁決和本國法律之審判，不得將任何自由人逮捕囚禁、不得剝奪其財產、不得宣佈其不受法律保護、不得處死、不得施加任何折磨、也不得令我等群起攻之、肆行討伐」。國王若對以上規定或基本原則蓄意違反，則貴族可隨時造反，國內任何人亦可隨貴族造反。

這樣，《大憲章》在原則上和實質上已包含了後來發展起來的議會所具有的徵稅權，對王國政務的國民參與權、監督權等因素，以及「國民自由」的觀念。後來，隨着歷史的發展，「國民」的包容度在不斷地擴大，但上述隱含的幾種權利則被逐漸制度化了。第一，《大憲章》中非經「大委員會」的同意不得徵稅的條款，成了後世人「無代表權不納稅」這一原則的基礎。第二，徵稅要得到本王國一致的同意，就隱含了「國民」有被諮詢的權利。《大憲章》還進一步粗略地規定了未來議會的召集辦法：召集令應以國王對教俗貴族的私人信函，以及對郡長等地方官使用的文告這兩種方式，於四十天前發出，並需在函告中闡明召集會議的理由。儘管當時的「國民」是以教俗貴族為代表的，儘管當時議會並未產生，但《大憲章》為未來的議會和議會制度奠定了基礎。第三，即便從當時的角度上看，《大憲章》使貴族之外的一些社會等級也分享到了利益。如前述它含有保護教會權利、城市自由人和商人利益的條款；它認可和確立亨利二世時代的司法改革：國王不能出賣、否定貴族的司法權或對不同的人採用不同的司法制度；普通法法庭設置在固定之地，有關財產佔有的律令要反覆重審等。這些都為半個世紀後平民代表進入議會奠定了基礎，也為近代的公民意識和公民法權觀念

描繪亨利三世加冕典禮的中世紀手稿插圖

的產生奠定了基礎。

《大憲章》的影響在於未來。它的生命在於：後世人在當時的歷史環境中，把它作為一種約定俗成的習慣法加以應用，從而在傳統的外殼下對它進行了發展和延伸。所以，在它的大部分具體規則隨時間的流逝而失去光澤後，《大憲章》一直作為國王應該遵守法律的象徵而矗立着，成為英國有限君主制傳統的永久的歷史見證。這種深遠影響是制定《大憲章》的男爵們始料不及的，而且，在當時即便作為一種和平的停戰宣言，也沒有發生多大的作用。《大憲章》簽訂後，約翰王與那些力圖使已分離的英格蘭和諾曼第再次統一起來，並將之置於法國國王統治之下的大貴族又發生了戰爭。一二一五年九月，教皇宣佈《大憲章》是非法的，約翰王開始在坎特伯雷組織防衛和徵集外國僱傭兵，男爵們也重新拿起武器，並向法王之子路易請求援助，內戰重新爆發。直到一二一六年十月十八日約翰王病死，其九歲的兒子繼位為亨利三世（一二一六—一二七二），戰爭才停止。

二、《牛津條例》和《威斯敏斯特條例》

亨利三世在位的五十六年間，英格蘭仍然充滿着國王和封建貴族的鬥爭。亨利三世力圖恢復因《大憲章》的簽訂而使安茹王朝喪失的權力，封建貴族卻要迫使亨利三世聽從他們的勸告。亨利三世即位之前，他先向教皇的代表蘭頓行了效忠禮，然後，大貴族們才向亨利三世行效忠禮。威廉·馬歇爾被大貴族推為攝政，同時還設立了一個類似於攝政委員會的機構。亨利三世直到一二二七年才得以親政，這時大貴族已經習慣於對王國政治進行審議了。亨利三世親政後他不再向攝政委員會尋求幫助，轉向利用宮廷來進行統治，並開始使用國王自己的私璽代替攝政大法官的官印，這種變化使大貴族深感不安。而且，亨利三世緊接着又在法蘭西發動了幾次大貴族不贊成的戰爭。更重要的是，從觀念上説，經過一二一五年的貴族反叛和《自由大憲章》的簽訂，封建貴族已不再僅僅把自己看作國王的「直屬封臣」，而是看作對處於統治地位的國王有天然發言權的國民的代言人了。

結果，在亨利三世統治初期，君主與貴族的鬥爭連綿不斷。一二三四—一二三六年，亨利三世在各郡設置管理土地沒收事宜的官員，並要求國王對私人獵場和漁場藏匿的罪犯有司法權，引起了貴族的不滿，於是，關於亨利三世試圖否定《大憲章》的流言就比比皆是。一二三七年，亨利三世為自己和妹妹的結婚費用開徵新税，又受到市民階層的反對，他被迫召開威斯敏斯特大會議，重申確認《大憲章》給予男爵們的特許權，即開徵新税必須得到男爵們的同意。一二三八年，對王妹違背宗教誓約而再婚一事亨利三世予以批准，這又激怒了教俗兩界的貴族。面對着怒火中燒的貴族群體，國王一度被迫逃進倫敦塔避難。

當然，在十三世紀三十—四十年代，亨利三世與貴族鬥爭的中心，主要是圍繞着國王應該選擇甚麼人為朋友和顧問的問題而展開的。亨利三世本人有法國血統，又是一位看重家庭生活的好丈夫。他自一二三六年與普羅旺斯的艾莉諾結婚後，便寵信王后和王后的法國親友，使御前會議常常處在「外國人」的控制下。然而，到一二二四年，亨利三世的祖先們曾在法國領有的廣大領地中只有加斯科尼一地尚存了，也就是說，在亨利二世時代英格蘭一度只是龐大的安茹帝國勢力範圍中一個部分的情況早已不復存在，如今英格蘭已成為金雀花王朝的無可爭議的中心，英格蘭王國政治的島國特性越來越明顯了。所以，那些在法國沒有地產，又自認為是亨利三世「天然顧問」的大貴族就常常與亨利三世發生衝突。較一二一五年貴族反叛更大的危機終於在一二五八年爆發了，它導致一二五八年《牛津條例》的產生和一二六四年「西蒙議會」的召開。

一二五八年，在教皇的勸說下，亨利三世為其次子埃德蒙領受西西里，即要率兵出征去征服這塊遙遠的領地，為此，他不顧英格蘭已發生三年的連續饑荒而要求宮廷會議為這個不切實際的遠征舉債納稅。在這一關鍵時刻，那些利益在威爾斯的男爵，其中包括亨利的妹婿西蒙·德孟福尔，聯合起來於一二五八年四月武裝會見國王，國王被迫讓步，答應於六月十二日在牛津舉行由廷臣十二人和男爵十二人共同組成的改革聯席會議。在這個史稱為「狂暴議會」的會議上，男爵們以全英格蘭的名譽迫使亨利三世接受了一個比《大憲章》更進一步的條例，即《牛津條例》。

《牛津條例》的主要內容有四點：（一）成立主要由男爵組成的永久性的十五人會議參與王國的管理，國王處理國務時必須遵從其勸導，十五人會議還有權指定王國的首席政法官、秘書長和財政大臣；（二）國家的一切稅收均交付度支部而不是王家金庫；（三）郡法庭須設置四個騎士組成的陪審小組聽取對王室官員和郡守的指控；（四）每年舉行三次大議事會，沒有大議事會的同意，國王不能任意沒收地產、分配土地和監護土地，也不能出征。此外，關於法官、郡吏和土地沒收官的權力，以及倫敦城的稅收，《牛津條例》都有所規定。其中最為重要的是，對於國王和貴族權力的平衡，《牛津條例》似乎暗示了一種新的解決辦法，即每年分別在米迦勒節後第八天（十月六日）、聖燭節後第二天（二月三日）和六月的第一天召開大議會，以「審查國務並考慮國家的共同需要及國王的需要」。屆時，除國王指定的十二個成員外，「也不可忘記公眾（指男爵）應選舉十二個優秀人物，他們也應參加這三次議事會……公眾還應把這十二個人的所作所為看作是議定之事——這樣做是為了減省公眾的費用」。這樣，《牛津條例》不僅承認了自諾曼第征服以來逐漸發展起來的大委員會，即由貴族組成的議事會的議政權及其所擁有的一定的決策權，而且強調了這個設置的議政作用及其部分成員的「公眾選舉」性。它表明，大議事會已從亨利二世時期主要起司法作用且不定期召開的「御前會議」性質，向亨利三世時代主要起議政作用並定期舉行的「議會」轉變。

《牛津條例》簽訂後，在一二五八年底和一二五九年初，男爵們提名休·比各特到各郡聽取人們對郡守和王室官員的控訴，在男爵們申訴的基礎上，一二五九年春的討論引起一系列立法改革，形成了一二五九年十月十三日公佈的《威斯敏斯特條例》。它的主要內容是一些有利於普通自由民的習慣法改革。

從一二五八年秋到一二六二年春，《牛津條例》斷斷續續地推行了四年，此間以西蒙·德孟福爾為首的大貴族聯合市民、騎士，同國王發生了武裝衝突。西蒙·德孟福爾原是亨利三世最親密的男爵，這個連一句英語都不會說的年輕的法國人通過繼承成為萊斯特伯爵，在一二三八年與王妹、寡婦愛琳娜結婚後又很快發跡，但由於他對金雀花王朝在大陸的唯一領地加斯科尼管理不善，使他失去了亨利三世的信任。德孟福爾是一個頭腦清楚、公正而有理想的政治家，同時也是一個傲慢而專斷的人。他作為牛津改革運動的首領更進一步疏遠了國王，於是亨利三世下令驅逐西蒙·德孟福爾。後來，教皇歷山四世於一二六二年允許亨利三世不服從《牛津條例》和《威斯敏斯特條例》。這時，亨利三世沒有乘勝消除分裂、恢復秩序和鞏固統治，反而遠走法蘭西，一些年輕的男爵乘機於一二六三年四月把被放逐的德孟福爾迎回英格蘭。

內戰再次迫在眉睫，雙方只好請求法蘭西國王路易四世給予仲裁。路易四世的判決對亨利三世十分有利，德孟福爾只好訴諸武力，他調集軍隊於一二六四年在蘇塞克斯的劉易斯打敗了亨利三世。戰後，德孟福尔建立九人委員會為最高權力機構，並希望通過大議事會來統治英格蘭，因此他在一二六四年和一二六五年兩次召開會議，史稱「西蒙議會」。

西蒙·德孟福爾戎裝像

德孟福尔以國王名義發佈詔書言：這些國事「若得不到你們的忠告和其他教俗顯貴的忠告，朕即不予以處理」。德孟福尔這樣做的用意顯然在於使九人委員會的行為獲得全國的承認，這也就意味着「議會」似乎成了解決國事的必要設置。而且，一二六五年一月二十日在倫敦召開的會議，參加者除了男爵、高級教士和每郡兩名騎士外，還增加了各自由市分別派遣的兩名市民代表，這表明大貴族開始向英格蘭的中等階層尋求支持。但是，有一部分貴族相信反對國王的意志及其統治是不忠行為，同時也害怕牛津改革運動的發展會引起對自己封地的調查，因而與德孟福尔離心離德。結果，在一二六五年八月四日的埃富薩姆戰役中德孟福尔兵敗身亡，《牛津條例》被廢除，亨利三世的王權又得到全面的恢復。

儘管如此，德孟福尔的死亡和《牛津條例》的流產，並不意味着十三世紀中葉的牛津改革運動完全失敗。因為，經過《大憲章》和《牛津條例》的簽訂，凡國事應該交大議事會討論，國王和貴族間應該有一種有效的合作方式，這兩點已在英格蘭人的心中生了根。而且德孟福尔領導的貴族反叛雖説沒有成功，但它在英國憲政史上留下了永久的印記。議會似乎是一種好形式，全國性的問題可以在這裡協商解決。在亨利三世統治的最後七年裡，實際上是愛德華王子在解決王國的政務問題。

三、對威爾斯和蘇格蘭的征服

愛德華一世（一二七二—一三〇七）繼位時已是三十五歲的成年人了，他是在貴族反叛的戰火中成長起來的優秀軍事指揮家，也是個聰慧而意志堅強的國王。他知人善任，注重立法，並因戰功和政績而獲得了「蘇格蘭的錘子」、「威爾斯的征服者」、「英格蘭的查士丁尼」等稱號。

對於現代英國的形成，愛德華一世作出的貢獻之一就是對威爾斯的征服。威爾斯大學教授R.R.戴維說：「諾曼第人只用了一年就在黑斯廷斯征服了英格蘭，卻用了兩個世紀完成對威爾斯的征服。」其原因在於：首先，威爾斯多山的地貌和形形色色的土著政治使它很難走向統一，從而加大了英格蘭人征服威爾斯的困難；其次，諾曼第—英格蘭人對威爾斯的蠶食與滲透，基本上是各自為政且缺乏合作；再次，諾曼第諸王對威爾斯的征服是間歇性的，如一一一四年、一一二一年、一一五七年、一一六五年的出征多為一些懲罰性的蹂躪，並未在英格蘭王國地域的擴大和威爾斯的穩定方面取得大的成果；然後，英格蘭本土的政治動亂也影響了對威爾斯的征服；最後，對諾曼第—英格蘭諸王和英格蘭貴族而言，威爾斯的利益畢竟具有一種邊緣性。

在十二世紀下半葉亨利二世和理查一世在位時期，諾曼第人對威爾斯的征服基本上陷入一種僵局：在南威爾斯低地以諾曼第—英格蘭人的村落、城鎮和修道院為基礎，基本上建立了諾曼第—英格蘭人的軍事控制；在其他地區諾曼第—英格蘭人只獲得偶爾對土著居民徵收貢賦的權力。到十二世紀末，在尚未被征服的威爾斯地區出現了三個由大家族統治的土著王國：北部的圭尼德、東部的波伊斯、南部的代休巴斯。這時，威爾斯雖在政治上不統一，但威爾斯人已經認為自己是一個有統一語言、法律和文化習俗的共同體。到十三世紀，三王國的政治霸權牢固地掌握在圭尼德王小盧埃林（一二二四—一二八三）的手裡。圭尼德國王逐漸地控制了威爾斯的大小土王，並在約翰王統治末年和一二五八—一二六七年的動亂時期開展政治分離運動，阻擋諾曼第—英格蘭人在威爾斯的蠶食運動，並試圖把各個土著威爾斯王國合併為一個統一的政治單位。這次分離運動以一二六七年簽訂的《蒙哥馬利條約》達到頂峰：亨利三世被迫承認小盧埃林的領土和新近自封的「威爾斯親王」之稱號。

愛德華繼位後並沒有對威爾斯發動戰爭的計劃，只是在小盧埃林拒絕行臣服禮，並拒不交納《蒙哥馬利條約》所規定的三千銀馬克歲納的情況下，才決定施行其威爾斯最高統治者的權力。一二七七年一月，愛德華徵集一萬五千六百四十名步兵以及各種民工，採用羅馬人的戰術，即在優勢地點建造城堡，並用交通網連起來的辦法，在威爾斯層層推進，到四月已征服了盧埃林佔領的諾曼第—英格蘭邊疆貴族的土地，年中推進到威爾斯中部，與盧埃林簽訂了《康韋條約》。根據條約盧埃林要向愛德華行臣服禮並效忠於英王，承認被愛德華征服的領土為英王領地，歸還所欠英王之債務；愛德華則承認盧埃林「威爾斯親王」之稱號，並允許他在北部地區實行威爾斯的法律和習俗。一二七八年盧埃林在威斯敏斯特向愛德華行了效忠禮。

一二八二年，邊疆貴族與盧埃林之間的財產糾紛，以及威爾斯土王之間的爭端應由愛德華還是盧埃林裁決這一問題使戰端又起。一二八二年，盧埃林之弟大衛佔領了霍華德城堡，並號召威爾斯土王反叛英格蘭。愛德華從蘇格蘭事務中迅速脱身，立即集結七百名重裝騎兵、八千名步兵和一萬名弓箭手。他先用英格蘭弓箭手對付威爾斯的騎兵，又用英格蘭騎兵追擊其潰退之師；他還鼓勵在威爾斯的英格蘭邊疆貴族參戰，並控制了海洋以保證軍需供應。一二八三年，盧埃林戰死，次年大衛被處極刑。

威爾斯於是被永久佔領：根據一二八四年三月十九日《威爾斯條例》（也稱《鹿德蘭條約》）北威爾斯被劃分為幾個郡，由王室官員直接管轄，邊疆貴族在威爾斯地區的權力不變；在某種程度上保留了威爾斯的法律和習俗，如刑法英格蘭化，而民法則使用威爾斯土著民法；威爾斯的地方司法和行政區劃仍沿用威爾斯早期的行政單位「康莫特」，而不是英格蘭制的百戶區，新設置的全威爾斯行政中心在卡那封和卡馬森。此後，愛德華繼續大量徵稅。用以加強康韋、卡那封等威爾斯北部城堡和弗林特、鹿德蘭等重鎮的建設。據傳愛德華一世曾許以威爾斯人一個「土生的親王」，一二八四年王太子愛德華二世誕生在卡那封，愛德華一世高興地向威爾斯人打趣道：「這是我允以的土生的親王。」此後，凡英王太子都有「威爾斯親王」之稱號，即源於此。

十三世紀二十—八十年代，即蘇格蘭王亞歷山大二世（一一九八—一二四九）與亞歷山大三世（一二四九—一二八六）在位的時期，是蘇格蘭歷史上的黃金時代。亞歷山大二世曾經趁英王亨利三世處於西蒙．德孟福尔反叛的困境時，索要了英格蘭北部諾森布里亞和坎北蘭兩郡的土地。一二三八年，亨利之姐、亞歷山大二世的妻子死後無嗣，使蘇格蘭王位繼承成了問題。亞歷山大第二年與法國貴族之女結婚，一二四一年生子。鑒於蘇格蘭王對法國的親近和蘇格蘭海盜對愛爾蘭的侵擾，亨利三世關閉了蘇格蘭與英格蘭的陸上貿易通道，並封閉了英格蘭臨愛爾蘭海的港口。一二四四年，亞歷山大歸順英王，並安排了兒子與亨利三世之女的婚約。一二四九年，亞歷山大二世死去，九歲的亞歷山大三世繼位，向英王行了效忠禮，簽訂了劃界協定。亞歷山大三世與亨利三世之女完婚後，出現了十三世紀兩個王國最長的和平時期。一二八六年，亞歷山大三世逝世，其王位繼承人瑪格麗特又於一二九〇年死去，蘇格蘭的坎莫爾王朝終止。這個機會讓英王愛德華一世得以用蘇格蘭最高宗主之身份，支持巴里奧於一二九二年繼位。但他很快發現，想通過巴里奧完成兩個王國的合併是不可能的。

一二九四年，英法戰爭開始。一二九五年，蘇格蘭與法國結盟，從而把自己綁在法國戰車上。為此，愛德華於一二九六年派兵包圍並攻佔了特文特河畔的貝里克，並深入蘇格蘭腹地，迫使巴里奧退位，結果引起了一二九六—一三五七年的長達半個多世紀的「蘇格蘭獨立戰爭」。起初，蘇格蘭鄉紳威廉．華萊士領導起義軍於一二九八年在斯特林橋打敗英軍，此後愛德華一世又於一三〇〇年、一三〇一年、一三〇三年、一三〇五年多次出兵鎮壓華萊士起義，並迫使許多蘇格蘭貴族臣服。一三〇六年，曾在亨利三世宮廷任法官近二十年的蘇格蘭貴族羅拔．布魯斯的孫子，小布魯斯又揭竿而起，自稱蘇格蘭國王，繼續領導蘇格蘭獨立戰爭。一三〇七年，愛德華再次出征蘇格蘭但病死於途中。可見，蘇格蘭問題一直是愛德華一世最大的負擔，當他繼位時兩個王國已爭吵了近百年，在他死去時又開啟了兩個王國處於敵對狀態的兩個半世紀。

四、愛德華一世的法制和議會的起源

除了解決威爾斯問題外，愛德華一世的另一重大成就是，他使過去的法律傳統制度化。在他統治的三十五年裡，召開過五十多次會議，所頒佈法規的數量高於十六世紀以前任何一個君主統治的時期。我們知道，英格蘭的習慣法產生於一輩輩人解決無數的司法糾紛的過程中，而且，國王及其御前會議是最高司法者，他們還可以通過發佈新的律令對法律加以修改。到愛德華一世時期，愛德華採用了不同的方式即成文律的形式，來對習慣法加以修訂。成文律是指國王在御前會議上宣讀的一條條具體的法令，從十三世紀七十年代到九十年代末，愛德華一世通過調查而制定的新條例都一條條地下達到每個百戶區、城鎮和自治市，甚至在每個集市上宣讀，使儘可能多的人知曉，並使每郡都有由騎士選出的代表保存法令抄本，故相比之下愛德華的律令較先王的律令更具有成文律的性質。這樣，凡國王頒佈的律令，也就成了習慣法的一部分而進入英格蘭法律系統。

愛德華用新的成文法服務於下列三個主要目的：檢查私人特權法庭；界定封建關係；促進地方政府改良。在中世紀英格蘭有多種法庭存在：王室法庭、宗教法庭、莊園法庭、自治市鎮法庭和特許法庭。國王對那種由封建主私人設立的行使五花八門的法權的特許法庭持疑最大，這種私刑法庭的存在，與十三世紀中葉的王室法庭大法官布雷克頓在《英格蘭的法律和習俗》中所宣稱的「王國的一切司法權均發源於國王」這一理論是相佐的。為加強王權和法制，愛德華發動了一個對私立法庭進行調查的運動，他在一二七八年的《格洛斯特律令》中規定，特許私立法庭必須在王家法官在場的情況下才能進行司法活動，這樣對私立法庭進行了限制。在一二九〇年的《保證律令》中，愛德華又規定凡私人特權法庭只有在能證明自己在理查一世繼位以前就已建立，並由王國政府頒給可以進行司法活動的王家特許證，才能繼續進行司法活動，這樣就把私人法庭置於國王的司法體系之中了。

愛德華還通過頒佈一系列的土地法令，規範了正在鬆弛和出現混亂的封建關係。事實上，自諾曼第征服以來經過兩個多世紀的封建化過程，英格蘭的大多數臣民都已處於封建租佃關係之下。但是，武器之昂貴及騎士封地一層層分封，使封建主對國王的封建義務很難兌現，到愛德華一世時期就連兵役免除稅也難於徵收。一二七四年愛德華率十字軍東征後返回，部分男爵控訴教俗領主侵佔土地（包括王室土地），濫收稅金，愛德華便組織了一二七四年調查，形成稱為《拉格曼案件》的調查報告。調查結果表明，王室對封地的權利已經喪失很多，其中許多王室地產已轉到教會或類似教會的團體或教士個人手中，成為免於封建義務的「死手地」。

因此，愛德華便於一二七九年頒佈《永久管業法》，規定「宗教界人士不經特許不得插手各種封地，不能取得這些封地成為直屬領主，從而致使本應隨這些封地提供的軍役被違法地取消」。後來，愛德華乾脆用一種完全附着於土地的封建義務，取代那種源於封君封臣的主從關係的義務，以適應社會經濟方面已經發生的變化。他在一二八五年頒佈的《溫徹斯特法案》中規定，凡佔有價值十五英鎊以上土地者，不論其地產來源如何，均須為國家提供一個騎士所需的馬匹和裝備。在一二九〇年的《第三號威斯敏斯特法令》（又稱《買地法》）中，又禁止了複雜的再次分封，其中規定B若從大領主A處持有封地而全部贈與或賣給了C，就應該由C直接向A履行義務，B則必須脫離中間環節。這個律令實施的結果是直接從國王手裡持有封地的人數迅速增多，持有土地數量不大的自由持有農也在數量上迅速增長。這樣既有利於自由持有農，又增加了王室的收入並保證了對外戰爭的兵源。

愛德華還利用實地調查與頒佈律令結合的方式，解決了地方政府的改革問題。他在一二七四年的調查中弄清了當時社會的經濟和法律問題，一二七五年頒佈《第一號威斯敏斯特法令》，指出「現在濫徵一些不合理的稅，因此，民眾抱怨極甚，此後對整份騎士封地一律只能徵收二十先令；對那些持有價值二十英鎊地產的梭克曼，也徵收二十先令」。一二八五年又由財政大臣約翰．克爾克比帶頭進行了「克爾克比調查」，發現了地方官吏貪污稅款或拖欠債務的問題。一二八九年處理了一些貪污侵奪的壞人壞事，並從地方鄉紳中起用了一批小貴族。

愛德華統治時期議會終於定型。議會的英文是 Parliament，其詞根是法語 Parler，意為「談話」。自十三世紀中葉起這個詞開始在英格蘭被廣泛地使用，但是，當時該詞的含義並非完全指一種固定的機構，而是一種機會，指國王和貴族在大議事會上交談或談判。這時的御前大議事會在組成上與諾曼第征服初期的「王堂」差不多：國王、主教、修道院院長、伯爵、大男爵。所不同的是，十三世紀的大議事會增加了官僚的成分，即那些既不是男爵也不是直屬封臣的國王的宮廷會議成員，男爵們在《牛津條例》中要求每年召開三次的就是這樣的大議事會，而且，經過漫長的發展和演變，十三世紀稱之為 Parliament 的會議，其作用已是多方面的：政治的、司法的、立法的和財政的。愛德華在寫給教皇的信中甚至說，議會向國王提供法律勸導，沒有這樣的勸導國王無法做出影響王國發展的事。在法律方面，議會的重要性在於它是英格蘭的最高法庭，可處理一切重要的或困難的案件，一般的訴訟也能通過申請而交付議會處理。這是十三世紀前的議會最重要的活動內容。但是，在愛德華一世時期，因愛德華常常尋求議會的同意以實施其成文律，議會在立法方面開始變得更有意義。

正是由於議會所具有的財政職責，才使它從過去的具有貴族議政性質的設置轉變為一個具有代議性質的機構。在國家政治的發展過程中，王室稅收的變化，戰爭規模的擴大，行政和軍費開支的增加，都加強了御前大會議在財政方面所擔負的職責。在十二世紀，英格蘭諸王收入的二分之一來自司法、大領主的捐助和封建賦稅，以及在教會職位空缺時國王代徵的收入，只有 13% 來自以丹麥金為主的對一般公民的徵稅。這種來自土地、封建領主、司法活動的收入保證了國王在政治上和經濟上的獨立性，因為這類徵收無需舉行重大會議以請求批准，基本上是隨諾曼第征服開始的封建分封，以及國王在全英格蘭的最高司法權而自然存在的。

描繪國王愛德華一世主持議會的中世紀手稿

然而，到十三世紀末，情況發生了很大的變化。一方面，在民族國家逐步形成而走向統一的過程中，對威爾斯、蘇格蘭和愛爾蘭的征戰活動不斷增加；另一方面，在民族逐步形成的過程中，解決英格蘭與大陸國家或英王及其大陸領地之間的矛盾，也使對外戰爭更加頻繁和不斷升級。戰爭開支在不斷擴大，亨利一世年收入為二萬二千英鎊，這不足以支付國內外戰爭的費用，因為彼時對法蘭西發動一次遠征大約耗資五萬英鎊。於是，亨利三世和愛德華一世不得不向其臣民加徵「非常稅」，在十二世紀初，亨利一世收入的85% 來自領地、封建領主和司法活動，到十三世紀末十四世紀初，愛德華進行國務活動和維持王室活動的絕大多數收入則來自稅收，這種稅收不僅是與分封土地相關的封建賦稅，而且是一種全民稅，主要由全英格蘭的自由民而不僅由各類封臣承擔，其中最重要的是對全體自由民按其收入和動產徵收的「非常稅補助金」。一二〇七年，亨利一世在英格蘭歷史上首次開徵此類補助金，即依每個自由民的收入和動產徵收十三分之一的所得稅。到十三世紀中期，在亨利三世統治的半個世紀中就徵收了六次這樣的「非常稅補助金」。

這類稅收必須由英王召集會議，充分陳述徵收緣由才能開徵。到十三世紀上半葉，亨利三世已通過尋求大議會的同意來開徵非常稅。在亨利三世時代徵收非常稅是偶然的，人們可以接受。到了愛德華一世時期，徵收非常稅變成經常性的，因此人們視之為負擔。例如，他為了收復位於大陸的加斯科尼，曾於一二九四年、一二九五年、一二九六年連續徵收了三次非常稅，愛德華一世還對教界徵收由亨利一世在十二世紀中葉開徵的什一稅。一二九四年，愛德華一世開始對羊毛徵收出口稅，每袋六先令八便士。上述三種稅收都有一種對全國臣民開徵的性質，都必須經過納稅者的同意。

一二九六—一二九七年，教界首先起來抵制愛德華的要求。一二九七年愛德華因對佛蘭德爾征戰而把服軍役的義務擴大到每年土地收入達二十英鎊的每一個英國人，大工商業者也起來加入教士的反抗行列，他們以抗議書的形式表達了對擴大戰爭、控制羊毛業和徵收教俗兩界稅收的不滿，抗議書還指出佛蘭德爾戰爭與保衛英國無關，是非正義的戰爭。

一二九七年，愛德華啟航去佛蘭德爾，反對派力量加強，他們進一步為重申《大憲章》和《森林法》而鬥爭，經過對這兩個憲章的重申愛德華被迫同意「除了全王國的一致同意」之外，不再徵收非常稅和新關稅。但是，在愛德華統治的最後十年中，他反覆地違反兩個憲章重申的內容，尤其是當他陷入破產時就變得越來越貪婪。

總之，國王歲入得自稅收的比例愈高，愈是需要通過政治途徑來獲得同意，由此就產生了代議制成長的過程；伴隨着動產稅而來的是議會的成長。在整個十三世紀，大議會實際上反覆重申着「無代表權不納稅」這樣一個原則。那些坐在御前會議中的名門貴族早已對王國的一切事務都有了議政權。只是到一二九五年，這種情況發生了顯著的變化，這就是經過近半個世紀的演變，平民或者說地方代表正式加入議會，形成了不可改變的先例。前述一二六五年的「西蒙議會」已開創了騎士與市民作為地方代表參加議會的先例，這對日後議會的構成產生了一定的影響。對於一二九五年的議會，有的史書稱它為「模範議會」，有的史家則反對這種提法，如克萊頓·羅伯茨認為：到一二九五年，各郡騎士和自治市代表出席會議已得到普遍的認可，這是向地方徵收非常性動產稅必不可少的，結果引起了四個變化：一是一切自由土地持有者都需承擔軍事義務，這種做法使「王國騎士」逐漸形成保衛王國的公民意識；二是對一切自由英國人徵收的財產稅成為一種必須經過其代表同意的國稅；三是地方代表的同意對徵稅工作有行政意義；四是國王的對立派即男爵們開始正式並經常性地尋求騎士和市民的支持，「國民」的範疇擴大了。這次模範議會已正式包括貴族、主教、大法官、各郡騎士、市民、下級教士的代表，但是，起中心作用的仍然是貴族，而不是市民和騎士。但他們開始作為正式代表規範性地出席議會，從而為後來「下院」的出現奠定了基礎。如果說一二九五年議會具有模範性，大概就是指的這一點。

總之，在十三世紀的一百年間，英國憲政史上的兩個重要基礎——《大憲章》與議會都產生了。《大憲章》是貴族們通過鬥爭而得來的，它將國王置於法律的約束之下，從這個意義上說，是英國的貴族開創了「自由」的傳統。同時，《大憲章》的簽訂體現了英國政治的契約傾向，這不能不說是十七世紀洛克的妥協型政治理論的一個傳統淵源。這個在一二一五年倉促草擬的契約文件，主要論述諾曼貴族所要求的種種權利。但由於其中「王在法下」和「無代表權不納稅」的原則，它就成為英國憲法政治的基礎和寶貴遺產，因為對廣大的國民而言，條款所聲明的種種權利始終可以轉換為要求自由的通用語言。十三世紀是英格蘭政治大發展的世紀。在這個世紀中，君主制的發展與議會的起源是互逆和共生的，然而，又不完全是對立的事物。這一百年中，中世紀英格蘭君主制儘管在亨利三世時代一度踉蹌，但到愛德華一世時代則達到了頂峰。同樣，在愛德華時代議會制度形成了。這個在政治上通過鬥爭而尋求平衡的世紀，留下了輝煌而成功的業績——《大憲章》和議會制度。

作者點評

這一章所談的兩件事：《大憲章》和議會起源，在英國憲政史上有特別重要的意義，沒有這兩件事，後來的英國就不會是現在這個樣，也不會在世界範圍內變得那麼突出。這兩件事的意義在於：它們被後來的人視為國民自由的起源，而自由作為一個原則，則是現代世界所最珍視的原則之一。英國的自由植根於深厚的傳統之中，這些傳統是其他國家所沒有的。英國之所以在後來成為現代世界的開拓者，從它的傳統中可以窺見原因。在這裡我們要再一次提醒讀者：「自由」的傳統是由貴族開創的，他們為維護封建權利而與國王進行的鬥爭，成為後人爭取「自由」的先聲。

第五章 英法百年戰爭和紅白玫瑰戰爭

一、百年戰爭

在十四世紀的英格蘭，人們繼續目睹貴族勢力的增強和王權的縮小。愛德華二世（一三〇七—一三二七）從其父手中接下了一個因戰爭而負債累累，並在蘇格蘭問題上又陷入僵局的王國。最困難的是，早在愛德華一世時期，英格蘭的貴族們就企圖利用一切機會恢復特權。這些問題即便是有突出治國才幹、行政效率高和富有建設性的愛德華一世也無法徹底解決，對於缺乏政治頭腦和習慣感情用事的愛德華二世就更加勉為其難。因此，在愛德華二世統治的二十年間，政治上的混亂伴隨着經濟上的衰敗，直到最後愛德華二世於一三二七年被大貴族控制的議會廢黜，三年後又遇害身亡。這些事實表明，十四世紀初英格蘭的混亂和殘暴與十二世紀史蒂芬統治時期相比，或者與十三世紀中葉的西蒙反叛時期相比，都有過之而無不及。

其實，自愛德華一世統治以後幾乎每十年就有戰爭風雲。愛德華一世征戰不已，此後的近兩個世紀中持續不斷的戰爭仍使英國國王始終負擔着沉重的義務。從某種角度上説，這是英國與大陸分離，不列顛形成民族融合，近代民族國家開始形成過程中出現的不可避免的暴力行為。

自愛德華一世以來，加斯科尼問題一直在英法關係中居中心地位，即加斯科尼取代諾曼第和安茹成為英法兩國爭奪的焦點，這個問題甚至成為「百年戰爭」的起因之一。加斯科尼位於現代法國的西南部，西瀕比斯開灣，南接比利牛斯山。該地區於一〇五八年為阿奎丹公爵威廉八世所得，十二世紀時，阿奎丹公爵的稱號連同加斯科尼都因亨利二世享有的繼承權而轉移到英格蘭的金雀花王朝手中。此後，一直到百年戰爭結束時法國最後得該地為止，加斯科尼始終是英格蘭勢力在法國西南部的中心地帶。愛德華一世堅持維護自己在不列顛群島和海外的至高無上的地位，加斯科尼問題便成了一個不可迴避的問題。而且，加斯科尼的重要性不僅在於它是愛德華一世繼位後英格蘭國王在法蘭西僅存的一塊領地。而且還在於，這是一個工商業相當繁榮且盛產酒類的地方。英格蘭要大量進口加斯科尼的酒，英國的紡織品和穀物必須經由加斯科尼運到波爾多和巴約納兩大港口，再輸往世界其他地區。例如，僅一三〇六—一三〇七年，英王在加斯科尼領地的收入就是一萬七千英鎊。

在歷史上，愛德華一世是作為法王腓力四世的封臣而據有加斯科尼的。然而，對於民族獨立意識正在成長的英王愛德華一世及其繼承人來説，他們不願見到法國王權在加斯科尼的影響。對於法國國王而言，加強對其行省加斯科尼的控制又是其利益所在和王權的象徵。因此，圍繞着加斯科尼問題引起了正在形成中的兩個民族國家之間的主權爭端：一二九三年，法王藉口盎格魯—加斯科尼人的船隻與諾曼第船隻之間的衝突而出兵佔領了加斯科尼，愛德華一世立即向教俗兩界大舉納税，並聯合佛蘭德爾、布拉邦特（在今比利時）和拿騷等公國，於一二九七年親自帶兵遠征加斯科尼，一三〇二年通過談判又以法王封臣的身份收復了加斯科尼。然而，愛德華一世不幸於一三〇七年夏季病死，蘇格蘭問題和加斯科尼問題都因之懸而未決。反之，常年征戰帶來的負擔影響着臣民與君王間的關係，對英格蘭的政治穩定、社會內聚力和經濟繁榮都產生了不良影響。

在這種情況下，愛德華二世登上王位前就處於貴族對君主充滿猜忌的氣氛中。一三〇八年即位時他不得不做了一個相當具體的加冕誓約，保證嚴格遵守英國的傳統、法律和習俗。然而，童年時代缺乏疼愛，少年時代受父冷落的愛德華二世本身就軟弱無能。在這種相互疏遠的氣氛中，他更沒有能力依靠英格蘭貴族共同解決王國面臨的種種問題，只得相繼依靠寵臣皮爾斯·加瓦斯頓和休·德斯潘塞來維持統治。他從兩個寵臣那裡不僅尋求友誼、感情，甚至治國方略。這一點使那些在十三世紀已清楚地意識到只有自己才配做國王議政夥伴的英格蘭大貴族十分憤怒。

以蘭開斯特伯爵托馬斯為首的大貴族決心從愛德華二世手中取得愛德華一世不肯做出的讓步。這種局面使一個必須同時治理英格蘭、愛爾蘭、威爾斯三國，在蘇格蘭和法蘭西又面臨種種困境的國王感到手足無措。

一三一〇年，大貴族們強迫愛德華二世成立了二十一人委員會，這年又將委員會草擬的四十一條律令呈交議會和國王批准。一三一二年，男爵們處死了愛德華二世的寵臣加瓦斯頓。兩年後，愛德華二世出征蘇格蘭又在班諾克本戰敗。一三一五—一三二二年連年的歉收和畜疫引起了嚴重的社會騷亂，一三二一年，議會作出驅逐愛德華二世的新寵德斯潘塞的決定。第二年，德斯潘塞和愛德華二世一起舉兵反對男爵們，並在伯德布里奇打敗了男爵並處死了蘭開斯特伯爵。一三二二年的約克會議使王權得到了一定程度的恢復。但是，王國的統治權又落到德斯潘塞及其宮廷小集團手中。這時，英格蘭與法國、與蘇格蘭的關係都在惡化，內憂外患，尤其是國王與大貴族之間不能合作終於導致了王權的崩潰。一三二七年，在王后伊莎貝爾的默許和王子的同意之下，愛德華二世在議會的脅迫下遜位於自己的兒子。從理論上説，愛德華三世（一三二七—一三七七）的即位雖然確保了王位世襲的原則，卻強烈地衝擊了神聖王權的不可侵犯性，因為倘若按照法學家布萊克頓的理論，那麼，只有上帝才能處罰國王。在英格蘭的現實政治生活中和議會發展史上，愛德華二世被廢黜是史無前例的，因為自諾曼第征服以來這是第一位被廢黜的國王，並且是以議會的名義廢黜的，表明議會可以引導法律的變化。

新登基的愛德華三世只有十五歲，但他遠比愛德華二世能幹，他敏於覺察權貴諸公的態度和要求，並在治理國家和對外戰爭方面與他們分享着權利和義務。他謹慎地對待議會，與臣民保持一種明顯的和諧關係，並以這種關係為基礎支撐着他在英格蘭的統治和對法蘭西的戰爭。他雖然不是一個有遠見卓識的偉大國王，卻是一個身先士卒、勇敢善戰的騎士。他的戰爭野心適合民族國家興起時代的氛圍，因為愛德華一世時期留下的英法關係和英蘇關係問題已把英格蘭人推向了戰爭的邊緣，而民族國家的排他性又不可避免地呈現為一種暴力形式。經過數年的磨煉，愛德華三世擺脫了母后伊莎貝爾及其情夫、邊疆貴族羅傑·莫蒂默的控制，成長為決心使不列顛統一，並渴望在戰爭中取勝的君主。一三三二—一三三三年，愛德華三世在蘇格蘭取得了一些勝利，但是法國對蘇格蘭的公開支持仍然是愛德華三世解決蘇格蘭問題的最大芥蒂。於是，愛德華三世像歷史學家馬考萊所説那樣，「與其鏟除頑固的薊草，不如採摘光榮的百合」，把矛頭指向了法蘭西。這樣，蘇格蘭和法國結盟就成了觸發英法百年戰爭的另一個原因。

英法百年戰爭的直接導火線是法國加佩王朝查理四世一三二八年死後無男嗣所引起的王位繼承問題。按照法國的法律，愛德華三世的母親伊莎貝爾作為女性不能繼承王位，更不能將王位傳給她兒子。於是法蘭西貴族擁立了瓦盧瓦伯爵之子為法王腓力六世（一三二八—一三五〇）。按照英格蘭的習俗王位繼承不分男女，只是新登基的英王年僅十六歲，尚無力根據他與法國母親伊莎貝爾的血緣關係提出對法蘭西王位的要求，一三二九年，愛德華三世為保有他在法國的領地而向腓力六世行了臣服禮。此後，隨着愛德華三世在英格蘭統治的穩定，以及西歐外交事務中一系列緊迫問題的出現，例如，如何維護英國在加斯科尼的利益和防止法蘇結盟等，愛德華三世終於在一三三七年提出了對法國王位的要求。

另外，英法兩國在佛蘭德爾的利益衝突同英法百年戰爭的爆發有密切聯繫。當時，佛蘭德爾伯爵是法蘭西國王的附庸，但是，有不同程度自治權的佛蘭德爾城市和英國在經濟上聯繫十分密切，英國羊毛輸往這些城市，佛蘭德爾城鎮生產的呢絨又返銷英國。法王作為封建宗主一直想直接佔領佛蘭德爾，百年戰爭前夕佛蘭德爾伯爵也公開倒向法王，以根特為首的自由市則尋求英王的支持。英法在佛蘭德爾的對立使英法百年戰爭延伸到低地國家、卡斯提爾、葡萄牙、蘇格蘭、愛爾蘭和威爾斯。

然而，從實質上說，百年戰爭的根本原因是民族之間的領土與主權之爭——法國政治統一的最大障礙是英王在法國境內擁有吉約那和加斯科尼，這是正在形成中的法蘭西民族不能容忍的；另一方面，英國人認為保住加斯科尼和反對法國插足蘇格蘭—英格蘭關係，是維護民族的經濟利益、政治利益、領土主權和國家統一的主要任務。在這種情況下，一系列災難深重、曠日持久的「王朝之戰」就開始了。當然，對愛德華三世及其追隨者而言，出征法蘭西也是貴族和騎士劫掠財富的機會，勝利可以激發民族情緒，兵臨沙場還能弘揚忠誠勇武騎士精神，並有助於挽救和彌補十四世紀正在斷裂的封君封臣之間的關係。

一三三七年五月，法王腓力六世宣佈沒收英王領地吉約那，十月，英王愛德華三世則公開宣佈他應該擁有法蘭西王位，海戰遂開始。一三三八年，英王率軍至尼德蘭與佛蘭德爾同盟者會合，次年聯合侵入法國。一三四〇年六月英國海軍在埃克呂斯大敗法國海軍，從此掌握制海權達數十年之久，並獲得順利地把軍隊和給養運往大陸的保障。一三四一年，百年戰爭的戰場向南轉移到布列塔尼。一三四二年，經教皇調停雙方一度短期停戰。一三四六年七月，愛德華三世又親率裝備良好的混合軍隊在法國北部登陸，其中一部分兵源是大貴族率領的家臣隊伍，另一部分是由訓練有素的自由農民組成的軍隊。登陸後，英軍迅速進攻魯昂和巴黎郊區，法王腓力率軍緊追不捨，英軍涉過索姆河，在克雷西附近山崗上佔據有利地勢掘壕防守，迫使法軍仰攻。八月二十六日，腓力命令僱傭軍熱那亞弩手在第一線射擊。這時，雷陣雨大作，弓弦被淋濕，每發一箭都必將弩背豎立地上安放箭支，每分鐘只能發射四箭。英國的長弓手使用一種五英尺長的紫杉木弓，每分鐘

描繪英法百年戰爭克雷西戰役的十五世紀手稿，現藏於巴黎法國國家圖書館

能連發十到十二枚長一碼、射程兩百碼的箭支。而且，仰攻的法軍面對着雷陣雨後的傍晚斜陽，視力一片模糊，英軍則背向陽光視野清晰。一時間從山上發射的長箭如雨點穿梭，法軍弩手只得逃之夭夭，精銳的重裝騎兵在殘陽、泥濘和箭雨中也甘拜下風。腓力只得棄甲丟兵，率殘部六十人連夜逃到亞眠。這就是著名的「克雷西之戰」。

克雷西取勝後，愛德華三世繼續北上，圍攻加萊港達十一個月之久。一三四七年八月四日，加萊城的六個顯貴赤頭銑足，頸繫繩索，手捧城門鑰匙向愛德華三世跪地求饒。此後，自一三四七年到一五五八年的二百一十一年間，加萊一直在英軍佔領之下，成為英國在大陸進行羊毛業貿易的中心站，英王則在此抽取出口關稅，對英國發展商業和增加王室收入都十分有利。另一方面，佔領了加萊港，英國人很容易在法國登陸，這對法國的政治統一是不利因素。一三四七年加萊投降之後，法國內部政局混亂，加之黑死病在歐洲的流行以及兩國的財政困難使戰爭雙方不約而同地偃旗息鼓，百年戰爭進入了短暫的間歇時期。

腓力六世死後，其子「和善者約翰二世」繼承法國王位（一三五〇—一三六四）。一三五五年，百年戰爭又起，英格蘭黑太子愛德華於九月率軍在法國南部的波爾多登陸，穿過中部的布爾熱轉向西北，當得知法王約翰二世率軍截其後路之時黑太子立即南撤。約翰二世率軍在普瓦提埃附近的高地以逸待勞。愛德華王子因英軍人數太少且缺少充足的供應而提出休戰七年的建議，以此換取讓英軍南下波爾多回撤英格蘭的要求。約翰二世不予答理，並於九月十九日發起進攻。但是，黑太子機智地選擇了密佈着葡萄園和樹籬的地方為英軍隱蔽待戰之地，法國騎兵因之無法衝鋒，身着甲冑轉動不靈的重裝騎兵只得下馬作戰，反而成為藏身於樹籬之後的英國長弓手點射的靶子。結果，法王約翰二世及其十四歲的幼子腓力被俘。在這個著名的以少勝多的「普瓦提埃戰役」中，英格蘭新興的長弓手戰術就這樣使那種仍指望通過重裝騎士個人應戰取勝的舊戰術以及在歐洲大陸歷經了近五百年的封建騎士軍事制度以徹底失敗而告終。一三六〇年五月八日，兩王締結《布勒丁尼和約》，其主要內容為擴大英王在法國西南部的領地。結果，愛德華三世無須行臣服禮而擁有加斯科尼和吉約那，還新增了北部的普瓦圖和利茅辛，這些領地構成了一片較原阿奎丹公國大得多的地域；愛德華三世在北方還獲得了加萊和包括克雷西在內的龐蒂厄；法王必須交出五十萬鎊巨額贖金，這筆錢相當於英王五年的收入。

百年戰爭前期英國取勝的原因是多方面的，除了上文述及的英格蘭在戰術上的領先地位之外，還有法國內部因布列塔尼公國繼承問題而引起的內訌，法國南部那瓦爾的惡人查理對瓦盧瓦朝諸王的背叛，英國社會各階層尤其是貴族對愛德華三世的鼎力相助；當然，其中相當重要的一個原因是愛德華三世不再使用傳統的封建騎士制來徵集兵源，而是代之以契約制，這種新型軍隊較之該時代已十分陳舊的封建騎兵來説紀律嚴明，靈活善戰，且適合長期戰爭。

一三六〇年十月，約翰王獲釋，但正在興起的民族意識使法國公眾不願接受國家長期分裂的狀況，約翰也未徹底履行割地賠款條約。於是，戰爭烽煙又起，一三六九年和一三七三年英軍分別在加萊和波爾多兩次登陸。但是，百年戰爭前期英軍靠劫掠來以戰養戰的方法已不能支持大規模和長期的戰爭，因此，兩次登陸皆因缺乏足夠的資源而未獲戰果。同時，法王則通過外交途徑和向法蘭西各地的領主行賄的方式，一點點地收復了喪失的土地，並使之統一於法蘭西王國之下。

長期的鞍馬勞頓使黑太子於一三七六年病臥至死。一三七七年，年老昏聵的愛德華三世也辭逝人寰，黑太子十一歲的長子繼位為理查二世（一三七七—一三九九）。這時，英王在大陸的佔領地已基本上喪失殆盡，只剩下加萊、波爾多、巴約那和瑟堡這幾個港口城市。而且，英國已無力支持長期的海外戰爭，法國新王查理五世則極具統帥才能，法國人民也紛紛在本土開展游擊戰，新王於一三六九年與卡斯提爾結盟，並向卡斯提爾人學習海戰及造塢技術，從而獲得了海軍方面的優勢。同時，隨着民族意識的增長，一種決心把英國人趕出大陸的民眾心理在法國悄然興起，這一切都使英國人在百年戰爭中以勝利者自居的日子不多了。

一三八〇年，法王查理五世去世，其子查理六世繼位。此後，兩國都迫於內部戰爭而開始議和。但是英王理查二世的臣民看不到隱隱轉變的局勢，不大有人贊成他的和平願望。一三九九年，當理查二世在愛爾蘭征戰時，其堂兄蘭開斯特的亨利（岡特的約翰之子）組織軍隊，並在貴族和議會的支持下廢黜理查，自立為王，史稱亨利四世（一三九九—一四一三）。長達兩個半世紀的金雀花王朝結束了，自此開始了蘭開斯特王朝的統治。

在為蘭開斯特王朝建立牢固的基礎方面，亨利四世獲得了相當大的成功。他數次鎮壓了國內大貴族的反叛運動，通過與德意志、斯堪的納維亞、布列塔尼和佛蘭德爾等邦國結盟而贏得了國際上的承認。所以，在他於一四一三年亡故後，其子繼位為亨利五世（一四一三—一四二二）時，王國已安寧統一。

這時，法蘭西國內的政治一片混亂，為英國重釁戰端提供了條件。老邁的查理六世已精神失常，政權落入北部勃艮第公爵和南部奧爾良公爵等人手中。一四〇七年，勃艮第公爵縱容對法王查理六世的弟弟奧爾良公爵路易的謀殺活動，此後，兩大家族的仇恨把法蘭西分為了勃艮第派和奧爾良派。一四一三年，勃艮第公爵離開巴黎到其尼德蘭領地，使巴黎落入奧爾良派手中。這樣就為英王亨利五世索回根據《布勒丁尼和約》所應獲得的法蘭西領地，以及進一步覬覦法國王位提供了機會。

在這種情況下，後期百年戰爭（一四一五—一四五三）開始了。一四一四年八月，亨利五世派外交使團到巴黎，提出將法國公主凱薩琳嫁給亨利五世和將龐蒂厄和吉約那交還英王的要求。遭到拒絕後，亨利五世親率六千騎兵、三萬—四萬弓箭手，並攜帶火炮、石炮等在塞納河口的阿弗勒登陸，打響了後期百年戰爭的第一炮。

阿弗勒陷落後，亨利五世又領八千人穿過密林，奔襲北方的加萊。法國人則在離克雷西三十英里之外的阿讓庫爾結集了五倍於英軍的大部隊，準備一舉阻擊英王。十月二十五日，經過長途行軍後飢疲交加的英軍與法軍相遇。但是法軍犯了戰術上的大錯，他們把戰場選擇在阿讓庫爾森林和泰恩科特森林間的隘道上，由於隘道呈狹長易堵之勢，其強大兵力反而不能發揮作用。法軍儘管出動了騎兵對付英國長弓手，但英軍事先就埋下的樹樁使騎兵無法前進。然後，法軍重裝騎兵只好步行穿過泥濘之地，又遭到輕裝靈便的英國步兵的襲擊，法軍殿後的弩手全然不知所措。這時，英國長弓手則沿兩翼展開，法軍隨之全軍潰敗。在這著名的「阿讓庫爾戰役」中，法國失去了三個公爵、五個伯爵，四千零六十九名騎兵及其隨從，而英軍死亡人數僅為三百人。

一四一七—一四一九年，亨利五世再次率軍連續攻佔諾曼第的卡昂、法萊西、瑟堡和魯昂等城鎮，一四一八年勃良第公爵從奧爾良派手中收復了巴黎。直到這時，為英王的節節勝利所震駭的勃艮第公爵和奧爾良公爵才如夢初醒，開始尋求妥協與和解。但是，一四一九年法王查理六世之子又謀殺了勃良第公爵，新的勃艮第公爵「和善者腓力」為父復仇又與英王結盟，迫使法王接受了他們在特魯瓦簽訂的和約。《特魯瓦和約》規定：廢除法國太子的繼承權，英法聯合為共戴一王的國家，查理六世死後由亨利五世繼承法國王位；將吉約那及波爾多劃歸英格蘭，將法國公主凱薩琳嫁給亨利五世。這次協議實際上使法國進一步分裂為由亨利五世、勃艮第公爵和法國王太子分治的三個部分。根據和約，亨利五世與凱薩琳結婚。一四二二年，亨利五世病故，留下一個年僅十個月的兒子亨利六世（一四二二—一四六一）。數月後查理六世也死去，英格蘭王亨利六世根據特魯瓦條約繼承了法國王位，成為擁有兩個王國的嬰兒國王。法蘭西太子拒不屈服，在布爾熱宣佈繼承法國王位，稱查理七世。

英王的叔叔貝德福特公爵繼續在法國進行戰爭，把佔領區推進到盧瓦爾河一帶，自一四二八年十月起又率大軍長期圍困法蘭西中部重鎮奧爾良。「奧爾良之圍」是百年戰爭的轉折點，在奧爾良危機的七個月中，自發的人民游擊戰在諾曼第各地蓬勃展開。「奧爾良之圍」促使聖女貞德完成了以宗教力量喚醒法蘭西民族共同心理意識和抗戰的熱情，進而，人民的力量拯救了法蘭西。貞德率軍馳援奧爾良守軍後，法軍士氣大振，英軍隨即撤圍。一四二九年六月，法軍在奧爾良西北部的帕泰取勝，俘虜英軍統帥塔爾博特勳爵。新法王查理七世於次年二月十七日在蘭斯大教堂加冕，使《特瓦魯和約》失去意義。貞德於一四三一年五月三十

讓－雅克·謝爾（Jean-Jacques Scherrer，1855—1916）所繪貞德率軍進入奧爾良，現藏於法國奧爾良美術館

日被俘焚死，這並未妨礙法軍乘勝繼續收復失地。法國各地紛紛組織軍隊馳援查理七世。除此之外，貝德福特公爵於一四三五年去世，英國則因財政枯竭而無力繼續進行戰爭。

戰爭發生轉折的另一個要素是勃艮第公爵反正。一四三五年，英王在阿拉斯和平會議上拒絕放棄巴黎，並繼續要求法蘭西王位。與此同時，法王查理七世則答應勃艮第公爵嚴懲刺殺其父的奧爾良派分子並賜予他大片土地，使勃艮第公爵背離原盟友英王而倒向法王一邊。由於有勃艮第公爵的聯盟關係英格蘭王才能使法國一分為三，失去了勃艮第公爵的支持英王的失敗便注定無疑。一四三六年，法國軍隊把英國人逐出巴黎；一四五〇年，英國人又被趕出了諾曼第；一四五三年，英國軍隊撤離加斯科尼。至此，除了加萊以外，英王在法蘭西已無立足之地，百年戰爭至此結束。

長期的戰爭哺育了強烈的民族意識，自此任何使兩國聯合共戴一王或在他國版圖上佔有領地的企圖都注定要失敗，從這個角度上説，英格蘭在百年戰爭中「退出了歐洲」，法蘭西則在百年戰爭中走向了統一。所以，儘管從根本上説，百年戰爭是英法之間的國際戰爭，但它也是法蘭西的國內戰爭，是法蘭西大貴族反抗王權和相互攻擊的內戰，但無論是外戰還是內戰，最終都以法蘭西民族的統一和王權的加強而告終。法王查理七世在戰爭最後階段使英王失去在大陸的領地，戰爭的結果使英國人和法國人更深刻地意識到他們之間的民族差異。

二、紅白玫瑰戰爭

一四五三年，英法百年戰爭以英國失敗而告終，它對英國的影響不僅限於國際方面，也影響到國內本來就不穩定的政治形勢。一方面，百年戰爭中一些英國貴族趁機擴大私人武裝，為貴族間的局部衝突發展為內戰準備了條件。另一方面，在百年戰爭的後期，英格蘭出現了軟弱國王面對派別紛爭的強大貴族的局面，年僅十個月就繼位的亨利六世經過了一個相當長的幼主時期（一四二二—一四三六），不僅有嚴重的依賴性，而且政治經驗不足。亨利五世締造的英法雙重帝國在西歐走向民族國家的時代，又是一個沉重的負擔，維持英法雙重帝國的亨利六世遠比戴着勝利者光環的愛德華三世和亨利五世活得艱辛。更何況，在亨利六世的幼主時期，貴族和議會的權力上升到了相當的高度，形成了貴族既得利益集團，他們在國王主政後不會輕易退出舞台。結果，在百年戰爭的最後一戰，即一四五三年的卡斯蒂永之戰中，英國的慘敗使亨利六世在精神和身體上都垮了。此後，在一四五四—一四五六年亨利六世不能親政期間，有兩次攝政時期，引起了王后瑪格麗特對約克公爵的敵意。約克公爵認為亨利六世與瑪格麗特所生的幼兒是外國女人之子，而且，約克公爵認為他本人是愛德華三世第五子的後代，母親又是愛德華三世第三子的後代，更適合於繼承英格蘭的王位。這樣，儘管約克公爵一開始沒有公開提出繼承王位的要求，但是，約克公爵集團與瑪格麗特集團由來已久的矛盾終於釀成了歷時三十年的內戰。歷史學家根據約克家族的白玫瑰徽章和蘭開斯特家族的紅玫瑰徽章而把這場戰爭稱為「紅白玫瑰戰爭」。

「紅白玫瑰戰爭」始於一四五五年的聖阿爾班戰役，約克家族取勝。休戰四年後，一四五九年十月，約克家族在盧德福橋大敗蘭開斯特家族，沃里克伯爵率軍回國在北漢普頓戰役中也打敗蘭開斯特家族。連連勝利的約克公爵明確地提出王位要求，並取得在亨利六世去世後繼承王位的許可。然而，以瑪格麗特王后為首

圖書插圖中的約克公爵像，現藏於倫敦大英圖書館

的蘭開斯特家族並不甘心失敗，他們到英格蘭北部重整旗鼓，一四六〇年出其不意地襲擊了奧克菲爾德，殺死約克公爵理查，隨後南下倫敦，一四六一年二月十七日又在聖阿爾班戰役中大敗約克家族的沃里克伯爵。與此同時，已故約克公爵的長子愛德華於二月二日在莫蒂默斯克羅斯打敗蘭開斯特軍隊，於二月二十六日先於瑪格麗特到達倫敦，三月四日從速舉行加冕禮，立為愛德華四世（一四六一——一四八三），開始了約克家族在英格蘭的統治。此後，愛德華四世率軍繼續向北追趕瑪格麗特至陶頓。在陶頓激戰中，約克家族大獲全勝，瑪格麗特逃往蘇格蘭，玫瑰戰爭第一階段隨之告終。

從表面上看玫瑰戰爭的第二階段是由約克家族的內訌引起的，實際上玫瑰戰爭的再起有着更複雜的國際國內原因。玫瑰戰爭的第二階段也可看作是約克家族的愛德華四世鞏固王權的時期。愛德華當政的前四年中，被廢黜的國王亨利六世、王后瑪格麗特及其幼子仍逍遙自在，他們成為蘭開斯特家族及其在蘇格蘭和法國的同情者的希望所在。一四六一年，亨利六世被俘並囚入倫敦塔，先後在蘇格蘭和法國避難的王后和王子仍伺機東山再起。同時，隨着愛德華四世獨立自主精神的成長，他逐漸地疏遠了約克家族內實力雄厚的「國王締造者」沃里克伯爵。失寵的沃里克伯爵與王弟克拉倫斯公爵佐治聯手在北方起事。在法王路易十一的慫恿下，兩人又與流亡中的瑪格麗特王后達成協議，廢黜愛德華四世，使亨利六世於一四七〇——一四七一年復位，亨利六世因此成為英國歷史上唯一兩度執政的國王。愛德華四世被廢黜後逃往尼德蘭，藉勃艮第公爵之助重新結集軍隊。一四七一年三月，愛德華四世率軍回到英格蘭，在巴尼特擊敗並殺死了沃里克，五月四日在圖克斯伯里生擒王后，瑪格麗特之子也戰死疆場。在愛德華四世勝利返回倫敦的當夜，被囚的亨利六世也無端地死於倫敦塔中，蘭開斯特王朝的主要世系至此斷絕，約克家族的愛德華四世也得以安居王位。

在玫瑰戰爭期間儘管兩大家族王位之爭延續了數十年，但真正開戰的時間加起來不過一年多。而且，除直接受到戰爭蹂躪的地區外，紅白玫瑰戰爭對國內的經濟發展和社會生活影響不大。玫瑰戰爭沒有使居民人口的大多數受到直接影響，城市基本上沒有受到劫掠，教堂沒有遭到褻瀆。然而，玫瑰戰爭卻反映了英

理查·伯切特（Richard Burchett，1815—1875）所繪油畫，描繪玫瑰戰爭後期愛德華四世追擊蘭開斯特部隊的場景，藏於倫敦市政廳美術館

格蘭封建軍事制度的變異：分期領取報酬並訂有終身契約關係的家丁私臣取代了因領受封土而與封主結成權利和義務關係的封臣和騎士。這些家丁私臣通常是那些在百年戰爭中身經百戰，並願意自己擇定主人為其終身服役的職業兵。他們身穿家族制服，視主人為庇護人，由主人供養，是與主人榮辱與共的隨從。同時，家丁隨從的存在也是大貴族身份的象徵。正因為這種「變異封建制」取代了層層分封的正統封建制，所以國內戰爭已成為少數人的事。但這個變異過程是一個相當長的過程，只是到了紅白玫瑰戰爭時才表現為一個明顯的結果：封建騎士軍事制度已經到了盡頭，戰場的主力是按照契約發放軍餉的職業家臣隊伍。

三、統一與民族意識的增長

一三三七—一四五三年間進行的一系列戰爭是英格蘭憲政發展、社會變化和民族意識成長的催化劑。首先，戰爭帶來的額外開支使英王不得不常常召開議會，這就導致了議會權力的上升及其構成的變化。在結構變化方面，到一三〇七年，人們僅視議會為貴族和官吏與國王共商國事的場所，騎士和市民只是被邀參加議會，作為請願者而非參政者出席議會。然而，到十四世紀末議會則已完全分為世襲的上院和選舉的下院，這是一個很大的變化。在十三世紀，儘管騎士常常尾隨貴族並採取共同行動，但貴族和騎士仍有所差別，這種差別最明顯地表現為國王召開議會時所發出的宣召令狀。對有爵位的大貴族（那時只有伯爵和男爵），國王把召集議會的親筆信直接發給他們，對騎士的令狀只發至郡守，再由郡守負責選舉兩名騎士出席議會。這樣，不同的召喚方式表明貴族和騎士在參加同一個議會時身份上有差別：前者有更多的自願性，後者有更多的代議性。但到愛德華三世時代，有爵位的貴族視國王的宣召令狀為一種權利，被召喚參加會議就具有必然和永久的性質，並認為只有他們有權與國王一道對國事做出決策，那些不得分享同等權利的小封建主在議會中無足輕重，小男爵和各郡騎士就自然與市民代表一起促成了下院的產生。一三〇七年尚不存在下院獨立的必要性，因為國王只是偶爾宣召騎士和市民，以便國王在處理某些具體問題時以他們為諮詢對象。到一三九九年，騎士和市民成為議會的永久成分了，而且在自己單獨的會議室討論問題並對稅收進行投票。對於上下兩院是何時分開的，並沒有明確一致的說法。但是有的史學家指出，一三四三年在倫敦舉行復活節議會時，高級教士和世俗顯貴被指派在白色廳堂集會，騎士和市民則在彩色廳堂集會，這是兩院出現的端倪。十四世紀下半葉，百年戰爭導致平民力量上升和議會兩院形成，因為那時議會所討論的問題，諸如批准賦稅和支持戰爭等已是涉及全民利益的問題。

十四—十五世紀議會權力的發展首先體現為其控制財政稅收權力的增長，由於只有經下院同意的徵稅案才對全社會具有法律效力，因而下院在批准稅收和取得財政監督權方面必然居於優勢地位，它為幾個世紀後下院控制政府財政部門和實行責任內閣制奠定了基礎。十四—十五世紀議會取得的另一個成就是獲得立法權，到愛德華三世時期，根據上、下兩院的請願書制定法規已成為一種正常的立法方式，但在實際操作中，十四世紀時平民在立法方面只享有口頭的「請願」權，貴族則享有「同意」權，而國王和咨議會才享有「制定」權。到十五世紀，下院的口頭請願形式被呈交書面立法議案的形式取代了，這樣，下院的立法動議權就得到保障。十四—十五世紀，議會取得的第三項權力是彈劾權，這是一種由下院充當原告對大臣提起公訴，然後由上院貴族擔任法官進行審判的特殊司法方法。在十四世紀的七十—八十年代，相繼發生了兩次重大的彈劾事件，第一次是一三七六年「賢明議會」對王室總管拉蒂默、宮廷內侍尼維爾等人的彈劾，第二次是以格洛斯特公爵為首的貴族彈劾五位國王寵臣的事件。這兩次彈劾事件使身居高位的政府官員從此有義務向公眾説明其公務活動，為近代責任制政府奠定了基石。可見，在十四—十五世紀，英國議會制度的組成和權力構架已經基本成形了。

百年戰爭與紅白玫瑰戰爭是英格蘭走向民族國家的重要時期，也是英格蘭民族主義興起的時代。它首先體現為，在此階段英格蘭諸王遠比法國君主享有更為穩定和廣泛的統治權，英格蘭也沒有出現法國在百年戰爭中長期分裂的狀態，所以英格蘭君主的王冠本身就象徵着英格蘭的政治統一。在北部，國王挑選達勒姆主教，其特轄區在範圍上已超越了英格蘭各郡，在西部，一三〇一年以後國王的長子總是同時享有「切斯特伯爵」和「威爾斯親王」的稱號，這些都是王權的加強和民族國家走向統一的重要表現。王國的行政管理也是通力合作的：議會在中世紀後期的政府中起十分重要的作用，它既得到了對全體英格蘭人的徵稅權，又是全體英格蘭人的最高法院，並在英格蘭享有制定新法和修訂現行法律的權力。更何況，在十四—十五世紀，英國君主除戰爭需要而短期離開本土外，不再像愛德華一世及其先君那樣帶着政府機構去旅行，國王、內侍和大臣們大部分時間都住在威斯敏斯特、倫敦或溫莎堡。由於議會經常在威斯敏斯特舉行，威斯敏斯特宮自然成了英格蘭君主國的中心。例如一三三九—一三七一年有三十一次會議在威斯敏斯特召開，一四五九年後沒有任何一屆議會在威斯敏斯特之外的其他地方召開。英國政府各部門也漸漸地在威斯敏斯特宮的河岸區設立了常務辦公室，這一帶逐漸變成英國的行政、商業和文化中心。結果，倫敦不僅是全國最大最富的城市，而且是無可爭議的首都。在中世紀後期，隨着政府工作範圍的增大和複雜程度的增加，特別是戰爭期間要召集議會以支持戰爭，要發展關稅以增加收入，要組織作戰和制定防務措施，要監管王國的治安和秩序，使集中協調和固定不變的政府機構更成了必不可少的。

在宗教方面，走向民族國家的表現是英格蘭教會的世俗性繼續增強。在社會上層，它反映為十四—十五世紀議會頒佈的一系列反教皇法令，在社會中下層，威克里夫的宗教改革思想和羅拉德派運動不僅形成了十六世紀西歐宗教改革的先驅，也是英格蘭民族的思維模式和價值觀念的反映。在西歐，十四世紀教皇權力下降，人們開始廣泛地認識到各國教會都可有自己的特點和自治權。在英國歷史上，小教堂一般都是莊園主自建的宗教活動場所，在某種意義上可以説教區神父和小教堂是封建領主的私產，主教則由大教堂牧師會選舉，其他教會聖職由國王或主教任命。英格蘭的主教本身就是大地主，他們參加御前會議並得到國王的信任。主教區和大主教一直與英國的君主制、封建分封制以及國家的管理制度密切地交織在一起。但是，在中世紀教皇憑藉其在基督教世界的最高權威，常常委任一些外國人擔任英格蘭的聖職，這些不懂英語也不到英國就職的外國人卻憑藉聖職搜刮錢財，使英國的金錢大量外流，這種情況就為反教皇主義提供了土壤。

長期存在的反教皇的民族主義情緒因百年戰爭更趨強烈，因為教廷於一三〇八—一三七八年遷往法國南部的阿維尼翁後，出任教皇者基本上都是法國人，他們處於依附法國國王的地位，在客觀上顯然立足於英格蘭民族的對立面。所以，自一三〇七年後，在英格蘭教會的組織和管理方面教皇的法令遭到英格蘭人的堅決抵制。這種抵制反映出英格蘭教會民族化的趨勢：首先，「教會法」遭王權的制約，特別是在被控有罪的教士要求享受不在普通法庭受審的「教士特惠法」時更如此；其次，自愛德華一世起，教皇對英國教士徵税的權利受到了抑制，大部分英國教士繳納的稅款進入了國王的金庫；最重要的是，百年戰爭開始後不久，愛德華三世明令禁止將教皇的聖職委任狀帶進英國，並開除了教皇新近委任的所有聖職領有者。一三五一年，英格蘭議會又通過《聖職候補者法令》，宣佈英國的一切聖職都必須遵循英格蘭習俗而歸屬其古老的求職者。這個法令在一三九〇年被再度加以確認。同時，一三五三年議會通過了《侵害王權罪行法》，禁止把有關聖職選舉和任命的訴訟交付宗教法庭，規定任何人在未得國王同意的情況下在英國按教皇權威行事都將喪失生命和財產。一三九三年又對此法令進行補充，並作為法律一直保留到十六世紀宗教改革時期。這樣，任命聖職的動議權歸屬於英格蘭國王，十五世紀後英格蘭教會中就極少有外國人擔任聖職了。

英格蘭民族主義在宗教上的反映，即英格蘭教會的民族化還與英國人自己的經歷和價值觀念，以及本土語言的發展有着密切的聯繫。威克里夫的宗教思想大體上代表了一種英國土生土長的思維模式，而且威克里夫的宗教觀念又反過來激活了對抗教廷的英格蘭民間運動，激發了一些論戰性英語著作的出版以及把《聖經》譯為英語的工作，這不能不說是正在走向民族國家的英格蘭在宗教方面的一種體現。

約翰·威克里夫（約一三三〇—一三八四）是英格蘭的神學家和哲學家，他生於約克郡西北部，青年時代到牛津大學學習，一三六〇年起擔任該校巴利奧爾學院院長。一三七〇年，威克里夫從愛德華三世那裡獲得萊斯特郡勒特沃思教區長的職位。後來，威克里夫奉愛德華之命赴布魯日，代表英格蘭國王在教士賦稅歸屬和聖職任免權等重大問題上與教皇代表進行談判，為此，威克里夫撰寫了《神權論》和《論政權》兩篇著名的反教皇的檄文。他提出教產世俗化，譴責大多數教士因擔任高官或佔有地產而不再恪守教士生活規範。他主張由國家，特別是由國王和貴族來執行教產世俗化的任務。這些主張代表了市民、騎士和世俗封建主的利益。所以，蘭開斯特公爵和帕西伯爵熱情地將威克里夫從牛津大學邀請到倫敦，使他從一個教堂走到另一個教堂，宣講其宗教觀念並解答世俗聽眾長期思考的問題。同時，威克里夫在宮廷中也找到了支持者和保護者。一三七七年，教皇額我略十一世連發五份通諭，駁斥威克里夫的政治和宗教理論，並要求英格蘭政府將他逮捕歸案。這時，威克里夫的威望正處鼎盛時期，下院舉行反教皇集會與他應和，英王不僅沒有逮捕威克里夫，還命他草擬停止將金錢送往羅馬的對策。威克里夫在他起草的小冊子裡說：「教廷對救濟金和對王國財富的一切要求，在英格蘭目前需要的情況下（指百年戰爭——作者註）應該停止。既然一切慈善事業始於國內，那麼，當王國本身處在需要金錢的情況下，要把這個王國的救濟金送往國外，那不是慈善而是愚蠢。」當時，百年戰爭的形勢對英國十分不利，愛德華三世剛剛故去，新王理查二世尚未成年，不可能馬上採取讓英國教會完全獨立於教廷的政策，但英國教會根據教皇訓令在大主教官邸蘭貝思宮審判威克里夫時，王太后還是派人出面保護。此後，威克里夫在牛津大學講課，在理論上他從「得救預定論」出發，贊成由上帝的選民組成「無形」教會反對有形的天主教會。他同時抨擊「變體論」，即抨擊那種認為聖餐禮所用的餅和酒真會變為耶穌血肉的教義。他還主張《聖經》是基督教教義的唯一根據，要求廢除羅馬教廷、教階制度以及修道院，並反對贖罪、秘密懺悔和偶像崇拜。一三八〇—一三八一年，威克里夫忙於準備翻譯《聖經》的工作，並籌組窮人修道會，以便把宗教改革的思想傳播到民眾中去，在他的倡導下有兩種英文《聖經》譯本出現。一三八一年後，威克里夫退隱勒特沃思潛心著述，一三八四年故去。後來，捷克國王將妹妹安妮嫁給英王理查二世，引起了布拉格與倫敦的頻繁往來，使一三八二年後在牛津和倫敦遭到譴責和禁止的威克里夫著作，大量地傳入捷克，經捷克宗教改革家胡司（一三七二—一四一五）的橋樑作用，對十六世紀歐洲宗教改革產生了理論上的影響。

除威克里夫的宗教改革思想之外，十四世紀末在英格蘭出現了宗教異端運動，稱羅拉德派。羅拉德派的出現與威克里夫的關係無法肯定，但羅拉德派宣傳威克里夫的思想這一點確鑿無疑。除此之外，威克里夫對羅拉德派運動也作出間接的貢獻，因為他在牛津大學的講學使一批知識分子團結在宗教改革的旗幟下達整整一代人之久。「羅拉德」原意指祈禱者中咕咕喃喃的人，一三八〇年威克里夫在牛津大學的一些同事，在尼克拉斯的領導之下成立研究小組，此為最早的羅拉德派。一三八二年後英格蘭人用此詞作為對一種以牛津大學為發源地的、中世紀英格蘭唯一的宗教異端運動的諢稱。後來羅拉德派向牛津以外的地區擴散，在理查二世時期甚至在宮廷中出現羅拉德派政治，在大學中出現了羅拉德派學術。後來，當威克里夫的保護人蘭開斯特公爵放棄其反教權主義的政治立場後，尤其在一三九九年亨利四世即位後，在主教們的請求下英格蘭教會於一四〇一年通過《火焚異端法》。此後，主教們開始從肉體上消滅羅拉德異端。但是，羅拉德派並沒有完全消失，在失去了知識界的源泉和有權勢的保護者後，羅拉德派向英格蘭社會下層滲透，變成了一種在英格蘭中部工業城鎮和威爾斯邊境地區的工匠、手藝人和下級牧師中流行的，支離分散而又十分頑強的運動。羅拉德派對教會權威的敵視，對《聖經》的忠誠促進了新教教義的傳播，羅拉德派運動與威克里夫的宗教改革思想，都為亨利八世的宗教改革和歐洲的宗教改革運動作了輿論準備。

作者點評

從戰爭的角度看，百年戰爭和玫瑰戰爭都是悲劇：百年戰爭以英國的慘敗而告終，英國丟失了它在大陸的所有地盤；玫瑰戰爭在兩大封建主集團之間進行，結果是兩大集團都被消滅乾淨。但是從歷史的角度看，這兩次戰爭卻都是英國的幸事：百年戰爭讓英國退回到不列顛島，從此它就只能按民族和地域的原則行事了，從而為組建民族國家設置了方向。玫瑰戰爭消滅了封建領地軍事貴族，而這些人正是組建民族國家的最大障礙。很有意思的是，英國在中世紀即將結束的時候，無意中破壞了封建制度的基礎：玫瑰戰爭留下的是一片廢墟，等待着新的制度進來填補。從這個時候起，英國就非常幸運了：它每走一步，都走在正確的方向上，而且是不知不覺就走過去的。我們說英國是一個「原生型」的現代化國家，「原生」就原生在這裡。請注意：在玫瑰戰爭廢墟的昏暗上空中，已經露出了現代世界的第一絲曙光。

第六章　中世紀的經濟、社會和文化

一、經濟情況

十五世紀後期，人文主義學者首次使用「中世紀」一詞，那時，它是指西羅馬帝國滅亡到十五世紀結束的一千年。然而，當視線集中到不列顛時，這種普遍意義上的「中世紀」在時間方面就出了問題。因為，在英格蘭的歷史上，諾曼第征服顯然是一個不容忽視的分水嶺。

諾曼第征服意味着英格蘭不僅接受了一個新的王族和一個新的統治階級，而且接受了一種新的文化和語言，它開啟了英格蘭歷史上一個新時代。英國史學家通常認為，在英格蘭，「中世紀」指一〇六六年諾曼第征服到一四八五年都鐸王朝建立，當然，當涉及經濟、社會和文化問題時，「中世紀」的概念又是相對模糊的，在經濟、社會和文化史上準確地劃分年代不僅不可能而且沒有意義。

如果英格蘭歷史可以作為世界歷史的借鑒，那麼，「中世紀」不僅不是一個黑暗時代，也不是社會發展兩峰間的低谷，它恰恰是必不可少的、承前啟後的時代。以王權為例，這是一個王權從集中走向分散，又在更高層次上聚合為集中強大的王權的過程，而在後一個層面上即便出現過專制君主，也只可能是有限的專制君主，因為在中世紀產生和成長起來的議會，已經成為一種集體的制度化的牽制力量，而且，近代政治的運作機制已在中世紀的混合君主制中孕育。既然中世紀並非黑暗的低谷時代，而是發展鏈條上不可缺少的一環，那麼，英格蘭的經濟、社會和文化在中世紀是甚麼樣？它在何種程度上繼承了盎格魯—撒克遜時代，又在哪些地方預示着近代社會的兆端？

諾曼第征服以後經過一百年的復甦和發展，不列顛的經濟進入了「擴展而不發展」的時代。自一一〇〇年至一三〇〇年，英格蘭人口從兩百萬增長到約五百萬。到一三〇〇年，蘇格蘭人口約四十萬，威爾斯和愛爾蘭的人口卻很難估計。這時，全國最大的城市是倫敦，有三萬—四萬人，其次是約克，有一萬人口。各郡的中心城鎮一般只有兩千—三千人。蘇格蘭有四個「自由市」。在威爾斯和愛爾蘭也有「城鎮」出現，但這些是不列顛最小的「城鎮」。土地及農牧業仍然是中世紀英格蘭經濟生活的重心，但土地的開發利用、農業技術和生產力都十分低下，農民仍然使用休耕制和農家肥來保持地力，農業收成相當低下，以中世紀管理最好的阿爾希斯頓莊園為例，其收穫量只是現代社會同等土地收穫量的四分之一。所以，中世紀英國經濟的最關鍵問題，仍然是能否生產出足夠的糧食以養活農村人口及其他行業的人口，這一問題促進了十二—十三世紀不列顛耕地面積的擴大，即向森林、沼澤和山地的進軍，這就是「擴展」在農業方面的表現之一。儘管如此，糧食生產仍然趕不上需求，一一八〇—一二二〇年間英格蘭糧價開始上漲，整個十三世紀上漲了三倍。

從英格蘭歷史發展的縱向看，十三世紀農業生產的確發生了一些變化，但並沒有引起根本性的變革。倘若從橫向上看，與佛蘭德爾和意大利相比，十三世紀英格蘭的經濟呈現為一種相對落後的狀態。諾曼第征服時代與盎格魯—撒克遜時代相比，農業技術方面較大的變化是馬耕的推廣，以及三圃制對兩圃制的取代。但是，由於生產的主要環節播種和收割仍是緩慢而費時的手工操作，加之天然肥料滿足不了因三圃制的推廣而擴大的需求，這樣，由於地力的限制，農作物的產量仍然很低，人口卻在繼續增長。加之，英國穀物商人還把糧食運往佛蘭德爾、加斯科尼等手工業發達和農業專門化程度較高的地區，以換取紡織品、酒類和林木產品。結果，在十三世紀末十四世紀初，儘管從總體上説，在不列顛尚不存在農業人口過剩的問題，而且，在英格蘭直到一三〇〇年仍不存在可耕地不足的壓力，北威爾斯也不缺乏發展畜牧業的土地，但是，在英格蘭的某些地區的確出現了農業危機，這種危機主要體現為在耕地面積不足，技術水平差而收成低的情況下，農產品不能滿足人口發展的需要，因歉收和瘟疫引起的週期性饑荒比較頻繁。據估計，在英格蘭中部和南部各郡中，有40%的租佃農耕種的土地不足十—十五英畝，他們很難承受歉收年成的打擊。這就是所謂的「擴展而不發展」在農業方面的表現。

各種規模的城鎮也在「擴展」，原因之一是人口在增長，原因之二是城鎮為附近鄉村服務的功能在擴大。一一九八—一四五三年，一共有二千八百個鄉村「集市」獲得特許證，其中二分之一以上的特許證是在一二〇〇—一二七五年間頒發的。較之這些每年舉行一次的鄉村集市，城鎮的集市更為頻繁，大約每週開市一次，物資交流的內容也更廣泛。可見，十二—十三世紀的城鎮已具有地區性市場的功能了，其市鎮居民的職業與英格蘭國內的食品交易、五金皮革買賣和紡織品的經營相關。規模更大的新興城鎮也出現了，索爾茲伯里、赫爾港、林恩、波士頓因向佛蘭德爾出口羊毛而發展起來，在一一〇〇—一三〇〇年間，出現了大約一百四十個大大小小的新城鎮。這些城鎮大多是由當地貴族為了徵收城鎮地租和通行税而恩准建立的，也有國王頒發特許證建立的。當然，愛德華一世對威爾斯的征服和盎格魯—諾曼第人在愛爾蘭的定居也刺激着這些地區城鎮的興起。但是，倘若從橫向看，與同時期的意大利、佛蘭德爾和德意志相比，英國城鎮的擴展是有限的。從總體上看，中世紀英格蘭有90%以上的人口仍居住在鄉村，英格蘭人的生活節奏仍然是鄉村的節奏。而且，必須看到的一點是，在市鎮數目增多和規模發展的同時，總人口也在迅速增長。所以十三世紀末英格蘭的城市化程度並不比一〇八六年《末日審判書》制定之時高多少。

在中世紀的前半期，隨着北歐各國航海業和造船業的發展，英國東海岸與斯堪的納維亞半島、西海岸與法蘭西沿岸之間的海上貿易有了一定的發展，主要是羊毛、布匹、林木和酒類貿易，商人的利潤也有所增長。但是，在中世紀前半期，英格蘭顯然沒有出現過意大利那樣的金融業大發展，也沒有出現過商業貿易的急劇發展，相反，十三世紀英國對外貿易愈來愈多地落入意大利人手中。意大利公司憑藉其流動資本儲備可以提前幾年預購英格蘭某些修道院生產的羊毛，他們還把巨款貸給亨利三世和愛德華一世，以尋求英格蘭國王對其商業活動的庇護。那時，英國的許多進出口貿易由外國人，主要是加斯科尼人、佛蘭德爾人和意大利人掌握，而且，主要出口物是羊毛和穀物，而不是製成品。從總體上説，即便在十三世紀後期對外貿易有所發展，至多也只是局部發展。中世紀前期英國的對外貿易只是在地理範圍上的「擴展」，而不是真正的發展。

無論從經濟發展和社會生活的角度看，十四世紀的英國人都經歷了一個悲慘的時期：自十四世紀二十年代起，英格蘭人開始面對蘇格蘭戰爭所帶來的沉重稅收；一三一五—一三二五年的十年間，自然災害侵襲了不列顛群島：一三一五—一三一六年和一三二一—一三二二年的收成特別糟糕；一三一九年和一三二一年，羊瘟和其他牲口病又迅速蔓延。穀物價格猛漲，羊毛出口陡降。人民生活受到普遍的影響，窮人更加不堪一擊。在伍斯特市哈萊索文莊園，穀物價格從一三一五年的每夸特五先令七便士，上漲到一三一六年的二十六先令八便士。在這個莊園，15% 的男子在一三一五—一三一七年的饑荒和時疫中喪生。在英格蘭北部，農業經濟的發展常常遭到蘇格蘭人的破壞，同時，愛爾蘭的經濟發展也因一三一五—一三一六年蘇格蘭人的入侵而受到影響。

然而，持續時間更長和影響範圍更廣的是西歐普遍流行的，被稱為「黑死病」的瘟疫。據説，最初是一些跑遠途國際貿易的船隻把帶有疫菌的黑鼠帶到了英格蘭的港口。一三四八年瘟疫驟起，首先襲擊英格蘭南部，然後蔓延開來，最後猖獗於整個英格蘭。當時染疾者無論男女老幼，十有八九要因之喪生，而且死者多為青壯年，以至於由於墓地不足，連田地也被用來埋葬死人。緊接着，「黑死病」又襲擊蘇格蘭、威爾斯和愛爾蘭。一三六一—一三六二年、一三六九年和一三七五年在英格蘭又連續暴發了幾次波及面更大的黑死病，英格蘭的人口銳減三分之一—二分之一，從一三〇〇年的五百萬人下降到十五世紀中期的二百五十萬人。在英格蘭，瘟疫和其他疾病斷斷續續地延續到十五世紀末。在蘇格蘭，有記載的黑死病大流行只有一三四九—一三五〇年和一三六二年兩次，其人口損失也沒有英格蘭大，人口增長率甚至在整個十五世紀還有些微上升。愛爾蘭的經濟因黑死病流行和布魯斯的入侵而蕭條。在威爾斯，十五世紀初的格林起義和接踵而來的黑死病也帶來了生活的艱辛和人口的減少。

對那些倖免於死的人來說，十四世紀末和十五世紀卻成為充滿機遇和生活水平普遍上升的時代：由於勞動力市場縮小，農民可以要求壓低地租，得到較高的僱傭工資，因此，儘管物價猛漲，生產者的生活水平還是提高了。十五世紀英格蘭經濟和社會生活的總體情況是，一方面，一個又一個的村莊因人口銳減和長期戰爭而無人居住，成了湮沒無聞的村莊；另一方面，一些富有而有遠大抱負的農民承租更多的土地，經營起帶有資本主義傾向的個體農業，甚至用多餘的現金放債，他們破天荒地建起石砌的房屋，逐漸地形成了「約曼農」。這一部分人在逐漸增多，而且為數不小。同時，隨着農業投資的減少，以及工資開支的上升，傳統的貴族地主面臨嚴重的經濟發展困境。他們不得不放棄傳統的、在自營地上進行農作的經營方式。在黑死病流行後的二十年間，部分地主一度試圖恢復勞役制，但是，農奴制的廢除在英格蘭已不可逆轉，這種企圖連同議會於一三五一年頒佈的《僱工法》（它企圖規定最高工資額），都無法成功。加之，一三八一年農民起義也起了催化作用，英格蘭的莊園制於是走到了盡頭，到十五世紀中期農奴制和維蘭農奴都不存在了。當然，困難和機遇總是同在的，對那些能及時做出調整並用有效的管理方式來增進產業收益的貴族地主，十五世紀也是一個興旺發達的好時機。例如，北部和西部的一些地主看到把農田和公地圈圍起來放牧開支較小，獲利更大，因此，十五世紀後期圈地運動在北部和西部已大規模地展開了。

荷蘭畫家彼得·勃魯蓋爾（Pieter Bruegel the Elder，1525—1569）油畫《死神的勝利》中描繪的中世紀黑死病肆虐歐洲的場景，現藏於西班牙馬德里普拉多博物館

在城鎮和商業貿易發展方面，十五世紀也是一個發生變化的時代：一方面，有的城鎮如林肯和萊斯特因人口減少及羊毛業向鄉村轉移而衰敗，另一方面為新興紡織業服務的城市如貝里聖埃德蒙茲和新索爾茲伯里則興旺起來。生產羊毛儘管仍然是畜牧業的主要任務，但是，在十四世紀，由於百年戰爭破壞了佛蘭德爾，也由於英國消費者興趣發生了變化，羊毛生產的模式發生了根本變化：英格蘭的毛織品加工吸收了以前用以出口的羊毛。到十五世紀中葉，呢布取代羊毛成為英格蘭的主要出口物。一些傍依小溪和河流、容易經辦羊毛蒸洗廠的村莊或小鎮如萊文哈姆，把昔日經營羊毛出口業的港口如林恩和波士頓擠垮。到一五二四年，在一個小城堡的基礎上發達起來的萊文哈姆，已是英格蘭排行第十三的富裕城鎮了。

到十五世紀，英格蘭每年平均出口四萬匹呢布。這些呢布遠銷斯堪的納維亞半島、法國和西班牙。當時，漢薩同盟的德意志商人與英國商人爭相控制英國呢布出口業，漢薩同盟根據一四七四年的《烏特勒支和約》獲得了有利地位。在羊毛工業方面，從出口原材料轉向出口製成品，這給英國人帶來了更多的盈利和就業的機會，提高了英格蘭人的市場購買力，尤其是在呢布業的生產重地，如英格蘭東南部以及東盎格利亞、約克郡北區等地。當然，儘管中世紀後期英格蘭經濟開始生氣勃勃地發展，但是，若與北意大利、南德意志和尼德蘭相比，英國的經濟仍然是落後的，它仍然只有倫敦堪稱歐洲規模，其40%的出口仍掌握在意大利人和德意志人手裡。外國商人把英國的呢布賣到地中海和波羅的海地區，英商則主要在佛蘭德爾和尼德蘭一帶活動。無論從地理學還是從經濟學方面看，英國仍屬於歐洲的邊緣。儘管如此，從經濟發展史來看，轉折點並不發生在中世紀和近代之交，中世紀中期已經孕育着這種轉折了。真正的低谷時代是很難找到的，在黑死病流行之前，經濟儘管在廣度方面擴展，但缺乏向深度方面發展，而黑死病後的英國的情況就大不一樣了。

二、社會分層與狀況

人們一般都認為，中世紀英國是一個等級社會。從根本意義上説這樣的概括是對的，但是，在中世紀初期，等級秩序不應被過分強調。與大陸國家不同，英國封建主義發展時其公共權力沒有因采邑制而破碎，沒有出現十一—十二世紀法蘭西公共權力支離破碎的情況。相對而言，英格蘭的王權一直是比較集中的，貴族爭取自身權利的鬥爭儘管貫穿在整個中世紀，但分裂的局面很少出現。再有，由於征服者威廉堅持所有的土地都歸國王所有，附庸的附庸也是國王的附庸，所以，無論在俗界還是教界，無論對直屬領主還是下級封臣而言都沒有絕對意義的「自由領地」。但是，在這個社會裡，地產的分配和佔有仍然是社會等級地位和權勢的來源。

在這個建立於教俗兩界的分封制基礎上的社會裡，國王無論是賢明還是昏庸，都是一切封主的封主，唯有上帝高於國王；一切直接從威廉處獲得封土的大土地佔有者都是他的直屬封臣，他們構成了貴族集團；直屬封臣除了自己的直屬領地外，又將土地封給他們自己的封臣，從而形成了一個不同於直屬封臣的社會集團——上兩部分人常常被稱為「權勢人物」。除此之外，就是毫無權勢可言的、在莊園裡耕種領主份地的各種各樣不同身份的農民：維蘭佔農民總數的41%，佔有全部耕地的45%；茅舍農佔農民總數的32%，佔有全部耕地的5%；自由民「梭克曼」佔農民總數的14%，佔全部耕地的20%；奴隸佔農民總數的10%，基本上不佔有耕地。這是十一世紀末的基本社會分層。

那時，領主一般都把莊園劃為自營地和出租地兩部分。例如，威廉·德·沃倫男爵從他的價值一千一百五十英鎊的地產中，拿出價值五百四十英鎊的土地轉讓和出租，其餘是自營地。自營地由莊園主直接管理，主要用於生產封建主自己消費的農畜產品，或在市場上換取現金。農民在領主自營地上耕種，這是償付地租和封建義務的一種方式。

莊園經濟和莊園制度在英格蘭東南部的農業區起主導作用，但鄉村地區存在着自然村落、莊園和教區三種不同的區劃概念，莊園不一定與自然村落完全吻合。一個莊園作為一個基本經濟單位是領主的宅基，也是貴族對農民進行管理的中心。村莊是居民們毗鄰而居的社區單位，是純粹地理學上的概念，一個自然村落可分屬於數個莊園，一個領主的莊園也可能分散在幾個村落。有的自然村落與莊園經濟毫無關係，有的村莊甚至連一戶鄉紳都沒有。莊園有私立的領主法庭來管理莊園的生活，主要是處罰小偷小盜，調整租佃農之間的人際關係，莊園法庭甚至成為增加領主收入的一個源泉，因為向莊園法庭提起訴訟一般要交納費用。莊園及其經濟制度的興盛在諾曼第征服以後的兩百年左右，以後便走向衰落。村莊則是始終存在的最基層的居民社區。

在英格蘭，主教區或許與君主敕封、宗教會議的界定有關，而基層小教區則純粹是自然形成的。在數世紀中，各個層次的封臣為方便自己家族舉行禮拜、結婚、受洗、行塗油禮等宗教儀式的需要，在自己的領地上籌資建立附設小教堂，附近村莊的居民，領主莊園的農民後來也常常去那裡舉行禮拜、受洗和臨終塗油，這些小教堂在中世紀早期相繼出現，逐漸遍佈英格蘭各地。約定俗成的地理學意義上的教區制度就自然形成了。教堂的牧師和執事基本上由領主俸養和指派，他們對建立教堂的領主必然有一定的依附性。而且，小教堂一經設立，牧師們就因管理着附近居民的出生登記、結婚登記、死亡登記和遺囑驗查，甚至過問教育、道德和精神生活而逐漸獲得一種社區管理權，社會學意義上的教區制也就因之而產生。教區形成是一個漫長的過程，各教區形成的時間也參差不齊，城鎮富裕市民也有個人建築小教堂或集體籌資建教堂的事例，因此，也存在城鎮教區形成的過程。當然，並不是每塊封建領地，每個莊園或每個城鎮都出現過這種情況。

教堂一旦建成，其服務對象和區域就不是限定性的了，其管理對象、區域和管理方式是逐漸約定俗成的。教區與村莊也沒有相同的地理分界：教區往往包含數個村莊，很大的村莊也不一定僅屬於一個教區。

這樣，在中世紀英格蘭的社會管理中，莊園主和教區神父都具有相當重要性。莊園主要作為一經濟實體而存在，它隨十三世紀「高利農業」的興起而逐漸解體，其社會管理功能也就不會延續太久。教區從一開始就作為一種基層社會的純粹管理體系而存在，它延續了相當長的時間。此外，教區還進行慈善濟貧活動，因此，成了不同社會等級之間人際關係的潤滑劑。教堂是一個村落或數個村落的各階層居民經常聚會的場所，在社會和地域方面都是基層社會認同的中心。教堂內的座位安排往往是約定俗成的，它表示人們在這個社會共同體中的不同角色和等級地位，它通過各種宗教儀式、司法活動、道德灌輸、民間教育和濟貧賑救等活動，使英格蘭人產生一種認同意識，也使英格蘭社會的等級結構更加鞏固。同時，英格蘭的教區在產生時就與世俗封建領主或城市上層有一種割不斷的聯繫，基層神職人員不是靠教會的薪俸，而是靠俗界的捐助而生存，所以從一開始，他們就比歐洲大陸的神職人員具有更強的世俗性，與羅馬教廷的聯繫更為鬆弛，這就構成了英國宗教改革運動不同於大陸國家的原因之一。

中世紀的經濟和社會生活是一個發展流動的過程，也就是說，在中世紀的英格蘭，社會變化和社會流動始終存在。在中世紀初期，英格蘭人口大約為一百二十五萬—二百二十五萬，主要分佈在東南部。那時，英國十分之九的居民居住在純粹的鄉村中，二十五分之一的居民居住在人口超過兩千人的十個城鎮中。在這二十五分之一的人口中，又有近二分之一居住在倫敦，餘下的二分之一住在主教駐地、郡守駐地如約克、諾里奇、林肯、史丹佛、萊斯特等。這些地方後來雖為「城鎮」，但不是現代意義上的城市，而是一些以農業為主兼營其他的較大的居民聚居點。與純粹的鄉村社區不同的是，這些居民點有比較集中地居住在一起的泥瓦匠、陶工、織工、皮匠等工匠。

在整個中世紀，僅僅農業經濟就發生了相當大的變化：從基本上自給自足的莊園農業到為市場生產的高利潤農業；從高利潤農業衰落到領主自營地再度出租及其後引起的莊園經濟的徹底瓦解；同時，在市場經濟推動下國內外商業貿易也迅速發展，羊毛業生產向羊毛紡織業生產轉化，這使中世紀經濟發生了更大的變化。

中世紀英格蘭社會的變化也是很大的，其前期基本上是一個人口迅速增長的時期。在十一一十三世紀這兩百年間，當勞動力供應隨着人口的增長而增長時，作為勞力短缺時期經濟特徵的奴隸制便很快衰落了。昔日的維蘭和奴隸大多成了依附於莊園的農奴，這類人也許佔英格蘭人口總數的二分之一；維蘭、梭克曼、茅舍農中有少數人成了「自由人」，但是，這一部分維蘭和茅舍農雖然就其身份而言並非農奴，即在法律上是自由的，但他們在經濟上仍然是不自由的。在十三世紀完全意義的「自由人」確切地說只佔人口總數的14%。所以在談論中世紀中期的英格蘭社會時，社會歷史學家常常使用「半自由人」這個術語。更何況，真正自由而有權勢的人只是那些能自由地操縱習慣法，並通過沉重的勞役地租或其他形式把負擔強加到農民（包括半自由的農奴和自由人）身上的教俗封建領主。總之，在一一〇〇—一三〇〇年間，英格蘭農村居民的半數是農奴，而且，在英格蘭，勞役地租轉變為貨幣地租一般是發生在十二世紀，這個時期無疑是一個社會劇烈分化的時期。在社會發生激烈震蕩和兩極分化的時候，真正受到影響的並非那些與領主訂有長期租約的依附農，而是那些無論是否自由都十分貧困的佃農，以及那些根本沒有土地的人。自一二五〇年後，在人口增長而資源匱乏且農業生產力改進不大的情況下，這些貧苦佃農和無地農民常常成為農業歉收和瘟疫流行時期的犧牲品，其平均壽命比境況較好而生活穩定的莊園佃農即長期租地農要少十歲。

到十三世紀，由於人口增長，市場擴大，物價隨之上漲，實際工資下降。這種情況對一些資金雄厚的地主是獲利的好機會，隨着糧食需求的增長，莊園主為生產更多的農產品以獲取利潤而直接經營自己的莊園，以便利用市場發展的機會。他們在佃戶們激烈反抗的情況下，仍然採取殘酷奪佃的辦法，從租佃農手中收回十二世紀相當流行的長期租地甚至世襲租地的權益，任命管家和采邑管理人進行直接的經營管理，並對管理進行了一場所謂「高利農業」的變革，使財富更集中在少數人手中。

到十四—十五世紀，英格蘭的主要財源仍然是土地，大部分英格蘭人仍從事種植穀物、生產乳製品或飼養牲口等工作，連英國最重要的製造業——羊毛紡織業也是間接地立足於土地上的。但是，較之中世紀前期和中期英格蘭的社會發生了更大的變化，一是養羊業規模越來越大，例如，格洛斯特市的聖彼得大教堂到一三〇〇年已擁有一萬多頭羊，而當時英格蘭羊的總頭數介乎一千五百萬到一千八百萬之間。另一方面，由於黑死病引起人口速減，英格蘭的勞動力市場縮小，對糧食的需求下降，隨之而來是物價下跌，上一個世紀大規模出現的「高利農業」已無利可圖，地主面臨嚴重困難，而農民的生活水平則有所提高。

這時，儘管市場經濟的發展、王室的恩賜和行政官職的增多，以及繼承聯姻等因素促成了一些新興貴族家族的出現，但是，英格蘭的社會結構及其等級制仍然沒有發生大的變化。國王仍然是最大的地主，他們還是那些擁有王賜特權的巨商的監管人。愛德華一世在征服威爾斯後就獲得了整整一個公國的領地，後來，在愛德華四世時期，徵收關稅成為君王終身享有的特權。此外，國王還有城市特許狀和商業公司特許狀的授予權，這樣，國王就支配了英格蘭的商業財富。國王之下是人數不多的世俗貴族，他們人數雖少，但從總體上說他們所據有的財富的比例仍在增大。例如，一三一四年亡故的格洛斯特伯爵，其產業的年價值在六千英鎊以上。一三三一年坎特伯雷小修道院的總收入在二萬一千五百四十英鎊以上。這些從土地得來的財富成了貴族在政治、行政和社會方面佔優勢的基礎，其中許多人的產業甚至是跨郡分佈的。位居貴族之下的是仍然以土地為財產的紳士，其產業一般只集中在一個郡之內，他們和國王、貴族共同構成了英格蘭的「土地階級」。商人階層在中世紀後期興起了，尤其是羊毛出口商和酒類進口商。他們活躍在從波羅的海到西班牙、葡萄牙的國際市場上，地中海海路開放後又在西歐通向北意大利的廣大市場中興旺發達起來。他們在對外貿易中逐漸增長了對外國商人的反感，培養起英格蘭商人的自信和自主精神，促進了民族經濟的發展，推動着以商人為代表的市民階層與王權的攜手合作。但是，這部分人畢竟為數不多。

到中世紀後期，奴隸早已匿跡，農奴制也逐漸瓦解，法律上的自由農民不斷增多，而且，在十二世紀貨幣地租代替勞役地租後，獲得人身自由的人口也大量增加，其中一些人有能力或有機會購買土地，從而成為殷實的約曼農的前身，但這部分人畢竟不多，對大多數農民而言，他們在黑死病流行之前，基本上生活在耕地嚴重不足和地主嚴密控制的狀況下，物價高、工資低、勞動力供過於求，所以農民抗租抗稅，甚至付於暴力行動。黑死病發生後，雖然物價、工資和勞動力需求狀況對農民是有利的，但人為的稅收，例如人頭稅等在不斷加重，英法百年戰爭對經濟發展也產生影響，終於導致一三八一年的瓦特·泰勒起義。

瓦特·泰勒起義是英國歷史上規模最大的農民起義。它雖然是在黑死病流行後發生的，但這次由人禍而不是天災導致的農民起義，還是加速了正在解體的農奴制走向最後的崩潰。當時，儘管從總的趨勢上看貨幣地租逐漸發展，租金趨於下降而工資趨於上升，但是，隨着人口銳減，一部分封建主妄圖恢復勞役制，政府又頒佈《勞工法案》強迫勞動者接受黑死病流行前的較低工資，一三七七年又開徵人頭稅，一三八〇年第三次徵收時，稅額增加兩倍，這成為起義的導火線。一三八一年五月底，在磚瓦匠瓦特·泰勒和教士約翰·保爾的領導下，東蘇塞克斯和肯特農民首先起義，隨後席捲英格蘭許多地區。六月十日，農民軍佔領坎特伯雷，十三日進入倫敦。六月十四日，國王理查二世答應作出讓步，部分農民信以為真，當即四散回鄉。六月十五日，他們在斯密菲爾德與理查會晤，泰勒提出更激進的要求，包括沒收教會的一切土地分給農民，廢除《勞工法案》等。在瓦特·泰勒與國王談判時，倫敦市長陰險地刺殺了泰勒，後來，保爾等起義領導人也被處死。

三、教育、科學、文學、藝術

若從文化發展的角度看，中世紀也非「黑暗時代」，而是一個生機勃勃的時期，是英格蘭在文化上從「從屬」走向「自我」的時代。諾曼第征服後，儘管盎格魯─撒克遜文化和英格蘭的本土語言只在社會中、下層及凱爾特血統佔優勢地位的蘇格蘭、威爾斯和愛爾蘭有所保留，但是，這種土著文化始終保持着其生生不息的生命力，從而使現代英國文化始終保持着盎格魯─撒克遜的特徵。

從總體上看，尤其是從主流文化和上層文化上看，可以説，諾曼第征服意味着英格蘭必須接受一種來自大陸的新的文化和語言。對於一個始終呈開放型，而在早期蠻族遷徙的過程中經歷着外來文化和本土文化的反覆衝撞和融合的英格蘭來説，接受外來文化並非難事，但諾曼第征服的初期英格蘭畢竟呈現出一個文化「從屬」的時期。中世紀初英格蘭在建築藝術方面的外國特色很突出，教會建築和藝術裝飾多使用意大利、西西里、拜占庭，尤其是法國的設計，屬於「羅馬風格」或「哥特模式」，這種風格的象徵是尖頂拱斗。一一七四年大火後，被國王召來修復坎特伯雷大教堂唱詩班席位的是法國建築大師桑斯的威廉，十三世紀額我略三世重建威斯敏斯特教堂時，也深受法國建築風格的影響。

在語言方面，從社會上層來看，中世紀初期也處於「文化從屬」階段。但是，從全面考察，這仍是一個兩語並行的時代。在諾曼第征服的初期，土著居民與諾曼第的貴族之間顯然存在着語言上的巨大差異。例如，公牛被農奴役使時稱 ox，擺上諾曼第人餐桌時則被稱為 beef。那時，已很少有人知曉拉丁文，諾曼第人使用的法語成了官方語言和法律用語，英語作為盎格魯─撒克遜人的土著語言則在民間通用，由於英語靈活多變，對外來詞彙有很強的吸收能力，它在漫長的諾曼第統治時期始終沒有被法語代替，反而隨着時間的推移，使用英語的人越來越多，統治集團也開始使用它。

十二世紀的歐洲經歷了學術上的復興，學者們廣泛使用拉丁語，開啟了分析與思辨的學術時代。在這種氛圍下，英格蘭的學者在他們聚集起來研習和進行學術爭辯的地方，創建了牛津大學和劍橋大學。

大學產生的過程與十三世紀以後英國商人公會和十四世紀後手工業行會興起的過程很相似，完全是學者和大師們自發運動的結果，儘管那個時代的學者和大師多為宗教界人士。諾曼第人於一〇七一年在牛津建造了一座城堡，十一世紀末，埃坦庇斯的西奧巴德曾在這個城堡裡教授過六十—一百名學生。十二世紀初，在牛津陸續建起了小修道院、醫院和女修道院。大約在一一三三年，羅拔．普倫在此講授神學課程。那時，學者和大師僅僅租用一些大廳作課堂，自己開設一些課程和提供課程結束時的證書，學生則直接向講授者支付費用。一一五五年，這座城市獲得特許證書。據說大約在一一六七年，亨利二世和法國國王爭吵，英國學生由此不能進入巴黎大學，一大批英格蘭學者因此離開巴黎回到牛津，使這裡成了英格蘭的學術中心。一一九一年，集結在這裡的學生團體和學者開始把牛津稱為 university，意為一個保護教師和學生免受市民迫害的團體。一二〇九年，學生與市民發生衝突而遭到市民報復後，一部分人向東遷徙而建立了劍橋大學，牛津大學也被迫停辦了五年。此事引起教會的抗議，後來羅馬教皇做出一個保護學校的重要決定，即授予林肯主教或其代表對學生行使司法權，這樣就產生了牛津大學的校長。由此，牛津大學取得了流傳至今的在司法方面的特許權。十三世紀，多明我修道團和方濟各修道團到來，使牛津的教學力量有所增強。該校最初以巴黎大學為榜樣，設有法律、神學、藝術和醫學四個科，牛津早期的聲譽基礎主要在神學和人文學科，大學生多為社會中等階層的教士、騎士或商人子弟。自十三世紀起，牛津和劍橋逐漸建立起一些書院，最初是為學生提供膳食的方便，進而為貧困學生提供若干食宿及雜費津貼，以便幫助他們攻讀較高的學位。例如，約翰．德．巴利奧爾建立的巴利奧爾學院，就有一個為「藝術家」提供獎學金的小型基金會。學生們一般都住在各個學院，完全自由地向各個教授選課。

英國中世紀最早的科學研究者、方濟各派修道士羅拔．哥羅塞特斯特（一一七五—一二五三）是牛津大

英國最古老的大學 —— 牛津大學

學最早的校長之一，他不僅對亞里士多德的著作提出質疑，而且用數學和實驗證明自己的哲學觀點，其學生羅傑·培根（一二一四—一二九四）曾在牛津大學進行科學實驗和講學。在一二六六—一二六八年間寫了《大著作》、《小著作》和《第三著作》，一二七二年寫《哲學研究綱要》，晚年寫《藝術與自然的秘密》。他認為，權威是束縛人們認識的枷鎖，真正的科學是以實驗和數學為基礎的。他毫不客氣地批評羅馬教會神學體系的代表——阿奎那的神學，終身致力於科學知識的實際應用。他的眼光超越了時代而投向未來世界，對眼鏡、飛行器、動力車都有所預言。宗教改革家威克里夫一生的大部分時間也住在牛津大學。

英格蘭人對古希臘文化的學習，是從翻譯英國人在十字軍東征時期從西班牙、南意大利和敘利亞帶來的阿拉伯人的著作開始的。十二世紀初，英格蘭旅行家巴思的阿德拉德，以及倫敦教會的副監督切斯特的羅拔，把阿拉伯人的數學和天文學知識介紹到英國，他們分別翻譯了歐幾里得的《原理》和阿拉伯人阿爾·科瓦利茲米的代數。牛津大學還是英國研究羅馬法的學術中心，在十二世紀主要對教會法進行編纂和對羅馬民法進行註釋，一一七〇年首先出現了記載兩個領主進行土地訴訟的法律書籍，十二世紀八十年代出現了大法學家格蘭維爾的《法學教本》。到十二世紀中期，已有不少地位較高的教士既能熟練地掌握法語和拉丁語，又對英語方言了如指掌，《道德頌》之類的僧侶文學，受法國南部普羅旺斯「遊吟詩派」和法國北部「梭迦詩派」影響的詩體騎士文學影響（以《亞瑟王和他的圓桌騎士》為代表），寫實和潑辣的市民文學也在這時出現，到十三—十四世紀，出現了全部用英語方言寫成的歷史敘事詩《羅賓漢歌曲和敘事詩》等。

在文化史上英語怎樣躋身為上流社會的語言，這是很難考察的。但我們至少知道，征服者威廉之後的第三代和第四代諾曼第移民已能同時使用法語和英語兩種語言。理查·菲茨尼爾寫於十二世紀的著作也指出，隨着英格蘭人與諾曼第人的雜居、通婚和融合，人們幾乎難以區分出誰有英格蘭血統，誰有諾曼第血統。亨利三世於一二五八年發佈《牛津條例》已用英文寫成，這一點是確實無疑的。到了十四—十五世紀，英格蘭文化史上的兩個重大發展是識字率的上升和英語的廣泛使用。中世紀後期，在英格蘭能讀會寫的人已不限於貴族、教士或官吏，商人、農民、裁縫和水手也能讀書寫字了。據托馬斯．莫爾爵士於十六世紀初的估計，十五世紀已有五十萬以上的英國人有識讀能力。而且，上層社會也日益成為使用英語的世界：十四世紀中期議會辯論便使用英語，一三六七年出現了第一次用英語記錄的議會辯論書；一三七六年和一三七八年分別出現了用英語簽訂的財產轉讓契約和遺囑；十四世紀七十年代在坎特伯雷召開的宗教會議上已使用英語作為會議用語；亨利四世於一三九九年公開使用英語向議會發表演講；英語取代法語成為民族語言，並將地區方言逐漸規範為標準英語的過程是一個長達數世紀的悄悄變化的過程，以至於人們找不到英格蘭文化自「從屬時代」向「自我時代」轉折的分界點。但是，不管怎麼說，到喬叟的時代這種變化已達到登峰造極的地步，英國民族的自信心伴隨着其民族語言的成熟，在喬叟身上找到了完美的表達。

傑弗里．喬叟（約一三四〇—一四〇〇）出身於一個與宮廷有密切聯繫的倫敦酒商之家。他自幼就生長在貴族和王室的圈子中，受過良好的教育並熟諳拉丁文、法文、意大利文和多種英語方言。喬叟生活在英格蘭民族自我意識萌動的時代，生活在一個從表面上看內亂不已，實則是生氣勃勃、雄心奮發的民族國家興起的時代。喬叟個人的經歷也是相當豐富的：一三五七年做宮廷侍童，一三五九年參加對法作戰時被俘，翌年由國王贖回，一三六一—一三六七年在內殿法學協會受訓，一三六六與王后寢宮的女官結婚，此後多次代表愛德華三世出使歐洲大陸，藉此良機他在意大利的熱那亞和佛羅倫斯曾會見過文藝復興的巨匠彼特拉克，接觸了文藝復興的思想和創作方法。一三七四年，喬叟任倫敦港毛皮關稅管理員，一三八二年兼任酒類及其他商品的關稅管理員。一三八五年，喬叟任肯特郡治安法官，第二年被選為該郡騎士代表出席議會下院。一三八九年理查親政後，喬叟又先後擔任過王室建築工程主事和薩默塞特王室森林副主管。豐富的人生閱歷和世事風雲使他熟悉社會各階層的人們和該時代的社會風貌。喬叟生時是英格蘭詩人中受宮廷賞賜最豐厚的，喬叟死後又成為第一個安葬在威斯敏斯特「詩人之角」的人。這一方面反映了喬叟在文學史上的非凡地位，同時也反映了該時代的君王賞識這位民族文化巨人對民族語言所作出的貢獻。的確，作為英語和民族文

位於威斯敏斯特教堂詩人角的喬叟石棺

十五世紀的《坎特伯雷故事集》
手稿，現藏於英國亨廷頓圖書館

學的奠基人，喬叟在思想的深邃和詞彙的豐富方面，在想像力的奇妙和對人性理解的深度方面，都是無與倫比的。

喬叟的作品很多，最著名的是他晚年用詩體寫成的《坎特伯雷故事集》。這是一個充滿民族國家產生時代的樂觀精神、對英格蘭社會進行全景式描繪的作品。它充分體現了喬叟深諳世情的智慧和對英語的駕馭能力。在這首長詩中，他敘述了約三十名朝聖者騎馬從倫敦前往坎特伯雷城朝拜殉教聖人托馬斯·貝克特之墓的過程。在總敘裡，他生動扼要地勾勒了這些處於不同社會階層且職業身份不相同的朝香客，然後藉他們之口講敘了二十四個故事，其間以短小的戲劇性場面相串連，故事的內容與文體都不盡相同，並與講述者的身份相符。這些講故事者幾乎包括了英格蘭社會各等級的人們：富裕的修道士、托缽僧、女修道院院長、女修士、祭司、鄉村神父、法庭差役、騎士及其侍從、自由農民和富裕的小地主、牛津的學者、自命不凡的律師、醫生、商人、水手、巴思的商婦、倫敦的匠師、木工、織工、染工、製毯者、磨坊主、學校總管和農夫等。

在建築藝術方面，十四—十五世紀也是英格蘭擺脫大陸影響，確立符合本民族審美觀念的建築風格的時代。它經歷了一個從「盛飾式」哥特建築，向「垂直式」完全英國化風格的轉變。「盛飾式」是指以幾何窗格和花卉圖案為裝飾特徵的建築風格，主要體現為流暢的曲線型。在英格蘭，這種以精緻的花紋和華美的寫實主義為主題的盛飾風格，已經不是那種以尖頂拱斗為特徵的歐洲大陸特有的哥特式，而具有了中世紀英國建築的獨創風格。英格蘭「盛飾式」建築的代表作，是十三世紀九十年代愛德華一世為把其妻遺骸運往威斯敏斯特墓地而修築的路標，即三個艾莉諾十字架。

但作為從歐洲大陸風格向純粹英格蘭風格過渡的中間階段，盛飾式風格只在英格蘭流行了半個多世紀（一二八五—一三五五年）。十四世紀中葉以後，一種純粹的英國式建築風格即「垂直式」就取而代之了。在經歷了百年戰爭和黑死病時期英格蘭建築史上相對沉寂的時代之後，這種垂直式建築在十五世紀後期得到了充分的體現，建築大多是國王贊助的，如伊頓公學、溫莎堡的聖佐治小教堂、劍橋大學的小教堂等。其中，

劍橋大學內「垂直式」建築風格的教堂

使今天的旅行家最容易留下記憶的是劍橋大學國王學院的小教堂，它淋漓盡致地體現了垂直式建築風格的特徵：其核心是把直線和水平線加以綜合運用，具有簡樸清晰的線條感和寬大明亮的內空間。這種突出垂直感的建築不強調邏輯性，它是完全英格蘭化的建築。

除民族文化的興起之外，十五世紀還是一個世俗文化興起的時代。倘若與十三世紀和十四世紀相比，十五世紀不是大師輩出的時代，而是學術沉寂、智人貧乏的時代，它不像十三世紀那樣出現了羅傑．培根這樣的大師，也不像十四世紀那樣產生了喬叟這樣的大文學家。但是，這卻是一個宮廷文學衰落，大眾文化興起的時代。十五世紀的大學生在數量上比前兩個世紀少，也沒出現諸如唯名論與唯實論之爭那樣的論戰。但是從民謠、頌歌、道德劇和民間書信方面都可看到一種朝氣蓬勃的中下層文化的興起。民謠歌唱羅賓漢時代普通人的價值觀：對郡守的憎惡、對約曼農的敬意和對國王秉公執法的希望等。頌歌仍保留了反覆吟唱和抒情的特徵，但表達的卻是大眾的感情，頌歌從為基督教節日譜寫的歡快歌曲，變成隨舞者能吟唱的伴舞曲，從唯我獨尊的宗教聖殿走向普通民眾的娛樂場所。十五世紀非學院性世俗文化的興起，不能不說在某種程度上構築了十六世紀莎翁這樣世界文化名人出現的基礎。

十五世紀又是手工業行會方興未艾，商業行會繼續興旺的時代，各種行會甚至以文化的形式表現自身的存在及生活。到十五世紀中葉，根據《聖經》故事編排的「神跡劇」已經從教界流傳到俗界，演出神跡劇成為城市生活中的一件盛事。每逢喜慶節日，尤其是仲夏時節的基督聖體節，許多城鎮都要上演由行會組織的舞台劇或場面劇。例如，在約克往往要上演一整套神跡劇，在這套神跡劇中，造船業行會表演諾亞方舟的建造，漁民水手行會表演大洪水時代的情景。儘管其意圖都是為基督教關於人的墮落與得救之說提供一種直覺形象。但是，它卻推動了英格蘭宗教文化的世俗化和大眾化。除此之外，十五世紀末還出現一種新型道德劇，如當時最負盛名的《人》，劇中的「人」為了在末日審判時得救而展露他的種種「善行」，這難道不是正在出現的資本主義創業者行為價值觀的體現嗎？

在十四—十五世紀，英格蘭成立了不少語法學校。一三八二年，威克哈姆的威廉在溫徹斯特建立了一所語法學校，並規定必須有一定比例的學生是貴族之子和權貴之後。這是「英格蘭公學」(實為一種私立貴族學校)的胚芽。一四四〇年，亨利六世在伊頓建立一所語法學校。同時，貴族、城市行會、商會也往往建立一些初等學校和語法學校。到十五世紀末，已有五百至六百所俗人所建的學校分佈在英格蘭了。在這些年代裡，泰晤士河北岸、在倫敦城和威斯敏斯特宮之間的地段上還建立了四個「法律協會」，為習慣法律師和其他律師提供專業法學教育，而且，法律協會的學徒和律師有直接向王室法庭上訴的權力。語法學校和法律協會的建立使受教育的俗人迅速增多，這個過程又因印刷術的引進而得到了加強。一四七六年，一位成功而愛好文學的商人威廉·卡克斯頓在佛蘭德爾學會了印刷術，並在威斯敏斯特修道院開辦了英格蘭第一家印刷所。他印行的第一部書是科隆版的《特洛伊的故事》。一四七八年，他印刷了《坎特伯雷故事集》，一四八五年他印行了馬洛禮於一四六九年寫的簡潔明快的散文詩《亞瑟王之死》。印刷術的興起使教士與學者失去了對文化知識的獨佔權，凡是能夠購買書籍的家庭都開始大量閱讀有關道德禮儀、宗教信仰、衛生保健等方面的書籍以及文學作品。

在英格蘭，中世紀顯然不是「黑暗時代」。姑且不談《大憲章》、議會政治、習慣法和輝煌的金雀花王朝，即便從社會、經濟和文化的角度説，這也是一個重要的轉折時期：農業經歷了莊園經濟、高利農業到市場導向的資本主義小農業興起的變化；以羊毛、羊毛製造和出口為中心的製造業與商業也在蓬勃發展。佔全國人口大多數的農業人口經歷了從諾曼第征服初期的自由人——奴隸到農奴、繼而又成為「半自由人」和自由人的轉變，社會分層漸趨細密，新興職業身份集團正在形成；從文化上看，中世紀更是一個不可或缺的時代：民族的語言、民族的文學、民族的思維模式和宗教觀念都在形成，更不要説作為民族文化載體之一的教育機構也在產生。在完成了從「從屬時代」向「自我時代」的轉變之後，一個新的、生機勃勃的英格蘭正在出現。這種種轉變恰恰是在人們習以稱呼的「黑暗時代」中完成的。

作者點評

從這一章的內容可以看出，截至此時為止，英國在各方面都很一般，完全沒有出現「領先」的跡象。「資本主義萌芽」這種東西如果確實存在，那麼它在意大利、佛蘭德爾，甚至北德意志都表現得更加突出，在英國則是微乎其微的，看不出它會成為歷史的趨勢。文藝復興是在意大利興起的，商業和城市在歐洲其他地方發展得更充分，地理大發現起源於西班牙和葡萄牙。如果從經濟發展的水平來說，這時西歐比不上世界其他許多地區，英國又在西歐屬於落後。但資本主義卻在英國首先成長起來，發展成籠罩社會的優勢力量，並且成為一種「制度」，讀者難道沒有意識到這裡有一個悖論？看來經濟發展並不是資本主義形成的關鍵條件，否則就說明不了資本主義為甚麼不首先在當時經濟更發達的東方世界形成。資本主義發展可能更需要政治和社會的條件，這些條件是「萌芽」成長的土壤。英國的「土壤」是從都鐸王朝時期開始積累的，在以下幾章中，我們要特別注意那些把英國推上現代發展之路的歷史形成過程。

第七章　都鐸王朝與宗教改革

一、王權的加強

西方學者傳統上把一四八五年都鐸王朝的建立作為近代英國的開端，這有一定的道理。但是，不可忽視的是，約克王朝的愛德華四世於一四七一年取得巴尼特之戰的勝利後，英格蘭實際上已進入一個政治上相對穩定的時代。這樣，愛德華四世的一些政策，已經為都鐸王朝奠定了基礎。

愛德華四世的成功首先在於使王室的財政獲得了一定獨立性。在蘭開斯特王朝，君主們把土地賜給寵臣，內亂外戰又影響了貿易和關稅收入，王室於是財政空虛而不得不受制於議會。愛德華四世逐步改變了這種狀況。他通過沒收或轉讓把蘭開斯特公爵領地變為王室領地；他即位四年後就說服議會授予君主終身享用關稅的權力，當時的「關稅」包括對羊毛、皮革和呢布的出口稅，以及對一般商品徵收的「磅稅」和「噸稅」。這樣，自十五世紀起關稅成為君主財政收入的主要基礎；愛德華還新創一種稱為「自由捐贈」的籌款辦法，即國王個人通過向教俗貴族、倫敦市長和富有的市民遊說，獲得的臨時性的捐款；愛德華四世自己也參加商務活動，他通過代理人將上等羊毛、呢布、錫等商品輸往意大利和希臘以獲取巨利。這樣，愛德華四世可以

「靠國王自己的收入生活」。當然，減少對外征戰也是愛德華四世獲得財政獨立的一個關鍵因素，在十五世紀末，儘管迫於普遍壓力愛德華四世不敢貿然放棄英格蘭對法國王位和領土的要求，但他靈活地與布列塔尼、勃艮第和蘇格蘭的統治者結盟，並改變了英王捲入法國事務的傳統做法。在愛德華四世統治期間，雖然有一四七五年對法國的短暫征討，但他很快就與法王路易十一簽訂《皮基尼條約》，允許法王以大量金錢買斷了戰爭：路易十一答應向愛德華四世支付一筆七萬五千金克朗的賠款和每年五萬金克朗的終身年金。愛德華很快成為極其富有和財政獨立的君主。

愛德華在穩定國內秩序方面主要是求助於中等階層。同時，經過百餘年的外戰內爭，英國的中等階層也渴望有一個強大的王權以消除動亂和不安，他們對於愛德華在位二十二年間僅召開六次議會並不驚奇。愛德華還吸收騎士、法官、律師等平民參加與大貴族抗衡的御前會議。結果，在愛德華的時代，由於國際上的和平和國內的低稅收，英格蘭的商業資本主義得到了迅速發展。由於他善於利用王權處理好君主與議會及各社會階層的關係，所以，當時儘管大貴族擁兵自重的現象並未徹底消除，但英格蘭已開始走向政治穩定，為都鐸王朝的興盛打下了良好的基礎。

愛德華四世於四十歲去世，其長子繼位為愛德華五世（一四八三年四月—一四八三年六月）。十二歲的幼主面對愛德華四世的兄弟、三十歲的攝政王格洛斯特公爵與母后伍德維爾家族的相互傾軋，公爵逮捕了伍德維爾派的領袖，把愛德華五世及其弟弟監禁在倫敦塔裡，篡奪了王位，是為理查三世（一四八三—一四八五）。理查三世的篡位使王朝戰爭復起，一四八五年十月，出身於威爾斯的貴族、里士滿伯爵埃德蒙·都鐸之子亨利·都鐸，從法蘭西跨過海峽，進軍倫敦，在博思沃斯戰役中擊斃理查三世，同年即位為亨利七世（一四八五—一五〇九），開始了都鐸王朝的統治。

亨利·都鐸繼位的理由不夠有力（他從母親那裡繼承了一點蘭開斯特家族的血統），但他是十五世紀幾個篡位的君主中最幸運的：理查三世已戰死疆場，其妻子和獨子先他而逝，理查三世的血統世系因此斷絕。

都鐸王朝開國君主亨利七世（Henry VII）

這些客觀原因外，亨利七世本人也很能幹，尤其善於施展外交手段，利用兒女的婚姻來鞏固都鐸王朝在西歐國家中的地位，這也是一個很重要的原因。

為了鞏固王權，亨利七世既要考慮英格蘭貴族敵視法國的傳統心理，又要給英格蘭商人提供在西班牙經商的便利，再加上他有戒於法王吞併布列坦尼公國的可能性，便於一四八九年第一次施展婚姻外交，讓年僅三歲的亞瑟王子與西班牙公主凱薩琳訂婚，使英商獲得了在西班牙經商的優惠條件，兩國還約定共同對法作戰。亞瑟王子與凱薩琳公主的婚禮到一五〇一年才舉行，五個月後王子就過世了。為了維持英格蘭與西班牙的聯盟，亨利七世讓亞瑟的弟弟亨利繼娶寡嫂凱薩琳。儘管是十多年後才能踐約的事，但這種婚姻外交使都鐸王朝在一四八九年就得到大陸強國西班牙的認可。

一四九一年，法王查理八世通過與

亨利還獲得愛德華四世的王后伍德維爾家族的支持，同時，玫瑰戰爭使英格蘭的貴族銳減，並使英格蘭社會各階層對戰爭深惡痛絕。更為重要的是，亨利七世作為蘭開斯特家族的代理人，在博思沃斯戰役之後立即派人去約克迎來了愛德華四世的女兒伊利沙伯公主，兩人於一四八六年完婚，當年就生了亞瑟王子，後來又生了瑪格麗特、亨利和瑪麗。這樁美滿婚姻使蘭開斯特和約克這兩個交戰多年的家族聯合起來了。這樣，隨着都鐸王朝的開始，紅白玫瑰戰爭徹底結束。此前三十年間斷斷續續的王朝戰爭已損害了君主在人們心目中的形象，所以，重要的是恢復英國王室的威望。為此，亨利七世繼續愛德華四世開始的王權重建工作，而且，亨利七世比愛德華四世更具有獻身精神，他生活簡樸，吃苦耐勞，在理財和謀求社會穩定方面也更有韜略。

亨利七世在位的二十四年中，其內政外交措施都與鞏固王權和消滅王位覬覦者相關，他尤其注意在恢復君權的過程中防止約克派的陰謀。一四八六年三月，亨利七世前往約克郡巡視，鎮壓了由約克派貴族洛弗爾勳爵、林肯伯爵和勃艮第女伯爵瑪格麗特聯合捧出，並得到愛爾蘭貴族支持而在都柏林僭稱愛德華五世的假沃里克伯爵（愛德華四世的親侄真沃里克伯爵，作為約克家族唯一的直系男性繼承人已被亨利七世囚禁在倫敦塔）。一四九二—一四九六年，亨利又擊敗了由約克派捧出，並得到愛德華四世的妹妹勃艮第女伯爵瑪格麗特，以及神聖羅馬帝國皇帝即瑪格麗特的女婿馬克西米連一世、法王查理八世和蘇格蘭王詹姆士四世共同支持，假稱愛德華四世次子理查的沃貝克（真的理查早已被其篡權的叔父理查三世殺死於倫敦塔）。

亨利七世對上述兩個覬覦王位者的鬥爭能夠取得勝利，一方面是由於英國人渴望和平，另一方面是英格蘭人憎恨由愛爾蘭人、勃艮第人和西歐大國的君主們強加給他們的「國王」。所以，無論是在擊敗假沃里克還是擊敗假理查的戰鬥中，英格蘭各地的民軍都起了重要作用。另一個原因是，在亨利七世取得王位時，法國、尼德蘭和蘇格蘭的統治者相對衰弱，他們儘管反覆給王位覬覦者以支持，但無論哪個外國統治者都無力發動戰爭以討伐亨利七世。那時，法王路易十一死於一四八一年，繼位的查理八世年僅十三歲，尼德蘭的統治者也未成年，一四八八年蘇格蘭貴族則謀殺了國王詹姆士三世，留下了未成年的詹姆士四世。當然，除了布列坦尼女公爵結婚而呑併了布列坦尼公國。亨利七世經議會批准，在西班牙王國未履行和約的情況下獨自帶兵渡過海峽，包圍了法國的布洛涅城。剛剛完成統一大業的法王不想與英王開戰，精明的亨利七世也因國內尚存覬覦王位者而無心戀戰，兩個國王立即達成「埃塔普爾條約」。根據條約，英國終止了對法國王位和領土的要求，保證彼此不支持對方的敵人，允許兩王國臣民平等通商，法王替英王償付對布列坦尼的債務，並在未來十五年中每年付給亨利七世五千英鎊的年金。這樣，亨利七世像愛德華四世一樣，選擇了有利可圖的和平而不是破壞性的戰爭。

當然，亨利這樣做的一個原因是十五世紀末西歐的國際政治發生了很大變化。逐步統一的法蘭西在人口數量和財富佔有方面都是英格蘭的三倍。埃塔普爾條約簽訂後，亨利七世很快在一五〇二年又與蘇格蘭簽訂永久和平條約，並在第二年把長女瑪格麗特嫁給蘇格蘭國王詹姆士四世。這樣，亨利七世提高了都鐸王朝在歐洲強國中的威望，制約了蘇格蘭與法國的傳統聯盟關係。此後，他還通過與西班牙、尼德蘭、丹麥和佛羅倫斯訂立商約而促進了英格蘭的對外貿易。

亨利七世清楚地知道，十四—十五世紀王權的衰落並不是君主制度本身的問題，而是缺乏強大的國王，以及君主們在財政問題上對議會的依賴性。所以，從一開始，亨利就努力使國王管理議會而不是議會管理國王。當然，他沒有也不可能改變議會的成分和職能，他能做到的只是儘可能地增加王室的財政收入。首先，靠繼承權亨利七世獲得了蘭開斯特公爵、約克公爵和里士滿伯爵的領地。結果，僅王室領地的年收入就從一萬英鎊上升到四萬英鎊；其次，都鐸王朝初期海外貿易擴大，也使國王終身享用的關稅從年收入三萬二千英鎊上升到四萬二千英鎊；另外還有王室法庭收繳的罰金和亨利七世作為最高領主的其他封建特權所帶來的收入，以及他個人經商的收益和出租王家艦隊的獲利等。總之，亨利七世的總收入從一四八五—一四九〇年的平均每年五萬二千英鎊，上升到一五〇四—一五〇九年間年平均十四萬二千英鎊。由於善於開源節流，他很少要求議會給予補助金。結果，亨利七世在位的二十四年中只召開過七次議會。

為了恢復王權，從亨利七世開始都鐸王朝的歷代統治者就重視依靠中等階層。他們在任命、提拔和獎賞政府官員時主要依據個人的能力和忠誠程度，而不管其出身和政治背景如何。他們把官職任命看作進行政治控制和加強王權的武器。亨利七世依靠的不是議會，而是星室法庭和樞密院。星室法庭設置在威斯敏斯特宮內一間屋頂上掛滿星狀金枝燈的大廳，這是國王討論內政外交和武裝防衛問題的地方，也是審判犯人，尤其是審訊叛亂罪犯的直審即決法庭。

亨利七世用以恢復社會秩序的另一個重要工具是治安法官。這是一種不領薪金、工作量很大、由地方紳士自願擔任的管理地方司法和治安工作的職務。愛德華三世曾於一三二七年和一三六〇年兩次頒佈法令，規定各郡要派一個領主及三到四個富有而懂法律的人負責維持治安，他們有權逮捕罪犯和受理控告，並按王國法律和習俗參與審判郡內危害治安的犯人。亨利七世於一四九五年頒佈法令，進一步授權治安法官可以在無陪審團的情況下審訊參加叛亂和違法擁兵的人。此後，亨利七世又規定，治安法官由國王大法官直接任命，並對國王大法官負責，這樣就加強了王室政府對治安法官的控制。同時，亨利七世還頒佈了取締大貴族僱傭家臣私兵和擁有私人武裝的法令。在使用大棒政策對付英國貴族的同時，亨利七世又安之以胡蘿蔔。他有一個很大而活躍的樞密院，並常常用是否讓貴族參加樞密院的辦法來排除異己，或者拉攏和安撫向他靠攏的大貴族。這樣，亨利七世和他從中等階層中選出的大臣共同制服了貴族，有效地控制了他們。在亨利七世的兒子繼位之時，英國不僅開始繁榮，而且成為歐洲秩序最好的王國之一。

十五世紀時英國王室法庭審判場面

描繪星室法庭內景的插圖

二、宗教改革

一五〇九年，亨利七世去世，十八歲的亨利八世繼位（一五〇九—一五四七）。亨利八世在位的三十八年是英格蘭發生重大變化的時期，其中最重要的是十六世紀宗教改革。這次改革的基本意義在國家政治方面，而不在宗教教義，核心問題是亨利八世與羅馬教廷決裂，導致英國形成完全的民族國家。這次改革從確認亨利八世與安．波琳的婚姻合法開始，到確保國王對教會的絕對統治而宣告結束。從表面上看，宗教改革是由亨利八世個人的離婚案引起的；從實質上看，變革是在英格蘭民族主義和反教權主義日益高漲的情況下實現的，並和亨利八世的對法戰爭和西歐的國際格局變化都有一定的聯繫。

自十四世紀威克里夫改革和羅拉德運動以來，英國人一直存在着強烈的反教皇情緒。到十五世紀末，他們對教會更加憤懣，主要原因有三點：第一，教會濫徵稅收、佔用土地、管理不善且教士行為不端；第二，教士已形成一個不事勞動而享有特權的消費階層，這與正在興起的資本主義精神格格不入；第三，主教和教會法庭濫用司法權，其排除陪審團實行秘密審訊的做法與英格蘭習慣法背道而馳，而且，受歐洲宗教改革的影響，路德的思想和新教書籍在十六世紀二十—三十年代很快滲入劍橋大學、倫敦市區和法律協會，甚至通過安．波琳及其親朋摯友傳入亨利八世的宮廷。亨利八世的離婚案就是在英格蘭反教權主義高漲，以及宗教信仰發生重大變化的情況下發生的。

在亨利八世和凱薩琳長達二十五年的婚姻生活中，他們雖然生了五個孩子，但只有瑪麗公主活了下來。為了確保不再發生王位繼承糾紛，亨利需要男性繼承人，而凱薩琳顯然已經過了生育年齡。同時，亨利八世正在追求王后年輕的侍女安．波琳，而安也渴望正式的婚姻生活。這樣，從一五二七年起，亨利八世就反覆提出離婚要求。但是，他的婚姻是由教皇猶利二世批准的，現任教皇克勉七世在神聖羅馬帝國皇帝、凱薩琳的外甥查理五世的壓力下，不敢貿然同意亨利的要求。這樣，亨利八世只得從反對現任教皇的統治，聲稱教皇無權干預世俗君主而開始鬥爭。結果，策略上的考慮使亨利從婚姻領域步入教權與君權關係的政治敏感問題，亨利八世通過搜集史料，證明在英國歷史上是第一個信奉基督教的國王盧修斯把自由和財產賜予英國教會的，他還證明説，當盧修斯寫信給阿萊塞利烏斯教皇請他到英格蘭傳授羅馬法時，教皇回信説盧修斯不需要羅馬法，因為他已經有了不列顛法律。據此，精通神學和宗教法的亨利宣佈，教皇在英格蘭的最高權威是虛假的。所以，英格蘭教會應該受到國王而不是教皇的控制。

在做了充分的輿論準備後，亨利八世與議會攜手共進，自一五二九到一五三六年連續召開七次會議，通過了一系列法令，宣佈英國教會不再效忠羅馬教皇。其中最主要的法令是一五三二年的《首歲教捐法》、一五三三年的《禁止上訴法》、一五三四年的《至尊法》、《王位繼承法》、《叛國罪法》和一五三六年的《反對教皇權力法》。《首歲教捐法》規定，主教等高級教士就任新職時不得將聖俸收入交給羅馬教皇，而應將第一年的全部收入，及其後每年收入的十分之一上繳英國國王。《禁止上訴法》規定，有關遺產繼承與婚姻方面的案件不得從坎特伯雷大主教法庭或約克大主教法庭上呈到羅馬教皇法庭。這樣就廢除了羅馬教皇對英國事務的干涉權。《至尊法》規定，國王及其繼承者應被尊為英國教會（安立甘教）在塵世的唯一最高首腦，這樣就確定了英國教會即國教的民族歸屬性。《王位繼承法》具體確認了亨利與安·波琳的婚姻合法性及其後嗣的王位繼承權，這是都鐸王朝企圖解決王位繼承問題的一系列措施中的第一個。《叛國罪法》規定，凡不承認國王和王后的尊嚴、稱號及財產，凡稱國王或王后為異教徒、教會分裂者或暴君的言論和行為都屬叛國罪。《反對教皇權力法》則徹底清除了教皇在英國的各種權力，包括解釋《聖經》的權力，它的通過標誌着亨利八世時期的宗教改革結束。通過上述法令，亨利八世在財政、司法、政治權威、文化輿論方面完全控制了英國教會，從此成了英格蘭俗界和宗教界的雙重首領。不過，亨利八世本人並不是新教徒，他一直信奉一種沒有教皇的天主教。

亨利八世（Henry VIII）

宗教改革的社會和文化根源還在於：第一，十六世紀西歐的基督教人文主義已拋棄中世紀經院哲學，他們對《聖經》進行了世俗性研究，動搖了中世紀傳統的基督教教義基礎；第二，自威克里夫以來的一百五十年間，英吉利民族國家的認同意識形成了，隨着這種認同意識的發展，英格蘭人產生了對羅馬教皇在經濟、政治與司法方面控制英格蘭教會的反叛情緒。宗教改革雖以亨利離婚為導火線，其深刻的社會意義卻十分重大。

亨利八世的統治，在前期他得力於托馬斯．沃爾西，後期則得力於托馬斯．克倫威爾，他們是亨利八世的權重謀臣，而且兩人都出身於中等階層，前者是薩福克郡一屠夫之子，後者生於帕特尼的酒商之家。沃爾西因組織對法國的遠征和外交上的成功深得亨利八世的歡心，一五一五年被任命為大法官和樞密院首席大臣，三年後，亨利八世又迫使教皇授予沃爾西「教皇全權使節」的頭銜，這意味着沃爾西成了英國教會的最高權威，能夠召集使節宗教會議，能夠利用權力迫使教士服從都鐸政府。這樣，沃爾西作為俗人要服從亨利的統治，作為教皇使節又對亨利與教會的溝通起相當大的作用。這種雙重身份既使他在亨利八世改革運動的前期起了出謀劃策的作用，又使他作為教廷使節無法完成離婚案而於一五三〇年被亨利八世處死。從一五三二年起，托馬斯．克倫威爾既是掌權大臣，又是亨利八世在宗教方面的代理人，他完全接替沃爾西成為都鐸王朝政策的制定者。一五三六——一五四〇年間克倫威爾曾不屈不撓地為沒收修道院的財產而鬥爭，一五四〇年被政敵以反叛罪告發而處死。這兩個在亨利八世統治時期推波助瀾和出謀劃策的政治家自身也成為宗教改革的殉葬品。

在宗教改革中，亨利八世解散修道院引起一場經濟變革，它把教會的財產轉交給王國政府，而其中大部分很快又經由國王轉入世俗臣民手中，對英國社會經濟的變化產生了重大影響。當時，促成解散修道院的原因是：第一，亨利八世時期幾乎所有的修道院都向英格蘭境外的組織宣誓效忠，根據《禁止上訴法》和《至尊法》這是一種違法行為；第二，到十六世紀三十年代亨利八世已經破產了，他急需財產補充財政來源。於

亨利八世出巡場景，不同等級的貴族隨行

是，他委託克倫威爾組織了一個專門委員會，對教會財產及稅收情況進行普查。一五三六年二月，議會通過一個解散小修道院的法案，同時，建立了「王室歲入增收法庭」，負責處理沒收的修道院土地和其他財產，審理相關的訴訟案件，管理王室已購買和將購買的土地和其他財物。一五三九年春，議會又通過了解散大修道院的法案。一五四〇年三月，英格蘭最後一個修道院即耶路撒冷聖約翰騎士團修道會被解散，修道院制度也到此結束。到一五三九年底，一共有五百六十所修道院被查禁，年收入值十三萬二千英鎊的土地落入了「王室歲入增收法庭」。另外，亨利八世還通過拋售教會的金銀器和貴重物品獲得一萬五千鎊。修道院曾擁有的向英格蘭、威爾斯各教區舉薦五分之二的聖職候選人的權力也轉歸國王擁有。後來，亨利八世根據原修道院的分佈狀況和捐款情況，重新建立了彼得伯勒、格洛斯特、牛津、切斯特、布里斯托爾和威斯敏斯特六個教區。

總之，亨利八世通過封閉修道院使王室固定收入增加了約兩倍，但是巨大的軍費開支和世俗人士的分贓大大消耗了亨利八世的財政收入，使封閉修道院帶來的好處很快消失殆盡。修道院土地並沒有長久保留在國王手裡，到一五四七年亨利八世過世時已有二分之一—三分之二被轉讓或出售給俗人。愛德華六世和瑪麗女王繼續轉讓沒收的地產，一五五八年伊利沙伯女王即位時，修道院的地產有四分之三已非王有。此後，伊利沙伯一世和早期斯圖亞特王朝繼續出售剩下的土地，據統計，當時，每三名貴族中就有兩名通過受贈或購買而獲得了修道院的地產。在約克郡，在一六四二年有四分之一的鄉紳攫有一五四〇年以前的修道院地產。在諾福克郡，一五三五年2.7%的地產為國王所有，17.2%為修道院所有，9.4%為地方貴族所有，64%屬於鄉紳；一五五八年統計數字變為4.8%為王有，6.5%為教會所有，11.4%為貴族佔有，75.4%為鄉紳擁有。隨着時間的推移，越來越多的原屬修道院的地產落入地方鄉紳之手，為下一個世紀鄉紳的興起打下了基礎。

解散修道院在政治上也有一定的積極意義：修道院院長在上院消失了，宗教人士在議會的投票額大大縮小，世俗人士在兩院中的地位相對提高，宗教界舉薦教區管理人員的權力也隨修道院的關閉而喪失了。在以後的三個世紀中，地方俗人逐漸壟斷了對地方官員的舉薦權。在文化方面，封閉修道院卻造成意想不到的消極後果：漂亮的哥特式建築被毀壞，中世紀精美的金銀器具被熔化，珠寶古玩被變賣，圖書館遭洗劫，這是英國歷史上前所未有的文化浩劫。

亨利八世在他統治的中期致力於宗教改革，在他統治的初期和末期卻把注意力集中在對外戰爭和外交方面。在他即位時歐洲鬥爭的焦點是德、法爭奪意大利，一五〇九年法軍大敗威尼斯人，成為北意大利的主宰。此後，教皇與威尼斯及西班牙結盟，共同反對法國。亨利八世因英國人傳統的反法心理，以及他作為西班牙國王之女婿的身份，於一五一一年加入這個聯盟。一五一二年，亨利八世應西班牙國王裴迪南之請，派多塞特侯爵率軍攻打法蘭西的基思。那時，西班牙國王一心只想奪取法國南部的那瓦爾，沒有給英軍足夠的配合，多塞特戰敗而歸。一五一三年，亨利八世親率大軍渡過海峽登上加萊，結果只佔領了法國北部的兩個小城鎮。一五二二—一五二三年，亨利八世兩次與神聖羅馬帝國皇帝查理五世結盟，對法國進行戰爭，結果也因英國的財政枯竭而失敗。

此後，在一五二九—一五三六年間，歐洲基本上處於和平狀態，亨利八世在此期間進行了宗教改革。宗教改革後，他覺得自己在國內的地位已經鞏固，遂又與西班牙國王重修舊好，聯合反對法國。這時，為了防止兩面作戰和腹背受敵，需要解決威爾斯、蘇格蘭和愛爾蘭的問題。

在威爾斯，托馬斯·克倫威爾曾制訂英、威合併的改革計劃，議會也在一五三六年和一五四三年制定新的法案，英格蘭的法律和郡制由此擴展到了威爾斯，威斯敏斯特議會也為威爾斯留出了二十四個議席。重建的威爾斯國王法庭和新建的最高民事法庭共同負責威爾斯的防務和司法，威爾斯的土地所有制形式、繼承法、風俗和語言等也逐漸英格蘭化。所以，在亨利八世時代，威爾斯與英格蘭的一體化基本實現了。

對於愛爾蘭，亨利七世曾經規定，凡適用於英格蘭的法律全都自動適用於愛爾蘭，愛爾蘭議會則只有在事先徵得英格蘭議會同意的情況下才能立法。但是，事實上，英格蘭的影響並未超出都柏林。宗教改革前，亨利八世主要依靠土著首領統治愛爾蘭；宗教改革開始後，為了防止教皇利用愛爾蘭向英格蘭進行攻擊，托馬斯·克倫威爾先後指派倫納德·格雷和安東尼·聖萊傑為亨利八世在愛爾蘭的代理總督，在愛爾蘭建立起從屬於英王的上層統治結構。後來，聖萊傑勸說亨利八世自任愛爾蘭王，以防止教皇攫取愛爾蘭王冠，亨利八世於一五四一年六月加冕為愛爾蘭國王。這一政策實際上使愛爾蘭的歸屬問題更加複雜化。

在蘇格蘭，儘管亨利七世於一五〇三年把女兒瑪格麗特嫁給蘇格蘭國王詹姆士四世，並與蘇格蘭王簽訂了永久和平條約。但是，詹姆士在亨利八世繼位後不久就企圖毀約，正在法國作戰的亨利八世只好派薩利伯爵北征蘇格蘭。薩利於一五一三年九月九日在福洛登進行了自愛德華一世以來對蘇格蘭最殘酷的一次戰爭，殺死了蘇格蘭國王和大批上層人士。新繼位的蘇格蘭王詹姆士五世是個嬰兒，攝政阿爾伯尼的約翰公爵儘管是親法勢力的代表，但他仍然努力使蘇格蘭與英格蘭保持了二十多年的和平。詹姆士五世長大後，先後與法王弗蘭西斯一世的女兒德琳和吉斯公爵的女兒瑪麗結婚，親法傾向日益明顯，而且，蘇格蘭政府完全由親法派比頓大主教把持。在這種情況下，一五四二年亨利八世授意諾福克公爵入侵蘇格蘭，索爾韋沼澤一役的慘敗使詹姆士五世羞辱而死，出生才六天的瑪麗·斯圖亞特繼承了王位。亨利八世為確保蘇格蘭後院的安全以便有效地進行對法戰爭，又於一五四三年迫使蘇格蘭人簽訂《格林威治條約》，謀求愛德華王子與瑪麗·

斯圖亞特的聯姻以促成兩王國的聯合。解決了蘇格蘭問題後，亨利八世於一五四三年再度與西班牙結盟，約定次年春天聯合入侵法國。但是，西班牙國王與法國出乎意料地簽訂了和約，英國只得單獨進行這場耗資巨大的戰爭。後來，法王答應英王保有布洛涅八年，並承認英格蘭與蘇格蘭簽訂的《格林威治條約》，戰爭於一五四六年結束。赫特福德伯爵在亨利八世過世後率軍洗劫了愛丁堡和洛西安，英格蘭又陷入與法國和蘇格蘭同時作戰的局面。

亨利八世於一五四七年去世，年幼的愛德華六世（一五四七—一五五三）繼位時年僅九歲，但他已是一個固執的新教徒。這時，薩默塞特伯爵成為樞密院新教派的領袖，且權力漸大，直到做了攝政。他頒佈宣揚新教教義的佈道書，拆除天主教堂，解散天主教的社團、醫院和慈善組織，並下令毀壞與天主教禮儀有關的藝術品、雕塑、金屬工藝品和刺繡品，這樣就出現了新教改革走過頭而引起英格蘭社會分裂的危險。一五四八年，英格蘭政府再次尋求解決信仰統一問題的途徑，九月，坎特伯雷大主教克萊默向議會提交了用英語寫成的《公禱書》。《公禱書》形式上取中間道路，實質上是新教內涵。愛德華六世要求全體英格蘭牧師在舉行宗教儀式時必須使用克萊默的《公禱書》。一五五二年，新教色彩更為濃厚的《公禱書》第二版問世，這一版《公禱書》對英格蘭安立甘教即國教的各種儀式，如聖餐禮、臨終塗油禮、懺悔，甚至牧師的祭服、聖壇的位置都作了詳細的規定。但是在這種古老的禮儀外殼下，《公禱書》注入了西歐大陸新教的內容：首先是採取公眾集體祈禱即會眾參與禮拜的儀式，這樣牧師就可以藉與會眾對話的機會公開闡釋新教教義；其次，《公禱書》在做彌撒時採用了新教觀點，天主教認為基督耶穌只是把其物質的形體呈現於眾，所以每每舉行彌撒都要再現耶穌犧牲在十字架上的場面。《公禱書》則認為基督受難只具備象徵意義，聖餐儀式只是一種紀念而不必重演，這樣就否定了變體說，但保留了聖餐儀式，從而把煩瑣的彌撒儀式改造成簡單的聖餐禮。正是在這種溫和但力求統一的新教改革中，英格蘭民族加強了凝聚力，沒有像某些大陸國家那樣因宗教改革而發生分裂，甚至走向內戰。

一五五三年春，愛德華六世患肺病瀕臨死亡。根據長幼順序和亨利八世的遺囑，亨利八世與髮妻凱薩琳之女瑪麗成為繼承人。但是，愛德華六世和諾森伯蘭公爵唯恐信奉天主教的瑪麗破壞宗教改革的成果，便聯合起來剝奪瑪麗的繼承權，另立亨利八世幼妹之外孫女簡．格雷郡主為王（一五五三）。格雷剛當上女王的第九天，瑪麗就在東盎格利亞鄉紳的支持下舉兵南下，倫敦市民隨之倒戈，諾森伯蘭公爵、簡．格雷及其支持者都被瑪麗送上了斷頭台。瑪麗（一五五三——一五五八）在威斯敏斯特坐穩王位之後，露出了天主教徒的可怕面孔。一五五四年十一月，流亡在外的天主教徒波爾樞機主教在英格蘭登陸，瑪麗任命他為坎特伯雷大主教。一五五五年二月，瑪麗和波爾恢復異教審判和火刑，此後，他們大肆鎮壓新教徒，至少燒死了二百七十四人，其中包括克萊默大主教，致使史家稱瑪麗為「血腥瑪麗」。瑪麗的另一個錯誤是，她不顧樞密院和議會的勸諫而與西班牙國王查理五世之子，即比她小十一歲的腓力結婚。一五五四年七月舉行婚禮後，出現了兩人在英格蘭共同為君的局面，這個婚姻使英格蘭在歐洲國際關係中成了西班牙的走卒，一五五六年腓力成為西班牙國王，他輕而易舉地把英格蘭拖進了與法國的戰爭，而在戰爭中，英格蘭又喪失了在大陸的最後一個據點——加萊。一五五八年，瑪麗和波爾主教相繼去世，整個倫敦響起了歡慶的鐘聲，比瑪麗小十九歲的同父異母妹妹，亨利八世與安．波琳的女兒伊利沙伯公主繼位（一五五八——一六〇三），英格蘭進入了都鐸王朝的後期。

三、圈地、毛紡織業、人文主義文化

在都鐸王朝前期，隨着農奴制的消失、貨幣地租的流行、國內市場的發展和領主自營地的出租，農民的貧富分化更加劇烈，一些有進取心的資本主義個體小農漸漸佔有更多的土地，有些農民則走投無路，成為無地的農業工人。這時，無論是通過繼承、婚姻，還是購買和其他形式，地主對土地的兼併一代勝過一代，到一五〇〇年，維蘭制、農奴制和莊園制都已不復存在，人際關係中最重要的區別變成了財富的區別，而不是法律界定的身份地位的區別。在萊斯特郡的大威格斯頓，外村地主佔有全村50%的土地，教會佔地30%，餘下土地中38%為二十戶農民佔有，而六十戶農民是無地農業人口。有的人甚至認為，此時「土地兼併」與圈地運動相比是更為嚴重的社會問題，前者是普遍存在的現象，後者則有一定的地區局限性。

「圈地」是指莊園主或租佃農把敞田用樹籬圈圍起來，並佔為己有。在整個十五世紀，個體農民通過交換或購買條地，加強了這種土地佔有方式。圈地經營顯然比敞田經營獲利更大。與此同時，有些地主還圈佔了村社的公地。而且，為了把農作地變為畜牧場而趕走了租佃農。鑒於圈地運動使許多人無地可種、無家可歸，無業遊民數量增大，影響了社會的穩定；同時，隨着農田減少和牧地增多，有可能造成英格蘭的口糧供應問題，於是，議會於一四八九年通過一個《禁止圈佔農田和拆毀農莊的法令》。但是，圈地運動仍不可遏止，一四八五—一五〇〇年，在北漢普頓、沃里克、牛津、白金漢和伯克等郡共圈佔了一萬六千英畝土地，其中有一萬三千英畝用作牧場。一般來說，圈地運動的起因主要是經濟方面的：羊毛和肉類的市場價格漲了又漲，僱主支付給農業工人的工資又居高不下，而幾個牧羊人加一隻牧羊犬就能管養一大群羊，抵得上僱傭百多個農業工人從事耕作，這種經濟上的誘惑是無法抵禦的。在圈地運動中，獲利最大的是富裕的鄉紳，在萊斯特郡所有被圈佔的土地中，鄉紳佔去了67%，修道院佔17%，貴族佔12%，王室佔2%。

圈地運動往往涉及向租佃農奪佃的問題。當時有三種形式的租佃農：只需繳納象徵性地租而完全自由地保有土地的「自由持有農」；通過各種租佃形式而可以長期佔用土地的「習慣租佃農」；地主可以根據自己的意志隨時收回土地的「短期租佃農」。其中習慣性租佃農人數最多，佔所有租佃農民的五分之三，他們中一些人因「莊園的老習慣」而佔有土地，有些因持有在莊園法庭立案的公簿而佔有土地，故稱為「公簿持有農」。對習慣性租佃農而言，租地時間的長短比是否持有公簿更重要，有的租地契約及身而止，圈地地主需等待佃農的生命終結才可收回土地；有的佃農通過繳納不固定的繼承捐而租佃土地，地主大可隨意抬高租稅而將他逐出土地。在圈地運動的衝擊下，最有安全感的是自由持有農，但他們畢竟是人數較少的農民，習慣租佃農和短期租佃農則遭受了很多困苦，這樣，圈地者實際上把其經濟利益建築在租佃農的悲慘遭遇之上。在圈地中失去土地的農民境況悲慘，難怪天才的預言家托馬斯．莫爾爵士在一五一六年出版的《烏托邦》中，發出了「羊吃人」的吶喊。

莫爾爵士的呼籲是人道的。但是，必須看到圈地運動並沒有一下子就觸及整個英格蘭。這是一個在相當長時間內一樁又一樁、一地又一地出現的現象，最早的圈地運動甚至可追溯到十二世紀。到十五—十六世紀，英格蘭西部和北部的高地區，儘管農用土地很少，但早已被圈圍了。在英格蘭低地的畜牧區，有限的農用土地也早被圈圍，比如，肯特人從來就不知道敞田為何物，蘇塞克斯和薩福克則早就遍佈養牛和養豬的畜牧場，因此都談不上重新圈佔。在托馬斯．莫爾所說的「羊吃人」的時代，受圈地運動衝擊最大的是英格蘭的中部地區，即從萊斯特郡到沃里克郡南部，然後穿過北漢普頓和牛津到達伯克郡一帶。其中，最典型的是萊斯特郡，它位於歷史上實行敞田制的中心地帶，95%的土地是農耕地。在萊斯特被圈佔的土地中，48%是一四八五年以前圈圍的，43%是一四八五—一五三〇年間圈圍的，9%是一五三〇年後圈圍的，其圈地運動的高峰是一五一〇年前後。在整個過程中，只有十分之一的農耕地被轉用為牧場。在萊斯特的三百七十個村莊中有一百四十個村莊受到圈地運動的影響，其中又有四十個村莊的良田全部荒蕪而牧草則茵茵而生。顯然，這種經濟的轉向使一些村莊湮沒、社區解體，使一些農民要麼流落他鄉去尋求出路，要麼無業可做無家可歸。然而，以市場為導向的經濟和財富總量，則伴隨着累累白骨、聲聲哀鳴在英格蘭社會貧富拉大間距的過程中，不可遏制地增長了。

亨利七世時，英國已經進入農業和手工業並行發展的時期。農民兼作手工業已較為普遍：在沃爾特郡和薩福特郡的高地，農民們紡織羊毛；在康瓦爾和德文，他們開採錫礦；在英格蘭北部，他們掘地挖煤；在米德蘭西部，他們製造鐵釘。然而，在農村手工業中最主要的還是羊毛紡織業，毛紡織業主要集中在西部的沃爾特和薩默塞特，東部的東盎格利亞和北部的約克郡西部地區。國內市場和國際市場的需求是農村毛紡織業發展的強大動力，而遠距離市場需求的波動往往會造成英格蘭的階段性失業，這是十六世紀經濟發展的新現象。但是，其基本組織結構仍然變化不大：大的資本主義呢布商起支配作用，發放羊毛回收成品的家庭外作制佔主導地位，一般織工仍需長時間地工作才能養家糊口。

在一四七〇—一五一〇年間，紡織品的出口翻了三倍。一四七〇年出口三萬匹呢布，一五一〇年上升到九萬匹。獲利最大的是那些主要集中在倫敦，把未經染色的初加工呢布出口到安特衛普的呢布商，他們組織了「商人冒險公司」。到十六世紀初，羊毛及羊毛製品已佔英格蘭出口業的 90%，其餘 10% 的出口物品是煤、錫、鉛、穀物和魚類。英國進口加斯科尼的酒、西班牙的染料、明礬、肥皂和油類等紡織業生產的必需品。在這些進出口物資中，有一半用英國商船運輸，其餘一半由漢薩同盟和意大利的商船運載。那時，英國商人尚無力打破漢薩同盟對波羅的海區域的商業壟斷，但是，他們與比薩人建立了商業聯繫，開始把觸角伸到了地中海。亨利七世本人就在對比薩的羊毛出口業中投資八千英鎊。一四八五年，英國議會通過「航海條例」，禁止用外國商船進口加斯科尼酒；一四八九年另一個「航海條例」又獲通過，禁止用外國商船進口藍色染料——圖盧茲的松藍，並規定英國出口商品必須由英國商船裝運。可見，英國貿易已達到儘可能排擠外商從而保證本民族經濟利益的階段了，它預示着經濟民族主義的成長。

國內商貿也依靠沿海的水路，泰晤士河、大烏斯河、塞文河和特倫特河等河運水系，以及公路和馬幫都得到相當的發展。南糧北運、北煤南輸是普遍現象，當時最繁忙的是從劍橋郡和貝德福郡通往倫敦的運糧公路。在十六世紀初，英格蘭已有三百五十二個大集市，其中最大的是英格蘭東部的斯圖爾橋集市，它從每年的八月二十四日到九月二十九日一共開集五週。同時，有七百六十個商業城鎮獲得每週開市一天的特許證。國內外商業貿易的繁榮並不是亨利七世經濟政策的結果，亨利七世只有頒發特許證的權力，並沒有制定甚麼經濟政策。他所做的是為商業活動提供一個安定的國內環境，並通過外交為商業提供有利的條件。當然，亨利七世簽訂外交協約的目的並不是他本人在主觀上要追求開明的經濟政策，而是為了增加國王的收入，獲取倫敦人的忠誠，以及通過促進造船業和發展海軍來維持自己的統治。這是國王的個人利益與民族要求相吻合的最好的事例。

從總體上看都鐸王朝是英國經濟發展的上升時期，但是在血腥瑪麗統治後期仍出現了一五五一年的經濟危機。一五〇〇—一五五〇年英國的呢布出口量翻了三倍，從一五〇〇年的五萬匹上升到一五五〇年的十四萬七千匹，其中主要是輸往安特衛普進行染色和加工的初成品呢布。一五五一年因生產過剩、國內市場縮小和英鎊匯率降低（英鎊對佛萊芒先令的比價從一五四三年的1:27，下降到一五五一年的1:15）而出現危機，呢布出口下降到八萬五千匹。為此，倫敦商人冒險公司要求政府限制漢薩商人的特權。在歷史上，漢薩商人曾因支持愛德華四世恢復王位而獲得經營英國呢布出口業的優惠特權：英商出口一匹呢布要交一先令二便士關稅，漢薩人反而只交一先令；英商進出口日常商品要交磅稅，漢薩人則豁免。到亨利七世時期，英國商人與漢薩商人對大陸市場的爭奪已很明顯，但亨利七世致力於國內的安定，亨利八世要利用漢薩商船去對法作戰，故一直未下決心解決這個問題。愛德華六世在位期間樞密院於一五五二年作出「反對斯蒂爾亞德的判決」（斯蒂爾亞德為漢薩商人在倫敦的商業活動區），準備剝奪漢薩商人的特權。一五五三年瑪麗即位後，她打算與西班牙王查理五世之子結婚，為博得查理五世的歡心而撤銷了上述決議，使漢薩商人的特權直到一五六〇年伊利沙伯女王時代才最後被取消。

在都鐸前期，由於近海市場有漢薩商人和意大利商人的激烈競爭，英國人只得到海上進行探險活動，以便尋找呢布業新市場和掠奪財寶。一四九七—一四九八年約翰．卡伯特西航尋找通往中國的道路失敗；一五五三年休．威洛比爵士和理查．錢塞勒又取道東北，去開闢新航線。他們沿挪威海岸北上，兩人分手後威洛比凍死途中，錢塞勒到達了莫斯科，贏得沙皇伊凡雷帝的友誼，並於一五五五年建立了新的貿易股份公司——「莫斯科公司」。威洛比和錢塞勒雖然未實現從東北方向航海而找到中國的願望，但卻在莫斯科辦起了英商貿易公司。而且，儘管英國呢布在這裡銷路不大，但該公司運回了英國造船業發展不可缺少的原材料——蜂蠟、木材、繩索和毛皮等。

當亨利七世等都鐸君主們忙於恢復王權和尋求穩定的社會秩序時，都鐸前期的學者則致力於傳播意大利文藝復興的成就。一四七五年，牛津大學新學院院長托馬斯．錢德勒請意大利學者到牛津大學講授希臘學。一四八五—一四九一年，牛津大學的威廉．格羅西恩和托馬斯．林納克又到意大利求學。兩人返回後，前者在牛津講授希臘學，後者則翻譯蓋倫的著作，並創建皇家醫學會。隨後，倫敦富商之子佐治．科利特於一四九六年從意大利留學歸來，他精通希臘語和希臘文學，在牛津大學以人文觀點講授《聖保祿使徒書》，並從哲學思想、文學知識和歷史典故的角度對《聖經》進行研究，開闢了人文主義的全新天地。一四九七年，後來成為北歐最傑出的人文主義者的伊拉斯謨到牛津來向科利特學習希臘語。一五〇三年，伊拉斯謨出版了《基督教騎士手冊》，吹響了西歐人文主義改革的號角。該書濃縮了他從科利特那裡吸取的人文主義、福音主義和政權還俗主義，向正處在風雨飄搖中的西歐宣告了教會特權的不合理性。伊拉斯謨曾三次訪問英國，並於一五一一—一五一四年在劍橋編寫了他自己的希臘文版《新約聖經》，修訂了拉丁文版的《聖經》。後來，伊拉斯謨於一五一四年發表《愚人頌》，以極其幽默的才智和不朽的文筆在歐洲知識界激起層層波濤，有力地推動了西歐的宗教改革。

受益於科利特的還有英國最傑出的人文主義學者托馬斯・莫爾，他在思想上受到科利特的很大影響，在生活中與伊拉斯謨交情甚篤。一五一六年他出版《烏托邦》，書中虛構了一個「烏托邦島」，含蓄地將烏托邦人的良好的社會習俗和開明的宗教態度，與歐洲基督教社會的道德淪喪相比較，使人們從無聲處聽到了呼籲社會改革的驚雷。托馬斯・莫爾的《烏托邦》是不朽的，它引起後世許多學者的不同解釋。正如柏拉圖的「理想國」一樣，「烏托邦」是一個可嚮往、可追求的理想，而不是一個可以達到的目標。但是，一五一七年法國人文主義者布都說，敘述者虛構的故事是選育理智種子的溫床，其中有些種子可以移植到板結的歐洲土地上。可見，「烏托邦」留給後人的是理性的啟示和心智發展的空間，而不是一個現實的存在。

就這樣，在倡導「新學」的過程中，英國的基督教人文主義者和西歐其他人文主義者一起，不知不覺地為路德開始的宗教改革開闢了道路。在英國本土，這種思想也奠定了亨利八世宗教改革的社會人文基礎。亨利八世的宗教改革並非只是國王及其近臣的「政治」行為，更不僅是一個離婚案的偶然產物，它有着深刻的文化底蘊和社會因素，浸透着民族國家興起的時代氣息。

「新學」的另外兩個成果是學校教育的世俗化和印刷業的發展。十四至十五世紀，溫徹斯特和伊頓公學及其他語法學校的建立，衝破了教會對教育的壟斷，而十五世紀後半期，由城鎮和富商創辦的世俗學校則數量大增。一四八〇年成立的馬格達羅學院、一五〇八年建立的倫敦聖保祿學校都提倡使用開明的教學方法。為了防止教會干涉，科利特還說服聖保祿學校把管理權交給倫敦綢緞呢絨商協會，這類學校免費對一切有才能的人開放，用英語和拉丁文教授文法，並設有地理、自然史、希臘學等新課程。一四七六年卡克斯頓開辦英國第一家印刷所後，到一五〇〇年英格蘭至少印刷了三百六十部書籍。它大大地促進了公眾的閱讀興趣和私人藏書樓的建立。由於印刷業發展，到一五二〇年，工匠的日工資就可以買一本伊拉斯謨的書了。

都鐸王朝既是近代英國的開端，也是英國歷史上一個分水嶺。宗教改革、民眾愛國主義、商業擴張，這些都使人們感覺到都鐸時代是英國歷史上真正的黃金時代。都鐸前期的一些歷史人物如燦爛群星，其中以亨

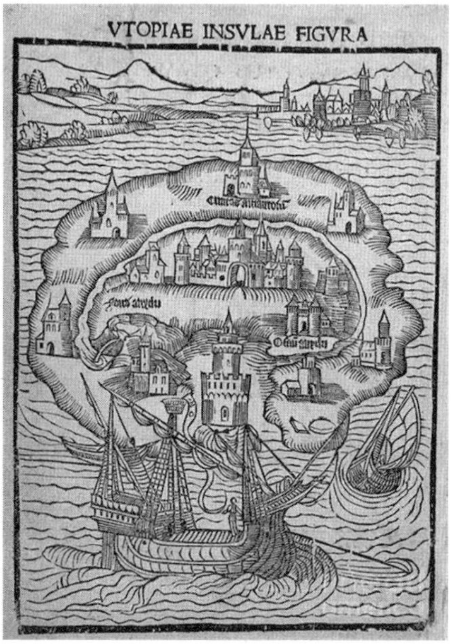

托馬斯·莫爾及其著作《烏托邦》中的插圖

利八世最負盛名。在轟轟烈烈的宗教改革背後，是教俗封建土地的大量易手和新興土地市場的初步形成，它不僅構建了都鐸後期鄉紳、約曼農興起的基礎，而且，預示着英國社會更大的變化。都鐸前期的學者們傳播文藝復興，開闢「新學」，提倡人文主義，為歐洲的宗教改革開闢了道路。亨利八世的宗教改革宣告了一個民族國家的興起，它也深深地改變了英國在歐洲的地位，此後，英國就要作為大國在西歐崛起了。

作者點評

最近一段時期，國際學術界對「民族國家」的興趣日趨濃厚，對它的歷史作用也越來越重視了。人們說，民族國家是現代化的有形載體，沒有它，現代化是不能夠起步的。這種說法對世界上多數國家來說應該是適用的，迄今為止，它最有力地解釋了民族國家為甚麼產生，以及為甚麼每一個國家都不可避免地要經歷民族國家這個歷史階段。現代化都是以民族為單位發動的，各民族都追求自己的現代化。在這個前提下，以民族為單位組建國家就具有決定性的意義了，不能組建民族國家的地方，現代化就受到嚴重障礙。都鐸王朝最大的功績就是它組建並鞏固了民族國家，從而把英國推進到可以發動現代化的起點上。與都鐸王朝同期，歐洲已經有不少地方成功地組建了民族國家，誰先起跑，就看下一步怎麼走了。

第八章 伊利沙伯女王時代

一、鞏固政權，打敗無敵艦隊

英國歷史上都鐸王朝歷時一百一十八年。如果算上簡·格雷，前五位君主走完了七十三個年頭，而伊利沙伯一人就統治英國達四十五年。在這四十五年中，女王政績卓著、王朝鼎盛，國家走向繁榮，這三者相得益彰，以至於女王和她那個時代在英國歷史上熠熠生輝——女王和英格蘭人共同締造了伊利沙伯時代。

面對瑪麗女王留下的國內分裂，國外戰爭危機的局面，伊利沙伯首先以安定國內為主。她出席倫敦市為女王舉行的第一次招待會時，就提出「和睦」的口號。進而，她的加冕慶典的主題是「團結」，她的王位裝飾着紅白兩色玫瑰，下面寫着：「約克家族與蘭開斯特家族聯合在一起，就像亨利七世與愛德華四世之女的婚姻結束了內亂一樣，他們的孫女伊利沙伯將為保持英國的永久和睦而努力。」然而，在一五五九年，和睦的最大障礙仍然是宗教問題，伊利沙伯把她自己的宗教信仰隱匿起來，以至於歷史學家很難對此做出判斷。女王考慮到國家的統一，她必須面對宗教改革的問題。

上台伊始，伊利沙伯曾試圖恢復亨利八世那沒有教皇的天主教的做法：與羅馬教廷決裂，建立自己至高

伊利沙伯一世（Elizabeth I）

無上的主權。但是，實際上，不可能存在排除了羅馬教皇還能舉行彌撒的教士，所以，這條路顯然行不通。當時天主教已被多數英國人拋棄，於是，就只能選擇新教。從政治上説，瑪麗時代被迫流亡法蘭克福、蘇黎世和日內瓦的八百多名新教徒也需要給予安撫和任用。

伊利沙伯於是便採用首席樞密官、溫和的新教徒威廉·塞西爾的折中辦法。她召開議會，經過長期辯論後終於在一五五九年通過了《至尊法》和《信仰劃一法》。第一個法令確認伊利沙伯為英國教會的至尊統治者，第二個法令要求每個教區都使用新修改的克萊默大主教《公禱書》。這個解決辦法在上院遭到了主教教士和貴族的反對，伊利沙伯則依靠下院解決了問題。一五六三年教士會議又通過《三十九條教規》，它實際上是愛德華六世頒佈的《四十二條教規》的修訂本，其中對最激進的新教規定做了修改。伊利沙伯在宗教問題上採取了和解的手段，由此保證了國內的安定。因此，如果説英國國教是改造天主教儀式、接受加爾文教內核和忠誠於英王這三者的結合，那麼，這種説法基本符合事實。

瑪麗女王留下的另一個問題是對法戰爭。伊利沙伯上台後迅速與法國和西班牙簽訂和約，使英格蘭從戰爭中擺脱出來，同時也意味着兩大天主教國家承認了信奉新教的伊利沙伯女王的地位。一五五九—一五六〇年，蘇格蘭新教領袖約翰·諾克斯從日內瓦回到蘇格蘭，引發了蘇格蘭大規模的新教起義，伊利沙伯不失時機地給予援助，藉改革派力量逐步把歐洲大陸勢力逐出了蘇格蘭。一五六〇年，隨着親法的吉斯·瑪麗去世，法國、蘇格蘭和英格蘭簽訂了《愛丁堡條約》，規定英格蘭和法國均從愛丁堡撤軍，蘇格蘭由貴族議會統治。《愛丁堡條約》保障了英格蘭的後門安全無恙，開啟了蘇格蘭和英格蘭一個世紀的和平。

但蘇格蘭問題並未解決，由於吉斯·瑪麗去世，詹姆士五世和吉斯·瑪麗的獨生女瑪麗·斯圖亞特從法國返回故土蘇格蘭，成為蘇格蘭王位的繼承人。但她在一個不合時宜的時候登上了王位：蘇格蘭人已改宗新教，不會歡迎這個信奉舊教的「外國人」做女王。同時，由於她是英格蘭國王亨利七世的重外孫女，因此她對英格蘭王位也有繼承權，這就是把她放在與伊利沙伯女王對立的位置上，一切企圖在英國恢復天主教的人，都把希望放在她身上。她登上蘇格蘭王位後就要求修改《愛丁堡條約》，以承認她是伊利沙伯的合法繼承人。伊利沙伯拒絕這樣做，由此便開始了瑪麗．斯圖亞特和伊利沙伯．都鐸這兩個女王之間的長期鬥爭。

瑪麗女王在蘇格蘭的統治異常艱辛，尤其是面對着難於駕馭的蘇格蘭貴族。當時蘇格蘭與英格蘭王位的合併顯然是不可能的。瑪麗為增強她繼承英格蘭王位的可能性，於一五六五年與亨利七世的重外孫，她自己的表弟達恩利伯爵亨利．斯圖亞特結婚。這一行動使蘇格蘭貴族和伊利沙伯女王都對瑪麗極為不滿。後來，婚姻的失敗和達恩利伯爵的死亡使瑪麗在一五六七年被蘇格蘭貴族廢黜，並在一五六八年蘭塞德一役中敗北。瑪麗天真地逃往伊利沙伯宮中避難，而她和達恩利伯爵的一歲的兒子在蘇格蘭繼位為詹姆士六世（一五六八——一六二五）。伊利沙伯女王乘機把瑪麗軟禁起來。蘇格蘭貴族和大陸的天主教國君拒不承認亨利八世與安．波琳婚姻的合法性，他們認為信奉天主教的瑪麗才是英格蘭的「合法」君主。這樣，從一五六八年底開始，國內天主教勢力抬頭，一五六九——一五七二年三年間在英格蘭充滿了陰謀和叛亂。伊利沙伯在塞西爾和沃爾辛厄姆等人的扶助下鎮壓了北方的貴族叛亂，並於一五七二年六月處死了有可能成為瑪麗新婿的諾福克公爵。

軟禁瑪麗在國際上引起反應，影響着伊利沙伯時代的對外關係。首先，教皇碧岳五世發出訓令，宣佈革除伊利沙伯的教籍，廢黜其王位，並號召天主教徒起來推翻她。這一訓令竟被人帶入英國，貼在倫敦主教住所的大門上。一五七一年，英格蘭議會通過法案，禁止將教皇訓令帶進英國，違者按叛國罪處死。同時，議會確認了《三十九條教規》，這標誌着宗教改革結束。經過四十多年的曲折鬥爭，英國終於建立了獨立的安立甘教會。

瑪麗被軟禁，西班牙國王腓力二世於一五六七年派阿爾瓦公爵率五萬人侵入尼德蘭，在英格蘭引起極度不安。一五七二年，信奉新教的西屬尼德蘭爆發起義，需要英國給予援助。女王和塞西爾都認為，儘管西班牙已取代法國成為英格蘭的仇敵，但英國尚無力單獨與西班牙進行戰爭，所以採取了與法國結盟的間接戰略。伊利沙伯在一五七四—一五八五年間力圖通過她自己與法王之弟、王位繼承人安茹公爵弗蘭西斯的戀愛關係，來保持英格蘭與法國的友好關係。但英格蘭樞密院竭力反對這樁婚姻，安茹公爵弗蘭西斯又於一五八四年去世，從而導致法國內亂再起。一五八五年五月，腓力二世扣留了伊比利亞半島各港口的英國船隻，這促使伊利沙伯下決心與西班牙公開作對。

一五八五年八月，英格蘭與尼德蘭聯省共和國結盟並加緊備戰，同時派出海盜兼商人德雷克率領船隻二十九艘、士兵兩千三百人，跨洋遠航去襲擊西班牙在美洲的殖民地，以打破西班牙對海外殖民地貿易的獨佔權。十二月女王又派萊斯特伯爵率軍佔領尼德蘭的弗拉辛，既想防止尼德蘭被西班牙和法國佔領，又想保護英荷兩國間傳統的商業聯繫。萊斯特的渡海征戰一敗塗地，德雷克的海盜劫掠卻大獲全勝。

但英國與西班牙的戰爭是在一五八七年二月瑪麗．斯圖亞特被處決後才全面爆發的。被軟禁的瑪麗女王涉嫌參與天主教徒謀殺伊利沙伯的一系列陰謀活動，而議會則一直要求處死瑪麗女王。伊利沙伯考慮到與西班牙的雙邊關係，因為處死瑪麗就意味着與西班牙開戰，所以就一直猶豫不決，但一五八六年瑪麗准許其同黨刺殺伊利沙伯的親筆信落到英格蘭安全部門首腦沃爾辛厄姆手中之後，一個特殊的審判法庭就宣判瑪麗有罪，十二月議會兩院一致請求將瑪麗處死，而伊利沙伯也做好了與西班牙開戰的準備。一五八七年二月，瑪麗．斯圖亞特被斬首，時年四十四歲。蘇格蘭方面對此不了了之，因為瑪麗的兒子、二十一歲的詹姆士六世考慮到自己對英格蘭王位的繼承身份問題，並不相信西班牙會與經過了宗教改革的蘇格蘭站在一起。但西班牙的腓力二世則將英國人處決瑪麗視為對天主教世界的挑釁，他在伊比利亞半島西海岸各港口集結了待發的戰艦，準備向英國開戰。不想德雷克卻先下手，率領艦隊突襲加的斯港，摧毀了西班牙戰艦三十艘，並在沿海一帶劫奪其供給船達兩月之久。英國本土的地方武裝也動員了起來：凡可能登陸的地方都在地圖上做了標誌，其防務也作了相應的安排。

一五八八年春，由梅迪納．西多尼亞公爵指揮的西班牙無敵艦隊啟航。此行的計劃是控制英吉利海峽，並與西班牙駐尼德蘭總督帕爾馬公爵會師，然後一起入侵英格蘭。當時，西班牙戰艦在數量上超過英國，且船體巨大。但英國船快速靈活，且裝備遠程大炮。英國人還放棄了步兵登上敵艦作戰的傳統打法，而是進行純粹的海戰，直接擊沉敵艦。西班牙仍使用舊戰術，高大而笨拙的船艦滿載着士兵和短程火炮，用纜繩聯成橫列隊形緩緩前進，宛如龐大的海怪。

最初九天英艦跟在無敵艦隊後面航行，伺機進攻。七月二十七日無敵艦隊到達加萊港附近海面時損失兩艘船隻，帕爾馬公爵害怕尼德蘭人乘機攻擊，不敢接應。而英軍派出六艘火攻船，未能靠岸的西班牙船見到這些火攻船，便爭相砍斷纜繩，亂作一團，連錨都在慌亂中丟失了。接着，英軍用遠程大炮轟擊，西班牙船艦彈洞累累、水兵死傷枕藉。這時，風向忽然改變，無敵艦隊因為失去了錨，就只能隨風向北逃竄，英軍窮追不捨，一直打到福斯灣。此後大西洋的颶風又給逃散的西班牙軍艦帶來了更大的災難。

這就是英國歷史上著名的一五八八年海戰，此戰擊敗了無敵艦隊，沉重地打擊了西班牙的海上力量。此後，英西戰爭斷斷續續地進行着。伊利沙伯改變了防禦政策，積極支持尼德蘭人和信奉新教的法國國王那瓦爾的亨利，支持在加勒比海、亞速爾群島和伊比利亞半島附近走私的海盜進行反西班牙的活動，並在一五八九年、一五九四年、一五九六年和一五九七年發動了數次對西班牙的遠征，這場反對西班牙商業霸權和海洋霸權的戰爭，一直打到詹姆士一世一六〇三年繼承英格蘭王位為止。

菲利普·占士·德·盧瑟堡（Philip James de Loutherbourg，1740—1812）畫作，描繪英、西海戰中英國海軍使用火艦進攻無敵艦隊的場景，現藏於英國格林威治國家海事博物館

除宗教問題之外，伊利沙伯政府面臨的重大問題是經濟復興，其主要措施是繼承瑪麗的貨幣改革，以新幣兑換舊幣，使英鎊對佛萊芒先令的比價恢復到 1:26，從而提高英國貨幣在外國商人中的信譽。其次，在一五六三年，議會通過了一系列促進生產發展的法案，規劃呢絨生產，鼓勵農業發展，限制圈佔土地，禁止進口奢侈品，補助造船業，並規定每週全民食魚日以推動漁業的發展，同時授權治安法官控制各郡的最高工資標準，頒佈學徒法，規定學徒必須學滿七年才能自行立業。

二、經濟發展與社會變化

伊利沙伯時代經濟發展的主要原因，除政府的政策起一定作用外，更重要的是經濟和社會發展的自身規律在起作用。早在十五世紀七十年代，人口數量開始出現了自黑死病流行以來的第一次增長。此後，除了一五五七—一五五九年時疫流行造成人口大幅度下降外，這種增長趨勢在整個十六世紀和十七世紀一直存在。而且，有利的情況是，雖然人口數量增加了，但牛、羊、馬、豬等牲畜數量也同時在增加，發生饑荒的機會卻比先前減少了，因而在整個都鐸王朝的一百一十八年中，沒有出現馬爾薩斯理論所指出的大規模飢餓和失業問題。相反，人口增長，社會需求也增長，刺激了經濟的發展，促進了農業生產商品化的過程，推動了城市的復興和貿易的發展，引起大規模的住房革命，使得英國人尤其是倫敦人的生活方式發生了變化。人口的增長還使物價的上漲大大超過了工資的增長，驅使企業主積極去獲取利潤和積累資本，僅就紡織業而言人口增長帶來的消費需求就是相當大的推動力。但人口增長的前提是農業生產的發展，儘管在伊利沙伯時代天主教陰謀和叛亂始終不斷，但很快就被消滅，從未釀成大內戰，這就保證了國內政治環境安定，有利於生產的發展。

在伊利沙伯時代，農業耕作技術發展較快。由於糧價的上漲幅度超過了羊毛價格，不僅圈地養羊的速度放慢了，人們還熱衷於改進耕作技術，越來越多的農民大量使用泥灰土等肥料，加快休耕地與農作地的輪換頻率。還有人把土地圈圍起來精耕細作，以增加農作物的產量。據該時代農業專家約翰·諾登估計，有圍柵的農耕地與敞田相比，前者的產量是後者的1.5倍。十六世紀英格蘭引進了重要的農作物品種蛇麻草，也稱酒花，是製造啤酒的主要輔料。由於人們普遍關注農業耕作技術，農學家托馬斯·圖塞寫的《務農五百要訣》在一五五七—一五八〇年間就印刷了五版。農作物產量也普遍提高，十三世紀小麥的產量是每英畝六至十二浦式耳，到伊利沙伯時代達到了十六至二十浦式耳；據威爾斯王室地產的統計，在一五〇〇年一頭羊平均重二十八磅，牛重三百二十磅，一六一〇年分別達到四十六磅和六百磅。如果沒有農業技術的改進，人口的增長必然使都鐸時代的英格蘭出現馬爾薩斯所説的資源危機問題。

在工業發展方面，毛紡織業所具有的主導地位及其生產組織形式變化不大，但是，一些新的技術發明提高了生產效率，如新式織襪機、荷蘭織機等。當時，一些為躲避西班牙當局的迫害而從佛蘭德爾移居英國的工匠，帶來一種用長毛纖維紡織輕便精呢的方法，這種毛呢在地中海一帶頗受歡迎。同時，蘭開郡的紡織工人開始製造一種粗斜紋布，這種亞麻與棉紗的合成物銷路甚好。在工業發展方面最顯著的是煤炭業，除了倫敦居民的供暖之需外，製糖業、製鹽業、製皂業和玻璃業的發展，都需要大量煤炭，從而推動了紐卡斯爾煤炭業的發展。在伊利沙伯時代，22%的貴族家庭有自家的鐵業工場，其中許多工場已開始用鼓風爐生產製模鑄件，還有人引進滾軋機生產鐵片，用拉絲機生產鐵絲。到伊利沙伯統治末年，政府資助下的一些鐵工廠已能生產大炮了。

工業雖發展了，商業卻有所停滯。安特衛普的紡織業市場受戰爭、宗教改革和政治鬥爭的影響，發展相當不穩定，倫敦商人冒險公司的商人不得不尋找海外新市場，他們先後到達德意志的漢堡、埃姆登和荷蘭的澤蘭省。在首席樞密官威廉·塞西爾的力主下，英國政府最終於一五六〇年收回了漢薩同盟的特權，英國商人獲得了在漢薩同盟所屬各城市享受優惠條件的對等權利。同時，為了解決英國的商業危機問題，塞西爾提

東印度公司總部大樓

出廣泛開闢各種市場的建議。一五七九年，商人冒險公司創建了「東方公司」，該公司主要經營北海和波羅的海流域的紡織品貿易和木材貿易。這時，荷蘭商人找到一條穿過波羅的海到達俄國市場的短距離航線，使英國莫斯科公司獨佔俄國市場的希望破滅了。一五六二年，莫斯科公司派安東尼·詹金森取道陸路從莫斯科到波斯，他發現從中亞到中國是不可能的，英國人只得在大西洋上取西北航向去尋找中國。一五七六年，馬丁·弗羅比歇乘坐二十五噸重的帆船，航至他所認為的「加拿大的哈得孫灣」。一五八七年，約翰·戴維發現弗羅比歇發現的地方實際上是格陵蘭島。於是，英國人把注意力轉向了東方。一五八一年，一些倫敦富商在地中海東岸成立了「利凡特股份貿易公司」，伊利沙伯女王自己就投資四萬英鎊，一五八三年，利凡特公司派遣拉爾夫·菲奇從陸路到達印度、緬甸和馬來亞。然後，伊利沙伯無視葡萄牙人對南大西洋的獨佔權，把視線轉向了好望角。一六〇〇年一夥倫敦商人又成立了「東印度公司」。

在十六世紀，英國商人成立的公司主要有規約公司和股份公司兩種。規約公司是參加者交納會費後，根據大家同意的規約個人單獨進行貿易，不必集資合股。股份公司則是商人必須集資合股，共同經營，然後根據盈利和集資情況而分配利潤。進行遠距離的貿易往往需要大量資本，股份公司更為合適。在英國歷史上，最先出現的較大的規約公司是一四〇七年成立的「倫敦商人冒險公司」，其規約主要是在裝運呢布的數量和出售價格方面實行互相監督，並以聯合船隊的方式定期裝運呢布，必要時由公司武裝護航。這個規約公司一度在倫敦商人排擠英格蘭外地商人的活動中起了很大作用，但是，也正是這個公司中的一些倫敦商人成為開闢海外市場和建立海外貿易的先鋒。第一個出現的股份公司是莫斯科公司，該公司的初始股是威洛比和錢塞勒合集的。當時，莫斯科公司的貨船只可能在每年固定的月份到達，因此有必要留下駐俄代理人以商談冬季月份的購貨事務，所以，非得建立股份貿易公司不可。後來，由於公司難以排除非公司成員在公司獨佔領域內進行貿易的可能性，莫斯科公司於一六二〇年改制為規約公司。利凡特公司也一度由成立時的股份公司改變為規約公司。這樣，東印度公司實際上成為第一家較為成功的股份公司。

海外貿易活動的伴生物是奴隸貿易和海盜活動。一五六二年，普利茅斯商人之子約翰·霍金斯最先從幾內亞購買了四百個奴隸，連同英國製造品一塊運到海地出售。返程時，霍金斯運回了海地出產的食糖、金銀等，這就是英國歷史上最初的「三角貿易」。在伊利沙伯女王出資入股的支持下，一五六四—一五六五年霍金斯與表弟弗蘭西斯·德雷克第二次遠航。一五六八年，兩人租借了女王的戰艦「米尼翁號」和「耶穌號」又一次遠航，兩艦在停靠聖胡安·德烏略西亞港時遭到西班牙人的襲擊，他們只好放棄「米尼翁號」而逃回英國。女王后來以沒收價值十五萬鎊的西班牙運餉船的方式，對西班牙進行了報復，此後英西關係也漸趨緊張。德雷克在一五七〇—一五七一年和一五七二—一五七三年又兩度遠航美洲，後來，他發現西班牙在美洲開採的白銀是經秘魯由海船運到巴拿馬，然後，由馬幫馱運穿過地峽，又送到大西洋邊的西班牙船上，再經由大西洋回到西班牙。一五七七年他開始尋找新的航線，他穿過西班牙人尚不熟悉的麥哲倫海峽，在美洲西海岸大肆掠奪後，經太平洋、印度洋於一五八〇年返回普利茅斯港，從而成為全世界第一個親自完成環球航行的海軍將領（麥哲倫未能完成航行就死了）。翌年，女王親臨德雷克的坐艦「金雌鹿號」，授予他騎士稱號。除了為自己分得的十六萬三千鎊紅利表示感謝之外，伊利沙伯這樣做主要是表示政府對反對西班牙貿易獨佔權鬥爭的支持。

約翰・霍金斯像

約翰・霍金斯的紋章

在伊利沙伯時代，社會等級秩序漸趨細密，貧富差異不斷加劇，其中一個重要因素是社會流動。社會分層和社會流動並不是伊利沙伯時代特有的現象，但到都鐸王朝時期，由於宗教改革引起土地所有權的轉移、工商業尤其是羊毛業及海外貿易的發展、世俗社會中一些新興職業集團如律師、教師、科學文化界專業人士等的出現，以及個人主義和資本主義價值觀的興起，導致社會流動明顯加劇了。與此同時，各社會分層的邊緣也更加模糊，邊緣的模糊和新職業的出現使一些新的社會階層容易形成。到這時，人們的等級身份地位不再由法律界定，出身、稱號、財富、職業、生活方式和對權位的佔有都是可變的因素，其中財富，特別是表現為地產的財富，是取得一定社會地位的主要條件。從這個角度看，在整個都鐸時期，尤其是伊利沙伯時代，人們目睹着「鄉紳」和「約曼農」的崛起。

一五三六年至一五四〇年，亨利八世解散修道院，擴大和活躍了許多地區的土地買賣活動，這是鄉紳興起的最主要原因。同時，王國行政體系的擴大，工商業財富向土地階層的轉移，律師、醫生、教師等社會職業集團的興起，也是促進鄉紳階層興起的因素。這個階層的人數增長率超過了該時代總人口的增長率，以至於到一五六〇年，身為法學家和政府官員的托馬斯．史密斯爵士說：「在英格蘭，紳士的名分大大貶低了」，「凡是無所事事的非體力勞動者，只要具有紳士的舉止風度，承擔紳士的職責，就可以被視為上等人」。愛德華六世也說：「商人在變成地主之後便自稱為『紳士』，雖然他們仍是粗野之人。」同時，鄉紳作為一個社會階層其佔有的社會財富也在增長，僅從地產的佔有來看，在十五世紀鄉紳佔有的地產大概是英格蘭土地的四分之一，到十七世紀中葉上升到近二分之一，其中許多土地原是教會和王室的地產。以諾福克郡為例，在該郡的一千五百七十二個莊園中，鄉紳佔有的莊園從十六世紀初大約九百七十七個上升到十六世紀末的一千一百八十一個。而這時貴族只佔有一百五十七個莊園，王室佔有六十七個，教會佔有九十一個，學校、醫院等社會團體佔有三十個。當然，在伊利沙伯時代，社會環境對整個土地階層都是有利的，所以，鄉紳的上升並沒有以貴族的衰落為代價，只是貴族階層獲利較少和發展較慢而已。

「約曼農」是經過幾個世紀的社會經濟變化而在都鐸時代凸顯出來的另一個雄心勃勃的社會階層。它也像鄉紳一樣，是近代早期英格蘭社會中流動性最大的一個社會分層。與鄉紳相同的是，約曼農這一術語也是對某個社會階層的描述性概念，而不是由法律界定的等級身份。與紳士不同的是，約曼農不能自備武裝，而且，雖說有一些約曼農較紳士更富有，但他們一般參加體力勞動。當時判斷約曼農的標準主要不是土地佔有的形式，而是佔有或租種土地的數量，以及其實際的收入狀況和生活的殷實程度。一般來說，耕種土地在五十英畝以上，年收入在四十至五十英鎊以上，除維持較好的生活水平之外確有剩餘資金以擴大生產的農民就是約曼農，因此，土地年收入達四十先令以上的自由持有農，一些租地農和公簿持有農都屬於約曼農。對這個在伊利沙伯時代的鄉村中十分重要而引人注目的社會階層，英格蘭有句古老的諺語：「寧為約曼農之首，不做鄉紳之尾。」在英格蘭文學中，人們則把約曼農描寫為「半個紳士半個莊稼人」，「約曼農的駿馬忙得不亦樂乎，平時要拉犁耕作，奔走田間，週末則駕着主人，四處遊玩」。該時代的諺語和文學作品生動形象地勾畫了約曼農的社會地位，透析出他們既要躬耕田畝，又有資財享受悠閒舒適的生活方式，以及其普遍處於上升時期的揚揚自得的心理。

必須注意的是，十五世紀英格蘭經濟多樣發展，農業、畜牧業與工商業並舉。它造成英格蘭農民經濟生活的多樣性和社會身份的複雜性。所以，約曼農儘管作為一個社會群體是指那些主要以土地為生，其生活水平達到殷實程度，以及在鄉村社會中具有中等地位的人。但是，在該時代約曼農常常兼作小商人、手工業者和小店主，他們殷實的生活也足以把下一代送進倫敦法律協會、牛津劍橋或宗教界學習，從而脫離農村而成為專業技術人士，他們本人也會隨着所兼營行業的發達而脫離農村生活成為面包師、呢絨商、工匠，或者社會地位更高的非農業人口。所以，約曼農在英格蘭某一歷史階段的存在是一種特有的歷史現象。一般來說，這個階層最為興旺發達的時期是十六世紀和十七世紀初，在十五世紀他們耕種的土地大約佔英格蘭土地面積的五分之一，十七世紀中葉達到四分之一到三分之一。

倘若對伊利沙伯時代的英國進行一個全面而粗略的等級劃分，那麼該時代的鄉村牧師，後來成為溫莎主教本堂神甫的威廉·哈里森的著述最合適不過了。他在一五七七年寫道，我們通常將居民劃分為四等，第一等是紳士，為首者是國王，其次是貴族，是騎士、準騎士與普通鄉紳；第二等是英格蘭城市中的自由民和享有公民特權的市民；第三等是鄉村中的約曼農，他們要麼是佔有地產年收入達四十先令的自由持有農，要麼是紳士地產的承包人，即農場主，要麼是普通人中「受人尊敬」的人；第四等級包括計日工人、窮苦農夫、手藝人、僕役，這些是「默默無聞、毫無權威，被別人統治而不是統治別人的人」。

同時代人托馬斯·韋爾遜爵士在一六〇〇年左右，把英格蘭人分為貴族、自由市民、約曼農、手藝人和農業工資勞動者五個等級。在五個等級中他把注意力集中在第一個等級上，把擔任國會議員並有公、侯、伯、子、男五級爵位之分的大貴族，與小貴族及有專業特長者加以區分，他指出小貴族包含騎士、準騎士、普通鄉紳；有專業特長者包括律師、官吏、學者和牧師，而這些人全都屬於第一等級。

不管是四分法還是五分法都掩蓋不了伊利沙伯時代一個普遍存在的現象，即貧富分化。僅就社會生活水平而言，甚至可以簡單形象地把它分為兩極，哈里森指出，紳士們食用小麥麵包，他們的僕人和貧窮的鄰居則食用黑麥麵包，饑荒年甚至食用豆類或用餵馬的燕麥製成的麵包。在社會天平的一端，人們穿上等呢絨、優質亞麻和絲綢，另一端則是着生皮和襤褸的衣衫；在天平的一邊，窮人以木棍和泥土營造簡陋的居所，另一邊上層人士的住宅則非常豪華。據統計，在德比、埃塞克斯、薩默塞特、希羅普四個郡，一五七〇—一六二〇年的半個世紀中新建的鄉村住宅在數量上超過了歷史上任何一個五十年。房屋的建築設計也表明，人們越來越追求生活的安逸和清靜。對於這些，處在天平另一端的窮人是想都不敢想的，他們食不果腹、衣不蔽體、流離失所、貧病交加，不少人加入了越來越龐大的無業遊民大軍。這樣失衡的社會天平，難道不會隱含着半個世紀之後大廈傾塌的潛在因素嗎？

三、輝煌的文學成就

在文化方面，都鐸王朝臨近結束時國家整合的進程顯然加快了，表現之一是在伊利沙伯統治下教會再次成為整合的工具。根據伊利沙伯一五五九年頒佈的第二個「至尊法」，教會的統一和國家的統一互為一體。一五五九年以後議會法令反覆規定，居民需參加國教會的禮拜儀式，違令者將處以罰金和監禁。一五六八年甚至把伊利沙伯的誕辰日定為宗教節日，將皇家紋章陳列在每一座教堂裡。語言作為國家整合的一個重要因素，也在詩歌和散文發展的推動下朝着標準化的方向發展。一方面，伊利沙伯時代英語散文的語言魅力在很大程度上歸因於它向大眾文化的靠近，即它向農夫、車夫、商販及市井小民的靠近。另一方面學者們也熱心於英國語言文學的發展。擔任聖保祿教堂高級主持的理查·馬爾卡斯特曾經問道：「為甚麼不全部使用英語？英語絲毫不遜色於措詞嚴謹精細的希臘語，也不亞於吐音清晰、莊嚴堂皇的拉丁語。」自喬叟之後，對英語詩歌作出最大貢獻的是埃德蒙·斯潘塞，他完美無缺地掌握了英語詩歌在韻律、間歇和聲調之間的聯繫，他十分和諧地將英國北方、中部和南方的方言混合在一起，產生一種抑揚頓挫的變音變調的效果。他於一五七九年發表的田園組詩《牧人日曆》是英語詩歌史上的里程碑，他在一五八九—一五九六年間完成的《仙后》則對伊利沙伯時代進行歌頌，這是一首一半宣揚道德，一半講述故事的寓言史詩。

伊利沙伯時代的整合被劇作家馬洛（一五六四—一五九三）和莎士比亞（一五六四—一六一六）濃縮在形形色色的角色身上，搬上了戲劇舞台。這些戲劇和一五八〇年以後歐洲文學對近代人的思維方式和價值觀點的探索在方向上是一致的，例如，馬洛的《浮士德博士》和莎士比亞的《哈姆雷特》說明，該時代兩位最偉大的劇作家都渴望從心理的角度，而不是倫理的角度去解釋人的行為。戲劇舞台上形形色色人物的自我表現、對人性和自由的表白都是民族文化和世俗文化發展的結果，是兩個世紀以來教育發展、識字人口增多、各種宗教意識出現和文學世俗化的產物。

馬洛早熟早逝，只活了二十九歲，與莎翁不同的是，馬洛進過劍橋大學接受正規的高等教育，他代表着該時代一些從大學畢業後拋棄傳統的神學觀念和教士生涯，走向世俗社會和大眾文化的知識分子，他才華橫溢、性格狂暴、生活放蕩，持無神論觀點。在劍橋求學期間馬洛就寫下了《帖木耳》和《迦太基女王狄多》。一五八七年《帖木耳》上演使他一舉成名，此後在他短短六年的生涯中，寫了《浮士德博士》、《愛德華二世》、《巴黎大屠殺》、《馬耳他島的猶太人》等作品，一五九三年五月他在倫敦一家酒店鬥毆被刺，死時留下了未完成的長詩《希羅和利安德》，另外還有一首著名的抒情詩《熱情的牧羊人致情人歌》。馬洛有驚人的想像力，對歷史、神學、古典文學知識淵博，他的劇本脱胎於中世紀的道德劇、羅馬古典悲劇和喜劇，但在淋漓盡致的長段台詞方面有所發展，從中派生出十分英格蘭化的戲劇傳統。莎士比亞的一系列作品中隱含着對這個早逝的同代先行者的稱頌，有時甚至還引用了馬洛的台詞，可見莎翁是受到馬洛影響的。

莎士比亞出生在斯特拉福，只在本地語法學校讀過書。一五九二年他隻身來到倫敦，這時，莎翁已是受歡迎的劇作家，一五九三—一六一三年莎翁在戲劇界和文化界的名望都很高，並和一些上層貴族有交往。莎士比亞劇作中最多的是歷史題材劇，在一五八九—一五九九年間，創作了一系列歷史劇，如《亨利六世》、《理查三世》、《理查二世》、《亨利四世》、《亨利五世》等，其中《亨利四世》達到很高的造詣。一五九九—一六〇八年，他又從古羅馬傳記史家普魯塔克的《名人傳》中取材，寫了三部羅馬歷史劇《尤利烏斯．凱撒》、《安東尼與克婁巴特拉》和《科利奧蘭納斯》。另外，他在一五九五—一六〇二年間還寫了若干喜劇：《仲夏夜之夢》、《威尼斯商人》、《無事生非》、《皆大歡喜》、《溫莎的風流娘們》、《第十二夜》。人們一般認為，莎翁的偉大天才最明顯地表現於他在一六〇〇—一六〇六年間創作的四大悲劇《哈姆雷特》、《奧賽羅》、《李爾王》、《麥克白》之中。尤其是哈姆雷特這一角色反映了資本主義近代社會衝擊着傳統社會之時，在英格蘭存在着一種普遍增長的不安情緒和懷疑思潮，近代人的主觀反省和自我懷疑構成了哈姆雷特行為的基礎。莎翁

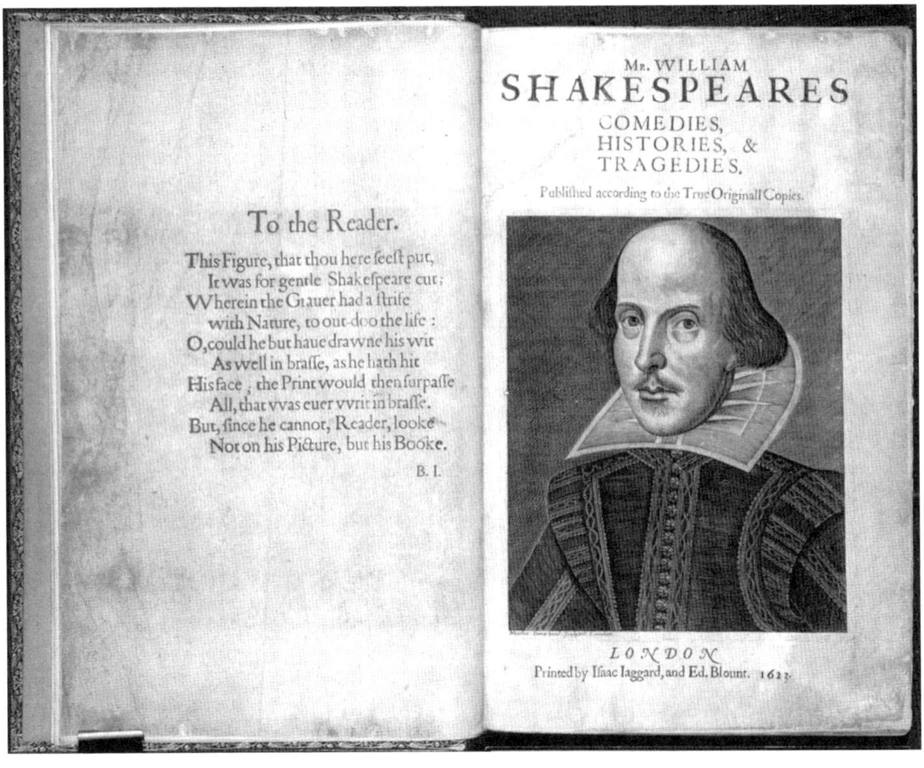
To the Reader.

This Figure, that thou here seest put,
It was for gentle Shakespeare cut;
Wherein the Grauer had a strife
with Nature, to out-doo the life:
O, could he but haue drawne his wit
As well in brasse, as he hath hit
His face; the Print would then surpasse
All, that vvas euer vvrit in brasse.
But, since he cannot, Reader, looke
Not on his Picture, but his Booke.
B. I.

Mr. WILLIAM
SHAKESPEARES
COMEDIES,
HISTORIES, &
TRAGEDIES.
Published according to the True Originall Copies.

LONDON
Printed by Isaac Iaggard, and Ed. Blount. 1623.

莎士比亞作品及作者像

晚期的戲劇是寫於一六〇八——一六一二年的傳奇劇《佩里克利斯》、《辛白林》、《冬天的故事》和《暴風雨》。總之，莎士比亞在伊利沙伯時代所寫的劇本，至今仍在諸多國家上演，並為人們普遍欣賞，他創造的喜怒哀樂的場面使觀眾歷久難忘，他的人物形象和他對人性和世俗社會的剖析，仍時時撞擊着現代人的心扉。

人們不能忘記的是，莎士比亞幾乎是在倫敦度過了他的全部創作歲月，他為倫敦人寫作，既反映倫敦社會，也供倫敦人娛樂。倫敦在伊利沙伯時代的擴展與莎士比亞所代表的一代人息息相關。在伊利沙伯時代，已出現純粹製造業中心的近代城市，如製帽業中心考文垂，刀具業中心謝菲爾德。英格蘭還有三個較重要的城市，即精呢紡織品中心諾域治，港口城市布里斯托爾和「北方邊區委員會」的所在地約克，其居民人數都已達到一萬到兩萬。埃克塞特等中等城市的人口在五千到一萬之間，其餘小城鎮人口只有五千左右。相比之下，具有二十萬人口的倫敦是一個龐然大物，它使大大小小的其他城市黯然失色，它在經濟上大有呑噬不列顛其他城市的趨勢，它在文化上和政治上的重要地位，也是英國其他城市無可比擬的。

在都鐸王朝時代，無論是大城市還是小城鎮，都在進行諸如鋪設道路、改進照明、清潔環境之類的建設，同時，在大大小小的城鎮建起許多房屋，「城郊」的概念也出現了。市中心依然人口稠密，在那裡，不同社會等級的人毗鄰而居，形形色色的社會活動在教堂與市場、住宅與貨棧、商店與妓院之間進行着。但是，大多數城市還具有鄉村氣息，菜圃、果園比比皆是，豬雞狗馬遊蕩街頭。與這些城市相比，倫敦是不同尋常的。除了在泰晤士河南岸有各種劇院外，其建築物主要集中於泰晤士河北岸沿倫敦塔向西，經過倫敦橋一直延伸到威斯敏斯特的一英里左右寬的狹長地帶上。倫敦塔有其圍牆、碼頭和塔樓自身，構成一個獨立體。倫敦塔以東，污穢狹窄的街道和小巷裡聚集着水手、雜工和流浪漢，這裡密密麻麻地佈滿了下層人租住的小旅館。倫敦塔以西到倫敦橋一帶，主要分佈着碼頭、倉庫和小教堂，泰晤士河河面則佈滿了航運船隻。從倫敦橋往西矗立着壯觀的聖保祿大教堂、釀酒廠、麵包廠和伊利沙伯時代的印刷業中心——書商大廳，這一帶是由城牆和城門環繞的老城區，居住着富商巨賈，擁有華麗住宅和大花園。再往西，沿着河濱街是一座座競

約十五世紀時的倫敦塔城堡插圖，現藏於倫敦大英圖書館

相比美的大貴族宅邸，每座宅邸都有石階通往泰晤士河。然後穿過查林小村到威斯敏斯特，這裡有白宮和威斯敏斯特大教堂，是王宮和英格蘭政府的所在地。

儘管政府一再限制，倫敦城的面積在伊利沙伯時代還是擴大了一倍。在伊利沙伯登基為王的時候，教會的財產被大量投入市場，它增加了世俗人士的富裕程度，有的人建造有利可圖的公寓，同時，成千上萬的人湧向倫敦尋找自己的未來，馬洛和莎士比亞就是其中的二人。到女王辭世時，倫敦已龐大無比，到處都是在重商主義和個人主義上升時代成功或潦倒的尋夢者，這裡已不僅僅是商業和金融中心，還是文化和政治中心，在價值觀方面就是一個縮小的英格蘭。在亨利八世時期，倫敦的人口是諾域治的五倍，到伊利沙伯的末歲其人口已是諾域治的十二至十四倍。十六世紀二十年代初，倫敦人口大約為七萬人，一六〇〇年已超過二十萬，成為歐洲第一大城市。它在經濟、金融、法律、文化、政治方面都處於一種讓外省城市忌妒的壟斷地位，在金融、貿易方面則使歐洲其他城市瞠目以對。

四、女王統治後期

在伊利沙伯統治末期，英格蘭經歷了許多考驗：曠日持久的反西班牙戰爭，愛爾蘭危機，埃塞克斯伯爵叛亂，農業歉收和饑荒，議會反專利權的風暴，不健全的地方政府以及中央官僚機構的腐敗，社會下層的貧困，流離失所的流民。這一切不僅給這個輝煌時代染上暗淡的色彩，而且，假若不進行變革，就有發生內戰和王權傾覆的可能。

無敵艦隊失敗並不意味着英西戰爭的結束，反之，它引發了英國在大陸的和愛爾蘭的戰爭，有的戰事甚至在女王死後仍在進行。在荷蘭共和國，女王派駐六千英軍以幫助莫里斯王子保持社會穩定。在法國，女王五次派出遠征軍去幫助信奉新教的亨利反對天主教吉斯家族。戰火還蔓延到愛爾蘭，一五九五年西班牙國王菲力普二世派出一支有一百艘船隻和一萬人的遠征軍，支援愛爾蘭人的反叛。這些斷斷續續的戰爭耗資巨大，僅與西班牙的戰爭每年就要消耗二十五萬英鎊，議會批准的津貼、國王的土地收入與關稅收入、封建特權帶來的其他財政收入合起來也不足抵償。女王只得在一五八八年出售了價值十二萬六千英鎊的土地，一五九九—一六〇一年又出售了價值二十一萬六千英鎊的土地。然而，這是一種殺雞取卵的辦法，它反過來更減少了國王的收入。強行借款、捐助、船稅、分享海盜贓物雖能暫時緩解財政拮据，但其代價往往是引起政治上的摩擦和社會的不安定，一六〇三年國債已高達三十六萬—三十七萬英鎊。伊利沙伯在其輝煌的建樹之後，給後人留下了少得可憐的財富和龐大的債務。

伊利沙伯晚年留下的另一個問題是腐敗，最突出的表現是偷稅漏稅和賣官鬻爵，女王本人也濫用專賣權。例如，由於稅收制度不健全，向蘇塞克斯一些大家族徵收的稅款反而從一五四〇年的平均每戶六十一英鎊，下降到一六二〇年的十四英鎊。財政大臣塞西爾本人就以長期逃稅出名，他一面裝模作樣地在議會裡抱怨人們逃稅，自己卻把實際年收入四千英鎊申報為一百三十三英鎊。伊利沙伯晚期還不加節制地賞賜官職和土地，經常造成四五個人等待一個空缺的職位。賣官鬻爵現象極其嚴重，花兩百英鎊可以買到一個小官，花一千—四千英鎊可以買到軍隊司庫或宮廷財產管理人的肥缺。買賣成交後，新上任的官吏便加倍搜刮，以補償自己買官時花去的錢財。伊利沙伯還把一些日用品貿易的專賣權賞賜給王公大臣。當時，煤、肥皂、鐵製品、書籍、酒都屬於專賣品，例如，沃爾特・羅利壟斷了撲克牌的買賣，埃塞克斯伯爵購買到徵收甜酒稅的權力。這些問題有着遠遠早於伊利沙伯時代的深遠背景，它們的存在也使人體會到社會已存在深層的危機。一六〇三年三月二十四日，當喪鐘突然敲響時，七十歲的女王與世長辭了。

英國人懷念女王的功績，在女王領導下，社會穩定，經濟發展，宗教改革的成果獲得鞏固，海外擴張的勢頭開始起步，英國擊敗了西班牙、挫敗了天主教徒的陰謀，一個繁榮、統一、昌盛的英格蘭出現在不列顛，它正在向大國的地位挺進。伊利沙伯是一位道道地地本國血統的君主，也是一位引世人矚目和贏得臣民愛戴的女王，她終身未婚，為了維護民族的統一而放棄了建立家庭的權利。繼亨利八世之後，伊利沙伯是創建英格蘭民族國家的又一位功臣，她的功績永遠記載在英格蘭民族的光輝史上。她為國家鞠躬盡瘁，沒有留下子嗣，她之後，都鐸王朝結束了，繼之而起的是從蘇格蘭來的斯圖亞特王朝。

作者點評

時代的輝煌伴隨着個人的輝煌，伊利沙伯女王一世是英國歷史上最輝煌的君主之一，她的時代也躋身於英國最輝煌的時代之列。但公眾生活的輝煌卻以個人生活的黯淡為代價，伊利沙伯終生不嫁，其中的原因，就是只有她不嫁，才能維護國家的統一，民族的和諧，從而保證都鐸國家的繁榮昌盛。

相比之下，與她同時代的另一位女性卻非常不幸，她因為太看重女人的愛而丟失了王者的國，釀成一道歷史的悲劇。她就是歷史上有名的蘇格蘭女王瑪麗·斯圖亞特——伊利沙伯一個姑媽的孫女。英國政治不排斥女性，英國曾有過多位女王，但女性卻不因此而更加幸福，在伊利沙伯和瑪麗之間，誰更歎息她自己的命運呢？相比之下，男性就不會有這方面的煩惱，亨利八世一生娶過六位妻子，而他的王位卻因此而更鞏固！在感歎女性的命運時，我們還不要忘記兩位女王的另一個同時代人，伊利沙伯另一個姑媽的孫女，她因為男人們的陰謀而被推上政治舞台，由此既沒有得到王位，又沒有得到愛情，反而因此喪失了性命。她就是只坐了九天王位的簡·格雷郡主，她死時只有十七歲。

第九章 早期斯圖亞特王朝

一、詹姆士一世與議會的矛盾

一六〇三年，蘇格蘭女王瑪麗．斯圖亞特的兒子，蘇格蘭國王詹姆士六世繼位為英格蘭國王，史稱詹姆士一世（一六〇三—一六二五），由此開始了斯圖亞特王朝的統治。與伊利沙伯不同的是，詹姆士一世身兼英格蘭和蘇格蘭兩個王國的國王，他一歲即蘇格蘭王位，十四歲之前一直受到良好的教育，個人品質很端正，應該成為一位好國王。但是，蘇格蘭與英格蘭在經濟、文化、社會生活等方面都有很大的差異，詹姆士三十六歲才入主英格蘭，此後，他雖然長期住在英格蘭，但由於文化背景和生活習俗的差異，他在英格蘭從來沒有像在蘇格蘭那樣受人愛戴，反而常常與英格蘭議會發生衝突。

在其他方面他也與伊利沙伯有巨大差別。詹姆士是學者，記憶力強、反應敏捷、熱愛學術，年輕時寫過詩，發表過論文。但作為一個君主，他卻太過於深居簡出，因此眼光狹窄。伊利沙伯常常出巡，樂於與臣民直接對話，因而深受人民的愛戴。詹姆士常常外出狩獵，荒廢政務，與民間的交往也多限於僕人、獵手和守林人。

當詹姆士經過多年的等待來到英格蘭時，都鐸王朝留給他的實際上是一個問題成堆的國家。首先，亨利八世以後的一百年內，主要消費品的平均指數上漲了488%，它使王室的實際收入不斷下降，直到國王無法「依靠自己生活」；其次，都鐸王朝時鄉紳階層數量增加、財富增長、受教育程度和對權位的佔有都處於上升態勢，形成了一支不可小視的力量；再者，議會的權力範圍、議程規範、合作精神和自信心都有很大增長，對王權構成了一種牽制力量。與此同時，清教徒在數量上不斷發展，形成對王權的最大挑戰。

「清教」一詞在十六世紀七十年代第一次出現在英國歷史上，但作為一個運動它早在六十年代就開始了。清教徒是極端的新教徒，他們對宗教改革後的英國國教不滿，渴望清除國教中的「天主教」色彩。「清教徒」渴望達到三個目的：第一，清除天主教儀式，使聖餐按照原始基督教教義的要求，而不是按克萊默《祈禱書》規定的要求進行；第二，由受過教育的牧師根據《聖經》進行佈道，在上帝的選民中宣揚因信得救；第三，由宗教大會規定教規，反對主教團的控制。

十六世紀六十年代，清教與安立甘教關於祭服的爭論僅僅是序曲，一五七〇年，劍橋大學神學教授托馬斯·加特利提出只有長老制才符合《聖經》的規定，這引起新的論戰，同時促成了一些非正式清教團體的出現。清教主義最先是在伊利沙伯女王時代出現的，是英國基督教聖公會內部的一個激進派別，其宗旨是把宗教改革從伊利沙伯登位初期的水平向前推進一步。但是伊利沙伯在她統治的四十年內，拒絕對宗教問題作出新的調整。清教徒於是轉而求助於議會，並在一五六六年、一五七一年、一五七二年、一五八六年、一五八七年多次得到議會的支持。伊利沙伯成功地維持了自己的統治，並利用最高法庭和星室法庭迫害清教徒。在伊利沙伯統治的末年，以羅拔·布朗為首的清教分離派被放逐到荷蘭，長老派清教徒也潰不成軍。但是，清教的問題並沒有解決，只是被掩蓋了起來。清教主義繼續在鄉紳和倫敦市民中傳播，直到斯圖亞特王朝時代才再次釀成新的危機。並且，清教徒於一五八六—一五八七年在議會中集結，成為十七世紀清教徒利用議會與君主進行鬥爭和爭奪權力的徵兆。

十六—十七世紀的清教徒

詹姆士一世上台後，第二年就在白金漢郡弗蘭西斯．戈德溫爵士當選議會議員的問題上，與議會下院發生了劇烈的衝突。詹姆士在蘇格蘭相對落後的政治文化環境中長大，對英格蘭議會制度缺乏深刻了解，他魯莽地命令宮廷會議宣佈戈德溫當選無效，下院立即反擊，說只有下議院才有權決定誰可當選為議員。詹姆士宣稱議會的權力本身就出自國王，但這一說法是與英國的議會傳統根本對立的，因此激怒了更多的議員。在不利的形勢下他又不得不作出讓步。結果等於承認立法團體獨立於王權。此後，議會在許多方面尋求擺脱王權而維護其獨立性，缺乏政治經驗的詹姆士控制不住下院，使下議院在處理議會與國王的衝突時掌握了主動權。

下院要求對國教進行進一步改革，而且，由於詹姆士在神學方面信奉加爾文教，並曾和天主教進行過辯論，因此，清教徒指望在這個問題上得到詹姆士支持。但出乎清教徒的意料，在一六〇四年召開的「漢普頓會議」上，詹姆士扮演了中間派角色，他尋求清教與國教妥協，並以主教制作為王權的藩籬，宣稱「沒有主教就沒有國王」，反對清教長老會干預政務。結果，主教們修訂了《公禱書》，通過了新的教會法，其中之一是要求全體教士承認王室的最高權威、承認三十九項條款和《公禱書》。對此，除九十人拒絕服從外，大多數清教徒表示暫時順從，他們在下院集結起來，於一六一〇年向詹姆士呈遞請願書。這樣，在詹姆士一世統治的二十年中，儘管清教徒感到不滿，但並沒有出現公開的反抗。

天主教問題是伊利沙伯時代留下的又一個火藥桶，一五五九—一五七〇年，伊利沙伯曾希望天主教的活動隨波爾大主教的去世及瑪麗時代的結束而自行消亡，但一五六九年的北方天主教叛亂和一五七〇年教皇碧岳五世的訓諭使形勢發生了變化，伊利沙伯遂在一五七一年頒佈法令嚴禁將羅馬教皇文件帶進英國，一五八一年又進一步規定對不參加國教活動的天主教徒每月罰款二十英鎊。由於國內外反宗教改革勢力抬頭，伊利沙伯開始進行打擊，一五七七—一六〇三年間約有兩百名天主教神父和俗人遭到迫害，一五八四—一五八五年，議會通過法案規定，凡尚在英格蘭境內的天主教神父均為叛國罪犯，他們必須在四十天內離開英國，否則將受到指控。

詹姆士一世在蘇格蘭時曾允諾對天主教徒採取寬容政策，但到英格蘭後情況就不一樣了。他不僅沒有履行諾言，反而重申了伊利沙伯政府的一系列反天主教法令。這時，西班牙政府因與英格蘭政府簽訂和約，改變了對英格蘭天主教徒進行庇護的政策。在這種情況下，一些走投無路的天主教徒策劃了「火藥陰謀案」。他們計劃於一六〇五年十一月五日炸死國王、炸毀上院和下院，並以此作為在英格蘭全面起義的信號。他們僱傭天主教士兵蓋．福克斯把三十六桶炸藥藏在上議院的地下室裡，後因有人告密，福克斯於四日夜被抓獲，倉促起義的天主教徒也遭到了鎮壓。這一未遂爆炸案帶來的一個後果是，有關天主教陰謀的傳說反覆流傳，引起一系列騷亂，而這些騷亂又影響着政局的穩定。另一個後果是，天主教徒開始在英格蘭尋求合法地位，他們進行宣誓，否認教皇的權威高於國王，從而免除了交納罰金之苦。後來，當詹姆士一世實行親西班牙政策後，對天主教徒的政策又有所緩和，英格蘭的天主教徒從一六〇三年的三萬五千人增加到一六二五年的五萬人。

「火藥陰謀案」不僅在短期內掩蓋了詹姆士與議會的矛盾，而且還使他獲得了議會批准的三筆小額補助金。但是，這仍然解決不了詹姆士的財政拮据之苦。瑪麗女王留給伊利沙伯六萬五千英鎊的債務，伊利沙伯則留給詹姆士三十六萬五千英鎊的債務，加上詹姆士一世揮霍浪費，王后、王子和公主開支巨大，國王常常輕率地用金錢收買忠誠，而通貨膨脹又居高不下，因此，到一六〇六年詹姆士一世的債務已高達六十萬英鎊。一六〇八年，詹姆士提出實行新稅率，把一千四百種商品的稅率從 30% 提高到 40%，王室每年可以增加七萬英鎊收入。但是，這一要求帶來了一六一〇—一六一四年的「議會風暴」，有的議員高呼：「如果國王的要求得到滿足，我們就變成了君主隨意支配的佃農。」在這種情況下，詹姆士一世於一六一〇年和一六一四年兩次解散議會，使議會於一六一〇年頒佈的旨在改革王國財政管理的「大契約」無法實施。但這樣一來，詹姆士又只能通過強徵稅收、出售專利權、強迫借貸等不受歡迎並容易引起衝突的辦法來增加收入了。

描繪「火藥桶陰謀案」的圖書插圖

財政上的權宜之計，引發了憲政方面的基本問題，即君主與議會、君主與法律的關係問題。在這個問題上詹姆士本人就是一個價值觀念與政治現實的矛盾體：在觀念上，他認為君權直接來自上帝，只有上帝才能解除君權；在實踐中，他又受到自己在加冕禮上宣稱的「按照這個王國的法律和習俗來統治英格蘭」的誓言的制約。在觀念上，他在自己的著作《自由君主的真正法律》中捍衛君權神授的理論；在現實政治中，他又發現只有通過議會才能進行立法和增加稅收，因而不敢實行絕對君主專制。

儘管如此，早期斯圖亞特時代的憲政之爭，並不是關於誰行使最高統治權的問題，而是關於君主特權的範圍問題，英格蘭臣民普遍認為英國政府是一個由國王、上院和下院共同組成的混合政府，三者相互依存、相互牽制，但不是互相排斥的。詹姆士一世統治的大多數時間中他和議會的爭端都是暫時性的，只是在一六二一年當他向下院致辭說議員的特權是君主賜予的時候，才導致了一場關於「特權來源問題」的大爭論。這一不合時宜的說法，使法王亨利四世譏諷詹姆士是「基督教王國中最聰明的傻瓜」。這個「最聰明的傻瓜」還是一個好幻想者，他想利用其身兼英格蘭和蘇格蘭兩個王國國王的身份使兩國合而為一，但結果只促進了相當有限的經濟合作和使兩王國共用一面王旗；他想利用自己擁有英格蘭、蘇格蘭和愛爾蘭三個王冠的優勢，促進歐洲基督教王公之間的和平和團結，結果卻未能阻止三十年戰爭的爆發和低地國家衝突的再起；他企圖利用自己的加爾文教信徒和英格蘭國教首腦的身份，充當蘇格蘭長老派和英格蘭聖公會之間的協調者，結果卻貽害無窮，使其後繼者飽受內戰之苦。當然，詹姆士一世最大的問題是濫用寵臣，使一些沒有能力而貪圖私利的人主宰了王室政府。在一六一二年之前他主要依靠伯利勳爵塞西爾的次子羅拔·塞西爾，小塞西爾在一六〇五年被詹姆士封為索爾茲伯里伯爵，而且得到了國王的大量賞賜。但是，當詹姆士自己陷於財政拮据的深淵時，塞西爾卻在赫特福德郡營建了輝煌的哈特菲爾德宅邸。作為詹姆士一世最信賴的大臣，他不可能在國王需要的時候提出開源節流的建議，而是慫恿國王強增捐稅，壟斷專利權。

此後，詹姆士一世又濫加寵幸於年輕風流的蘇格蘭人羅拔·卡爾，幾年內這個不名一文的小鄉紳相繼被封為羅徹斯特子爵和薩默塞特伯爵。薩默塞特伯爵垮台後，這種寵幸又轉移到北漢普頓伯爵和薩福克伯爵身上。不久，萊斯特郡一個鄉紳之子佐治·維利爾斯又使兩個伯爵在詹姆士一世面前暗淡無光了。一六一四年，詹姆士一世首次見到這個身材高大、栗髮黑眼，在法蘭西學過音樂舞蹈、騎馬決鬥之術的年輕人，立即封他為騎士。這個小朝臣很快成為幾個世紀以來英格蘭第一個非貴族家庭出身的公爵——白金漢公爵。白金漢公爵通過常年為疾病纏身的詹姆士一世服務而控制了英格蘭政府，一直掌權到謹小慎微的查理一世登基，後於一六二八年被暗殺。詹姆士的這些所作所為使君王的形象日益受損，他在財政方面不加節制，又使朝廷內部貪污腐化，影響了政府的效能。到一六二一年，詹姆士已先後把七百項專賣權賜給了他的寵幸臣僕。下院在民事法院首席大法官愛德華·科克的帶領下，使用彈劾權把佔有大量專賣權的宮廷大法官弗蘭西斯·培根以行賄罪趕下台並加以監禁。

下議院還抨擊詹姆士的外交政策。一六一八年，西班牙侵佔巴拉丁選帝侯、波希米亞國王弗里德里克的領地，三十年戰爭由此開始。英國人普遍支持弗里德里克，因為他是新教徒，又是詹姆士的女婿。但是，詹姆士本人卻異想天開，幻想通過查理王子與西班牙長公主的婚姻來促使西班牙國王歸還弗里德里克的領地。一六二一年秋議會開會時，下議院堅持要對西班牙開戰，詹姆士則宣稱下議院無權討論國家大事。對此，下議院起草了抗議書，聲稱宗教事務和對外政策是下院商討的主要議題。詹姆士一世怒而解散了下院，並向倫敦金融家借款，恢復了王室的償付能力。一六二三年，前往西班牙向長公主求婚的查理王子和白金漢公爵在西班牙碰壁，受到侮辱，歸來後兩人突然轉變政策，聯合下院反對派，要求對西班牙作戰。詹姆士於是只好讓步，讓下院重新討論他在一六二一年已經否定的法案。而詹姆士這種出爾反爾的外交政策，已經使英國人的民族感情受到傷害。

二、查理一世激化矛盾

一六二五年詹姆士病逝，二十五歲的查理王子登位，為查理一世（一六二五—一六四九）。查理說話口吃，處事優柔寡斷，缺乏其父的機敏，卻比詹姆士更遠離臣民。詹姆士一世對君權神授的理論只是想一想和說一說，查理卻在實際政治生活中操作這種過時的理想，這正是查理一世個人悲劇的所在。

查理一世繼位初年，白金漢公爵的權力仍然很大。而且，白金漢肆無忌憚地濫用權力，他派馬斯費爾德伯爵率軍收復巴拉丁，結果指揮不善，英軍很快被飢餓和疾病拖垮。為了讓查理一世能娶到法王路易十三的妹妹亨利埃塔．瑪麗亞，他又錯誤地派出船艦幫助法王鎮壓新教徒，從而傷害了英國人的感情。結果，在查理一世召開的第一屆議會上，議會只給他十四萬英鎊的戰爭補助金，同時宣佈查理一世只可徵收一年關稅，而不能照慣例享有終身徵收關稅的權力。一六二六年，白金漢公爵又遠征加的斯，以截奪西班牙運送財寶的船隻，結果一無所獲。後來，白金漢公爵默許英國政府與法國政府不斷爭吵，使英國在尚未結束對西班牙戰爭的情況下又捲入了對法蘭西的戰爭。其實，在當時發動任何戰爭都是不明智的。於是，下院拒絕增加國王的稅收，並開始彈劾白金漢公爵。查理對此十分惱怒，他宣佈自己對公爵的一切行為負責，不僅不追究白金漢的罪責，反而將議會解散。這以後，查理已無路可退，他通過強行借貸來解決問題，並監禁了七十六個拒購公債的騎士。這時，那些準備啟航到法國去作戰的英國軍人正好寄宿在英格蘭南部的老百姓家中，英國人認為這是一種專制主義的表現，認為查理一世企圖對老百姓動武。於是，不滿查理一世的情緒更加濃厚了。

一六二八年財政枯竭，查理一世只得再次召開議會，與會者中有二十七個議員曾因抵抗國王的強行徵稅而一度被捕，因而，在這次會議上下院提出《權利請願書》，要求不經議會的批准不得開徵新稅，未經法庭審判不得逮捕臣民，不得剝奪未經法庭判決為有罪者的財產，不可讓士兵強佔民房，等等。當時，查理一世

查理一世（Charles I）

迫於財政困難不得不接受這些要求。這屆議會還對噸稅和磅稅展開爭論，國王堅持終身徵收這兩種進出口稅的權利，議會則只同意徵收一年。一六二九年，議會復會時，衝突達到最高潮。查理對上一年接受《權利請願書》表示反悔，議會則對查理的專橫徵稅表示不滿。查理派傳令兵解散議會；下院議員則將會議廳大門反鎖，把下院議長硬按在座位上，在匆忙中通過了一項決議，其中說：任何人企圖改變國家的宗教信仰，任何人企圖不經過下院的同意就開徵稅務，這些人都是國家的敵人，應該被全民族所打倒。這時，國王與議會的衝突已經白熱化了，自由的呼聲已呼之欲出。查理堅持其父「君權神授」的觀念，堅持國王的權力要高於議會。但議會則認為它的權力是歷史賦予的，英國人享有與生俱有的自由權利。從《大憲章》時代開始，英國人就在不斷保衛這種權利，它由不得查理一世隨意踐踏。這樣，王權與議會的衝突就水火不相容。查理一世解散了議會，從一六二九年開始實行了十一年的個人專制統治，從而破壞了自中世紀就開始的「王在議會」的憲政傳統。他還逮捕九名議員，其中包括反對派領袖約翰·埃利奧特。埃利奧特後來死於獄中，成為「英國自由」的第一位烈士。

當時，英格蘭缺少強制性的國家力量，它沒有常備軍，又沒有有組織的警察隊伍，甚至連國王的儀仗隊也沒有。一六〇三—一六四〇年，國王在緊急狀態下可以召喚的武裝人員只有幾十人，而不是成百上千人。在這個沒有警察的社會裡，各郡的治安法官只依靠由普通農民和手工業者輪流擔任的民警維持社會治安，依靠由自由持有農組成、每年檢閱一次的「民軍」來對付騷亂。因此，國王要實行統治，只能依靠臣民的自願服從，依靠像議會這一類組織機構的積極配合。查理則以自己的言行破壞了臣民的信賴，同時又把議會推到完全對立的位置上。這以後，他就只有靠蠻橫的專制來進行統治了，而這種專制一旦自身不穩，就立刻會引起麻煩。

在國內，查理一世使用權宜之計來增加王室的收入：他規定年收入在四十英鎊以上的人都要接受騎士稱號，以便徵收封建稅。他恢復了早已取消的中世紀森林法，向那些在曾經屬於王室的森林中砍伐和墾荒的人處以罰金。他成立了一個人口調查委員會專門向圈地者收取罰金，並且制定新的稅率以增加關稅收入。他藉口倫敦市民私自移居愛爾蘭成立倫敦德里拓殖區而處罰倫敦市罰款七萬英鎊。他大肆出售專賣權，把明礬、肥皂、煤、鹽和磚等日用品的貿易也加以壟斷，王室政府每年通過專賣權和其他優惠獲利十萬英鎊。到三十年代末，王室的收入已達到年收入四十萬英鎊，足以支付和平時期的財政費用了，當然，這是以政治上不得人心為代價的。一六三五年，為了籌措海軍軍餉，查理一世向全英格蘭徵收「船稅」。伊利沙伯和詹姆士一世也曾徵收過船稅，但那時只向沿海城市徵收，而且是間斷性的。查理一世卻年復一年地向全國各個城鎮全面開徵這種稅。這樣就帶來一個憲政問題，即如果國王不經議會批准就能開徵年度稅收，那麼一二一五年的《大憲章》和經過幾個世紀的鬥爭而建立的議會還有何用？「王在法下」的古老原則和民眾的自由權利都受到侵害，於是，白金漢郡的鄉紳約翰·漢普頓率先拒付船稅。一六三七年「漢普頓拒付船稅案」被提交給財務署審理，漢普頓的辯護律師宣稱：「為保障英國人的生命和財產安全，國王的特權在任何時候都應受到法律的限制。」漢普頓因抗繳船稅而成為英格蘭令人矚目的英雄。

查理一世與「生而自由的」英格蘭人在另一個方面也發生分歧，這個方面是宗教。一六三三年，查理一世起用雷丁一個裁縫之子威廉·勞德為坎特伯雷大主教。勞德提倡一種類似於羅馬天主教的信仰和儀式，從而使英國人感到受到了拋棄。勞德把祭壇從教堂中部移到東側，用欄杆隔開，規定舉行聖餐儀式時牧師必須身着祭服，站在高高的祭壇邊，俯視坐在下面的教眾，似乎是上帝拯救俗民的中介者——這種儀式使清教徒極為反感。

勞德還大肆迫害清教徒。當時，一些商人和清教鄉紳在許多教區買斷了什一稅收控權和聖職任命權，用此兩項收入作為清教牧師的聖俸。勞德利用星室法庭和高等法院解散清教組織，取締清教徒的活動。勞德還攻擊俗人侵佔教會財產、破壞教會裁判權，他希望加強主教、教會法庭和牧師的權力與威望，達到恢復教會土地佔有權的目的，而這就激起了英國人在十六世紀七十至八十年代有過的反教權主義的宗教狂熱。而且，從法國來的王后允許教皇特使自由出入宮廷，每天都請天主教牧師在宮中舉行彌撒，還鼓動一些趕時髦的宮廷夫人公開皈依天主教。這些都使英國人擔憂天主教勢力有可能復辟。由於王后本人有復辟天主教的傾向，人們把反教權主義與反專制主義聯繫在一起了。總之，到一六三七年，查理的統治已很不得人心，一顆火種就有可能引起燎原大火。

三、經濟狀況，殖民活動的開始

在討論英國革命之前，要先看一看十七世紀上半葉英國的社會變化。英國人口從十六世紀初開始就不斷增長，一直持續到十七世紀前半期。一六〇〇年，英格蘭人口約四百一十萬，愛爾蘭、蘇格蘭和威爾斯有一百九十萬人。十七世紀中葉，英格蘭人口將近五百三十萬，愛爾蘭、蘇格蘭和威爾斯的總人口增加到二百四十萬。此後基本上呈穩定態勢，有時甚至有輕微的人口下降現象。但是，與都鐸時代不同的是，在早期斯圖亞特時期人口的增長速度超過了糧食增長的速度，造成某些地方糧食短缺。人口增長還造成對土地的壓力，並推動了物價上漲。這些都使農業種植有利可圖。但到十七世紀初，英國大部分地區可利用的土地已所剩無幾了，人們或者開墾經濟效益不高的荒地，或者投入大量資本去排乾沼澤或清除森林。這些活動都會造成對公地的佔有，侵犯到下層人民的利益。同時由於農產品價格高昂，物價普遍上漲，大多數自己不生產糧食、越來越多地依賴勞動工資為生的家庭就感到生活水平大大下降。

人口增長使十七世紀初英格蘭的失業現象極為普遍。當時，農業仍是英格蘭最主要的就業部門，但田間勞動有季節性，無需全年進行，以農業為生就有潛在失業可能。紡織業是那時最大的製造業，而這也是一項特別不穩定的工業，該領域也長期存在着半失業現象。農業和輔助性手工業的不穩定迫使人們流入城市，首先是進入倫敦。但城市的就業狀況更不穩定，結果成千上萬個家庭竭盡全力也無法使收支平衡，從而加大了貧困問題給社會帶來的壓力。在赫特福德郡的奧爾納姆，十分之一的家庭要經常從濟貧稅中獲得補助，還有四分之一——二分之一的家庭有時要靠救濟才能渡過難關。濟貧問題沉重地落在政府肩上，這是早期斯圖亞特王朝負擔不起的。

在十七世紀二十——三十年代英國出現了經濟蕭條。詹姆士一世統治初年的英格蘭曾一度出現商業旺盛，一六一四年呢布的出口額大於一六〇〇年，當時輸往北歐的呢布佔英格蘭呢布出口總量的90%。但是，在一六一四年，詹姆士錯誤地接受了商人威廉·科克因關於只出口染色精加工呢布的建議，於是，禁止倫敦商人冒險公司出口初加工呢布，由科克因等獨享精製呢布出口的特權。從表面上看這個建議是合理的，但科克因的新公司既無資金也無技術，他們提出建議，只是為了與商人冒險公司爭奪呢布出口的壟斷權，而詹姆士接受科克因的建議，是因為他每年能獲得三十萬英鎊。這項建議實施後，荷蘭人立即以不購買英格蘭精製呢布為抵制，從而造成英格蘭海外貿易的大緊縮，使五百個呢布商破產。後來，儘管詹姆士一世又將出口呢布的專利權歸還給倫敦商人冒險公司，但這次變化在三年中造成的損失使呢布出口下降了三分之一。

十七世紀二十年代呢布業遇到更大的危機。一六一八—一六二二年間英格蘭呢布在波羅的海流域的出口量減少了三分之二，直接原因是中歐出現金融混亂。一六二四年後，由於尼德蘭的競爭和三十年戰爭的影響，昂貴的英格蘭呢布無法與尼德蘭呢布相匹敵。這樣，在一六四〇年，倫敦出口的呢布下降到四萬五千匹，而一六〇六年曾經是十二萬匹。二十年代和三十年代農業又發生歉收，人們只好把收入花在購買高價的糧食上，國內呢絨業市場也縮小了。

煤炭業在早期斯圖亞特王朝時期繼續興旺，到一六四〇年英國生產的煤炭已是歐洲生產總量的三倍，它帶來了沿海運輸業的發展。但問題是除農業之外，紡織業在英格蘭工業中最重要，因此，呢布業的蕭條所引發的社會問題就更大。有個當時代人說：「凡紡織業萎縮之地，就是窮人數量最多之處。」呢布業衰落造成失業率增高，尤其在舊式厚呢生產的發源地，即英格蘭西部的幾個郡，情況更是這樣。呢布業的衰落還使靠工資為生的勞動者更加貧困，一個出生在一五八〇年的紡織工人其實際工資收入僅是其祖父輩收入的二分之一。

十七世紀上半葉是英國人口流動較大的時期，這時的人口流動主要是經濟和社會因素引起的。當時，主要有兩種不同的遷移形式：第一種是「改善性遷移」，即青壯年外出當學徒或做租地農，有些人從全國各地到倫敦去當學徒，但多數人主要在本地區遷移。內戰前後，有三分之二以上的英國人死於他所出生的教區之外，但他們大多不遠行他鄉，而是留在他們所出生的郡縣。第二種遷移是「生存性遷移」，人們在家鄉找不到工作，不得不離鄉背井，希望能在其他地方找到就業機會，這種遷移在十七世紀上半葉更普遍。

十七世紀上半葉的海外冒險發展到有組織的海外定居和拓殖活動。這些活動在伊利沙伯時代就已經零星出現，當時向海外移民主要是為了尋找金銀珠寶，為流民和罪犯尋找出路，以及為呢布業找到新的海外市場。早期海外拓殖的先鋒是沃爾特．雷利爵士，他最早派船到達弗吉尼亞，並且以「弗吉尼亞」命名這塊新土地，以紀念處女的女王伊利沙伯。但伊利沙伯時代向北美的移民並不成功，只是為斯圖亞特早期的海外拓殖交納學費而已。

斯圖亞特時代的海外擴張主要是個人和私營團體的行為，政府幾乎不作干預。這類活動同時向三個方向發展：地中海流域和東印度的商業貿易開發、紐芬蘭灣的漁業開發和北美殖民地的農業拓殖。詹姆士一世時期，英國商人進一步鞏固了地中海一帶的商業貿易。當時的條件十分有利：威尼斯已經衰落，荷蘭平底船不適應在遠洋航行，英格蘭的精紡呢布使意大利紡織品相形見絀，意大利市場大量需求英國的青魚。這樣，利凡特公司的商船常常一出海就是一兩年，在地中海地區從一個港口到另一個港口進行貿易。相比之下，東印度對英國商品的需求量極小，歐洲市場對東印度香料的需求也不穩定，加上荷蘭人的競爭，東印度公司的發展很不容易。但是，東印度公司自己造船，把經營物品擴大到青靛、白洋布等商品，還開展歐洲的再出口貿易和亞洲的轉港貿易，一六一二年和一六二二年分別在印度的蘇拉特和伊朗的霍爾木茲建立了商埠。通過種種努力東印度公司堅持了下來並得到發展。斯圖亞特王朝對東印度公司沒有給予支持，反而於一六〇四年、一六一七年、一六三五年三次取消東印度公司的特許證。

紐芬蘭島作為英國人的「西印度」，在訓練英格蘭水手方面起了更大的作用，到一六一五年，紐芬蘭島的英國捕魚行業已僱傭五千人、兩百五十條船隻，到一六四〇年則僱傭一萬人、四百五十條船。與此同時，

倫敦弗吉尼亞公司（Virginia Company of London）**公司印章**

英格蘭南部普利茅斯港的多邊貿易隨之興起：英國商人從西班牙進口食鹽，同時把捕魚船派往紐芬蘭，當捕撈者從紐芬蘭帶回魚之後，在普利茅斯醃製加工後又出口到西班牙和地中海一帶，然後再從地中海流域買回酒類、食糖和食鹽。然而，由於氣候惡劣，漁民間又不團結，一切企圖在紐芬蘭進行殖民開發的計劃都以失敗告終。

斯圖亞特王朝早期英格蘭人和蘇格蘭人在北愛爾蘭也進行了拓殖活動。一六〇七年，愛爾蘭部族首領蒂爾康奈伯爵因私通西班牙懼怕泄露受到懲罰而逃往羅馬，詹姆士乘機沒收這個首領的土地，然後把它們劃分為一千、一千五百和兩千英畝不等的地塊，出租給英格蘭和蘇格蘭的土地承租商，由承租商組織英格蘭和蘇格蘭移民遷居愛爾蘭進行耕種。結果，不少蘇格蘭長老派教徒來到愛爾蘭，倫敦移民也在愛爾蘭德里郡的北部建立移民點「倫敦德里」。到一六三〇年，已有一萬四千五百個移民家庭在北愛爾蘭定居，他們耕種愛爾蘭最肥沃的土地，把愛爾蘭人趕入了貧瘠的山區和沼澤地帶。

向北愛爾蘭移民的計劃是政府在白廳做出的，到弗吉尼亞拓殖的規劃卻是倫敦商人在托馬斯·史密斯的住所裡策劃的。托馬斯·史密斯是倫敦商人組織的「弗吉尼亞開發股份公司」的司庫，該公司從國王詹姆士那裡獲得特許狀後，向商人、主教、大地主集資，並於一六〇七年派一百四十四人乘三艘船出發去弗吉尼亞，計劃在殖民地種植大麻、開發木材和養蠶種桑發展紡織業。第一批到達弗吉尼亞的人把時間和精力花在尋寶發財方面，冬天一到就因飢餓寒冷而死去一半。一六〇九年，開發公司又派出五百人前往弗吉尼亞，但由於缺乏足夠的食品，冬天又特別寒冷，到來年就只剩下六十個幸存者了。一六一〇年以後，開發公司不僅注意運送食品，而且給每個拓殖者分配五十英畝土地，鼓勵他們生產糧食以自給自足，拓殖者終於在弗吉尼亞站穩了腳跟。後來，開發公司發現在北美種植煙草贏利頗豐，於是，在一六一九年將第一批非洲黑奴運往弗吉尼亞。到一六二三年，該公司已在弗吉尼亞開發中投資了三十萬英鎊，但公司不久破產。一六二四年，詹姆士一世收回特許狀，弗吉尼亞變成隸屬於國王的殖民地。一六三五年，弗吉尼亞已有五千名居民和穩定的經濟基礎。

一六〇八年，一批清教分離主義者為逃避宗教迫害，從諾丁漢郡啟程到荷蘭避難。一六二〇年，他們從弗吉尼亞開發股份公司處獲得在特拉華灣北部定居的特許證，並向倫敦金融商理事會申請集資後啟航北美，一六二〇年十一月，這批清教徒到達北美的科德角，即今馬薩諸塞州的普利茅斯。登陸之前，他們在「五月花號」船上簽署了莊嚴的誓約，保證登陸後要在殖民地建立平等、民主的社會。這就是著名的《五月花公約》。《五月花公約》後來成為美國憲政傳統的一塊基石，這當然應歸功於清教理念中的平等理想。但是在五個月後，這些乘坐「五月花號」抵達普利茅斯的一百零二人中，就有五十人悲慘地死去了。剩下的清教徒依靠農業種植和毛皮貿易活了下來，到一六三七年發展到六百人。一六二九年，樞密院批准「馬薩諸塞灣開發公司」在查理河和梅里馬克河之間進行拓殖，移居到那裡的主要是逃避宗教迫害的清教徒，他們分乘十一條船，大約九百人，於一六二九年夏到達薩勒姆。後來，不少英國人因失去耕地、經濟窘迫、農業歉收、躲避宗教迫害和犯罪受罰等各種原因移民到馬薩諸塞，馬薩諸塞殖民地建立起來了，他們在那裡成立了清教分離派教會和寡頭政府。

作者點評

詹姆士一世和查理一世我行我素，最終引發了英國革命。革命造成巨大的動盪，十七世紀就是在衝突與動盪中度過的。問題是：革命是不是必然的歸宿，革命的命運是否不可避免？從詹姆士和查理統治的過程來看，情況未必如此。詹姆士和查理最大的失誤，就在於他們在該退讓的時候不肯退讓，從而激化了社會矛盾。斯圖亞特王朝和他們的都鐸朝先輩們不同，都鐸朝君主在不得已時總是會退一退的，這在伊利沙伯身上表現得特別明顯。詹姆士和查理卻沒有這種機巧，他們無論如何不願做實質性的讓步。兩種態度實際上反映了兩種不同的統治觀：對都鐸君主來說，他們知道權利的基礎是民族，沒有民族作後盾，王朝就沒有立身之處。詹姆士和查理則深信自己的權力來自上帝，上帝之下，便是君主——所謂「君權神授」，民族並不存在於他們的政治語彙中。正因為如此，他們不能容忍議會的存在，而恰恰在議會問題上，他們惹怒了民族。但即便這樣，矛盾還是可以化解的，遺憾的是，詹姆士和查理一意孤行，終於把民族逼上了造反的路。社會變革的方式不只革命一種，只有當其他道路都被堵死時，才會不得已發動革命。

第十章 英國革命

一、內戰及各派政治力量的鬥爭

一六三七年，英國歷史發展到一個關鍵時刻，以後的事變把英國帶進一個劇烈衝突的時期，即革命時期。事變的導火線是宗教問題。查理一世在宗教問題上持保守的國教立場，即堅守國教中殘存的天主教色彩，抵制對國教做進一步改革的要求。查理的親信大臣勞德大主教是這種政策的具體執行人。一六三七年，勞德命令蘇格蘭教會接受英國國教的祈禱書，這引發了蘇格蘭的反抗，同時也導致英國革命。

蘇格蘭在十六世紀就已確立長老教的國教地位，而接受英國國教祈禱書，就意味着要放棄長老教信仰。查理一世這樣做的目的主要是政治性的，因為他一再聲稱：沒有主教，就沒有國王。長老教主張由「長老」們領導教會，這與查理一世強化君主專制的意向是背道而馳的。蘇格蘭表示不能服從勞德的命令，不久，各地開始簽署《國民聖約》，並組織軍隊，發誓要與查理一世抗爭到底。一六三九年，蘇格蘭軍隊攻進英格蘭領土，戰爭隨之爆發。查理一世因財力不支，無力抵抗，只好與蘇格蘭簽訂了暫時的和約。

但查理並不打算向蘇格蘭屈服，也不打算放棄主教制。為了使戰爭能繼續進行，他決定召開英格蘭議會，要議會同意籌集軍費。在英格蘭，只有議會才能合法地開徵稅務，查理一直不願承認這一點，但最後卻不得不承認。蘇格蘭的反叛迫使他在英格蘭尋求支持，但結果卻是在英格蘭引起了更大的反叛。

在英格蘭，已經有十一年不召開議會了，查理完全靠強制手段徵收錢財，國王與人民的對立已經非常尖銳，因此議會一召開，立即對查理的統治提出責難，而拒不討論徵稅問題。查理一怒之下解散了議會，這次議會從一六四〇年四月十三日召開到解散只存在了三個星期，史稱「短期議會」。「短期議會」標誌着一個重要歷史時期的到來，這就是革命時期。

議會解散後，英蘇之間的戰爭繼續進行，但英方缺乏經費，軍隊已瀕臨兵變。由教會提供的兩萬英鎊贊助費很快就花光了，倫敦的商人則堅決不肯借錢給國王。社會各階層都主張召開新的議會以解決問題，蘇格蘭軍隊則要求查理一世支付戰費，直至簽訂正式和約為止。在強大的內外壓力下，查理一世不得不於十一月三日再次召開議會，這次議會存在了近二十年，因此稱「長期議會」。

長期議會召開後立刻對查理一世的個人統治進行清理。首先，議會迫使國王逮捕勞德大主教和斯特拉福伯爵，稱這兩人對國家的錯誤政策負責。斯特拉福在二十年代曾經是議會反對派的領袖，後來接受查理收買，做了政府的高官，因此，他最受議會的痛恨。一六四一年，他被議會處死。勞德被關押到一六四五年，最後也未能躲過一死。這兩人實際上是查理一世的替罪羊，他們的垮台標誌着查理一世個人專制的結束。

議會隨後通過一系列法律剝奪了國王的權力，這些法律包括禁止徵收船稅，重申一切稅收都必須經議會同意，每三年必須召開一次議會，而本屆議會則必須由它自己宣佈解散。議會還取消了專制政權最恐怖的工具，如星室法庭、北方委員會、威爾斯委員會等，被關押的政治犯也一律獲得釋放。

在此後一年中，王權與議會對抗不斷，無法實行和解。但隨着時間的推移，議會內部卻出現了分歧。一部分人雖主張限制國王的權力，但不主張議會的力量壓倒國王，他們希望王權與議會保持一種平衡，回到傳統的「王在議會」中去。在宗教方面，他們雖反對勞德的親天主教立場，卻也希望維持主教制，也就是維護國教的地位。這一立場與其他人發生對立，於是他們就逐步向國王靠攏，使議會的力量受到削弱。一六四一年十月，愛爾蘭發生叛亂，議會反對派堅決不同意由國王任命軍官前往鎮壓，這實際上就提出了誰是國家最高主權的問題，而議會內部的分歧也就公開化了。就在這時，下院開始對反對派提出的《大抗議書》進行表決，最後僅以十一票多數獲得通過。議會明顯出現了一半對一半的局面，查理認為時機已到，於是在一六四二年一月率親兵進入議會，企圖逮捕皮姆、漢普登等議會領袖。五位領袖事先得到消息，躲進倫敦城，倫敦市民自發武裝起來阻止查理進城捕人。查理一世知道他在首都已經失去支持，於是就離開了倫敦向北方撤退。許多貴族追隨他，大約一半下院議員也隨他北上，這些人就組成了後來的王黨。一六四二年八月，查理在諾丁漢城建立大本營，豎起了王旗，他指稱議會造反，背叛了國王，應該予以征討，內戰由此爆發。

查理北上時，議會分成了兩半，在五百零七名下院議員中，有二百三十六人站在國王一邊。這時的議會完全代表土地階級利益，商人和金融代表微乎其微。絕大多數下議員與土地有直接的聯繫，他們要麼是貴族、鄉紳家庭的成員，要麼是他們的親戚、朋友或代理人。有些人本人是律師或軍官，但其家庭可能是貴族。城鎮選邑的代表往往也受貴族或其他大土地所有者的控制，因為城鎮與當地地產的關係十分密切，經濟上常仰仗於它，有些城鎮甚至就是貴族的家產。議會的分裂並不是以階級作分界線的，實際上，內戰雙方的領導層都屬於同一個階級，即當時的統治集團貴族地主階級。

近年來的研究表明，在雙方陣營中，社會階層的分佈情況差不多。雙方都有貴族，都有鄉紳，都有富商巨賈和一般商人，也都有小土地所有者和手工工匠。貴族會把自己的佃農裹挾進來，因此雙方軍隊都以普通農民為主幹。議會後來改組軍隊，建立新軍，其中騎兵以自耕農為主，自備馬匹軍械。這些人自主意識強，有政治覺悟，經濟上又獨立，不須仰別人之鼻息行事。相比之下，步兵則多為貧苦佃農，他們依附於本地鄉紳，和王軍一樣，往往是被強徵入伍的。雙方陣營中各階層的比例也大體相當，和當時整個社會的結構基本

查理斯・韋斯特・柯普（Charles West Cope，1811—1890）所繪查理一世企圖逮捕議會議員的畫作，現藏於倫敦議會大廈

吻合，因此在英國革命中很難用階級界線來劃分陣營，這是一個歷史的事實。

有一種說法即英國革命是資產階級革命，英國史學界也曾就這個問題展開過辯論。這種說法的最大弱點是說不出誰是「資產階級」，如果不存在「資產階級」，「資產階級革命」又如何存在呢？現在比較普遍的看法是：一般所公認的「資產階級」在當時還沒有出現，因此「資產階級革命」這種說法就受到了很大衝擊。

從地理分佈上看，議會力量主要在東部和南部，王黨力量主要在西部和北部。但在國王控制的地區也有許多議會據點，其中包括大批鄉紳貴族的領地；在議會控制的地區也有不少王黨的根據地，其中包括許多製造業城鎮。有不少地方自始至終保持中立，當地士紳哪一邊都不參與，只圖保本地平安，不受任何一方的傷害。一般來說，一個地方士紳的態度就決定這個地方的態度，士紳站在哪一邊，這個地方就站在哪一邊。

劃分雙方陣營的最明顯的界線是宗教信仰，幾乎可以說，凡是支持國教的都支持國王，凡是反對國教的都支持議會，因此有一種說法，把英國革命說成是「清教革命」。清教徒主張對國教進行改革，「清除」其中的天主教成分。清教也主張對政治制度進行改革，限制國王個人的權力。清教徒對教會和國家的看法是相呼應的，他們反對教會的主教，就必然反對君主專制。但清教本身又分成很多派別，長老派主張長老治教，再由各地的長老聯合成全國的統一組織，在政治上，他們就相應地具有一種寡頭治國的傾向。獨立派反對實行宗教劃一，認為每一個人都可以按照自己的意願去理解上帝，觀點相同的人聚集在一起，獨立地組成宗教團體，而不必有全國性組織，相應地，在政治上他們就表現出更多的民主傾向。從宗教上說，「獨立派」並不是一個單一的教派，它包括許多不同的派別，如浸禮派、公理派、教友派等。其組織原則區別很大，從頗具寡頭氣息的傾向到近乎無政府主義的傾向都有，而這些傾向又都在政治上體現出來。英國革命一個重要的特點就是宗教的政治化，當然，政治也宗教化，政治理念都是用宗教語言來表達的。相比之下，清教徒比國教徒表現出更大的宗教熱情，他們相信自己是「上帝的選民」，上帝賦予他們拯救世界的重任。

「自由」是革命的真正口號，議會就是用「自由」來號召人民的。在議會陣營看來，「自由」是不容侵犯的，它是英國人自古就有的權利。「生而自由的英國人」是歷史賦予的光榮遺產，國王破壞了它，因此應該受到抵抗。使用武力捍衛自由是歷史賦予的權利，自《大憲章》以來英國人就一直在這樣做。捍衛自由的權利是革命合法性之所在，沒有「自由」的價值觀，革命就失去依據了。

但革命的真正目標是樹立議會的主權。在伊利沙伯統治末期，議會已經對王權的專制提出了挑戰，只因為伊利沙伯的政治手段高明，才使衝突沒有變成戰爭。詹姆士一世登位後對議會的合法權利進行挑戰，並一再使衝突升級；查理一世則對議會的存在加以否定，最終使暴力衝突不可避免。戰爭爆發時，議會僅是為生存而戰；但隨着戰爭勝利，議會提出了主權問題，這從一個側面表明專制王權的歷史使命已經結束了，議會以人民的名義要求主權。從這個角度看，革命的實質是推翻專制。

戰爭初期，議會處境不妙，國王畢竟是「天然統治者」，反抗國王，究竟有多少合法性？議會軍首領曼徹斯特伯爵直到一六四四年還説：我們打敗國王九十九次，他仍是國王；國王打敗我們一次，所有的人都要被絞死，子孫後代都要做奴隸。這種心理長期存在於議會陣營中，因此，議會軍將領作戰不力，總感到氣短心虛。其次，國王軍隊兵力精良，士兵中有許多是職業軍人，作戰經驗豐富；主將魯波特親王身經百戰，驍勇年輕，是三十年戰爭中新教方面最著名的將領。議會軍則是倉促組織來的，無論裝備還是組織水平都不如王軍。第三，戰爭是國王挑起的，議會方面被動應戰，戰爭的目標和正義性都不甚明確，要等到一支由「生而自由的英國人」自覺組織起來、用上帝的神召武裝頭腦的新型軍隊出現時，戰局才會改觀。

因此，在戰爭爆發後一段時間裡，議會戰績不佳。第一場戰爭發生在十月二十三日，查理向倫敦進軍，一路不受阻攔，只是在埃奇山附近被武裝的民兵擋住，才撤往牛津，在牛津設立大本營。不久後，王軍的紐卡斯爾侯爵攻佔英格蘭北部，拉爾夫·霍普頓爵士佔據英格蘭西南，兩處與牛津形成三角之勢，議會勢力被局限在東南部，局勢十分危急。一六四三年，王軍從三個方面向倫敦進軍，但在赫爾、普利茅斯和格洛斯特分別受阻，局勢出現變化。從戰略上説，查理一世本應繞開這三個據點直取倫敦的，但王黨生怕這三個地方成為後方的釘子，威脅到自己在後方的地產，因此強迫查理滯留在這三個地方，清除頑敵，結果貽誤了戰機，失去了打敗議會的最好機會。

議會迅速利用了這一時機。為扭轉戰局，它與蘇格蘭結盟，於九月簽署《莊嚴同盟與聖約》。英國議會同意立長老教為國教，並提供軍費；蘇格蘭答應出兵，與英國議會並肩作戰。雙方還組建「兩王國委員會」，共同指導作戰事宜。此後，議會擴充軍力，由各地清教鄉紳在本地區招募子弟兵組建地方團隊，奔赴戰場。一六四四年戰局開始變化，七月，英蘇聯軍在約克郡的馬斯頓荒原與王軍交戰，議會方面大勝，消滅王軍四千人，捕獲一千五百人。這是戰爭的轉折點，從這時起議會轉入反攻，王軍則失去勢頭。

在馬斯頓荒原大戰中嶄露頭角的是奧利弗·克倫威爾，他後來成為英國革命中最重要的人物。克倫威爾是亨廷頓郡一個清教鄉紳，家道並不富裕。他在劍橋上學時接受了清教思想，成為清教徒。一六四〇年他進入長期議會，因思想激進而引人注目。他與議會領袖皮姆、聖約翰以及亨廷頓郡的首席貴族曼徹斯特伯爵是親戚，政治上的上升之路因此很容易打開。戰爭爆發後，他在家鄉組建子弟兵，訓練了一支驍勇的騎兵，這支軍隊後來併入曼徹斯特指揮的東部聯軍，克倫威爾也升任二號總指揮兼騎兵領隊。克倫威爾治軍極嚴，他要求士兵有良好的體質、嚴格的紀律，更要求他們懂得為上帝而戰，具有高度的政治覺悟和堅定的宗教信仰。他對將士嚴格挑選，說他寧願要一個願為上帝事業獻身的普通勞動者，也不要不懂信仰、不知為何而戰的上等人出任軍官。他擔任東部聯軍二號總指揮後就把這種思想貫徹於全軍，使東部軍成為一支能征善戰的軍隊，號稱「鐵軍」。在馬斯頓荒原大戰中，克倫威爾的騎兵創建奇功，克倫威爾也因此威名大振。

但議會並未能利用馬斯頓的勝利成果，許多貴族軍官想與國王和解，因此裹足不前，錯過了戰機。克倫威爾等堅定分子不得不與動搖派作鬥爭，一六四五年四月，他們在議會通過《自抑令》，規定一切貴族和下院議員自動放棄軍權，軍政兩務不得兼任。不久後，議會又規定克倫威爾可以既留任議員，又指揮軍隊，從而使克倫威爾成了議會陣營中權勢最大的人，保證軍隊的指揮權掌握在堅定派手中。

奧利弗·克倫威爾

歐內斯特·克羅夫斯（Ernest Crofts，1847—1911）畫作，描繪奧利弗·克倫威爾在馬斯頓荒原戰役中的情景

兩王國委員會接着開始改組軍隊，它將原來分散的地方團隊組合成接受統一指揮的正規軍，由費爾法克斯出任主帥，克倫威爾擔任副帥並統領騎兵。克倫威爾很快就把議會軍改造成一支擴大的鐵軍，號稱「新模範軍」。六月十四日，新軍在納斯比附近大敗王軍，幾乎消滅了由查理一世和魯波特親王親自指揮的部隊，使內戰獲得決定性勝利。這以後，戰爭雖又持續進行了近一年時間，但基本上是掃尾階段了。一六四六年六月，查理一世離開牛津大本營，向蘇格蘭軍隊投降，內戰第一階段結束。戰爭結果表明：一支有堅定信仰、有充分給養及裝備供應、用新型方式組織起來的革命軍隊，一定能戰勝觀念陳舊、組織落後、在國王私人影響下並為其私利而戰的封建軍隊。議會的事業符合時代發展的方向，它的勝利應該是必然的。

但議會陣營很快就發生分歧，議員中多數是長老派，他們對新模範軍心存戒懼，同時對《自抑令》心懷不滿。戰爭一結束，議會就要求軍隊解散，但由於軍餉拖欠太多，所以士兵們不肯從命，反而選出鼓動員，代表各團隊向議會呈情。克倫威爾等高級軍官經過短暫的猶豫後決定與兵士站在一起，他們設立了「全軍會議」，將高級軍官和士兵鼓動員都包括在內；軍隊發表聲明表示不解散，相反卻要求清洗議會，舉行新的大選，這樣就形成軍隊與議會的對立。軍中多數人屬於獨立教派，於是，對立就體現為「長老派」與「獨立派」的分歧。

蘇格蘭軍隊在一六四七年一月將查理一世移交給英國議會，英國議會接着與國王開始談判，商討和平事宜。議會提出《紐卡斯爾建議》，要求將長老教確立為國教，同時希望控制陸海軍指揮權。查理不接受建議，他認為議會與軍隊發生分歧，自己正可以從中漁利。議會於是準備做出更大的讓步，以鞏固自己的地位。

軍隊對這些談判疑慮重重，並且對設長老教為國教的要求十分痛恨，因為這意味着對獨立派實行鎮壓。軍隊與議會的對立從此就更為嚴重，最終發展到劍拔弩張的地步。六月份，軍隊把國王控制起來，關在軍中。八月份，軍隊進駐倫敦，驅逐了十一名議會領袖。這以後，軍隊就在英國政治舞台上扮演主要角色了，而這正是革命的必然結果。

軍官開始與國王進行談判，八月底他們提出《建議要點》。在宗教方面，《建議要點》要求實行寬容，允許一切教派合法存在，不得把長老教強加於人，也不允許國教的主教有任何特權。在政治方面，該文件主張改革議會制度，擴大選舉權，解散長期議會，舉行新的大選。查理一世拒絕了這些要求，和以前一樣，他指望從議會與軍隊的分歧中尋求好處。

但《建議要點》也把軍隊內部的矛盾激化了。戰爭結束後軍中士兵就漸漸滋生出平等思想，許多中下層軍官也支持他們，這樣就形成一個新的政治派別，叫「平等派」，其最主要的人物是羅拔·李爾本上校。平等派主張人人平等，並要求改變現存的政治制度。《建議要點》被拒絕後，平等派提出一個新的文件，叫《人民公約》，其中提出了人民主權的思想。該文件說：人民是國家權力的源泉，因此應廢除王位，取消上議院，建立一個由人民選舉產生的一院制議會，行使國家主權，一切人都可以參加這個議會的選舉，選出自己的代表。《人民公約》還提出一些不受國家干預的權利，即人權，其中包括信仰的權利，不被強制服兵役的權利，等等。除此以外，平等派還提出許多社會要求，比如進行司法改革、保障土地租佃、開放圈地、取消什一稅、廢除國家教會、取消貴族特權、解散市政團和特許公司等。平等派代表的是下層人民，但所謂「下層」是指有財產的小生產者，並不是一無所有的窮人。

平等派與獨立派有重大分歧，為解決軍內分歧，軍隊從十月底到十一月中旬在倫敦附近的普特尼召開全軍會議，高級軍官及士兵鼓動員都參加了會議，雙方就《建議要點》及《人民公約》進行辯論。辯論集中在選舉權問題上，高級軍官認為：選舉權必須掌握在有財產的人手裡，因為只有有產者才與社會的利益有直接關係，因而也才會對社會負責。平等派反駁說：最窮的人和最富的人都在同一塊土地上生存，任何人若被置於一個政權的管轄之下，都必須預先表示同意。平等派還說：再窮的人也有他的財富，這就是他的勞動。但平等派並不主張每一個人都可以得到選舉權，在他們看來，「依附於別人的人」是不可以有選舉權的，因為他們仰別人之鼻息生活，無法做出自己的判斷。這些「依附於別人的人」指的是僕役、長工、工資勞動者和赤貧等，這些人其實就是社會的最底層。

普特尼辯論是不同階層的利益分歧在軍隊中的反映，獨立派與平等派之爭，預示着十八—十九世紀在英國議會改革運動中的中下階層之爭。面對平等派的挑戰，克倫威爾終於不耐煩了，他在十一月十五日強行終止了辯論，命令軍官與士兵代表返回自己的團隊。這一天，高級軍官在魏爾地方給平等派一記重擊：克倫威爾親自制服了李爾本的團隊，並對企圖鬧事的士兵實行懲罰，還當眾槍決了一名為首者。

這時局勢已發生變化。前些時議會長老派修改了他們給國王的建議，稱只要查理答應在三年中給長老教以國教地位，他們就願意讓國王復位。這就給國王與長老派（包括英格蘭長老派和蘇格蘭長老派）的合作提供了基礎。十一月十一日，國王擺脱軍隊的監控，逃往懷特島。十二月，查理與蘇格蘭代表簽訂協議，雙方表示願意合作。第二年七月，蘇格蘭軍隊進入英格蘭，幫助國王恢復王位，內戰於是再次爆發。面對共同的危險，獨立派與平等派再次聯合，克倫威爾做出姿態，表示可以考慮平等派的要求，取消上院，審判國王，釋放魏爾事件中被捕的軍官。戰爭持續了幾個月時間，蘇格蘭軍被打退，王黨叛亂被撲滅，接下來，英國軍隊回師倫敦，決計把政權抓到自己手裡。

對議會與國王的勾結，軍隊已十分反感；對國王的出爾反爾，軍隊則深惡痛絕。一六四八年十二月六日，普萊德上校率領一支軍隊進入議會，驅逐了大約一百四十名長老派議員，這就是著名的「普萊德清洗」。這以後，議會中只剩下九十名左右議員了，他們全是獨立派，史稱「殘缺議會」。不久後，議會成立特別法庭對查理一世進行審判，一六四九年一月三十日，查理一世被處死，罪名是背叛他的國家、背叛他的人民。

一六四九年一月三十日在倫敦簽署並蓋章的英格蘭查理一世死刑令，藏於英國國家檔案館

描繪查理一世被處決場景的畫作，藏於愛丁堡蘇格蘭國家美術館

二、從共和國到復辟

查理一世被處死後，英國歷史進入一個特別時期，此後十一年中王位空缺，史稱「大空位」。殘缺議會宣佈成立共和國，廢除王位，取消上院，下院行使國家主權，由人民選舉產生——這些顯然反映了平等派的要求。在整個世界歷史上，人民主權的思想第一次被公開承認，寫成文字，後來在各個國家都產生巨大的影響。但在當時，政治的現實卻與原則不符，殘缺議會不能代表人民，統治國家的其實是軍隊。

軍隊不喜歡殘缺議會，但在那時，它又不得不依賴殘缺議會，因為共和國面臨許多危險，沒有議會做門面，軍隊的統治就更加不穩。議會通過決議，建立了行政院處理國務，行政院每年由議會投票任命，議會由此而抓住了政權。

共和國的危險來自多方面，除國內時起時伏的王黨叛亂、平等派的鬧事之外，最大的威脅來自法國與荷蘭，這些國家的統治者與查理一世有親緣關係，對英國的事變耿耿於懷。愛爾蘭與蘇格蘭也公開打起造反的旗幟，它們擁立查理一世的兒子為新國王，向英國革命發動挑戰。軍隊不得不投入幾條戰線的戰鬥，以保衛共和國，同時也保衛革命。

愛爾蘭與英國一向對立，自宗教改革以來，愛爾蘭堅守天主教，以維護它的民族特性。對此，英國從亨利八世起就一再征討，造成了兩個民族的積怨。英國革命發生後，王黨與議會都無暇顧及愛爾蘭，愛爾蘭於是就越來越自行其是。查理一世曾要求愛爾蘭出兵幫助他打仗，為此，他答應寬容天主教，並召集愛爾蘭地方議會。查理一世被處死後，愛爾蘭公開支持他的兒子，一六四八年愛爾蘭參與王黨叛亂，新教徒和天主教徒都站在英格蘭的對立面。一六四九年，愛爾蘭奉查理二世為新國王，這樣它就與英格蘭公開對立了。不久，議會派克倫威爾率大軍前往征討，戰爭打得十分殘酷，在德羅赫達，英軍破城後屠殺了所有的守城男子，連神甫也不放過。英軍對一切抵抗的城鎮都實行屠城，至一六五〇年夏控制了愛爾蘭局勢。一六五二年，議會頒佈由克倫威爾制定的解決法，其中對五種人計八萬多人處以死刑或沒收財產；其他參與叛亂的人失去三分之二的土地，剩下的三分之一必須到遠離家鄉的地方去才能得到補償。愛爾蘭的大量土地被沒收，分配給隨克倫威爾征戰的英國士兵。自此後，愛爾蘭就出現了一批英國莊園主，愛爾蘭人反而失去了土地，愛爾蘭成了英國的殖民地。

此時，克倫威爾已從愛爾蘭轉入蘇格蘭，查理二世當時正在該地，被承認是新的國王。一六五〇年九月，克倫威爾在鄧巴爾擊敗蘇軍主力，取得重大勝利。一年後他又在英格蘭的伍斯特消滅由查理二世親自率領的蘇格蘭入侵軍，蘇格蘭無力再戰，於是接受了和談條件。蘇格蘭接受由英國人建立的政府，但保留了長老教的國教地位，還可以與英國人進行自由貿易。與愛爾蘭相比，蘇格蘭受到的待遇已經很寬厚了，但蘇格蘭人感到自己被征服了，英國的政權使他們的民族感情受到了侮辱。

軍隊從蘇格蘭班師回國後，與殘缺議會的矛盾便公開化了。這時議會和軍隊都成了利益集團，都已經和人民的願望不相符合。殘缺議會主要由兩種人組成，一種是政治或宗教上的狂熱分子，他們堅守共和國理想，追求信仰自由；另一種人則是投機分子，他們之所以支持共和國，只是想分得一杯羹而已。這兩種人都希望殘缺議會能永久存在：對第一種人而言，新的選舉會使其理想成為泡影，因為多數英國人既不願支持共和國，也不願接受獨立派的宗教信仰，對此他們是深深知道的；對第二種人而言，解散議會就打碎了他們的飯碗，他們希望一輩子都坐在議會裡，舒舒服服地吃議會飯。這時，民眾中多數在情感上已發生變化，如果說有一個時期許多人同情議會的事業，那是因為查理一世的專制行徑使英國人的「自由」受到破壞，英國人對此有本能的反感。查理被處死後，不少人感到事情好像走過了頭，議會不能保障人民的「自由」，相反卻霸佔了政權賴着不走。慢慢地，查理好像變成了烈士，人們對長期議會厭倦了，開始懷念國王的時代。

軍隊在愛爾蘭戰爭中變了質，這支軍隊燒殺擄掠，搶奪戰利品，軍隊也成了利益集團。軍隊有它的職業利益，它沒有政治理想，但必須有權力，暴力是它權力的基礎。它對殘缺議會十分反感，因為議會擋在通往權力的道路上，它對軍隊指手畫腳，自稱代表人民，其實只代表自己。軍隊知道殘缺議會不得人心，便想取而代之；軍隊還想制定常規稅則以使自己能夠有固定的收入，這樣就可以合法地存在；但殘缺議會不肯這樣做，因此軍隊就要求解散它。

一六五三年四月，克倫威爾派士兵驅逐議會，這是世界近代史上第一次軍事政變。自此後，英國革命就迷失了方向：革命是以維護議會的自由權利開始的，反抗國王的專制統治；但現在國王被處死了，議會卻也失去了權利，起而代之的是一個強制性的力量，它完全以武力為後盾。革命背離了出發點，相反卻走向了反面。這以後革命就走下坡路了，一直走到它的失敗。

殘缺議會被解散後，軍隊召開了一個新議會，軍隊指定一百四十人擔任議員，其中許多是各地的獨立教團推薦的，由此便可以保證獨立派的優勢。但這屆議會只維持了大約半年時間，到十二月就被解散了。議會中的激進派提出一系列社會改革措施，包括司法變革、世俗化的婚姻等等。保守派無法忍受這些要求，便將權力交還給軍隊。議會中有一個成員名叫 Praise-God Barbon（Praise-God 是他給自己起的革命名字，意為「讚美上帝」），由此議會得到一個外號，叫「拜爾朋議會」（Barebones Parliament，Barebones 是 Barbon 的另一種拼法，字面含義是「瘦骨伶仃」）。

這以後，軍隊決意自己掌權，於是就制定了一份文件，叫《政府約法》。這份文件規定由克倫威爾擔任護國主，由他負責行政事務。立法權交給一個議會，議會由選舉產生。議會得到比較大的權力，它可以駁回護國主的否決，使某項法律生效。從理論上說議會具有最高權力，革命的原則似乎被確認了。但實際上情況卻並非如此，軍隊靠暴力維護統治，選舉是在軍隊的操縱下進行的。不過新議會召開後還是立刻與軍隊發生衝突，議會要求修改《政府約法》，反對軍隊專權；軍隊則要求維護教派寬容，不允許議會取得最高權力。雙方的衝突無法調和，克倫威爾於是解散了它，就好像當初詹姆士一世和查理一世解散議會一樣。軍事獨裁的本質現在暴露無遺了，克倫威爾的權力不比國王小，而且和國王一樣隨意。

這以後克倫威爾就實行赤裸裸的軍事統治，他把全國分成十一個區，每個區派一名將軍做行政長官，實行軍管。長官的意志不可討論，一切政務都由長官說了算。在英國政治傳統中，至少徵稅問題還要由議會來討論，現在將軍們的隨心所欲卻決定着一切事務，包括隨便攤派徵稅。人們於是記起：當初反抗查理一世，就是因為他強制性地橫徵暴斂，而現在將軍則有過之而無不及。將軍們還隨意判案，目無法律，完全憑個人高興，人情高於司法。這又讓人想起查理一世當年踐踏法律、人高於法的情景。軍政府還制定了嚴格的清教戒律，要國人按清教戒規行事，諸事都必須像個「清教徒」，不僅不可喝酒，不可賭咒，安息日還不可出門，店舖不可營業，連在外面「閒逛」都會受到懲罰，荷槍實彈的士兵沿街巡邏，用槍彈來維護清教的信條。清教靠暴力推行其道德倫理，這引起人們強烈的反感。

一六五六年，為了在全國開徵稅務，克倫威爾又召開一次議會。這一次議會仍然是在軍隊控制下產生的，但議會召開後，還是對軍政府持反抗態度，並要求修改憲法。克倫威爾讓議會提出修憲方案，議員們就提出一份叫《謙恭請願與建議》的文件，其中最主要的條款是：讓克倫威爾進身為王，建立一個世襲的王朝；在議會中設立「另一院」，實際上就是上院。這份文件真正的意圖是控制不受約束的軍事統治，把一個擁有無限權力、人們又不知道如何去限制他的「護國主」，變成一個只有有限權力、受到議會約束的「國王」，即建立君主立憲制。克倫威爾猶豫了很長時間，最後在軍官的反對下拒絕了王位，但接受了其他內容。一六五八年新的議會召開時，克倫威爾將其親信塞進「另一院」，護國主也成了世襲職務，其實是無冕之王。但新議會一召開兩院就彼此爭吵，克倫威爾於是就把它解散了。他打算重新召開一個議會，但在九月三日他卻去世了。

克倫威爾是一個虔誠的清教徒，為清教事業奮戰了一生。他的個人品質也許是高尚的，也沒有權力慾。但革命的狂風巨浪把他衝到權力的頂峰，而這個權力卻似乎正是革命試圖要遏制的那個權力。克倫威爾於是成了一個複雜的人物，他一方面反對專制，一方面又實行集權。他的雙重形象究竟出於他個人的過錯，還是出於歷史的無奈與曲折過程？

無論如何，護國主制只維繫在克倫威爾一人身上，英國革命最終出現這種結局，不可不說是一個悲劇。革命以反抗一個人的專制開始，最終卻不得不以另一個人的專制結束，這裡面是否有內在的必然性？這個問題很值得探討。克倫威爾死後，他的兒子理查·克倫威爾襲任護國主職，但軍事獨裁不靠軍隊支持是無法維持的，理查年僅三十二歲，既無軍功又無人望，各路將軍都不買他的賬。新議會召開後，立即向軍隊要權，軍隊則逼迫理查將其解散。一六五九年五月，將軍們把六年前被他們自己驅逐的殘缺議會找回來復會，歷史的輪迴開始了，革命迅速退回原地。不久，理查被迫退位，護國主制壽終正寢。

殘缺議會一復會立即向軍隊奪權，在革命與內戰的二十年裡，始終存在着議會與一種專斷權力的鬥爭，不管這個議會是由國王召開還是由軍隊召開，也不管這個權力是國王還是軍隊自己。二十年鬥爭的實質是爭奪主權，但這個問題直到最後也未能解決。十月份，軍隊又把殘缺議會驅散了。英國已走到無政府狀態的邊緣：誰也沒有權威，誰也無法解決問題；軍隊本來可以用武力進行統治的，但克倫威爾死後，軍隊本身也不再團結。英國現在只有兩條路可走：徹底混戰，或是退回到斯圖亞特王朝。

英國選擇了後者。議會被驅散後，駐蘇格蘭軍區司令佐治·蒙克就揮軍南下，要為議會討個說法。他一路受到歡迎，大家都希望重建一個「自由的議會」。一六六〇年二月，他抵達倫敦，隨後再次恢復殘缺議會，卻不肯執行議會的決議，相反他要求殘缺議會自行解散，舉行新的大選。議會加以拒絕，蒙克就召回了在一六四八年普萊德清洗中被驅趕的長老派議員，讓他們宣佈長期議會結束。四月二十五日，一個新的議會召開了，該議會因為沒有得到國王的授權，因此就自稱「國民會議」。會議是由王黨分子和長老派組成的，它的任務就是恢復斯圖亞特王朝。

查理二世早就做好了準備，還在四月四日，在他的流亡地荷蘭，他就接受其主要謀臣愛德華·海德的建議，發佈了《布列達宣言》，其中表示一旦復位，他將赦免在革命中反對國王的人，認可在革命中被出售的王

查理二世加冕後從倫敦塔去威斯敏斯特

黨土地，發放拖欠的議會軍津貼，保障宗教自由。這是一個和解的聲明，表示既往不咎；但它不是一個解決問題的辦法，因為其中沒有對主權問題做出說明。國民會議接受了這個聲明；五月二十五日，查理回到倫敦，斯圖亞特王朝復辟了，稍稍留意一下就可以看出迎接國王回來的人就是當初反對國王的人，英國的復辟是由以前的革命者執行的，比如率領代表團到海牙與查理二世談判的就是當年新模範軍的主帥費爾法克斯。

三、經濟、社會、思想文化

一六四〇—一六六〇年是英國歷史上一個特殊的時期，革命造成巨大的社會變化，但這些變化都沒有持久。革命沒有留下永久性的遺產，這是英國革命的特別之處。

根據議會法令，王室與王黨土地被拍賣，王室土地售價達兩百萬英鎊，七百戶王黨土地被沒收，售價達一百二十五萬英鎊，另外，出售教會土地近兩百萬英鎊。從理論上説，這是宗教改革以來最大的一次土地交易，理應造成深刻的社會變動，但王黨卻可以贖回自己的土地，根據其「罪過」的大小，交納其土地售價十分之一至一半的罰金，就可以使土地物歸原主。到一六六〇年，許多王黨都已贖回自己的土地，而往往是由其親友或代理人為其贖回的，由此，革命並沒有對英國原有的社會結構造成太大的衝擊，土地階級的經濟基礎未受到破壞。實際上，革命中兩個陣營的人在階級成分方面的差異並不大，雙方的主導力量都是土地階級。為使王黨有能力贖回土地，議會允許他們出售其中的一部分，再贖回其餘的部分，只有出售的那部分到復辟時才不能夠歸還原主。議會從三千名王黨那裡收取贖金一百五十萬英鎊，另從其地產上沒收三十五萬鎊地租和紅利。這對一些小地產造成重大傷害，大地產則可能因此而更加鞏固了。

議會取消土地監護制，廢除了監護法庭，這使大土地所有者免除一切封建義務，並且不需要對國王作任何賠償，過去從國王那裡封授來的土地變成了自由的土地，不完整的土地所有權變成了完整的土地所有權，完全的土地私有制確立了。這大概就是英國革命最持久的後果，從私有制這個角度説，革命的影響確實是深遠的，但土地利益並沒有受到打擊，相反其力量更壯大了。

在鞏固大土地利益的同時，小土地利益受到打擊，一六五六年的議會一方面廢除封建領地義務，一方面又不限制小農土地登記費，還否決了一項限制圈地的提案。無地農民希望保護其自古就有的公地和公用森林使用權（以作放牧拾柴之用），這種願望也受到壓制。一六四九年，大約二十個無地農民在倫敦附近的聖佐治山上建立了一個土地公社，在傳統的公地上進行集體耕作，他們聲稱土地是上帝賜予的財產，每一個人都有使用的權利。克倫威爾派軍隊鎮壓了這些人，因為他們稱土地是公有財產，而這對私有制來說無疑是巨大的威脅。這批共耕主義者在歷史上被稱為「掘地派」，其領袖兼理論闡述者是傑拉爾德·溫斯坦萊。

平等派也反對圈地，但他們不認為一無所有者是「自由」人，因為無產者的勞動受別人的指使，無產者難以有自己獨立的人格。掘地派也同意這種說法，但他們認為正因為如此，才應該消滅僱傭勞動，所以他們才去耕種公地。不管怎麼說，革命實際上是大土地利益的歡樂園，克倫威爾曾經靠約曼農（即自耕農）戰勝王黨（即大土地所有者），但是到下一個世紀，作為一個社會階層，約曼農卻已經消失了。

戰爭沒有破壞農業生產，相反，政府一直在注意發展農業。在政府的鼓勵下，森林被砍伐，土地被圈圍，沼澤被排乾，耕作面積增加了，但這些成就都是由大土地所有者完成的，因為需要大量的資金投入。農業技術逐步改進，三葉草被引入，新的輪作制增加了土地利用率，購買力增加了，原因是政府開支增加和工資上漲。革命時期窮人的生活水平普遍有所提高，從而刺激了食品需求量。農業生產出現飛躍，英國不再是糧食進口國，相反開始出口。低價的食品造成低價的勞動力，從而使北部和西部的經濟也得到發展。東南部的軍事勝利反而造成西北部的經濟繁榮，這是一件很有趣的事。

戰爭促進了交通的發展，在一六二八——一六八三年間，近海船運擴大三倍；議會則在一六五四年下令召集民工修理道路。戰爭中，信件來往成倍增加，郵政成為全國性的企業，客運驛車開始定點定時運作。戰爭還造成人員的巨大流動，因為要徵募士兵和安置退伍軍人，學徒制受到巨大的衝擊，農業工人走出自己的村莊，北方的士兵在南方作戰，南方的士兵也在北方作戰。戰爭把英國更緊密地結合成一個國家，士兵進駐平民房舍，更使各階層人民彼此接觸，激發了思想的碰撞，戰爭還促進了工業發展，由於打破了國王的特許權，以及大批量的軍備訂貨，製造業受到很大的刺激，金屬、火藥、造船、織布、皮革、採礦等工業都得到極大發展，從而為下一個世紀的飛躍做好了鋪墊。這些都可說是革命的正面效應；然而，革命時期有十萬人死於戰爭，大量生命財產被毀。不過多數英國人對事態發展並不感興趣，戰爭對他們沒有影響，他們也不關心革命。有一個故事說在馬斯頓大戰前，人們叫一個農夫躲開，免受戰禍之殃。這個農夫丈二和尚摸不着頭腦，問：「怎麼，有兩人要幹仗？」

克倫威爾時期英國海外擴張加劇進行，遠洋商業利益成了政府追逐的目標，在英國歷史上，政府第一次把對外貿易作為一個國家的事業來追求，在其中發揮主導作用。內戰尚在進行時，由於雙方正忙於戰爭，因此議會的政策是穩住殖民地，給他們許多優惠政策，使他們不向王黨靠攏。內戰結束後，議會改變策略，加強對殖民地的控制，使其成為英國的原料供應地。為此，議會要保證英國對殖民地的貿易壟斷地位，不讓它受到外國的侵害。

當時英國在海外的主要競爭對手是荷蘭，西班牙的國力已經衰退，法國忙於大陸戰爭，無暇顧及海上。荷蘭則控制了遠洋貿易，素有「海上馬車夫」之稱，英國的殖民地貿易受到荷蘭威脅，而荷蘭對英國革命又持敵對態度，一六五一年，英國議會頒佈一項《航海條例》，其矛頭直指荷蘭。該法案規定：凡進入英國或各殖民地港口的商船，必須是英國或該殖民地所有，其船員又只能是該船所屬地的臣民；歐洲商船可以進入英國港口，但只能攜帶本國商品，配備本國船員。這是一項典型的重商主義立法，標誌着英國殖民活動進入重商主義階段。《航海條例》使英荷之戰不可避免，一六五二年戰爭爆發，兩年打了七場海戰。起初荷蘭艦隊佔優勢，但一六五三年英國扭轉戰局，一六五四年雙方議和。這次戰爭基本上是以平局結束，但戰爭的後果卻對英國有利。英國在戰爭中捕獲了一千七百條荷蘭商船，從而大大地擴充了英國的船隊。戰後英國從葡萄牙手裡得到好處，取得它原先給荷蘭的海上貿易優惠，英國開始向葡萄牙帝國滲透，其勢力進入東印度群島、巴西、非洲西海岸等地。英國還與瑞典簽協議，獲得了與荷蘭一樣進出波羅的海的權利。克倫威爾並制

十七世紀海上馬車夫荷蘭的船隻

十七世紀英國海軍船隻

訂了「西進」計劃，旨在向加勒比海進軍。一六五五年，西班牙殖民地牙買加落入英國之手，從此以後，它就是英帝國在加勒比海地區的支柱。

一六五一——一六六〇年間，英國海軍增加了兩百艘軍艦；從一六四九年起，英國海軍開始在海上正常巡邏，其範圍擴及地中海與波羅的海。革命時期英國奪取的殖民地包括牙買加、聖赫勒拿、蘇里南、敦克爾刻、新斯科舍、新不倫瑞克等，其中除歐洲大陸的敦克爾刻外，其他地方都成了英國的永久殖民地。

雖說在經濟發展和海外擴張方面革命表現出承前啟後的特點，但在宗教和思想方面卻表現了強烈的突發性，顯現一種歷史的中斷。

革命過程中宗教發揮了太大的作用，各方面都把自己的信仰看作神聖不可侵犯，信仰問題不可妥協，這當然與當時的歐洲大陸大背景有密切關係，因為整個歐洲都捲入一場宗教大戰中，戰爭雙方都扛着宗教大旗。英國清教挾歐洲宗教改革之勢，要求對國教作進一步清洗，這就為革命提供了意識形態支柱。清教徒確信自己是上帝的選民，上帝把真理放在自己手中，鬥爭是在善與惡之間進行的，這個鬥爭必須進行到底。正因為有這樣的信念，議會軍才義無反顧，一往無前，爆發出強大的戰鬥力。戰爭的勝利更堅定了革命的信念，即他們是上帝所選定的人。但這種信念卻又是雙刃的，因為隨着革命陣營的分裂，革命內部出現分歧，鬥爭中失利的一方如平等派、各種分離小教派等開始發問：真理是否真的掌握在獲勝者手裡？到革命後期，這種疑惑越來越擴散，對革命本身的懷疑也就越來越強烈了。到最後，懷疑取代了信念，戰鬥的清教主義終於丟下武器，退縮到深刻的思想反省中去了，政治上的復辟於是就出現了。清教主義變成復辟後的不服從國教派，英國歷史回到了它正常的軌道上去。

清教中長老派是一個大教派，但它在英格蘭力量不足，缺乏社會基礎，其思想根源是歐洲的加爾文主義，而社會根基則主要在蘇格蘭。從宗教上說，長老派和獨立派最大的分歧是教會的組織形式，長老派主張建立全國的統一教派，由選舉的「長老」們統一治理，獨立派不絕然反對全國性聯繫，但強調各地區教團獨立的原則，組織核心也以地方為基礎。各獨立教派教義上的分歧非常之大，從溫文爾雅的浸禮派、教友派，到一心求真的求正派、千年至福派，再到具有暴力傾向的和反道德傾向的震顫派等，不一而足。軍隊中充滿各種各樣的獨立派教徒，這使獨立教派形成一個共同的特點，即他們都主張宗教寬容，既反對國教的強制信仰，又反對長老派的趨同企圖。具有諷刺意味的是，長老派後來堅守議會陣地，以「議會自由」的捍衛者自居；獨立派卻建立起軍人政權，用刺刀強制實行政治統一。

宗教與政治不可分正是英國革命的特點，政治與宗教的結合，使政治鬥爭不可調和。實際上，在議會中，長老派和獨立派經常在宗教觀點上彼此交叉，但在政治態度上卻相當分明：「長老派」指的是溫和主義者，常帶有政治保守主義的傾向；「獨立派」則堅決不妥協，是民主理念的堅強戰士，雖說在現實政治鬥爭中他們選擇了暴力強制。真正的民主主義者是平等派，他們在普特尼會議上提出成年男子普選權，要求建立共和國。平等教派中許多人屬於追求天國理想的小教派，如千年至福派（也稱第五王國派），他們對於人世間的不平等深惡痛絕，深信天主將派救世主再現人間。他們相信眼下的革命將蕩盡人世邪惡，消滅人間的「罪王」，為天上的「聖王」降臨人世掃清道路，他們正是抱着這樣的理想投入戰爭的，而最終當革命失敗時，理想的破滅就繼之而起。

平等是普通革命戰士追求的政治理想，在普特尼會議上，平等的理想得到高度表達。但事態的發展表明英國的歷史還不具備平等的條件，而且革命也不是實現平等的手段。他們的政治理想和宗教理想同時破滅了，但他們的精神卻留傳給後世，在十八世紀開始的人民改革鬥爭中開花結果。這時，人民鬥爭放棄了革命的手段，最終卻完成了革命的未竟之業。

革命失敗後，有兩個人用文學的手段表達了對革命的失望，他們的作品成為革命遺留下的最偉大的文學遺產，約翰·密爾頓曾擔任過克倫威爾的拉丁文秘書，他在《得樂園》、《失樂園》和《力士參孫》中表達了革命在勝利時的喜悅、在失敗時的悲哀。他還向全能的上帝發出詰問：為甚麼讓上帝的事業受到劫難？密爾頓在創作這幾部長詩時早已經失明，創作本身就體現了革命的堅強意志。約翰．班揚曾是一名革命軍戰士，後來又成為浸禮派牧師。復辟後，他因宗教信仰被關押十二年，在獄中寫下了《天路歷程》。這是一部寓言體長詩，詩中表現了革命失敗後革命者經受的痛苦的思想磨難和精神反思。

革命還造就了一部偉大的政治學著作，即托馬斯．霍布斯的《利維坦》。儘管霍布斯在大部分時間中流亡國外，但他對英國的事態仍十分關注。英國革命使他思考這樣一個問題：當等級社會被革命衝垮，平等的個人相互衝突時，如何才能維護社會秩序的安寧？他認為，只有建立強大的專制政府才能做到這一點，而軍政府恰恰符合這一要求。他因此在一六五一年回到英國，支持克倫威爾的軍事專制。另一位政治學家在當時提出了一個驚人的論斷，占士．哈林頓在《大洋國》中提出：內戰的原因是財產發生了轉移，從貴族手裡轉移到「人民」手中了。因此無論內戰的結局如何，權力最終一定要轉移到「人民」手中（當然「人民」僅指有產者）。哈林頓其實提出一個被許多後來者一再重複的觀點，即政治權力是由財產權利決定的。哈林頓的思想後來延伸到亞當．斯密和馬克思，他不可不說是一位前瞻性的思想家。

作者點評

熟悉世界史的讀者應該注意到，英國革命中出現的許多現象，後來在其他革命中也出現了，比如英國有一個克倫威爾，法國有一個拿破崙；英國有斯圖亞特王朝復辟，法國有波旁王朝復辟；英國有平等派和獨立派的鬥爭，法國有雅各賓和吉倫特的鬥爭，等等——同樣的比較也可用於俄國革命和其他革命中。這種可比性完全是出於偶然嗎？應該不是。如果用曲線表示英國革命中的上升與下滑趨勢，也就是革命從無到有、極盛而衰的全過程，那麼這條曲線就酷似一座山峰，從低處向上，越過頂峰，然後就下滑。這種峰形曲線幾乎可以用來表述世界上發生過的任何革命，只要這個革命走完了它的全過程，而不是半途而廢，或者中途被擊敗。英國革命的各個階段都可在其他革命中找到對應點，這是一個很值得注意的現象，因此請細心的讀者要特別留意。這說明革命有共性，革命受規律的支配，並不只是特殊場合下的個別事例。

第十一章 復辟與光榮革命

一、查理二世的統治

國內教科書一般把革命的終結定在一六八八年，這是沿襲二十世紀三十年代蘇聯教科書的說法。這種說法跳過了一個時代，實際上，一六六〇年復辟之後革命就結束了，此後進入一個特別的歷史時期，即「復辟時期」。

查理二世回國後，承認「國民會議」是正式的議會，它所做的決定就有法律效力。查理二世將他的臨朝期提前到一六四九年開始，即其父被處死的那一年。這樣，「空位時期」就從官方文獻中一筆勾銷了，似乎沒有過革命，也沒有過克倫威爾。但同時長期議會做出的許多決定也就具有合法性了，因為既然王位未斷，議會及其立法也就不可斷。所以，像星室法庭、高級專員委員會這一類專制權力的工具就不可再恢復了，國王不再能夠隨意徵稅，也不再可以任意制定法律。以土地分封為基礎的封建義務和土地監護權被取消了，封建關係因此就永不可回頭。根據議會的決定，被沒收的土地（包括國王、教會和王黨分子的土地）從理論上說應該歸還，但被出售的土地卻不在此列。軍隊被解散，保留了一支五千人的常備軍。議會給查理二世提供了終生撥款，但剛好只夠和平時期開支，若遇戰爭或叛亂，議會重新撥款就必不可少。作為革命結束的標誌，議會頒佈「大赦法」，所有參與反對國王的人都被赦免了，僅五十七名「弒君者」除外。五十七人中有三十人被判處死刑，其中還有一些是已經死去的人；最後，僅對十一人執行了死刑令。

復辟初期，國王與議會處於平衡狀態，國王不可立法，卻可以否決議會的法案。議會控制着財權，國王則負責行政，指導政府的日常運作。議會雖可彈劾大臣，國王則有權任命官員，並統帥軍隊和民兵。議會可通過撥款節制國王的權力，卻無法強迫國王按議會的旨意辦事。國王可自行指定或解散政府，議會則對此無能為力。然而另一方面，國王又不可以隨隨便便解散議會，更不可以不要議會而實行個人統治。總之，復辟之初主權的問題並沒有解決，復辟只是權宜之計，最高主權之爭遲早還是要爆發的。

一六六一年五月，國王召開了新的議會，這個議會存在了十八年，因其成員基本上是過去的王黨和堅定的國教徒，因此被稱作「騎士議會」。一六六一——一六六五年，騎士議會對宗教問題作出決策，提出一系列排斥性法律，合在一起稱為《克拉倫登法典》。這時政府的主要大臣是愛德華·海德，已受封為克拉倫登伯爵，儘管克拉倫登本人並不完全贊同這些決策，但法律仍然以他的名字命名。

「法典」的目的是排斥非國教徒，把他們排斥在各級政府之外。法典包括四項法律，一六六一年的《市政法》要求市政機關宣誓效忠國王，接受國王的最高地位，保證不反抗王權，並在國教教堂領受聖餐。這使得市政機關很難被不服從國教者掌握，因此國王可以控制市政權力。一六六二年的《宗教一致法》要求一切神職人員，包括教士和學校教師，都要購買國教祈禱書，這導致一千多名牧師退出教會，由此而清洗了國教內部的反對派。一六六四年的《宗教集會法》規定凡不在國教教堂做禮拜者，若非同一家庭而超出五人以上的，要受到嚴厲懲罰。這使得非國教徒的宗教活動受到很大限制，國教外的宗教寬容幾乎不存在。一六六五年《五哩法》規定凡不願按《宗教一致法》行事的神職人員必須宣誓不反抗國王，也不企圖改變政府與國家的教會，不宣誓者不可進入其所在教區或城市的五哩範圍之內，其目的是把宗教反對派與他們的社會基礎分開。

《克拉倫登法典》旨在把清教力量徹底粉碎，在革命中，革命者正是以清教作為思想武器的。

復辟是一個階級的復辟，這個階級就是土地階級。內戰中，這個階級因為主權歸屬問題發生分歧，分歧的結果是導致內戰。內戰動員起社會各階層，中層和下層人民也捲入了戰爭。戰爭中各階層都使用政治手段提出了自己的理想，而這些理想的實現，就一定會威脅到土地階級的統治。軍事獨裁使革命的理想破滅了，土地階級也認識到他們之間的共性大於分歧。土地階級再度團結造成了復辟的基礎，革命和反革命的陣營聯合起來，共同造就了復辟。不過這個復辟是有條件的，即復辟的統治是整個階級的統治，而不是國王一個人的統治。只要國王承認這一點，哪怕不公開聲明，復辟的基礎也可以存在；但如果國王重蹈覆轍，再次走上建立個人專制的道路，衝突就會重新爆發。

遺憾的是復辟王朝還是走上了挑起衝突的道路。復辟時期有兩個問題變得很敏感，一是外交問題，二是宗教問題，兩個問題都與國王的個人權力有關，最終引起新的變故。

查理二世最初依靠克拉倫登伯爵，克拉倫登在內戰中曾追隨國王流亡海外，做他的主要謀臣，復辟後也就理所當然地領導政府。一六六二年，在法國的幫助下，他促成了查理二世與葡萄牙公主的聯姻，由此使英國得到葡萄牙的海外領地丹吉爾和孟買（作為公主的陪嫁），同時也得到法國的財政援助。同年，他又負責把敦刻爾克賣給了法國，從法國手中得到一大筆錢。這兩項行動都明顯地表現出復辟政府的親法傾向，是非常不好的徵兆。法國當時在路易十四的統治下，專制政體發展到頂峰。復辟政府的親法傾向表現了查理二世對法王的傾慕，這種態度在克拉倫登倒台（一六六七年）後反而表現得更明顯了。

查理二世開始執行兩面外交，一方面，在表面上，他於一六六八年與荷蘭、瑞典結成三國同盟，共同反對法國——這是一個新教的同盟，應該是得到國人支持的。但另一方面，在私下裡，他又於一六七〇年與法國締結了秘密條約，即「多佛密約」，其中他允諾在未來的戰爭中幫助法國打擊荷蘭，並在條件許可時公開宣佈自己是天主教徒。作為交換，法國答應提供財政援助，並且在查理恢復天主教時派軍隊鎮壓英國人可能發動的反抗。自宗教改革以來，堅守國教、反對天主教曾一直是英國的國策，查理二世現在許諾恢復天主教，其動機主要是政治的，即在法國的幫助下擺脱議會的控制。

多佛密約始終沒有公佈，但傳言紛紛，疑心四起，議會中不少人對此猜疑滿腹，對國王的不信任感也隨之而起。一六七三年，查理與法國結盟打第三次英荷戰爭，開戰前兩天，查理發佈了一個「信仰自由宣言」，表示要給一切非國教徒——包括新教不服從國教者和天主教徒——宗教信仰的自由。這一舉動引起輿論大嘩，議會乘機行使其撥款權，提出：若國王撤回宣言則議會可以撥一大筆戰費，反之則絕對不撥款。查理於是讓步，接受了議會條件。議會進而提出一項《宣誓法》，其中規定：文武公職人員一律要做宣誓，表示服從國教的至尊法，遵守國教儀式，並斥責天主教的彌撒信條。這一法律是對國王任命官員權力的極大限制，因為它事實上規定只有國教徒才可以擔任公職，因此與查理恢復天主教的企圖針鋒相對，同時也沉重地打擊了國王恢復專制的企圖。但這一法律也限制新教不服從國教者的公職權，對反王權專制的力量也形成不利影響。

《宣誓法》造成政府的再次更迭，國王的兄弟約克公爵詹姆士是天主教徒，他是海軍大臣，因此必須辭職。克利夫德是財政大臣，他也必須辭職。接替克利夫德的是托瑪斯．奧斯本，後來受封為丹比伯爵。在丹比領導下，議會中形成一個穩定的多數派，這個派別的社會基礎是地方鄉紳，將其黏結在一起的是賄賂和封官。這個集團以支持國王政府為己任，由此而出現了一個新的苗頭，即政府的正常運作有賴於議會多數的支持。丹比不喜歡法國，大概也不知道多佛密約，他設法把約克公爵的長女瑪麗公主嫁給了法王路易十四的死對頭、荷蘭的執政奧倫治的威廉，而威廉是一個新教徒。儘管如此，查理二世的親法傾向還是被國人所察覺，而反天主教的情緒正在國內蔓延。一六七八年，一個叫泰特斯．奧茨的人聲稱他知道一系列陰謀，天主教徒打算行刺國王、屠殺新教徒、勾結法軍入侵愛爾蘭。受奧茨供詞的株連，有許多天主教徒被判刑甚至處死。但後來人們發現奧茨做了大量的偽證，因此奧茨自己也被判了刑。不過此前約克公爵夫人的私人秘書科爾曼被捕時，人們確實發現他參與了一項天主教密謀，因此在事發當時，奧茨的一切説法就彷佛都有根據，整個英國於是草木皆兵，似乎天主教的暴動近在眼前。丹比對此不以為然，但就在這時，法王故意透露丹比的一封信，其中表明英國政府正在與法國談判，願意以保持中立為條件，換取法國的大量經援。這一消息引起民眾的強烈憤怒，議會反對派乘機對丹比進行彈劾，要他下台。為了保住丹比，查理二世解散了騎士議會，這時是一六七九年一月。

三月份新的議會召開，反對派再次彈劾丹比，並且把丹比送進了監獄。領導反對派的是莎夫茨伯里伯爵，他曾經出任過克倫威爾軍政府的國務委員，後來又參與復辟，在復辟政府中擔任要職。他主張對非國教徒實行寬容，但支持對天主教徒進行壓制。一六七三年他被免職，此後就公開反對政府。在他的領導下議會中形成一個反政府派別，他是反對派的領導人。丹比被彈劾後，他出任樞密院長，針對國王任意捕人、不加審判隨便關押的做法，莎夫茨伯里一派在議會通過了《人身保護法》，規定任何人不經審判不得被監禁，不經出示法庭拘捕證不可被逮捕。這項法律對保護國民的人身自由具有重大的意義，人民在很大程度上擺脫了對專制權力的恐懼，同時反對派也不必害怕因發表反對政府的言論而遭受迫害了。

新議會緊接着準備制定《排斥法案》，目的是把約克公爵排斥於王位繼承權之外。查理二世雖有很多私生子，但婚生的子女卻一個也沒有。詹姆士作為國王的弟弟，處在直接繼承王位的位置上。於是，英國王位很可能要落入一個天主教徒之手，這是多數英國人不願意看到的，《排斥法案》就是為了防止出現這種情況而提出的。然而在這個問題上，議會公開分裂成兩派，莎夫茨伯里的一派堅持宗教改革的原則，堅決反對天主教徒登上王位，因此主張剝奪詹姆士的繼承權；丹比的一派則堅守王位繼承的正統原則，主張保留詹姆士的繼承權。不久後，這兩派各自得到一個永久性名稱，主張排斥的叫「輝格黨」，反對排斥的叫「托利黨」。兩派對英國的政治原則各守一端，英國的政黨政治也就初見端倪了。

查理二世站在他兄弟一邊，同時也就支持托利黨人。托利黨本來就是以支持國王為己任的，因此王權與托利黨結盟就十分自然。一六七九年七月，查理再次解散議會，國內政治鬥爭已經相當激烈了。

十月，查理召開第三個議會，但在一年中實際上處於休會狀態。一六八〇年底該議會正式開會後，輝格黨就再次提出《排斥法案》，並且將其通過下院。上院否決了法案，下院就通過決議，表示在《排斥法案》獲通過之前，下院不再給政府撥款。國王遂解散議會，於次年三月又召開一個新議會。這個議會只存在了一個星期，新的《排斥法案》提出後就被解散了。此後，查理不再召開議會了，直至一六八五年他去世為止。查理從法國得到援助，不需要依賴議會撥款。他逐漸在鬥爭中佔了上風，他死的時候，國王的權力又發展到前所未有的高度。

輝格黨的失勢歸咎於其內部的分裂，一部分輝格黨人提出以蒙默思公爵為王位繼承人，蒙默思是查理二世的私生子，這就使其他輝格黨人不能接受，並且毀壞了輝格黨在一般人心目中的形象。查理起用了一班強硬的托利黨人組成政府，對輝格黨人進行打擊。莎夫茨伯里受到起訴，但被陪審團開釋了。莎夫茨伯里試圖組織武裝反抗，但沒有成功，莎氏於是逃往國外，一六八三年死於荷蘭。這一年又發生「黑麥倉密謀案」，有人企圖在赫特福郡的黑麥倉刺殺查理及約克公爵，結果被人告了密。一批強硬的輝格黨人被捕被殺，輝格黨的力量至此已大為削弱。

與此同時，查理對市政機關進行清理。輝格黨的社會基礎多在自治市，而自治市又是不服從國教派的滋生地。從一六八二年起，查理用更換市鎮特許狀的辦法打擊不服從國教者，使鄉村地主及忠於國教的人可以控制市政府。如此調整後，城鎮選區選出的議員就控制在國王手裡了，輝格黨的社會基礎也受到破壞。查理去世時，形勢看起來很好，大局已定，國王似乎已徹底勝利！

二、詹姆士二世與光榮革命

在這種大好形勢下，一六八五年，詹姆士順利登上王位。儘管他是個天主教徒，而且受到那麼多人的反對，但他所召開的議會卻非常順從，給他撥了一大筆終生年金，比查理二世的幾乎多一倍。蒙默思公爵不服氣，他帶領一百多人在西南沿海登陸，指稱詹姆士無權為王，號召人民反抗。一小批輝格黨貴族參加了蒙默思反叛，但很快就被詹姆士打敗了，蒙默思和造反的貴族被抓獲，然後處死。詹姆士命審判長傑弗里斯去處理叛亂的善後工作，傑弗里斯於是大開殺戒，將三百多名參加叛亂的人處死，包括絞死、水悶，再大卸八塊。另有八百多人被流放，大批的人員受到處罰。這次行動被稱為「血腥審判」，雖說輝格黨受到沉重打擊，但輝格黨的地位卻發生變化，許多人同情輝格黨的遭遇，視其為蒙難的烈士。

不久後形勢就完全倒轉過來，詹姆士本來是有機會鞏固他的統治，終其一生而治理國家的。但他的所作所為極不明智，很快就把整個國家推到了他的對立面上。詹姆士企圖利用有利的局面加強王權，強化他對國家的統治。但這樣一來他就走上了建立專制王權的老路，步上其革命前兩位先人——詹姆士一世和查理一世——的後塵。於是，二十多年前革命所未能解決的問題又重新出現了，這就是：誰是國家的主權？

詹姆士全面推行他的計劃。首先，他企圖建立一支常備軍，在英國，國王始終不掌握常備武裝力量，這就是英國專制王權不能強大的原因之一。但建立常備軍的企圖使人們害怕，它讓人既想起克倫威爾，又想起法國的路易十四。鎮壓蒙默思叛亂時詹姆士召集了一支三萬人的民軍，現在有傳聞說，它將變成常備軍；而且，一支一萬六千人的部隊已經部署在倫敦周圍。

詹姆士還任命天主教徒擔任文武官員，這既出自其宗教信仰，也出自其恢復專制的需要。一六八六年，一個天主教徒出任愛爾蘭總督，並開始組建天主教軍隊；海軍指揮權也落入天主教徒手中，更多的天主教徒則充任其他軍官。在文職方面，天主教徒進入樞密院、出任大臣，到一六八八年連首席大臣都公然宣稱自己是天主教徒了。

在詹姆士支持下，天主教公開恢復了活動，方濟各會、多明我會等天主教團建立了修道院，而牛津、劍橋大學的國教徒則受到排擠，天主教徒出任學院院長。一個叫「宗教事務專員法庭」的機構出現了，這使人想起在一六四一年被解散的各種專制法庭。所有這些做法終於使托利黨人也不能忍受了，他們不再固守被動服從的立場。在一六七九年，他們曾出於王位繼承的正統原則而支持詹姆士，反對《排斥法案》；現在，詹姆士顯然忘記除王位正統原則外，托利黨還有另一個原則，即國教的原則。正是在國教原則的基礎上，托利黨和輝格黨走到了一起，結成了反詹姆士的同盟。

詹姆士預感到政治危機，便想向新教非國教派示好，以擴大自己的社會基礎。一六八七年他發佈《信仰自由宣言》，表示一切非國教徒都可以公開進行宗教活動，不再承受懲罰。但這樣一個爭取新教非國教派支持的措施卻被新教非國教徒拒絕了，他們寧願繼續受壓制，也不願讓天主教取得合法地位。於是整個新教陣營就聯合起來，共同反抗詹姆士。詹姆士惱羞成怒，於一六八八年發佈第二個《信仰自由宣言》，命令所有的國教教堂在五月份要連續兩個星期天宣讀這份文件。七位主教，包括坎特伯雷大主教聯名上書，懇請國王收回成命；國王卻下令逮捕這七名主教，將其交付法庭審理，這就是所謂的「七主教案」。

這以後局勢就急轉直下了。全國各教堂都不服從國王指令，標誌着托利主義中不反抗原則的結束。七主教審判開庭，在公眾情緒的壓力下，陪審團宣佈其無罪釋放。消息立刻就傳遍全國，人們騎着馬傳送喜訊，到處爆發慶祝活動，而尤以倫敦為最。就在這時，王后生下一個小王子，這是使公開反抗得以發生的最後一個砝碼。因為迄至此時，人們仍指望老國王死後王位將傳給新教徒，即他的兩個女兒瑪麗和安妮。王子的出生使這種希望破滅了，王子必然會在天主教的環境中長大，長大後一定是個天主教徒。對天主教的和對專制制度的恐懼在這一點上結合起來，於是，事變開始了。

Wale delin.
Grignion sculp.
The BISHOPS of St.ASAPH-CHESTER-BATH & WELLS-ELY, and PETERBOROUGH,
presenting their Petition to KING JAMES II, before their commitment to the Tower
by Judge Jefferies.

描繪七位主教向國王詹姆士二世上書的畫作

一六八八年七月三十日，七位政治要人悄悄聚會，起草了一封邀請信，派密使送往荷蘭，要求荷蘭的執政、奧倫治的威廉率軍隊前來英國，幫助捍衛英國人的自由。七位政要中兩黨領袖都有，其中包括倫敦主教，也包括丹比，以及在「血腥審判」中失去親人的輝格黨成員：一位羅素，一位西德尼，一位卡文迪什。送出這封邀請信是冒着殺頭風險的，但這次是兩黨共同的行動。

分析一下就可以知道，這時的歷史又回到一六四二年的轉折點了，需要解決的問題是：是否讓王權的擴張繼續發展？一六四二年，為了阻擋專制的趨勢，英國人曾拿起武器，捍衛「自古就有的自由」。而一六八八年，同樣為「捍衛自由」，七位貴族領袖在密室策劃，邀請一位外國君主前來干預。他們選中奧倫治的威廉，其中主要的原因是：威廉的妻子是詹姆士的長女，而兩人都是新教徒，如果由他們來繼承王位，王位的正統原則和新教原則就最充分地結合在一起了。此舉若成功，王權的擴張就會被阻止，而「自由」又不需要再呼喚一個克倫威爾。統治階層自己可以完成「自由」，這個自由不需要民眾，也不需要發動新的革命——這就是後來被稱為是「光榮革命」事件的真實意義所在。

威廉接到邀請信喜出望外，這時他正與法國為敵，急需得到英國的支持，英國若落入他的手中，則抗法的力量將數倍增長。但荷蘭剛和英國打過兩次仗，為不讓英國人感到他是在發動侵略，他決定要避開英軍的正面抵抗，在大批英國人站到他的旗幟下之前，不與英軍衝突。於是，他決定在英格蘭西部地區登陸。這樣做有很大的危險，因為英國海軍可以切斷他的後路，讓他全軍覆沒。但天時幫了忙，他的艦隊一路順風，英國艦隊則被逆風封鎖在泰晤士河中無法出海。等風停之後英艦駛入海峽時，一陣狂風又把英軍趕回了港口。這陣風叫作「新教之風」，人們普遍認為它幫助威廉取得了勝利。

威廉登陸後，很長時間沒有英國人前來歸順，原因是這裡正是「血腥審判」殃及的地方，三年前的屠殺仍在人們心中記憶猶新。但漸漸地，終於有一些重要人物投靠過來了，其中最重要的是第二代克拉倫登伯爵的長子康伯里子爵，他在一個短時間裡曾指揮英軍的前鋒部隊。從親緣關係上說，第二代克拉倫登的妹妹是詹姆士的第一個妻子，因此國王的兩個女兒——後來的兩位女王，就是康伯里的姑表姐妹！事實上，詹姆士現在已經眾叛親離了，宮廷中有一個反對他的集團，其活動中心就在安妮公主的宮闈中。

這個集團的主謀是約翰·邱吉爾，後來被封為馬爾博羅公爵。這是個極有心計的人，又極有才幹，因軍功升任高級軍官，又因其妻是安妮公主的侍女，因此與宮廷關係密切。現在，他決定背棄詹姆士，投向威廉。但在行動之前，他仍向詹姆士表示忠心，信誓旦旦地要與國王同生共死。詹姆士於是將軍權託付給他，讓他率領陸軍與威廉作戰。但邱吉爾將這支軍隊交給了威廉，至此，詹姆士的敗局便注定了。詹姆士逃往倫敦，威廉隨後也進入倫敦。威廉說他來此的目的是幫助捍衛英國的自由，因此他提出兩項要求：一是解除天主教徒的官職；二是召開議會。

詹姆士此時還沒有全輸，如果召開議會，他不見得控制不住。但一六四九年發生的事讓他膽戰心驚，他因此決定逃跑。他沒有看清的是，英國的統治階層——貴族和鄉紳——與他一樣也害怕革命，一六四九年的事是不會再重演了。詹姆士出走給反叛國王的人解決了一個大難題，這就是如何處置現國王？反叛者不願殺死他，因為殺他就等於再進行一次革命；但不殺他就不能不承認他是國王，反叛他的人又如何是好呢？詹姆士一出走，問題就解決了：威廉下令讓各地區選出代表到倫敦開會，共同商量國策。這次會議後來變成一個真正的議會，會議宣佈詹姆士擅自離開職守，背棄了國王的職責，因此他已自動退位。經過一系列的討價還價，托利黨和輝格黨達成一致，由議會宣佈新國王臨朝，威廉和瑪麗共同登上王位。在此之前，議會發佈了一項《權利法案》，作為新國王登基的條件，其中多數條款都是「英國人自古就有的」權利，比如只有議會才可以徵稅，臣民可以自由地請願，議員可以自由發表政見，議會應該定期召開，等等。但將所有這些「權利」用書面形式匯聚於一紙，而且作為人民與國王之間的「契約」出現，這是具有重大意義的事。《權利法案》因此成為「英國憲政」中最重要的奠基性文件之一，它為現代英國政治制度的形成再打下一個基礎。

「光榮革命」還附帶有其他幾項法律文件，使一個新的政治體制基本成形。這些文件是：（一）一六八九

反映威廉三世與瑪麗二世聯合統治英國的版畫，現藏倫敦國家肖像畫廊

年的《兵變法》，規定國王若徵召一支常備軍，只可以維持半年左右時間，否則不撥款。議會由此而控制了軍隊，國王在很大程度上喪失了軍權。（二）一六八九年的《寬容法》，其中確立了宗教寬容的原則，但仍維持非國教徒在政治方面的不平等地位。（三）一六九四年的《三年法》，規定一屆議會最多為期三年，每三年應該改選一次議會。（四）一六九六年的《叛國法》，其目的是不讓國王以「叛國罪」為藉口清除反對派，為被指控犯「叛國罪」的人提供了法律保護。（五）一七〇一年的《繼承法》，規定日後王位繼承的順序，保證王位不會再回到詹姆士二世的男系後代手上。

由此可知，「光榮革命」其實是一場不流血的革命，說其「光榮」就在於它不流血。但假如當時邱吉爾不倒戈，流血的可能性還是很大的。不流血的原因是：國家的統治階層已齊心協力，下決心要把詹姆士搞下台。他們不能容忍專制制度的恢復，更不能接受天主教的復辟；但同時，他們也不願再看到新的革命，不願讓下層民眾再參與國家政體的設計。光榮革命是英國歷史的轉折點，從表面上看似乎一切都沒有變，只是換了國王，新國王還具有繼承王位的最直接條件。但實質上新國王是由議會創造出來的，沒有議會就沒有國王的王位。這就把近一百年來困擾英國不休的主權問題解決了：既然議會創造了國王，主權當然在議會。為解決這個問題，英國紛爭了近一個世紀，其間有大規模的動盪，有戰爭，有革命；但最終解決問題的卻是不流血的手段，這對後來的歷史產生了巨大的影響。光榮革命建立了英國的君主立憲制，最高權力從國王一個人手裡轉交到貴族一批人手裡。光榮革命改變了英國的政體，這就是光榮革命的意義。

三、復辟時期的經濟與社會

一六六〇年復辟並不是完全恢復到革命以前的狀態，復辟是新舊體制之間的過渡。革命中的地產轉移多數沒有持久性，原地主在革命中就可能贖回一部分地產，復辟後凡是被沒收的土地則應該歸還。但革命仍使原先的土地主人受到很大損失，有很多土地收不回來，土地的新主人可以有很多辦法保住土地，尤其是對復辟立過功的人，其土地的處置就更慎重。有些王黨被沒收土地後借了許多債，復辟後即使能收回土地，也不得不售出大量地產，以償清債務。紐卡斯爾公爵曾是王軍的主帥之一，復辟後他就賣出價值五萬六千鎊的地產償債。

地主用改進農業的方法來彌補其損失，新的租佃方法與新的耕作方法被廣泛採用，縮短租期、不斷提高租金成了一種流行的做法。為市場而生產成為農業經營的目標，為此引進了新的作物和新的品種，使用了新的農業技術，人們砍伐森林、排乾沼澤，開墾新的耕地，農業生產明顯發展。

為增加土地收入，貴族和鄉紳的議會禁止了穀物的進口，並且給小麥等出口提供價格補貼。這樣糧價就被人為地提高了，以保證土地的高額利潤。議會還制定《狩獵法》，禁止少地無地農民打獵，連在自己的土地上打野兔山雞都不可以，違者嚴懲。這兩項法律都是典型的階級立法，受到民眾的痛恨。

復辟時期，英國大約有一百六十個有爵位的貴族，八十——一百個沒有爵號的大地主，各自地產在一萬英畝以上。他們之下是四千多名地方縉紳，都有很大的社會影響。再往下是大約一萬二千家左右的「紳士」，在地方上發揮很大的作用。這些人就是當時社會的統治階層，他們既是復辟政權的基礎，又是對王權造成節制的抗衡力量。他們一方面需要一個穩定的社會秩序，不希望看到下層民眾的動亂；另一方面又對王權的膨脹感到擔憂，生怕它危及自己的地方特權。這種根深蒂固的自治傳統和分權思想是恢復專制的最大障礙，詹姆士二世的專制企圖，正是在地方鄉紳的抗拒下被碰得粉身碎骨的。

農業是社會的基礎，根據統計學的先驅人物格里高利．金的估計，農業收入佔國家總收入的一半左右。農業的發展帶動了經濟的總體發展，物價比較穩定，有時還有下降，普通人的生活水平略有提高，生活也比較安定。但仍有一半人難以糊口，金在一六九六年的估計是：人口中約四分之一是貧苦農民或貧民，四分之一給人幫工，這些人是社會的底層，他們一般都入不敷出，需要社會救濟。因此，濟貧稅的負擔就加重了，但濟貧稅主要由窮人交納，這是很不合理的。一六六二年議會還通過一項法律，授權治安法官可以將新近遷居者送回其原來居住的教區，以免加重本地濟貧負擔。但這樣一來就剝奪了窮人遷徙的權利，是對付窮人的又一項措施。

「國產稅」也主要由窮人承擔，這項稅務佔國庫收入的很大一部分，是對一般消費品徵收的稅務。但另一方面，土地稅則是由土地所有者承擔的，英國的土地階級並不像大陸國家那樣享有免稅的特權，這是其開明的地方。

土地的利益與商業的利益經常有機地銜接，貴族的長子常可以娶到倫敦富商的女兒，從而得到一筆豐厚的嫁妝；鄉紳的幼子可以進入軍界和政界，參與殖民活動，也可以經商。復辟政權在商業政策方面幾乎是完全繼承共和國的遺產，為維持海外的商業利益不遺餘力，其中最重要的措施就是重新頒佈《航海條例》。一六六〇年新發佈的條例規定：進入英國和愛爾蘭的商品必須由英國或愛爾蘭或英屬殖民地的船隻運送，其船員中至少要有四分之三是英國人；進出英屬殖民地的商品只能由英國或愛爾蘭船隻運輸，其他國家的商船不可參與。根據這項法律，進出於英格蘭、愛爾蘭、英屬殖民地的商船要麼應屬於英國、英屬殖民地所有，要麼應是商品生產國自己的船隻。來往於亞、非、美洲與英國、英屬殖民地之間的直接貿易與轉口貿易完全被壟斷控制了，《航海條例》的重商主義性質一覽無餘。《航海條例》的針對性很強，它的目標就是荷蘭。第一次英荷戰爭後荷蘭雖受到削弱，而且默認了《航海條例》的存在，但由於英國自身的紛爭及國際環境等因素，荷蘭的實力仍然很強。新的《航海條例》使兩國的爭執再度表面化，戰爭也不可避免了。

一六六四年，英國艦隊在西非奪取荷蘭商站，這是對荷蘭控制的奴隸貿易的挑戰。一六六四年，英軍還佔領了荷蘭在北美大陸的殖民據點新阿姆斯特丹，將其改名為紐約（即新約克）。這樣做的目的是把荷蘭從北美殖民地貿易中驅逐出去，並拔掉插在英屬殖民地中間的這顆釘子。這兩件事終於觸發了第二次英荷戰爭，戰事於一六六五年爆發，英國艦隊首戰告捷，但後來卻遭受一連串失敗。一六六五年和一六六六年倫敦先後發生瘟疫和大火，可說是天災人禍。一六六七年，一支荷蘭分艦隊甚至闖進了泰晤士河，在查塔姆軍港燒毀了一批英艦。英國不得不與荷蘭議和，它放棄對東方香料群島的要求，但保住了紐約。

第三次英荷戰爭發生在一六七二—一六七四年間，這時查理二世與法王路易十四簽訂《多佛密約》，因此英方在戰爭中得到法國的幫助。英荷雙方在戰爭中各有勝負，但荷蘭海軍奪回了新阿姆斯特丹，對英國的殖民擴張造成很大打擊。英國議會不知道密約的事，但始終懷疑查理二世與法國勾結，因此從一六七三年起就不給戰爭撥款，這場戰爭就打得很奇怪了。一六七四年，英荷終於簽訂《威斯敏斯特和約》，戰爭結束，荷蘭接受《航海條例》，英國也重新得到紐約。三次英荷戰爭使英國在英荷爭奪中佔了上風，荷蘭對海上貿易的控制權丟給了英國，這對英國的海外擴張與殖民地事業具有重要意義。

荷蘭失敗是因為它以商業立國，其實力完全來自貿易壟斷權，尤其是轉口貿易權。英國也執行重商主義，而且以此為依據制定了《航海條例》。但英國的重商主義已進展到以製造業為後盾的地步，它旨在將母國與殖民地構築成一個封閉的貿易區，母國控制殖民地經濟，讓其成為產品的推銷市場，並提供母國所沒有的商品。英國的實力由此而具有比較堅實的基礎，終於能夠壓倒荷蘭。這以後，英國的競爭對手就變成法國了，此後一個多世紀中，英法爭霸成了殖民擴張的主題。

一六六〇—一六八八年間英國的商船噸位擴大了一倍；一六四〇年從英屬殖民地進口然後再轉口的貿易佔英國貿易總額的5%—6%，十七世紀末這個數字超過了25%。一六八六年有44%的英國船隻從事美洲或印度貿易，英國商人從壟斷地位中大獲其利。倫敦一個大商人柴爾德在一六七二年曾坦率地說：《航海條例》使英國商船數增加了三倍，若沒有《航海條例》，即便在英國自己的殖民地，荷蘭船與英國船的比例也會是40:1。《航海條例》奠定了以後大約一百年中英國的殖民地政策，這就是：在經濟上嚴格控制，使殖民地附屬於英國的經濟；但在政治上卻讓殖民地自我管理，減少英國的開支。

商業擴展帶動了工業發展，一六四〇年以前英國的出口幾乎只有一件商品，就是毛呢，但十七世紀末毛呢出口已經佔不到總出口量的一半了，40%的外貿額落在非歐洲產品的轉口上，或是對印度和美洲殖民地的商品出口。復辟後的四十年間，進出口總額從每年約四百萬英鎊增長到六百萬英鎊，這個數字還不包括未經英國本土的貿易，比如奴隸貿易和紐芬蘭的漁業經銷。為滿足日益擴大的貿易需要，國內製造業大為發展，一批新產業應運而生。從六十年代到世紀之末，除毛呢之外的其他工業品出口輸往歐洲的增長了18%，輸往殖民地的增長了200%，儘管這還只佔外貿總額的8%左右。有人估計海上貿易每年給英國帶來兩百萬英鎊的財富，其中75%是從美洲或印度來的。所有這些都有助於十八世紀工業革命的發生，有人說，十七世紀出現的是「商業革命」。

一六九四年英格蘭銀行獲准成立，這是英國經濟發展史上的一件大事。此前所有的借貸基本上都是個人之間的事，信譽與成功的可能性都沒有保障。「銀行」則是一種法人團體，它由國王批准成立，承擔法律責任，因此就為社會集資和私人剩餘資金的出路找到了一個去處。「銀行」是荷蘭人發明的，威廉和瑪麗登上王位後就把它引進英國。英格蘭銀行在倫敦商人中大受歡迎，但貴族對它卻不感興趣。儘管威廉和瑪麗帶頭認股，成為最早的一批股東，貴族院卻只有兩人追隨其後。當時農本思想仍是社會的主流思想，直到一七四九年托利黨領袖博林布魯克還說：「國家是一條船，地主是船主，商人只是乘客。」新的價值觀念還有待於形成，工業革命的思想基礎尚未成形，但光榮革命已經為經濟的自由發展製造了政治條件，這是至關重要的。

在宗教方面，復辟時期的最大特點是安立甘宗（即國教）正式分裂。直至內戰爆發，國教在表面上仍是

一六九四年英格蘭銀行章程手稿

今天的英格蘭銀行外景

統一體，而不管其內部有多大分歧。革命中清教徒舉起反抗的旗幟，但他們仍未從國教中出走，他們要求的是從內部改造國教。復辟後政府對清教徒進行清洗，強迫一切教士要服從國教，同時也就服從王權。這造成教會的正式分裂，大約一千名教士不肯服從，他們從國教會中分裂出來，正式形成了各自的教派，如教友會、浸禮會、長老會、公理會等，統稱為「不服從國教者」；和天主教徒合在一起，同稱「非國教徒」。議會對非國教徒實行壓制，不准他們公開進行宗教活動。一六七三年又頒佈《宣誓法》，規定一切非國教徒不得擔任公職，因此非國教徒的公民權是不完整的。在這種壓制下，新教非國教徒往往進入非政治領域，如經商、辦實業、從事科學、學術研究等。英國的實業家、金融家、科學家、文人學者中非國教徒比例特別大，即與此種背景有關。但歧視政策並不影響到非國教徒的地位與身份，貴族、鄉紳的稱號與財產不受影響，輝格黨中許多重要人物是不服從國教者，他們與商業、殖民地的利益關係密切。輝格黨政要可以通過「間或一致」的做法規避《宣誓法》，他們每年參加一兩次國教禮拜儀式，由此而取得擔任公職的資格。復辟時期人們最擔心的是天主教捲土重來，正是在這一點上托利黨與輝格黨結成了聯盟，國教與不服從國教派結成了聯盟。

復辟時期科學與學術受到鼓勵，一六六二年英國皇家學會成立，其目的是「促進藝術與科學的繁榮」。皇家學會匯集了一大批優秀人才，成為科學與學術的堅強載體。牛頓是皇家學會的傑出代表，他的萬有引力定律、運動三定律等研究成果奠定了近代物理學的基礎，直至今日仍具有重大的應用價值。牛頓認為宇宙如同一台自動運行的機器，只需要一個原動力，就會按一定的規律運轉，永不停息，而那個原動力就來自上帝。宇宙的規律是上帝創造的，認識規律，就是認識上帝自己。牛頓的思想體現着信仰與科學的調和，牛頓是一神論者，他認為科學的神性唯體現於上帝之中，這與他的一神論思想是分不開的。

復辟時期的大哲學家是約翰·洛克，他也是皇家學會成員，他的《政府論二篇》奠定了現代政治學的基礎。洛克從人類社會的自然狀態出發推導出政治自由的學說，成為自由主義政治理論的第一個奠基人。他認為統治者與被統治者之間存在着一種契約關係，統治的權利來自被統治者的同意，一旦這種契約被破壞，

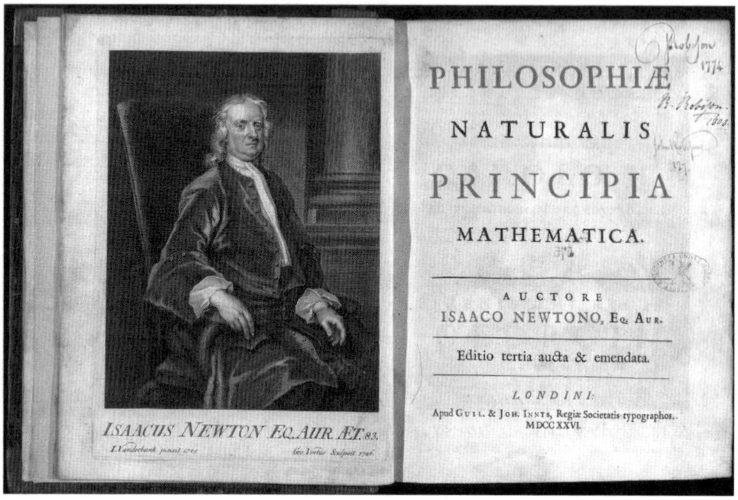

圖書中的牛頓像

被統治者便不再有服從的義務，反抗是其合法的權利。洛克的學說為光榮革命提供了合法性，《政府論二篇》發表於一六九〇年，看來似乎是在為光榮革命辯護。但這是一個巧合，洛克寫作時光榮革命尚未發生。當時的情況應當是：很多人已認同了合理反抗的觀念，光榮革命是行動上的體現，洛克的著作則是理論上的體現。

在文學方面，著名的作家有笛福和斯威夫特，他們在十七世紀末已經聲名鵲起，但此時兩人基本上都以寫政論文著稱，是「辦報人」，他們各自的傳世名著都要等到下個世紀才出現。但他們在報業方面的成就也同樣是突出的，事實上，英國的非官方新聞業在七八十年代就已經很興旺了，一六七九年議會否決壓制性的《印刷法》，使新聞自由初見端倪。光榮革命後，出版許可證制度被取消了，言論與出版自由基本形成。

此時在文學方面興起一個旁支領域，即日記文學，塞繆爾．皮普斯和約翰．伊夫林是其中的典型，這兩人都是皇家學會的會員，皮普斯還擔任過海軍部的次長。兩人在日記中對復辟時期的生活場面做了生動的記載，並表達出當時人的興趣與想法。他們在寫作時一定沒有意識到自己是在「創作」，但他們留下的作品卻既有文學趣味，又是珍貴的史料。

一六六六年倫敦發生大火，大半個城市都給燒光了，大火之後一片焦土。不過這也給倫敦帶來更新改造的機會，現代倫敦城的輪廓就是在火後廢墟上形成的。克里斯多佛・雷恩是重建倫敦的主要設計師，他親自指導了五十一座教堂的再建工程，其中包括著名的聖斯蒂芬教堂以及更著名的聖保祿大教堂。因為這些成就，雷恩躋身於世界最偉大的建築師之列，他也是英國皇家學會的會員。

總之，復辟時期無論從哪個方面看，都不是一個簡簡單單的「復辟」或倒退的過程；復辟時期的成就是重大的，它為新世紀的跨越打開了通道。

作者點評

如果把光榮革命看作是一次制度變遷，即從君主專制過渡到君主立憲制，那就可以看出，制度變遷不一定要用革命的手段，非革命的手段一樣可行。革命的手段雖然更徹底、更乾脆，但革命的成果也可能很快消失，不留下太深的歷史痕跡，英國的情況就是這樣。十七世紀革命沒有留下很深的痕跡，相反，光榮革命卻開始了一個現代的英國。光榮革命留下的最深刻遺產是：制度變遷可以用非革命的手段完成，從此後，英國歷史上不再出現重大的暴力衝突，和平和漸進的改革成為英國歷史發展的特色。到光榮革命為止，合適的政治和社會環境已經在英國形成了，正是在這種環境下，英國率先走向工業革命，也就從一個文明邊緣的小國走向了世界的中心，並開創了一種新的文明。迄至這時，我們可以看出英國為準備工業革命而走過的歷史軌跡了，那就是：形成民族國家——克服專制權力——走向工業革命。這些，就是我們在以上五章中記敘的內容。

第十二章　貴族的優勢

一、君主立憲制的完善與發展

「光榮革命」確立了議會的主權，奠定了君主立憲制的基礎，但「光榮革命」並沒有解決行政權與立法權的關係問題，威廉三世登位之初，雙方的關係極不明確。

威廉取得王位後主要依靠輝格黨；托利黨有很強的正統主義傾向，對王位旁落深感遺憾。但輝格黨同時也主張加強對王權的限制，時時以「自由」為旗幟抗衡王權。輝格黨還希望威廉成為它本黨的領袖，要隨時站在輝格黨的立場上說話行事。這使威廉又常常與輝格黨發生齟齬，因此光榮革命以後一段時間裡，政局常常發生變化。政局變化還與歐洲的戰爭有關，威廉登位後不久就把英國拉進了歐洲大陸的爭霸戰爭，成為反法同盟的主要力量。在戰爭中輝格黨的態度比托利黨積極，因此威廉就不得不更加倚賴輝格黨，讓輝格黨人擔任主要的政府大臣。一七〇二年威廉去世後情況卻發生了變化，這時，瑪麗的妹妹、詹姆士二世的小女兒安妮繼承王位，她討厭輝格黨，對托利黨寄予更大的好感，她出於個人的好惡把大批輝格黨人解除職務，代之以托利黨人擔任要職。這使得反法戰爭難以順利進行。安妮的主要謀臣如馬爾博羅公爵和戈多爾芬等都力諫她召回輝格黨人共行戰事，但安妮女王一聽到這種建議便哭哭啼啼，堅決不肯召回輝格黨人。

此時國王有獨立的行政權，是實實在在的行政首腦，他有權遴選政府大臣，並親自主掌國務大事。大臣們只對國王負責，而且以個人的身份接受國王領導，大臣之間不存在橫向聯繫，也不需要協商一致。在復辟時期，已經在樞密院形成一個新的核心集團，被稱為「內閣」。內閣人數較少，不像樞密院那樣人多口雜。但內閣也只是國王的高級諮詢機構，並不是真正的權力機關。威廉三世登位後延攬兩黨人士入閣作謀，但兩黨政見不同，爭吵不休，內閣便成了吵架的場所。一六九三年以後有人建議從議會的多數黨派中遴選閣員，組織行政班底，提供諮詢意見。這以後政府工作果然比以前順利了，意見也容易統一，這就是走向責任內閣制度的第一步。但威廉當時並不知道一旦議會多數黨派發生變化，內閣成員也必須隨之變化，他把內閣看成是國王的僕從，如同當時歐洲一切君主看待自己的臣僕一樣。在這種情況下，一旦議會多數發生變化，國王的政府立刻就會和議會發生衝突。但當時議會對政府並沒有控制權，儘管議會有充分的權力可以制定法律，國王卻可以不加理會，國王可以行使國王的特權。大臣不對議會負責，而只以個人的身份對國王負責，議會對此毫無辦法。因此，一旦政府與議會意見相左，國事就立即陷於混亂，不知道應該誰服從誰。行政與立法其實處在一種雙頭狀態下，雙方各行其是，缺乏配合的機制。

到安妮女王時情況發生變化了。首先，議會把內閣置於自己控制下，規定任何人（假如他不是貴族因此不具備上議員資格）出任國王的大臣，都必須經過一次競選進入下院，成為下議員。這樣，議會與政府的有機聯繫，就建立起來了，政府成員必須同時是議會議員。同時，安妮在馬爾博羅和戈多爾芬的勸解下逐步認識到政府大臣必須與議會多數黨相一致，議會換了，政府也要換，否則政府將受到議會的強烈抵制，行政事務便無法運作。因此，雖然從個人感情上說她極其厭惡輝格黨，但她還是在一七〇八年聽從勸告，組織了一個輝格黨政府，開創了內閣與議會多數黨一致的先例。此外，安妮女王性格軟弱，優柔寡斷，這使大臣們難以與她打交道，往往是一件事情已經說好了，一旦出現另一種意見，她立刻就會改變初衷，接受新的建議。

如此反覆再三，事情就很難決斷。為改革這種狀況，大臣們逐步形成一個習慣，即遇事先在他們自己內部進行磋商，取得一致意見後再報告安妮，讓她無可選擇。這樣就形成一個先例，即內閣意見必須統一，由此就逐步發展成內閣的集體責任制，作為整體，內閣對議會負責。一七〇八年，安妮在英國歷史上最後一次行使國王對議會的否決權，這時，否決權已經沒有必要存在了，因為當內閣向議會負責的原則確立後，政府要麼服從議會，要麼下台。用國王的否決權否定議會的決定，只會使政府與議會嚴重對抗。

安妮女王尚未登位時失去其子，這造成王位繼承方面的問題，因為她的姐姐與姐夫瑪麗與威廉也沒有留下子嗣，這樣一來，在安妮死後，王位就要復歸詹姆士二世及其世系，即他的兒子或兒子的後代。如果出現這種情況，「光榮革命」就要功虧一簣，因為「光榮革命」在很大程度上是為了阻止詹姆士二世的兒子繼承王位。為了防止發生這種情況，議會在一七〇一年通過《王位繼承法》，規定在安妮去世後王位將轉入詹姆士一世的外孫女，即詹姆士二世的姑表姐妹索菲婭手中，索菲婭的父親是德意志新教同盟的領袖、帕拉丁的選帝侯，而她自己則嫁給漢諾威的選帝侯，另一位德意志新教君主。用這種方法，英國人能確保王位掌握在新教徒手中，使「光榮革命」的成果不致流失。因此，《王位繼承法》是英國歷史上一項重要的立法，它再次體現了君主立憲制的本質，即主權不在國王，而在議會手中。

《王位繼承法》觸發了蘇格蘭問題。自從十七世紀初斯圖亞特王朝入主英格蘭以來，蘇格蘭和英格蘭都接受斯圖亞特家族的統治，兩國共戴一君。但兩個國家仍各自獨立，有自己的政府、議會和法律。一七〇三年，蘇格蘭議會通過一項法律，使蘇格蘭的王位繼承與英格蘭不同，這意味着安妮一旦去世，兩國就將完全分開，切斷彼此間的特殊紐帶。英格蘭極為不滿，便對蘇格蘭實行貿易禁運。後來，兩國開始談判聯合問題，一七〇七年簽訂了《聯合法》，其中規定蘇格蘭與英格蘭實行合併，新國家稱作「大不列顛聯合王國」，英格蘭的聖佐治旗與蘇格蘭的聖安德魯旗合為一體，形成一面新的國旗即「傑克聯合旗」（中國人稱「米字旗」）。蘇格蘭取消自己的議會，派十六名貴族和四十五名平民參加聯合王國的統一議會。蘇格蘭從聯合中取得許多經濟上的好處：它可以完全自由地與英格蘭進行貿易，也可以充分享受英格蘭在海外擴張中取得的成果。它還可以保留自己在政治、司法與宗教方面的特色，比如說，蘇格蘭的法律一直與英格蘭不同，蘇格蘭的國教也不是聖公教，而是長老教，等等。蘇格蘭合併是建立在自願與平等的基礎上的，這以後，雖然蘇格蘭一直處於從屬地位，但它的獨特性卻保留下來，尤其表現在社會、文化方面。不久後，蘇格蘭就開始分享英國經濟發展的成果，並且與英格蘭同步進入人類歷史上第一個工業化進程。

一七一四年安妮女王去世，英國憲政進入新的發展時期，但和以前一樣，這個過程得益於許多偶然的因素。按照《王位繼承法》，索菲婭的兒子、漢諾威的選帝侯佐治一世來到英國，一個德意志的小王公登上了聯合王國的王位。佐治一世此時五十四歲，他在英國統治了十三年。但佐治一世不會説英語，又不熟悉英國的政風民情。在漢諾威，他當慣了小朝廷的專制君主，到英國後則對君主立憲制度一竅不通。作為外國人，他即使想改變政治制度也無從下手，於是他很明智，樂得做一個安樂天子，便放手讓英國大臣代他去料理國事，自己甚麼也不管。一七二七年他的兒子佐治二世繼承王位，這也是一個在漢諾威過慣了小朝廷生活的德意志君主，和他的父親一樣對英國事務不感興趣。連續兩個外國國王給英國的君主立憲制帶來了發展的良機，內閣制由此得以成形。大臣們有事不再找國王，而是自己先商定對策，然後再提交國王認可。兩個佐治由此樂得擺脱了許多瑣事，但內閣在議會多數的支持下執掌政務的做法卻牢固地確立起來，今後有人再想改變就很困難了。從國王方面説，他也發現必須接受議會多數派的統治地位，否則「國王陛下的政府」便會麻煩不斷。為此，他必須任命議會多數派領袖出任政府首腦，而不管從感情上説他是喜歡這個人還是不喜歡這個人。如此，議會責任制政府就出現了，這樣一種政府形式一直延續到現在。

托利黨不喜歡漢諾威繼承，其中一部分人甚至在安妮女王去世時策劃讓斯圖亞特王朝復辟。這使托利黨失去民心，在一七一五年的議會選舉中讓輝格黨輕易取得勝利，而漢諾威王朝當然也就只能依靠輝格黨的支持了。一七一五年十月，詹姆士二世的兒子、世稱「老僭位者」的詹姆士·愛德華在蘇格蘭發動一次叛亂，

描繪國王佐治二世加冕的畫作

企圖恢復斯圖亞特王朝的統治。這次叛亂規模很小，得不到人們支持，「老僭位者」才華平庸，又不肯在宗教問題上公開保障國教的一統地位，結果有許多托利黨人也不肯支持他，因此叛亂很快就失敗了。但叛亂給托利黨造成重大打擊，在許多人眼中，托利黨成了「詹姆士黨」，托利黨掌權就意味着斯圖亞特王朝復辟。輝格黨充分利用了這種恐慌情緒，把托利黨全部趕出了宮廷，中央政府成了輝格黨的一統天下。從這時候起，輝格黨連續掌權近半個世紀，托利黨則退居鄉間，形成「宮廷」與「鄉村」的對立。十八世紀上半葉，英國政局就呈現這種特色。

但托利黨大多數並不主張斯圖亞特王朝復辟，他們雖然希望維護王位繼承的正統性，但也反對復辟天主教，反對恢復君主專制。兩相比較，他們情願堅持後者，因此並不捲入反對漢諾威王朝的政治活動。一七一五年事件後，他們對光榮革命後的事態發展進行反思，認識到對光榮革命的成果必須無條件地接受。博林布魯克子爵在這方面進行了理論的闡釋，他指出光榮革命是托利黨和輝格黨合作的成果，托利黨也應把它看成是自己的光榮歷史。在新的形勢下，托利黨應努力克服懷舊情緒，在土地財富的基礎上與輝格黨共同維護新制度。十八世紀上半葉，托利黨在這種思想指導下甘居「在野」，它讓輝格黨控制「宮廷」，自己則在地方政治中發揮更大的作用。因此，「輝格黨的優勢」只表現在中央政府的層面；在地方政治中，存在的是一種「土地的優勢」即貴族的優勢。一七四五年，「老僭位者」的兒子「小僭位者」查理．愛德華發動第二次叛亂，他率領一支軍隊從蘇格蘭深入到英格蘭腹地直打到德比附近。但「小僭位者」只能在蘇格蘭高地找到支持者，叛亂雖持續了將近一年，但叛軍孤軍作戰，既得不到給養，又得不到同情，最終還是被政府軍打敗。到這時候，光榮革命所締造的政治體制已經很堅固了，任何人都難以將它動搖。

光榮革命締造的是一個君主立憲政體，在這個政體下，君主的實權逐漸削弱，權力逐漸讓給議會。政府由議會產生，向議會多數派負責。如果說在光榮革命之初，行政與立法的關係尚不明確，國王與議會有可能各行其是；那麼到十八世紀中葉，國王的權力已經消退了，立法權已高出行政權，將行政權置於自己的控制

羅拔·華波

下。任何政府要想存在，就必須取得議會多數的支持。政府與議會的關係現在變得很敏感，為取得議會多數支持，政府不惜採用賄賂、收買等手段，從而造成十八世紀腐敗的政治局面。收買選票與收買議員是公開進行的，輝格黨就靠這種手段維持了近五十年的統治。

一般認為，英國歷史上第一位「首相」是羅拔·華波。華波出身於諾福克郡一個紳士之家，一七〇一年進入議會，隨輝格黨從政。輝格黨由於長期執政，內部滋生派別，華波與他的姻兄弟唐森德子爵站在一起，反對以斯坦厄普伯爵為首的主流派，並且在一七一七至一七二〇年之間游離於政府之外。一七一一年，英國曾成立一個「南海公司」，專門對南美洲進行壟斷商業貿易。公司企圖投機取巧，在一七二〇年與政府談成一筆交易，由公司從私人手中回收政府債券，而以公司股票兌現。但在兌現過程中用平價或低於面值的價格計算政府的債券，卻以高於面值的市場價格計算公司的股票，如此一進一出公司就賺了許多錢，結果，用總面值三百二十五萬英鎊的公司股票，吃進了九百五十萬英鎊的政府債券，公司股票因此也就隨之升值。許多人從中看出了投機的好時機，於是傾其財力吃進，使股票從每股一百二十八英鎊猛升至一千英鎊以上。但這樣一座空中樓塔是難以維持的，一七二一年四月股市終於崩潰，南海公司股票成為一堆「泡泡」，許多人終生的積蓄一夜之間成了廢紙，一時間，持股者群情激憤，遷怒於政府；尤其當有消息説政府的要員曾經接受過公司的賄賂被傳播開來時，人們的震怒更是勢不可當，輝格黨統治搖搖欲墜。就在這時，華波出面拯救了輝格黨，使該黨擺脱了危機。

華波多年游離於政府之外，因此不受「南海泡泡」醜聞的牽連。他也是當時著名的「神算盤」，對財政問題十分精通。「南海泡泡」發生後，政府崩潰，內閣成員有的死，有的辭職。華波成為殘存輝格黨人中的元老人物，於是就當仁不讓，接過了政府首腦之職。

華波在經濟方面非常成功，他很快平息了南海風波，恢復了政府的信譽。此後，他着手改革財政，用行政手段調節經濟政策。他取消在英國製造的工業產品的出口税，同時大幅度降低甚至完全取消英國工業所需要的原材料商品的進口税。由此，它鼓勵了工業的發展，因此儘管他是個重商主義者，但他的重商主義卻以工業生產為基礎，在他擔任首相的二十一年中，英國經濟高度繁榮，工業、遠洋運輸、對外貿易都發展到一個新的高度。顯然，光榮革命的成果已經在經濟領域裡體現出來，合適的政治制度為經濟發展創造了條件。在這個方面，華波是很有功績的。

二、殖民爭霸和第一帝國

「光榮革命」後，英國已具備了向外擴張的條件。當時，新的政治制度已經確立，由此而造成的政治衝突也已經結束。重商主義已經為朝野上下所接受，對外貿易越來越成為最重要的民生國計。輝格黨長期執政，為發展海外貿易提供了保障，這個黨代表着英國最大的土地貴族，但同時也代表以倫敦為基地的海外大商業利益。托利黨則代表地方中小貴族的利益，他們的眼界比較狹小，更具備地方性和保守性。

威廉三世繼承王位後，英國就被拖進了曠日持久的對外戰爭。就威廉的本意而言，他要把英國拖進荷、法之間的長期爭執，從而有利於荷蘭方面；但就英國方面而言，這卻符合它已經面臨的擴張需要，因此受到廣泛的支持，尤其受到輝格黨的支持。在長期的戰爭中，輝格黨總是取一種積極的姿態，而托利黨則經常表現得非常勉強。

英國參與的第一場戰爭是奧格斯堡同盟戰爭。一六八八年，法國的路易十四向帕拉丁領地發起攻擊，由此挑起這場戰爭。參加反法同盟的有奧地利、西班牙、瑞典、荷蘭、德意志及意大利的一些王公以及教皇；英國在一六八九年參加進去，此後的一百二十五年中，英法之間的衝突演變成歐洲的主要矛盾，奧格斯堡同盟戰爭只不過是引子而已。英國參戰一方面是因為宗教分歧——法國是天主教國家，對新教英國始終抱有敵意；但時至十八世紀，宗教分歧在歐洲國際關係中已不是主要問題，商業與殖民地爭奪才是更重要的因素。法國在北美和印度與英國形成對峙，雙方的商業戰爭是在所難免的。與此同時，路易十四繼續支持詹姆士二世，不承認威廉在英國的統治，這也使英國不得不與法國對抗。英國參戰後，立刻成了反法同盟的盟主，威廉則擔任反法聯軍的主帥。威廉是一個很有軍事才能的人，他身材瘦小，體弱多病，打起仗來卻勇猛如獅，技藝十分嫻熟。戰爭持續了八年，先後在愛爾蘭海域、英吉利海峽、西屬尼德蘭、地中海、薩伏依及西班牙北部邊境展開，雙方都未曾取得過決定性的勝利，為爭奪一個地區，往往會出現拉鋸的局面。一六九六年，法國已感到財力不支，無力再打；同盟也對勝利的前景感到渺茫。於是雙方在一六九七年簽訂了《里斯維克條約》，法國歸還除斯特拉斯堡之外所奪取的一切地域，並承認威廉三世是英國的國王。這場戰爭實際上沒有解決任何問題，對立仍舊繼續，到一七〇一年終於演變成西班牙王位繼承戰爭。

西班牙王位繼承戰爭整整打了十二年，雙方都打得很艱苦。戰爭之初威廉三世就去世了，反法聯軍的主帥由一個新出現的軍事天才來接任，這個人就是在光榮革命中背棄了詹姆士二世、向威廉三世倒戈的約翰·邱吉爾，也就是後來的馬爾博羅公爵。

戰爭的起因是西班牙王位繼承問題。哈布斯堡家族西班牙分支的查理二世死後無嗣，但他立下遺囑，把統治權交給法國路易十四的孫子腓力。奧地利的哈布斯堡家族分支對此不予承認，提出應由該分支的查理大公繼承王位。英國擔心法國和西班牙兩頂王冠合一，假如真是這樣，法國就將取得西班牙龐大的殖民帝國，並得到西班牙的海軍，從而成為最強大的海上力量。這時，英法之間爭奪殖民地的鬥爭已經很激烈了，法國若得到西班牙，就意味着天平向法國絕對地傾斜。恰在此時，詹姆士二世在法國去世，路易十四宣佈承認他的兒子（即「老僭位者」）為英王，這是對英國榮譽的極大挑戰，因此儘管托利黨不想打仗，這時也不得不支持向法國開戰了。

戰爭中英軍主要在西屬尼德蘭（即比利時）作戰，但也在德意志、西班牙、地中海地區及美洲殖民地行動。一七〇四年，馬爾博羅在德意志小鎮布倫內姆大敗法軍，充分展示了他的軍事才能。這是英國軍隊在歐洲大陸上取得的最輝煌的軍事勝利，同樣性質的勝利，要到一百多年後拿破崙戰爭中滑鐵盧戰役時才會重現。馬爾博羅由此成為英國歷史上最傑出的軍事家之一，這是邱吉爾家族的巨大光榮。

在西班牙，英軍於一七〇四年拿下直布羅陀，此後就把它一直放在英國的管制下，直到現在，直布羅陀是從大西洋進入地中海的門戶，控制了該地，就能控制西地中海。反法聯軍從兩面進攻西班牙曾一度攻入馬德里，但後來又不得不退出，因為西班牙人不喜歡反法聯軍。

在西屬尼德蘭，英軍與法軍長期對峙。一七〇九年馬爾博羅取得了決定性的優勢，他可以長驅直入直搗巴黎，但他的國內政敵卻設法阻止他這樣做，一七一一年他們將馬爾博羅解職，並開始與法國談判，於一七一三年簽訂《烏特勒支條約》。

根據《烏特勒支條約》，路易十四之孫成為西班牙國王，並且領有西班牙在全世界的殖民地，但西班牙不得與法國合而為一。奧地利得到米蘭、那不勒斯和西屬尼德蘭；薩伏依得到西西里。英國得到最廣大的殖民地，其中包括地中海的直布羅陀和梅諾卡島，北美洲的哈得孫灣流域和新斯科舍，西印度的聖基茨（即聖克里斯托夫）島，並得到向西屬美洲殖民地販賣黑奴的壟斷權，為時三十年，以及每年向該地區派出一艘貨載六百二十噸的商船的權利。英國是這場戰爭的最大贏家，它擴大了帝國版圖，增強了海上力量，發展了對外貿易，得到最大的實惠。在戰爭中，荷蘭和法國都受到重創，而這兩國本是英國在海外的最大對手。戰後英國維持了一支歐洲最強大的海軍，它的商業觸角已伸向全世界，它在建立世界帝國的道路上邁出了重要的一步。

華波上台後採取一種休養生息的政策，他雖然也是輝格黨人，也主張擴大英國的海外勢力，但他不希望捲入太多的戰爭，希望儘可能在和平的環境中做好英國自己的事。但英國的商業利益者對此十分不滿，他們希望積極行動，主動擴大在海外的利益。輝格黨內部本來就存在反對派，後來又出現一批「青年輝格黨人」，代表主張擴張的商業利益集團，這批人中包括佐治·格倫維爾、威廉·彼得等，他們與老一輩反對派聯手，隨時準備把華波趕下台。一七三三年，法、西兩國簽訂了秘密的「家族協定」，同意以英國為對象，共同保護兩國的殖民與商業利益。這個協定使華波的聯法反西政策無法再實行下去，衝突是遲早要發生的。就在這個時候，英國人違反《烏特勒支條約》的規定向西屬美洲殖民地大規模走私，引起西班牙海軍與英國走私船的持久衝突。華波的反對派藉此做文章，煽動英國人的戰爭情緒。一七三八年，一個名叫詹金斯的走私船長向議會出示被割下的耳朵，說那是西班牙人殘酷虐待他的證據。一時間，詹金斯的耳朵成了向西班牙開戰的藉口，戰爭呼聲四起。一七三九年，華波終於頂不住輿論的壓力，向西班牙宣戰，這場戰爭於是就被叫作「詹金斯耳之戰」。一年後，戰爭又融入歐洲發生的更大規模的衝突之中，那場戰爭即是「奧地利皇位繼承戰爭」。

奧地利皇位繼承戰爭是由瑪麗·泰蕾西婭繼承奧地利哈布斯堡家族世襲領地而引發的，當時，法國與普魯士結盟企圖分割奧地利領土，因此便不承認瑪麗·泰蕾西婭的繼承權。英國則站在奧地利一邊，支持奧國女皇的統治。英國軍隊在歐洲大陸投入戰爭，同時也在印度和北美洲作戰。戰爭主要對象仍然是法國，爭奪海外優勢是戰爭的主要目標。但這次戰爭無果而終，根據一七四八年的艾克斯—拉夏佩勒條約，雙方歸還在戰爭中奪取的領土，唯一的例外是奧地利把西里西亞割讓給普魯士。

華波因戰爭而下台。戰爭爆發後，英國在大約一年時間裡維持中立，而公眾輿論要求參戰支持奧地利。一七四一年大選華波險勝，但第二年他宣佈辭職，他無法將戰爭進行下去了。此後政權落入卡特列特之手，兩年後又被佩勒姆兄弟接過去，亨利·佩勒姆和紐卡斯爾公爵兄弟先後出任第一財政大臣（即首相），兄弟倆從一七四四年執政到一七五六年。

奧地利皇位繼承戰爭對英國來說是無果而終，它與法國的矛盾絲毫沒有緩和，相反，在印度與北美，兩國的爭奪卻越來越激烈了。在印度，以馬德拉斯為中心雙方已多次發生衝突；在北美，俄亥俄河流域成為雙方爭奪的焦點。一七五四年，弗吉尼亞殖民地的佐治·華盛頓率領民軍在俄亥俄河與法軍遭遇，被打敗；一七五五年，英國正規軍又在同一地區被打敗。這使英國開始準備戰爭，為此又需要結盟。這一次，它找到的盟友是普魯士而不是奧地利，與它的傳統外交政策剛好相反。戰爭在一七五六年爆發，一直打到一七六三年，故被稱為「七年戰爭」。

七年戰爭是英國爭奪世界霸權的一次決定性戰爭，英軍主要在北美、印度和海上作戰。戰爭初期，英國在各個戰場失利，在印度，孟加拉的土邦王公在法國鼓動下攻下加爾各答，有一百四十六個英國人被俘虜，關在一個很小的屋子裡，導致一百二十三人窒息而死，這件事叫作「黑洞事件」。在歐洲，英國丟掉梅諾卡島，英國的盟軍漢諾威和普魯士也不斷受挫。在美洲，英國也丟掉了奧斯威戈。這些挫折引起國內民情激憤，政府被迫改組，紐卡斯爾成為名義上的首腦，威廉·彼得則在事實上執掌政權。

彼得出生於商業家庭，祖父做過印度馬德拉斯的總督。彼得代表主張積極向海外擴張的商業利益，他自稱是「偉大的平民」，反對貴族優勢，也反對把英國的利益與大陸歐洲國家的利益糾纏在一起。他力主擴大殖民地，主張建立海外帝國。他曾反對華波的和平政策，倡導主動出擊，奪取更多殖民地。在奧地利皇位繼承戰爭中他指責政府趨附於漢諾威王朝的利益，而不以英國自身為出發點。國王因此很討厭他，不肯讓他參加政府。一七五七年，不利的戰局終於把他推上前台，讓他指導戰爭。彼得上台後立刻重組軍隊，撤換不稱職的軍官，以戰功提拔新人。他改進後勤供應，增加給養，鼓動軍隊的士氣。在他的指導下，戰局迅速改觀。他把英軍的作戰重點放在美洲，而讓東印度公司自行作戰，政府只為公司提供海軍保護，切斷法國的軍援。經過調整後，英軍在美洲進展順利，相繼攻克了法軍要塞路易斯堡、匹茲堡、奧斯威戈以及魁北克、蒙特利爾等，加拿大事實上落入英國之手。與此同時，東印度公司的武裝部隊在羅拔·克萊夫的指揮下也逐漸取得優勢，於一七六一年攻克本地治里，印度戰爭也以勝利告終。一七五九年，英國海軍先後擊敗法國地中海艦隊和大西洋艦隊，到一七六〇年九—十月間，法國海上力量已基本被殲。這時，彼得提出向西班牙宣戰，但內閣否決了他的提議，彼得於一七六一年辭職。

繼之而起的布特伯爵還是向西班牙宣戰了，一七六二年英軍攻克哈瓦那和馬尼拉，西班牙也被打敗。這時，英國的盟國普魯士也扭轉了戰局；一七六三年交戰雙方簽訂《巴黎和約》，七年戰爭以英國大勝結束。《巴黎和約》奠定了英帝國的基礎。根據和約，英國取得加拿大及密西西比河以東地區，用哈瓦那交換了西班牙的佛羅里達，西班牙則從法國那裡得到路易斯安那作為補償。至此，法國在北美的勢力幾乎完全被清除了，英國在北美的殖民帝國則基本奠定。在印度，英法雙方交換了戰爭中相互征服的領土。在加勒比海，英國得到聖文森特、多巴哥、多米尼加和格林納達等島嶼，在西非得到塞內加爾，在歐洲則收回梅諾卡。

一個世界範圍的英帝國已初具雛形，英國成了最強大的海上強國。

但不久後這個殖民帝國就面臨重大危機，最終引起北美獨立戰爭的爆發。英國和北美殖民地很早就出現不和，七年戰爭開始後，英國封鎖法屬西印度群島，禁止北美殖民地與它進行貿易，這引起殖民地商人的嚴重不滿。同時，英國又禁止殖民地向阿巴拉契亞山脈以西移民，由此導致殖民地人民更大的怨憤。不久後，英國又宣佈要在北美駐紮常備軍，並且要殖民地承擔一部分軍費。為增加税收，英國相繼開徵糧税、蜜糖税、印花税等新的税務，致使殖民地在一七六五年提出一個口號：「沒有代表權就不納税」，意思是說：殖民地人民在重大政治事務中沒有發言權，因此他們不承擔納税義務。這本是十七世紀英國革命時提出的一項原則，現在北美殖民地將其接過，反對英國在殖民地的統治。這事實上是在向英國的宗主權挑戰，因此雙方的分歧就升級了。由於殖民地強烈反對，到一七七〇年英國已取消了大部分税目，但仍保留茶税，作為宗主國徵税收的象徵。茶税引起一七七三年的「波士頓茶案」：一批殖民地人民趁夜色登上停泊在波士頓港的英國東印度公司貨船，將大約三百箱茶葉傾入海中。英國政府隨即通過鎮壓法案，對馬薩諸塞殖民地進行封鎖。鎮壓使殖民地人民反而更團結了，一七七四年各殖民地派代表在費城召開第一次大陸會議；一七七五年發生萊克星頓槍戰，殖民地人民第一次向英軍開火。不久雙方在邦克山發生激戰，美國獨立戰爭正式開始。一七七六年，大陸會議發表《獨立宣言》，這是世界上第一次由殖民地人民發動的爭取獨立的戰爭。

戰爭到一七八一年基本結束，但和約要到一七八三年才簽訂，戰爭起先對殖民地不利，但一七七七年美軍在薩拉托加取得一次戰略性勝利，從此扭轉了戰局。此後，法國、西班牙和荷蘭介入戰爭，與殖民地軍隊結成同盟；俄國、瑞典則宣佈武裝中立，實際上對英國採取敵對立場。一七八一年，美法聯軍在約克敦大敗英軍，八千英軍投降。這是美國獨立戰爭中決定性的勝利，戰事至此基本結束。根據一七八三年簽訂的《凡爾賽和約》，美國取得獨立，法國則在印度、北美和非洲取得新的立足點，西班牙收回了梅諾卡和佛羅里達。美國獨立戰爭後「大英第一帝國」瓦解了，英國的殖民事業遭受嚴重挫折。

描繪五人起草委員會向大陸會議提交《獨立宣言》草案的畫作

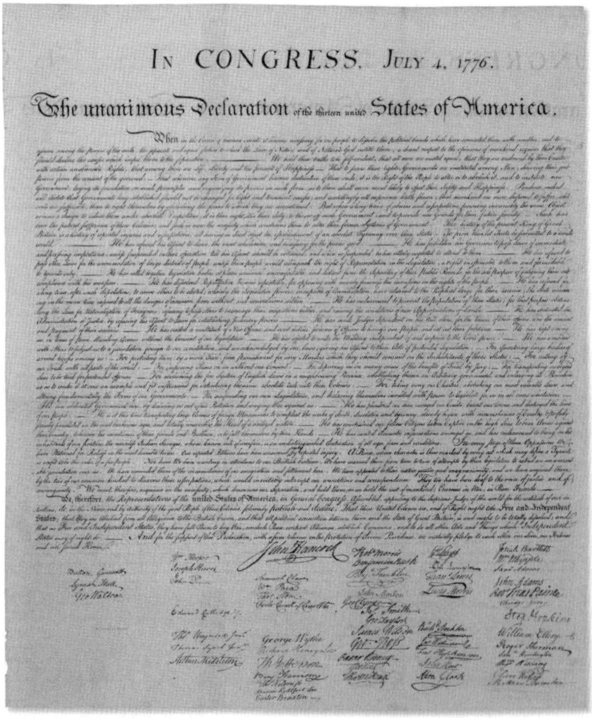

IN CONGRESS, JULY 4, 1776.

The unanimous Declaration of the thirteen united States of America.

《獨立宣言》文稿

三、佐治三世個人統治的失敗

戰爭失敗也給國內政治造成巨大衝擊，最主要的影響是挫敗了佐治三世恢復國王個人統治的企圖。佐治三世是佐治二世的孫子，他在英國長大，是漢諾威王朝中第一個真正的「英國」國王。從個人品行上說，他溫文爾雅，責任心強，是一個好丈夫、好父親。但他從小受母親影響極大，他母親是德意志一個專制小朝廷的公主，常常教導自己的兒子：「佐治，要做真正的國王！」佐治三世長大後一心想恢復國王的個人權力，他的政治理想與英國的立憲制度格格不入，由此便釀成了他個人的悲劇，及國家的不幸。

佐治三世在一七六〇年繼承王位。一七六一年彼得辭職，這給他一個極好的機會，讓他建立個人的權力。他任命布特伯爵接任首相，布特是佐治三世的老師，支持擴大國王的權力。佐治改變他的兩位先王不問國事的慣例，開始直接干預政治。他利用自己國王的地位培植親信，用封官許願、收買賄賂的方法在議會中造成一個「國王之友」派，隨即就利用這個集團去打擊輝格黨，削弱輝格黨的勢力。此時輝格黨因幾十年的掌權已腐朽不堪，它內部宗派林立，彼此傾軋不休，最大的兩個派系是羅金漢—福克斯派和彼得—謝爾本派。經過一番權謀，佐治三世在一七七〇年起用諾思勳爵，組成清一色的「國王之友」政府，輝格黨被完全拋在一邊。諾思政府仰佐治三世之鼻息，對內伸張國王個人的權力，對外激化與殖民地的矛盾，北美獨立戰爭就是在這個政府的高壓政策下爆發的，結果造成內外危機重重。

佐治三世的個人權慾在威爾克斯事件上暴露無遺。約翰．威爾克斯出身於殷富之家，一七六二年在輝格黨支持下創辦《蘇格蘭人》報，專門與政府唱反調。一七六三年他在《蘇格蘭人》第四十五期上發表一篇文章，對國王在議會的演説進行抨擊。當時，人們已經把國王的議會演説看成是政府的作品，威爾克斯自己也特別説明，他批評的是政府的政策，不是國王。但國王仍把它看成是對自己的攻擊，於是下令逮捕威爾克斯，指責他犯了誹謗罪。然而威爾克斯又是議員，理應享有豁免權，法庭以人身保護法為依據將他釋放，國人都指責國王擅權，違反了英國法律。

佐治三世不甘心失敗，他操縱議會剝奪威爾克斯的議員身份，並指示政府下達逮捕令。威爾克斯逃往法國，政府就宣佈他不受法律保護。政府的專橫引起了國人強烈的不滿，他們認為政府踐踏了英國人的自由權利，而幕後的始作俑者就是佐治三世。於是，「威爾克斯與自由」的口號喊出來了，許多地方出現了群眾性的示威活動。一七六八年，威爾克斯從法國回來參加米德爾塞克斯的議員選舉，以絕對優勢獲勝當選，接着，他就以當選議員的身份前往監獄，去服四年前法庭給他判的徒刑。在他前往監獄以及後來去議會的路上，無數民眾向他歡呼，威爾克斯成了自由的英勇鬥士，民眾中反對國王專斷的情緒已十分明朗。但佐治三世又設法讓議會剝奪了威爾克斯的議員資格，以便可以進行鎮壓。不久後，威爾克斯在米德爾塞克斯的補缺選舉中又獲勝當選；而議會則第三次剝奪他的議員身份。威爾克斯事件在英國社會中造成深刻的影響，一批人開始思考：在議會操有主權的時代，國王為何能操縱議會？許多人意識到英國的政治制度中存在着弊病，正是這些弊病使民眾的意志無法表達。在英國歷史上，威爾克斯事件被看成是議會改革運動的開端，由此發軔，逐漸形成了要求改革的民眾抗爭高潮。

佐治三世的個人統治隨美國的獨立而宣告結束。戰爭時期，一七八〇年議會曾通過一項決議，稱「國王的影響已經增大，並正在增大，但應該削弱」。這項決議由約翰·鄧寧提出，因此稱《鄧寧決議案》。一七八一年英軍在約克敦的投降造成巨大的衝擊波，國內輿論紛紛指責政府，指責佐治的個人干預造成了北美的巨大失策。輝格黨群起而攻之，認為若英國不採用鎮壓的手段，殖民地本來是不會要求獨立的。愛德蒙·伯克此時成為輝格黨重要的理論家，他寫了許多文章為殖民地人民辯護。他同時指出：政府用收買和賄賂方法推行自己的政策，腐敗的政治現實給國王可乘之機。他認為應該進行「經濟改革」，由議會嚴格控制王室的開支，由此便可以堵住腐敗的源頭。從這時起，輝格黨就正式提出議會改革的要求，但他們所要「改

英國歷史上最年輕的首相小威廉·彼得

革」的對象，即腐敗的政治運作方式，卻是由他們自己創造的：當他們在台上執政時，他們用腐敗的手段控制議會多數；當他們被趕下台時，他們又大叫這種政治手段不公正了！

一七八二年，諾思頂不住美國革命勝利的衝擊波而宣佈辭職，佐治三世的個人統治實際上壽終正寢。但他還想利用輝格黨的內部分歧加強自己的地位，因此先讓羅金漢組閣，再讓謝爾本組閣，最後又組成福克斯—諾思聯合內閣。一七八三年，他讓年僅二十四歲的小威廉·彼得出面組閣，自以為能控制這個「娃娃政治家」。但小威廉·彼得完全不是人們所估計的那樣幼稚無知，他實際上是英國歷史上最有能力的首相之一。一七八四年上台之初，他就舉行議會大選，並且在選舉中大獲全勝。這次選舉標誌着一個時代的結束，即國王個人統治的結束；同時又標誌着一個時代的開始，即彼得時代的開始。但在一個更大的意義上它還標誌着輝格黨優勢的結束，以及托利黨重新掌權的開始，此後一直到一八三〇年，都是由托利黨控制政權。佐治三世不久患上了精神病，意識逐漸消失。一個企圖恢復個人權力的國王在議會已取得主導地位的時代想抗拒歷史發展的潮流，終於造成國家的傷害、個人的悲劇。

四、貴族統治下的社會生活

「光榮革命」建立了一個穩定的政治制度，社會和經濟發展也就有了保障。財富的增長十分迅速，有人估計，在一六八八—一七〇一年之間，國民財富增加了20%。經濟史學家菲利斯·迪恩估計在一七〇〇—一七八〇年之間國家的總產出增長了67%，到一八〇〇年增長了151%。

商業財富增長很快，而對外貿易是其中的主要部分。一六九七—一七〇四年八年之中，平均每年進出口總額約八百五十萬英鎊，一七七五—一七八四年十年之中平均每年進出口數則達到兩千多萬英鎊，海上運輸量也增長了一倍多。對外貿易和殖民地經營成了發財致富的捷徑，許多人投資海外，在短短的時間裡就能做到暴富。光榮革命後一百多年英國長期進行對外戰爭，而這些戰爭基本上都是商業戰爭，目的是爭奪海上通道和爭奪殖民地。在十八世紀，英國民眾中普遍存在一種戰爭情緒，比如「詹金斯耳之戰」爆發的消息傳出後，布里斯托爾和利物浦都出現了民眾歡慶的場面。對外戰爭不僅受到商業集團的支持，而且得到一般民眾的歡迎，許多人認為英國的財富來自海外，英國的商業利益不容損害。在戰爭時，對外貿易的總額會有所減少；但每次戰爭結束後，海外貿易就會大大擴展。

在對外貿易中奴隸貿易是重要的組成部分，一七一三年《烏特勒支條約》中，英國取得向西屬美洲殖民地輸送黑奴的壟斷權；一六八〇—一七八三年間，有兩百萬非洲人被賣到英國在美洲的殖民地，包括北美和加勒比海殖民地。英國移民在這些殖民地利用奴隸勞動開辦種植園，種植甘蔗、煙草等熱帶作物，英國商人把糖、煙草、朗姆酒等商品運回國內，再從英國運一些玻璃珠、小刀、大槍等到西非沿海，交換奴隸，再把奴隸運到美洲殖民地，由此構成著名的「三角貿易」。英國人從三角貿易和種植園經濟中大獲其利，美洲殖民地培植了一大批「納波布」（即在東印度或西印度發了財的大財主），他們回國後在議會中形成強大的政

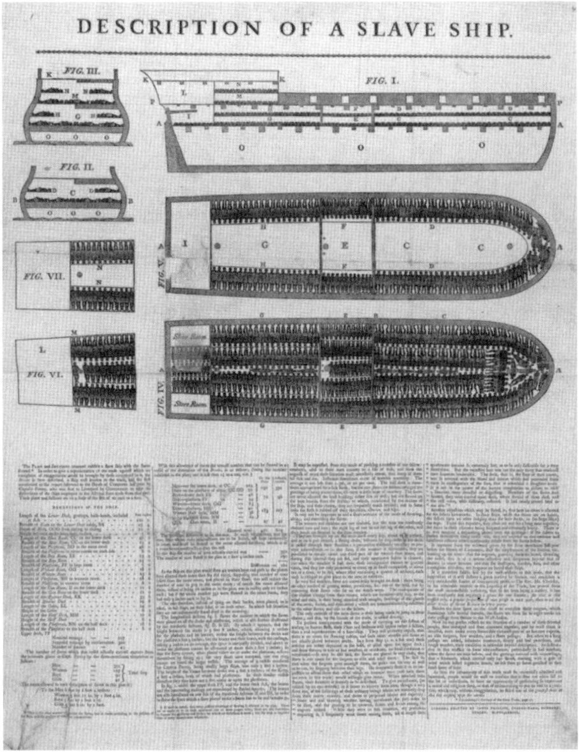

托馬斯・克拉克森（Thomas Clarkson）所繪運送奴隸的船隻圖解，現藏於倫敦大英圖書館

奴隸貿易中境遇悲慘的非洲黑人

治力量，往往能影響英國的海外政策。然而對奴隸來説，這是他們的人間地獄，無數黑奴在惡劣的條件下勞動，艱苦的環境造成大批奴隸死亡，例如在巴巴多斯，一七一二—一七六八年有二十萬黑奴輸入，但人口總數只增加了二萬六千，其死亡率可見是極其高的。十八世紀下半葉，一批宗教福音主義的人道主義者開始對奴隸的境遇表示關心，他們從八十年代起組織反奴運動，到一八〇七年迫使議會通過法律，禁止了奴隸貿易。

英國在印度的掠奪也是兇惡的，東印度公司的許多職員在印度待上幾年，就能積聚大筆錢財，致使許多鄉紳子弟都願去印度工作，尋找發財的捷徑。當時印度的統治權在公司手裡，實行公司管理，政府不插手。但公司的行政十分腐敗，職員派駐在外，不拿工資，而任意搜刮，只要向公司和土邦君主交一定數量的錢，就可以自行收税，因此往往是巧取豪奪。高級官員更是斂財無量，克萊夫在七年戰爭後曾一度回國打算從政，他一下子就可以把施羅普郡一半的市鎮選票收買下來，自己也成為議員。另一個「納波布」貝克福德以自己的財力支持老彼得，讓他登上首相寶座。

東印度公司對印度的獨佔引起其他人不滿，他們希望政府插手，打破公司的壟斷權。一七七三年政府通過《調整法》，把總督與理事會的任命收歸議會。一七八四年小彼得政府又通過一個《印度法》，規定由政府和公司共同管理印度，而政府擁有最終控制權。議會還對克萊夫的財產進行調查，後來雖未曾立案，克萊夫卻自殺了。一七八八年議會又對第一任印度總督黑斯廷斯提出彈劾，指責他貪贓枉法。彈劾案持續進行了七年，最終判他無罪。但這個時候，英國政府已逐步接過了在印度的統治權，當然這僅意味着公司對印度的掠奪變成了英國國家對印度的掠奪。儘管如此，公司統治時期一些最糟糕的做法卻受到遏制，私人不受節制的掠奪總算有所收斂了。

儘管商業的利益越來越重要，土地卻仍然是財產與權力的基礎。在十八世紀，土地的利益仍然主宰國家，土地所有者從上到下都控制着國家的政權。議會中絕大多數議員都是土地利益的代表者，他們本人就是大地主，或地主利益的代言人。政府基本上是由貴族、貴族家庭成員及其三親四戚組成的，彼得作為「偉大的平民」掌管政權，在十八世紀是極為稀少的事（但彼得後來也受封為「查塔姆伯爵」）。在中央政府之下，各郡都有中央指派的郡長和郡守，前者負責民事、司法，後者則掌管治安與防衛。兩者一般都是由本郡勢力最大的貴族出任，尤其是後者，往往就是該郡貴族與鄉紳的頭。郡以下的管理由地方士紳承擔，從鄉紳中推選出治安法官，讓他們處理本地民政，並組成巡迴法庭，審理較大的案件。治安法官是沒有薪金的工作，英國土地集團以一種「奉獻」的精神為本階級的整體利益服務，由此而壟斷國家權力，同時又培植了自治的傳統。在十八世紀，鄉紳既抵制了中央政府專斷的傾向（尤其抵抗着王權的擴張），同時又有效地控制着地方，防範民眾的不滿。

貴族高居於土地利益者之首，一七〇〇年，他們擁有英格蘭土地的15%—20%，到一八〇〇年還上升到20%—25%，可見在十八世紀，貴族的力量是上升的。除土地之外，他們還經營礦山、房地產，投資海外商業，開鑿運河，建築港口。英國貴族不是一個封閉的集團，他們與商業、與殖民地開發有密切的關係，這就使他們與其他社會階層有溝通的渠道，便於日後向工業社會轉變。

大土地貴族之下是鄉紳，他們是中小土地所有者，各種利益集中於地方，關心的也主要是地方事務。他們構成以土地為支撐點的政治結構的權力基礎，為光榮革命後的政治穩定提供了保障。但由於地方性強，他們的眼界也相對狹小，思想比較保守，在日後的社會變革中成為主要的障礙力量。

鄉紳之下是大量的小土地所有者和富裕的租地農場主，十八世紀初，前者約佔全國人口的八分之一，後者人數更少一些，兩種人的經濟地位其實差不多，前者大概略為富裕，但一百年後情況發生變化，小土地持有人的狀況每況愈下，約曼農也逐漸消失了，農村社會形成一種三層結構，即地主——租地農場主——農業工人的結構。這是一種很特殊的社會結構，歐洲其他國家多數沒有出現這種情況。在這種結構中，地主把土地租給農場主，收取地租；農場主僱傭工人，賺取利潤；農業工人出賣勞動力，處在工資僱傭關係中，既無土地，也無財產。這種三層結構把資本主義生產關係帶進傳統的農業生產，整個農村社會由此而發生變化，形成這種結構的關鍵是小土地所有者大量消失，他們少數人變成農場主，多數人變成農業工人。

消滅小土地所有者的方法是圈地，在十八世紀，圈地形成高潮。光榮革命前，圈地一般得不到政府支持，光榮革命後則通過議會法律的形式進行圈地，圈地成為官方的行為。圈地的法律起先是一個一個在議會討論，單個被通過的。後來則一批一批被議會通過，一七六〇—一八〇〇年間議會頒佈一千三百項圈地法令，一八〇〇—一八二〇年又頒佈大約一千項。圈地的程序是這樣的：某一個地方（比如一個村莊）想圈地，先由當地有土地的人提出申請，送交議會，議會派員到實地考察，提交調查報告，然後由議會表決通過。在實際操作過程中，大地產所有者起主宰作用，他們特別支持圈地；小土地所有者在圈地中受到損害，但他們的反對不起作用，而且從短期看他們的損失會得到補償，因此他們也經常不反對圈地。

圈地包括兩層含義，一是對「敞田」進行分割，明確其所有權；二是圈圍「公地」，將公地私有化。「敞田」是中世紀存留的耕作形式，村莊一切土地集體耕作，只到收穫時才各家收割自己的條塊。在敞田制下，每一個土地所有者的土地都分散在村莊每一塊田地上，好壞土地交叉搭配，與其他土地所有者的土地彼此交錯，很難明確所有權。圈地就是把每一家原本分散的土地集中在一起，連成一片，然後築籬開溝，劃分明確的地界。圈地之後，各家耕種自家的土地，不再從事「集體勞動」，因此有助於調動農戶的積極性，也有利於對土地進行投資改造，不必擔心別人也會跟着沾光。同時，土地連成一片，易於使用改良的耕作方法和改良的工具，因而增長了農業生產力，促進了農業發展。但是，圈地是以犧牲小農戶為代價的，小土地所有者在土地重新劃分後往往得到貧瘠的土地，而且由於面積小，資金少，很難進行土地改良，也難以使用新耕作方法，遲早只能退出競爭，賣出自己的土地。圈圍公地對窮人的打擊更大，公地本是村社的財產，沒有土地的人也能在上面放豬養羊，砍柴拾草，由此勉強維持生活。公地被圈圍後就成了私人財產，以公地為生的人要麼去做農業工人，要麼成為流浪漢，淪入社會的最底層。總之，圈地消滅了自由土地持有人，少數人成為租地農場主，多數人成為農業工人，農業中的三層結構就是由此而形成的，它發展了農業生產，但傷害了窮苦農人。當時有一首民謠這樣唱道：「他們吊死男人，鞭打婦女／因為他們從公地上偷走雞／卻留下更大的惡棍不懲治／他從雞那裡偷走了公地！」

隨着十八世紀農業生產力日益發展，農村的貧窮現象也日益嚴重，於是濟貧制度的負擔也日益加重。濟貧制度是伊利沙伯時期形成的一種制度，規定每個教區所有可以自謀生計的人都要交納「濟貧稅」，以養活本教區無力生存的人。濟貧稅的份額不分貧富一律平攤，實際上是在用窮人的錢來養活活不了的窮人。十八世紀末出現一種叫「斯品漢姆蘭制」的濟貧制度，這種制度發源於一個叫斯品漢姆蘭的小村莊，它把窮人得到的生活救濟與麵包的價格掛鈎，麵包價格提高，救濟也相應增加。這種方法在一定程度上可以緩解因通貨膨脹而造成的問題，但也加重了納稅人的負擔，並且鼓勵僱主降低工資，把負擔轉嫁給納稅人。

貧窮問題引起一些宗教人士的注意，國教內出現一種福音主義運動。福音主義主張一切人都有權獲得上帝的拯救，不管他是高貴的王子還是社會的棄兒。福音主義反對國教高高在上、脱離民眾的態度，説它只注重儀式排場，不注意真正的信仰。一七三八年，約翰．衛斯理打破常規、走出教堂，到田頭、工場宣講福音，傳達上帝對每一個人的愛。那些普通的工匠農人聽了衛斯理的講道後往往會淚流滿面，感情激動，他們一向被人忽視，沒有人關心其疾苦，現在，有一個上帝的使徒用他們熟悉的話語向他們談論他們所關心的切身問題，使他們感到前所未有的心靈溫暖。衛斯理的信徒迅速增加，多數都是普通的勞動人民，也有一部分中上層人士。儘管衛斯理本人不願脱離國教，但其信徒後來卻形成新的教派，稱「衛斯理宗」，也叫「循道宗」，意思是所有信徒都應該循規蹈矩，遵從耶穌的教導。歷史學家E.P.湯普森在評價衛斯理宗的歷史作用時説，它一方面啟發了工人的覺悟，使他們感到自己也是尊貴的人；另一方面又教導工人要遵守紀律，服從管轄，從而為即將到來的工廠時代培養了第一批講紀律的勞動者。

儘管貧窮問題日益突出，但物質的進步卻是明顯的，這表現在人們的消費習慣發生變化，糖、茶、肉類、奶類的消耗量都大大增加。對上、中等階級來説，肉類已是主要食品，蔬菜、水果日益豐盛。十八世紀上半葉下層人民的生活水平也有所提高，在許多工匠家庭，麵包、奶酪、啤酒是早餐的食譜，中飯可以有豐盛的肉。當然地區與地區間有很大差別，行業與行業間差別更大。一般來說，工匠的生活水平是不錯的，最貧窮的是農業工人。

上流社會與中等階級開始講究時尚，表現在穿着方面追求富麗，絲綢、天鵝絨、緞子成為衣衫的質料，女服出現鯨骨裙、束腰和胸衣，這在很長時間裡成為上流社會標準的服飾。鄉紳會把子弟送去上學，一般是到普通的語法學校，這種學校教授基本的讀寫知識，以及文學、歷史、拉丁文等。伊頓、哈羅、溫徹斯特等著名的公學逐漸成為貴族學校，貴族子弟在那裡接受典型的古典教育，準備承擔治國的重任。大學的宗教色彩很濃，一般只有神學、哲學和醫學課程。非國教徒進不了由國教控制的正規大學，於是就自己開辦學校，教授數學、語文、科學等課程，培養出許多優秀的人才。蘇格蘭的教育普及率一直比英格蘭高，有更多的人接受中等以上的教育，而且湧現出像休謨這樣的哲學家，像斯科特這樣的文學家。無論如何，對整個英國來說，十八世紀都是個文化創造的時代，華茲華斯和拜倫勳爵創造他們的詩歌，庚斯博羅和雷諾茲創造他們的繪畫，能人布朗為馬爾博羅公爵設計家族的鄉村林園，簡・奧斯汀撰寫膾炙人口的閨秀小說。約翰遜博士是當時的大文豪，他編撰了第一部影響重大的英語大詞典。在歷史學方面，愛德華・吉本的《羅馬帝國衰亡史》是傳世之作；在經濟學方面，最偉大的作品是亞當・斯密的《原富》（即《國民財富的性質和原因的研究》），不過就其影響而言，它應該屬於下一個世紀，正如邊沁的功利主義哲學屬於下一個世紀一樣。

在意識形態方面，貴族紳士的價值觀佔據着主導地位。E.P. 湯普森曾對遍佈於十八世紀的民眾搶糧風潮（這是當時民眾唯一的反抗形式）作過如下解釋，他說：在十八世紀，統治者和被統治者有一種共識，即在政體的安排方面，紳士進行統治，民眾則應服從。然而作為交換，紳士要對民眾的生存負責，保證他們可以維持基本的生存條件，不致因為飢寒交迫困頓而死。因此，一旦發生饑荒，糧價被哄抬上漲，民眾感到無力購買糧食時，他們就會自發組織起來，衝擊市場，強制糧商以平價出售糧食。這不是真正意義上的搶劫，而是

《英國間諜》一書插圖，反映出十八世紀英國城市的發展，現藏於倫敦大英圖書館

《倫敦生活》書中插圖，反映十八世紀倫敦市民生活，現藏於倫敦大英圖書館

用這種他們唯一可以使用的方法提醒紳士統治者：為官者未能遵從默契，民眾現在活不下去了，因此必須採取措施加以糾正，使事態恢復到正常的軌道上來。一旦統治者認識到這一點，採取措施平抑糧價，騷亂也就過去了，民眾又表現出恭順的服從。因此，民眾的騷動與統治者的壓制出於同一個意識形態，即認同紳士的統治。湯普森說這表現了當時民眾中流行的一種價值觀，即「道德經濟學」。這種價值觀在下一個世紀將與工業資本家的「政治經濟學」尖銳地對立，而演繹出一個新時代的歷史。在十八世紀，貴族佔據優勢，無論在物質的層面和精神的層面都是這樣。

作者點評

亞里士多德曾說人類社會有三種好的國家形式和三種不好的國家形式，它們一一對應分別是：君主制和暴君制，貴族制和寡頭制，共和制和暴民的統治。若以掌權者人數的多寡來區分，那麼君主制和暴君制是一個人的統治，貴族制和寡頭制是少數人的統治，共和制和暴民統治是多數人的統治。十八世紀的英國形成了典型的貴族政治制度，這時候，一個人的統治已經過去，多數人的統治還沒有到來，少數貴族把持政權，民眾並沒有參政的權利。奇怪的是，在這個制度下經濟取得了劃時代的突破，英國爆發了工業革命。後來有許多國家也是在「少數人統治」的時期達到了經濟突破的臨界點，對多數國家來說，這似乎意味着某種「規律」。為甚麼在這種制度下經濟最容易取得突破？迄今為止好像還沒有找到一種滿意的理論可以用來解釋。不過這是一道經驗公式，讀者可以用其他國家的經驗來驗證。

第十三章 工業革命與拿破崙戰爭

一、工業革命的成就

十八世紀上半葉，英國經濟開始發展，最終導致人們一般所說的「工業革命」的發生。工業革命造成人類歷史的重大變化，它不僅意味着經濟的巨大增長，而且意味着社會的整體變動。

經濟發展的跡象首先在農業中表現出來，十八世紀上半葉，英國農業經歷了巨大變革，許多人把它稱為「農業革命」。

農業革命的發動者是大土地所有者，他們因圈地運動而集中了土地，有條件進行集約經營。這時候，英國已開闢了龐大的海外市場，農業已經與商品經濟聯繫起來，農產品一旦成為商品，刺激生產的動力就會出現。掌握着較多資金的大土地所有者願意向土地投資，以求賺取更多的回報。同時，一批沿着社會等級階梯上升的中小約曼農成為租地農場主，他們往往以自己的小塊土地作抵押租種大片農場，悉心加以經營，從而為農業革命提供了更廣泛的社會基礎。

農業革命的手段是改良土壤、培育良種、採用新的耕作方法、使用新工具、開鑿溝渠、灌溉排澇等，有些在東方農耕社會早就存在的傳統耕作方式，如精耕細作、施放肥料等，在英國農業革命中被引進，並發揮了很大作用。新的耕作方法中包括條播（以及為此而發明的畜力條播機），這種方法改變了過去的撒播做法，有利於精耕細作。更重要的是農業中普遍採用輪作制，一年中大麥、燕麥、小麥、豆類和蕪菁等作物輪流種植，使一年四季都有作物在田裡，傳統的休耕制被廢棄了，哪怕是冬天也可以種植蕪菁（一種牧草），而蕪菁可以餵牛羊，再加上秋天留下的豐盛乾草，就可以讓大量牲口過冬，而不必像過去那樣，每到初冬就要把三分之二甚至更多的牲畜屠宰掉，才能保證剩下的牛羊有乾草吃。由此引起的相應變化是冬天也能吃到新鮮的牛羊肉，而不像以前，在漫長的冬季和春季只能吃醃肉，常常還是變了味的醃肉。在引進蕪菁、使用輪作制方面名聲最大的是華波的姻兄弟、佐治二世的廷臣唐森德勳爵，他為此而得到一個「蕪菁唐森德」的美名。

當時的政治家有許多熱心於農業改革，比如托馬斯．科克，後來成為萊斯特伯爵，就是個成功的農業改革家。他在貧瘠的土地上播撒泥灰增加地力，並引進新品種，結果在十五年中使莊園的收入翻了四番，四十年裡收入從兩千多英鎊變成兩萬多英鎊。另一個鄉紳羅拔．貝克韋爾則主要從事畜牧業的改良，他的牛、羊、馬牲畜吸引了全歐洲的人去參觀。畜牧業發展是農業革命的一個重要方面，有人說，農業革命前的羊如狗一般大，現在的羊則如同過去的牛。農業革命使英國農業生產迅猛發展：一七〇〇—一七九〇年間，有四百多萬英畝荒地被開墾成農田；一七〇〇年每一個農民大約可以養活 1.7 個人，到一八〇〇年可以養活 2.5 個人，農業生產率提高 47%。一七〇〇年英國穀物產量大約是一千四百八十萬夸特，一八〇〇年增長到二千一百一十萬夸特，增長率為 43%。一七三二—一八〇〇年間肉類銷售量大約增加 35%，在倫敦肉類市場上，一七三一年進貨肉牛八萬四千頭，肉羊五十六萬五千頭，一八〇〇年分別增長到十一萬四千頭和七十五萬六千頭。然而，儘管農業生產在一個世紀中增長了許多，英國卻從糧食出口國變成了糧食進口國，原因是人口從五百八十二萬增加到九百零二萬（包含英格蘭和威爾斯數字），糧食的增長趕不上人口的增長。而且工業發展吸收了更多的糧食作原料，結果糧食價格在十八世紀增長很快，從世紀初的指數一百，增長到世紀末的指數二百五十，即漲價一倍半還不止。這個負擔當然落到廣大人民尤其是低收入勞動者的頭上，使他們的生活水平受到影響。

農業革命發展了農業，提高了農業生產力，增長了英國的財富，但它還有一個無形的影響，即培植了貴族和鄉紳的經營意識，使他們以市場為目標進行生產，並努力賺取利潤。社會上層的謀利取向意義不比尋常，因為它向全社會提供了一個楷模，鼓勵人們去追求財富。基督教的文化傳統向來就鄙棄經營，而這個傳統在英國是由上層階級打破的，這對塑造英國的民族精神和進取性格有重大作用，最終帶動了全社會的謀利追求。

十八世紀下半葉，英國開始工業革命，這是個影響到人類命運的總體過程，最終改變了歷史前進的方向。在談論工業革命之前，首先要了解工業革命以前英國的工業狀況。

「工業」(industry)這個詞起先指一種品質，即「勤奮」，後來才有「產業」和「製造」的含義。工業革命前所謂的「工業」包括這樣一些部門：工具和用具的製造（刀具、傢具、衣物、器皿、車輛、首飾等）；用具的修理（箍桶、補鍋、修鞋等）；產品加工（釀酒、舂米、食品）；其他部門如採礦、採石、冶金、建築、造船等。十六世紀起毛紡織業越來越重要，成為英國出口的主要支柱，也是最大的一個工業部門。所有「工業」都是手工操作，極少數情況下可能利用非生物動力，比如水力或風力。從生產組織結構說「工業」可以分為三類，第一類是大型工作場地比如採礦、造船、冶鐵，需要的人力較多，而且有一定程度的分工。第二類是作坊，一個師傅帶幾個徒弟從事某種技術性較強的工作，如金銀首飾、馬車、靴鞋、衣帽的製作等。第三類是家庭工業制，一家老小圍繞一項工藝以此為生，全家動手，分工合作，家庭就是基本的生產單位。這種組織形式在紡織業中尤其流行，而且散佈於廣大的農村地區。在英格蘭北、中部，許多農戶買一台紡機或織機，農閒時紡織，貼補農業收入的不足。但後來副業反而變成主業了，紡織成為主要的生活來源，農民也因此變成手工勞動者，成為近代工人階級的前身。

家庭工業制主要在農村地區盛行，是因為在這些地區行會的勢力比較小。此外，家庭工業制在新生的行業中比較容易形成，也是因為在這些行業中行會的力量薄弱。十七世紀起家庭工業制逐漸落入商業資本的控制下，商人提供原料，分配份額，手工工人把配額領回家中完成，然後把成品交還給商人，由商人投向市場，進入流通領域。在這個過程中，商人和工人間有可能存在表面上的金錢來往關係，如工人從商人處「買」回原料，加工完畢後再把產品「賣」給商人，但實際上這只是一種支付工資的方法，商人控制生產的全過程，工人只不過從事加工而已。在很多場合下，連表面的「買賣」關係都不存在，商人直接把原料發給工人，按固定標準回收產品，工人領取加工費，當然這就是工資。有時，商人還向工人提供生產工具，包括織機。這樣一種生產方式完全是資本主義的，英國在這種方式中大規模發展了手工業，而且把它和海外市場聯繫起來。十八世紀，手工業生產已經達到相當高的水平，為英國提供了大量資金。許多人把這種生產方式稱作是「原工業化」，認為在工業革命的興起中，「原工業化」發揮了重要作用。

十八世紀下半葉，工業革命在英國興起，後來向全世界擴展，改變了人類的命運。

工業革命首先表現為生產工具的改變。在過去，一切工具都是簡單工具，滿足手工生產的需要。一七三三年約翰·凱伊發明飛梭，織工一個人可以完成織機上的所有工作，不需要找助手幫忙。人們把飛梭看作是紡織工具改進的第一個信號；但飛梭仍然是手工工具，並沒有改變工作的性質。

飛梭的發明加快了織布的速度，使紡紗工序嚴重滯後，一七四五—一七六〇年間許多人試圖改造紡紗工具，改變用手工紡紗的情況。一七六四—一七六七年占士·哈格里夫斯取得成功，他發明了一種機械，可以使一個人同時捻動幾個紡錠，從而使紡紗效率增加了幾倍。這種機械叫「珍妮紡紗機」，珍妮是他女兒的名字。一七六九年理查·阿克萊特發明了一種水力紡紗機，他讓棉花通過滾子碾壓成細線，再在旋轉的錠子上捻成紗。由於使用水力，紡紗的速度再次提高，節省了大量勞動。十年後塞繆爾·克朗普頓結合珍妮機和水力機的長處發明「騾機」（意為兩者的結合），使紗線又細又結實，大受用戶的歡迎。而在差不多的時間裡阿克萊特又發明了梳棉機和繞棉機，使紡紗的準備工序也實行機械化。這些機械的發明又使織布工序的速度落

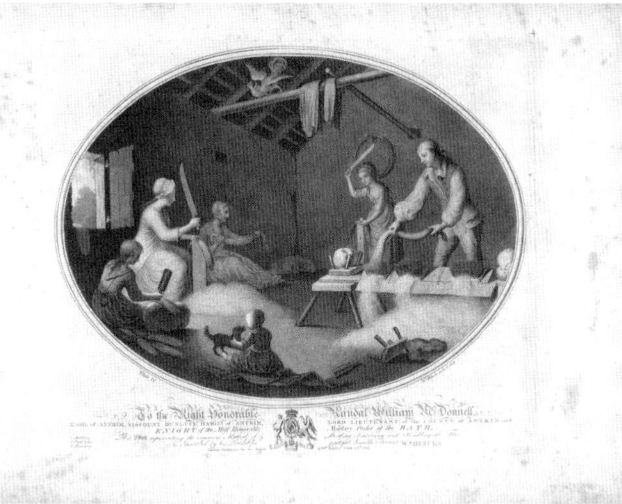

繪於一七八三年的插畫，展現了十八世紀英國家庭紡織生產場景，現藏於倫敦大英圖書館

繪於一七八三年的插畫，展現十八世紀英國紡織工場工作場景，現藏於倫敦大英圖書館

到了紡紗工序後，於是在一七八五年由牧師愛德蒙·加特利發明了動力織布機，使用蒸汽作動力。儘管這部機器剛出現時效率很低，還趕不上熟練的手織工速度，但經過不斷的改進它終於日趨完善，到一八四〇年左右手織機已經處於被淘汰狀態；而到一八六〇年，手織機幾乎就已經絕跡了。

紡織業是實行機械化速度最快的行業，原因是紡織業作為英國工業的支柱，其產品需求量最大，基礎也最好。從技術上說，紡織業很早就出現行業內部的精細分工，許多工序都變成簡單的手工勞動，很容易轉變成機械運動。機械化最早涉及的行業基本上都是這一類行業，而技術要求較高較複雜的行業（如金銀首飾、鐘錶等）及沒有形成精細分工的行業（如成衣、製鞋等），這些行業的機械化就慢得多。

蒸汽機的出現是劃時代的大事，占士·瓦特完成了這次技術變革。英國採礦業一直在使用一種叫「紐考門蒸汽機」的動力裝置，可以藉助蒸汽的衝力把礦井中的積水排到井外。一七六三年瓦特開始改造這種裝置，經過十多年的努力，終於造成可以連續運動的蒸汽機。關鍵的發明是一根曲軸，以及與曲軸連在一起的汽缸。這種裝置造成連續不斷的機械運動，可以帶動大批機器。在當時的技術條件下，要鍛造一個與活塞密切吻合的筒形缸體十分困難，結果花了很大的勁才解決這個難題。蒸汽機製造出來後，在很長時間裡銷路不好，因為一旦損壞，就找不到懂行的工匠去修復，瓦特必須親自帶着他的一班人馬四處應急。此外，製造蒸汽機在當時也是手工勞動，因此每一台蒸汽機的部件都有可能不同。這種情況隨着工業革命的進展而逐漸改變，最終導致一個新的工業部門，即機器製造業的誕生。一八二〇年前後已出現一批專門製造機器的廠家，有專門的技術工人，生產相同型號的零部件。蒸汽機的出現標誌着人類生產力的一次巨大飛躍，人能夠使用自己創造的動力來驅動機器，從而釋放出巨大的生產力。機器製造業的出現則標誌着工業革命的基本完成，從這時候起，用機器生產機器，再用這些機器去生產其他產品，就成為人類生產的主要形式了。

除了工具的改造、機器的出現、人造動力的運用之外，工業革命還引發許多新技術，形成技術革命的第一次高潮。在煉鐵業，以前使用木炭作燃料，生產能力受到很大限制，工業革命期間改用焦炭，出現了相應

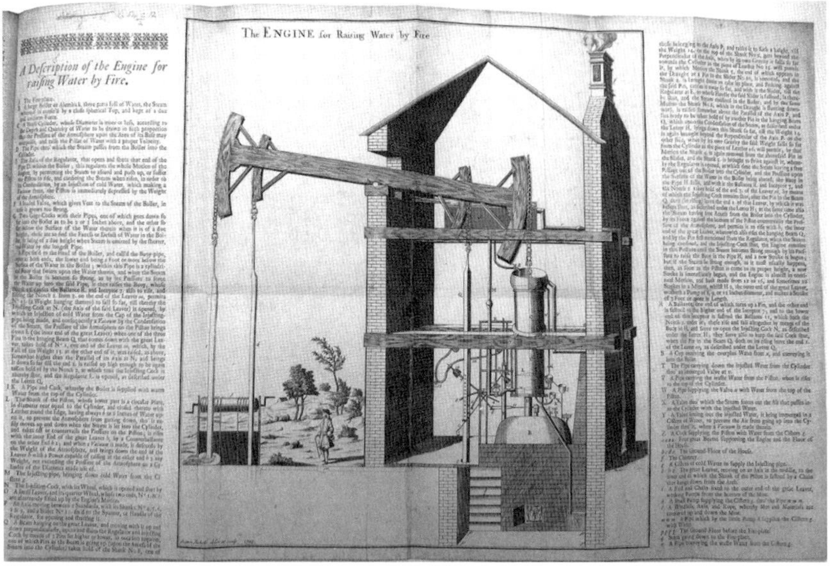

十八世紀早期對蒸汽機的描繪，現藏於倫敦大英圖書館

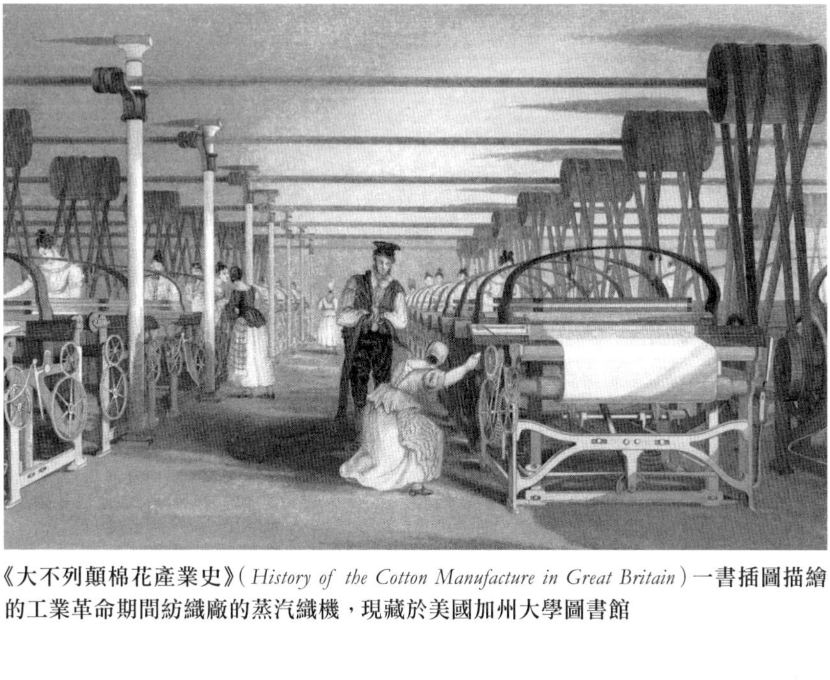

《大不列顛棉花產業史》(*History of the Cotton Manufacture in Great Britain*)一書插圖描繪的工業革命期間紡織廠的蒸汽織機，現藏於美國加州大學圖書館

的技術進步。後來，由亨利．科特發明攪拌法，直接用煤燒爐煉鐵，此後煤與鐵就成了工業化的兩大標誌，最終鑄造一個鋼鐵的世界。採煤和煉鐵也發展成巨大的產業，而這就奠定了英國在全世界稱霸的基礎。在染布業，出現用氯氣漂白的新方法，這不僅成十倍地加快了漂白的速度，而且增加了潔白度，提高了紡織品的質量，使英國的紡織品攻佔世界，壟斷了世界市場。技術革新是工業革命的一個重要方面，沒有技術革新，工業革命是不可能出現的。

但工業革命還包括生產組織形式的變化，這同樣也提高生產力，並且更深刻地影響着社會變革。在工業革命中，「工廠化」是一個重大的變化，沒有工廠化，工業革命就不會那麼徹底。

如前所説，機器的使用是有局限性的，並非任何行業都可以使用機器。機器實際上是人手的延伸，早期的機器代替不了複雜的手工勞動，像製鞋、裁衣這一類工作它無法做，更不要説工藝水平高的鐘錶、首飾行業了。因此當紡織、製釘、刀具這些行業早早實行機械化時，多數行業卻仍然保持手工操作，無法使用機械。但工業革命仍然把這些行業改造過來了，辦法就是工廠化。

一七七一年阿克萊特在克萊普頓建立第一個現代意義上的「工廠」，他所設計的水力紡紗機必須使用水力，因此他在河邊建造一座廠房，在廠房裡安置許多紡紗機，讓一台水輪機同時帶動所有織機。由此，一種新型的工業組織形式就出現了，它的本質不在於使用機器，而是創造了一種新的工作場所。在這樣一個工作場所中，工人們聽從機器指揮，隨機器的轉動有節奏地勞動。在這個工作場所中，工人們必須是守紀律的，按固定的工作時間上班下班，一個工人不按時就會延誤整個工序，因此他們必須養成集體勞動的習慣，不可以自由散漫。工廠制最早在紡織業出現，後來蒸汽動力取代水力，工廠也就從鄉村搬進了城市，並很快向各行各業擴展。許多不能使用機器的行業也採用這種新的生產組織形式，將生產流程重新安排。其中最典型的行業是陶瓷業，一七六九年，喬賽亞．韋奇伍德開辦埃特魯利亞陶瓷工場，在場內實行精細的勞動分工，他把原來由一個人從頭到尾完成的製陶流程分成幾十道專門工序，分別由專人完成。這樣一來，原來意義上的「製陶工」就不復存在了，存在的只是挖泥工、運泥工、拌土工、製坯工、上釉工、裝窯工、燒窯工、上彩工等，製陶工匠變成了製陶工場的工人，他們必須按固定的工作節奏勞動，服從統一的勞動管理，就如同紡織工按機器的指揮工作一樣。「工廠化」把英國製陶業改造成歐洲最優秀的陶瓷工業，直至今日「韋奇伍德」牌仍是陶瓷器的名牌產品。與此同時，工廠化數十倍地加快了生產速度，因為分工本身就可以是生產力。每一個工人在他自己的工序上都是行家裡手，但同時他也降格成一個普通的熟練工，除了他專門的這道工序外，他其實甚麼都不會做。

各行各業都相繼實行工廠化，比如傢具、成衣、靴鞋、車輛等。一八七二年，有一份官方的調查報告說採訪者詢問了二百五十四萬七百八十九人，其中二百零一萬六百三十七人說自己在「工廠」工作。迄至此時，工廠化過程已基本完成了，它與機器的使用、蒸汽動力的出現共同推動了經濟的發展，同時又改變了整個社會生活。

從技術的層面上說，工業革命還包括交通運輸的進步。英國在十八世紀以前內陸交通極壞，道路基本上是泥塵土路，一下雨就完全不能行走。運輸工具是騾車馬車，在偏遠山區還不乏人挑馬馱。英國大部分河流不能通航，內河運輸也很糟糕。這些情況導致英國的海上交通比內陸交通發達，海外市場也比國內市場活躍。十八世紀初開始出現交通改良，首先是修築公路，在大石塊鋪成的路基上撒碎石和沙，再夯築路面，使其平整堅固，晴雨都可通行。修築公路的公司可以設立關卡，以此收費盈利，這就刺激了投資的積極性，因此公路發展很快。一七六〇——一七七四年議會批准了四百五十二項築路申請，到一八〇〇年已建成一千六百條公路。英國的內陸交通大為改觀，十九世紀初，從倫敦出發的驛車駛往全國，公路能連接大小城鎮。

與公路同時興起的是運河，其目標是改進內河運輸。公路不能滿足大批量運輸的需要，笨重的物品，如煤、鐵、礦石、陶瓷器皿、木材等，很難靠車馬運行。為發展航運，一七六一年開鑿了第一條內陸運河，從沃斯利到曼徹斯特，全長 10.5 英里，由布里奇沃特公爵投資建設，直接目的是把他領地上的煤運送到工業

描繪工業革命期間英國早期蒸汽動力客運列車的插圖

區。這條運河的開發引起全國開鑿水運的高潮，到十八世紀末，英國已經有四千英里的內陸水道，僅九十年代就開鑿四十二條新運河，耗資六百五十萬英鎊。運河連通了全國幾乎所有的重要河流，顯然對開通全國性市場起了重大作用。

但更重要的是鐵路的建設。十九世紀初期，一些礦區在鋪設鐵道，讓馬拉着有輪的車廂在軌道上行走，從而增加貨運量。不久後，許多人嘗試用蒸汽機帶動車廂，一八一四年佐治・史蒂文森獲得成功，他建造了第一台用蒸汽作動力的鐵道機車，可以在鐵軌上運行。一八二五年，第一條「鐵路」在斯托克頓和達林頓之間開通，但距離很短；一八三〇年曼徹斯特到利物浦的鐵路投入使用，由史蒂文森設計的「火箭號」機車作動力牽引，時速達到二十九英里。這以後，「鐵路時代」迅速到來，至一八三五年，議會批准了五十四條鐵路修築計劃，而一八三六—一八三七兩年中又批准鋪設四十四條鐵路，到一八四三年已經有二千零三十六英里鐵路了，一八四五—一八四七年間，又有五百七十六家鐵路公司被批准成立，築路八千七百三十一英里。十九世紀中葉，鐵路已成為英國國內最重要的運輸方式，其密集程度（每平方千米鐵路長度），甚至在二十世紀末尚未被絕大多數發展中國家所趕上！

鐵路改變了英國社會，這不僅體現在成百倍增加的運輸量、數十倍提高的運行速度上，也不僅體現在把全國交織成一張鐵路網，從而把各地區不分遠近連成一體上；它還改變了人的思維模式，改變了人對生活的看法。鐵路改變了時間和空間概念，過去時間以天為單位，現在以分鐘、以秒計算；過去一兩百英里是一個遙遠的地方，現在則只是近在咫尺。人們突然感到空間和時間都縮小了，於是生活的節奏也就加快，悠閒的時代已經過去，時間就是金錢。火車還教會人們守時，準時準點成了現代生活的準則，人們開始要隨身帶上一塊表，時間概念是一個全新的概念。火車還進一步教會人們遵守紀律，因為鐵路本身就體現着強制，紀律是火車運行的基本前提。當然，所有這些變化都不是鐵路單獨創造的，但鐵路確實引起了某種突如其來的變化。

總之，到十九世紀中期，英國已經是個工業化國家，往昔那種田園詩般的風情不見了，代之而起的是一個忙忙碌碌的世界。鄉村建起了灰暗的英國蒸汽船「大東號」廠房，城鎮豎起高聳的煙囪，工廠裡迴蕩着機器的轟響，高爐前噴發出鐵水的光亮。工業已成為國家的命脈，人們靠工業而不靠農業生存。一七八〇年，英國的鐵產量還比不上法國，一八四八年已超過世界上所有國家的總和。它的煤佔世界總產量的三分之二，棉布佔二分之一以上。一八〇一—一八五一年，英國國民總產值增長125.6%，一八五一—一九〇一年又增長213.9%。一七〇〇—一七八〇年，工業年平均增長率是0.9%—1%，一七八〇—一八七〇年已超過3%。這個數字雖不如二十世紀有些國家發展速度那麼快，但在當時的世界上卻是驚人的，有些經濟史學家曾測算：在工業革命之前，每一千年人類的生產能力才增長一倍；而在工業革命以後，生產能力則加速翻番。英國迅速成為世界上最富有的國家，它一個國家的生產能力比世界上其他國家的總和還要多得多，它成為全世界的加工廠，它龐大的遠洋船隊把數不盡的工業品運往世界各地，再把原材料運回國，加工成工業品，然後再運出去。一八五一年，英國在倫敦市中心舉辦世界博覽會，為此專門修建一個「水晶宮」，長五百六十

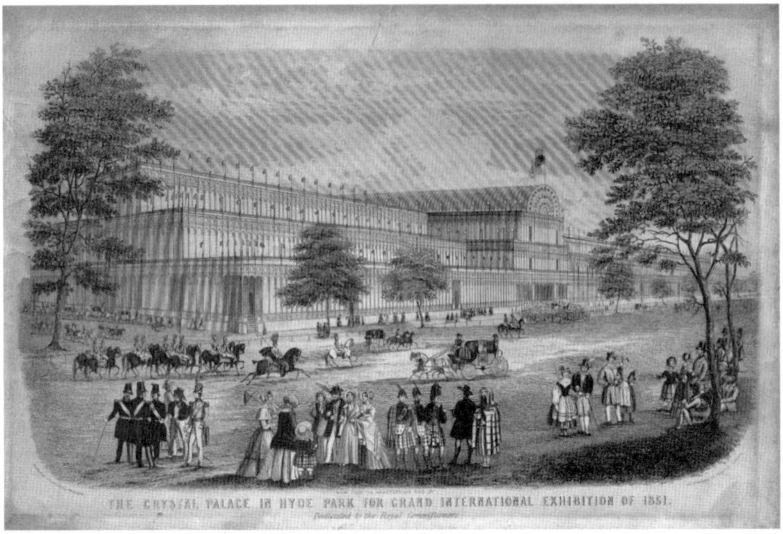

一八五一年倫敦水晶宮外景

倫敦水晶宮博覽會盛況

多米，高二十多米，全部用玻璃鋼架搭成，佔地三萬七千多平方米，造價八萬英鎊（這在當時是一個天文數字）。博覽會中陳列着七千多家英國廠商的產品和大約同樣數目的外國商家展品。英國商家幾乎全都陳列工業品，外國商家則幾乎全都陳列農產品或手工產品。展覽廳一進門，迎面一塊巨大的重二十四噸的整體煤塊，象徵着工業的巨大力量，龐大的汽錘、運行的機車，無不顯示着工業的雄偉命脈。博覽會向全世界宣告英國已進入工業時代，英國是世界上第一個工業國家，也是最強的國家。但英國只佔地球上陸地面積的0.2%，人口在當時只有一千多萬，遠比歐洲其他國家少得多。這樣一個小小的島國，在一百多年時間裡能夠領先於世界，完全得益於它第一個走上工業化道路。

工業革命為甚麼首先在英國發生？許多人提出不同解釋。有些人說英國的農奴制瓦解較早，為工業準備了「自由」的勞動力。有些人強調圈地的後果，認為圈地運動把農民趕離土地，迫使他們到工業生產中尋找出路。有些人說英國的海外殖民掠奪提供了原始資金，讓英國的工業得以發展。還有人認為地理位置也是重要因素，英國是島國，海上交通便利，又處在世界貿易的有利位置上，易於開闢世界市場。當然，所有這些因素都是存在的，但根本的一個因素卻是：光榮革命後英國建立了一個合適的政治制度，這個制度保證社會有寬鬆、平和的環境，讓人們追求個人的目標，最大程度地發揮創造能力。對這種模式的工業化發展道路，亞當·斯密和大衛·李嘉圖從經濟學的角度加以論證，傑里米·邊沁則從倫理學的角度予以支持。亞當·斯密和大衛·李嘉圖論證說，一個國家的經濟只有在最「自由」的狀態下才能最好地發展，一切國家干預都會對經濟造成破壞，只有「一隻看不見的手」即純粹的經濟規律不受節制地起作用，才能把這個國家引向富強。傑里米·邊沁告誡說，良好的社會應追求「最大多數人的最大利益」，只有當每一個人都追求到他自己的最大利益時，全社會的最大利益才能夠實現。斯密—李嘉圖的「自由經濟理論」和邊沁的「功利主義」是英國工業化道路的指導思想，在這種思想指導下英國走上了自由資本主義道路，它一方面使英國順利完成工業化，成為世界上第一個工業化國家，但同時也造成許多社會問題，給後來實行工業化的國家留下了許多深刻的教訓。

二、保守主義政治

英國進行工業革命的時候，政治上進入一個保守時期。這個現象在許多國家後來都出現過，即經濟激變與政治保守同時並存。在英國，從十八世紀八十年代起即出現托利黨的持續執政，一直維持到十九世紀三十年代。

小彼得在一七八四年議會選舉中獲勝，當時沒有人預計到，這開始了一個長期穩定的時期。佐治三世本以為可以輕而易舉地控制小彼得，但實際上，小彼得非常難以對付，他重組了托利黨，有人稱之為「第二托利黨」。

小彼得是老彼得的第二個兒子，他發跡於輝格黨，卻轉向了托利黨。小彼得上任時似乎是另一個「國王之友」，但他很快就結束了國王的個人影響，政黨政治從此就不再受動搖。他上任後首先解決財政問題，把輝格黨在任時倡導的「經濟改革」執行到底。他取消一批閒置的官職，加強對官員的財政監督，努力堵塞貪污漏洞。他修改關稅，使走私活動無利可圖，減少稅收，簡化收稅手續，節省了行政開支，改善了國家的財政狀況，表現出他是一個精明的理財人。一七八三年和一七八五年他還兩次提出議會改革的方案，針對議席不合理的分佈，企圖作出某些調整。但如果這些改革真的實行了，就有可能對他的追隨者造成損害，因此他並不真心實意地推行改革，不過這也足以讓他樹立一個革新者的形象了。然而，到後來，隨着歐洲時局的變化，小彼得的改革形象逐漸消失，保守色彩日益顯露，最終成為托利黨的代言人。

一七八七年法國政局開始動盪，一七八九年發展成革命。革命之初，英國朝野上下普遍為之歡呼，認為它體現着英國政治制度的理想。但不久之後，上層階級改變態度，他們認為法國的事態已經使英國制度受到威脅，尤其是雅各賓專政，已經動搖了現存秩序，發展下去，英國也會出現類似事態，人民革命的陰影已籠罩在英國上空。一七九〇年十月，愛德蒙·伯克發表《法國革命感想錄》一書，書中對法國革命進行猛烈抨擊，同時對保守主義作了集大成的闡述。他提出習慣與守成是人類社會的基本規範，若放棄傳統，會造成社會的整體崩潰。後世人認為：伯克的這本書是英國保守主義的開山之作，伯克自己則是英國保守主義之父。伯克的著作是一個信號，表明上層階級已轉向保守。一七九一年，輝格黨在法國革命問題上發生分裂，伯克在議會辯論中闡述他的反對革命的觀點，福克斯則起而應答，為法國革命進行辯護。這以後，輝格黨就分成兩派，少數人與福克斯、格雷站在一起，支持法國革命，並且同情英國人民的議會改革要求。多數人贊成伯克的觀點，一點一點地向托利黨靠攏。一七九四年，波特蘭公爵率絕大多數輝格黨人投入托利黨陣營，剩下的輝格黨人則退回他們在鄉間的田莊，只偶爾在全國性的政治舞台上露一露面。

托利黨政府對民眾的改革要求進行鎮壓，生怕一小點鬆動都會引起法國事態的重演。它壓制民間的改革團體，逮捕其領導人，對他們進行審判。它好幾次通過議會法令停止實行人身保護法，從而可以不經過審判就關押人。它還制定法律，限制人民的言論自由和結社自由，而這些自由卻正是光榮革命的成果。這個時期的托利黨統治是英國近代史上最保守的一個時期，人民的權利受到限制，許多人遭受政治迫害。但是在經濟政策上，托利黨政府則逐步接受自由經濟理論，他們放手讓經濟自行發展，政府不予干涉。這種政策的結果是一方面經濟得到迅速發展，另一方面下層人民的生活水平不斷下降，出現普遍的貧困現象。

一八〇一年，小彼得就愛爾蘭問題提出解放天主教法案，佐治三世不肯接受，於是小彼得辭職，由他的追隨者亨利·阿丁頓（後受封為西德默思子爵）接任首相，繼續推行小彼得政策。但阿丁頓在與拿破崙的戰爭中執行不力，結果由小彼得再度組閣，於一八〇四年出任首相，一直到一八〇六年他去世為止，這時，反法聯軍在戰場上連受重挫，形勢對英國十分不利。小彼得去世時只有四十七歲，他是個很有才能的政治家，事實上開創了近代英國保守主義的政治傳統。

小彼得去世後，組成一個兩黨都參加的聯合政府，號稱「全人才」內閣，實際上由輝格黨佔據優勢，福克斯是內閣首腦。這屆政府最大的成就是廢除了奴隸貿易，規定從一八〇八年一月一日起禁止販奴，並指令英國海軍在海上攔截各國船隻，必要時使用武力強制禁止販奴。禁奴運動至此取得重大勝利，在這個運動中，小彼得的好朋友塞繆爾·威爾伯福斯起了重要作用，他雖然在政治上是個保守派，但一生致力於人道主義事業，而且是一個衛斯理宗信徒。一八〇六年秋天，福克斯也去世了，這使輝格黨失去了公認的領袖，也喪失了他們在將近半個世紀時間裡唯一的一次掌權機會。此後托利黨重新掌權，直到一八三〇年。最早出面的是波特蘭公爵，但實權掌握在史賓沙·珀西瓦爾手中，後者在一八〇九年接任首相，成為正式的領導人。珀西瓦爾在政治上極其保守，甚至可以說反動，他對國內的壓制非常嚴厲，一八一二年他被人行刺，但刺殺他的人並沒有政治動機，只是為發泄個人的不滿，然而老百姓對他的死大聲喝彩，歡呼上蒼除掉了一個暴君。

但托利黨的政策並未因此改變。利物浦伯爵繼任首相，他雖然態度溫和，卻並不打算改變托利黨的既定政策。在他的政府中西德默思和卡斯爾雷子爵起重要作用，前者在內政、後者在外交方面貫徹保守方針。一八一五年，拿破崙戰爭終於結束了，但托利黨對內抵制變革、對外反對革命的立場絲毫沒有變化。小彼得的追隨者已經把托利黨帶上一條危險的路，這就是不願對現狀作任何改變，哪怕變化非常小，甚至有利於維護現有秩序。

戰爭期間英國和愛爾蘭的關係發生問題。十八世紀初，英、愛關係已有所緩和，這主要是由於英國方面放鬆了對天主教徒的壓迫，許多限制性法律未加以嚴格執行的結果。美國革命時愛爾蘭站在英國一邊，組成許多志願團，幫助英國防備法軍入侵。但武裝的志願團隊也使愛爾蘭得到與英國討價還價的籌碼，一七八二年愛爾蘭議會得到獨立的立法權，亨利七世時期就制定的法律被取消了，愛爾蘭可以自己召開議會，自己通過法律，但一七八八年發生的事表明這種狀況可能在英、愛關係上引起麻煩，當時佐治三世精神病發作，英國議會指定攝政王，但對其權力加以限制，愛爾蘭議會也接受了同一個攝政王，但並未按英國的要求限制其權力。這表明：愛爾蘭已經太獨立了，有可能在某一天另找一人當國王，與英國政治完全分離。法國革命爆發後愛爾蘭受到巨大震動，北方新教徒要求對愛爾蘭議會進行改革，為爭取南方天主教徒的支持，他們表示願意讓天主教徒得到政治權利，也就是獲得選舉資格。同時，南方又發生佃戶攻擊地主的事件，這使小彼得下決心採取措施平息局面。一七九三年他制定一項法律，使天主教徒獲得選舉權，但仍然不可以有被選舉權。愛爾蘭局勢平靜了幾年，但要求進一步改革的呼聲很快就出現了，而且乘法國革命之機越來越激烈。一七九八年一批激進分子發動起義，希望在法軍援助下解放愛爾蘭。但法國的援軍未到，起義則很快失敗了。小彼得下決心一勞永逸解決問題，於是就在一七九九年提出一項兼併愛爾蘭的方案，但未能獲愛爾蘭議會批准。一八〇〇年他再次提出兼併方案，為使愛爾蘭方面接受兼併，他一方面用封官許願、收買賄賂的方法控制新教徒，另一方面又對天主教徒許諾讓他們得到被選舉權。在這種情況下，《一八〇〇年愛爾蘭聯合法》獲得通過；但當小彼得打算履行他的諾言實行天主教解放時，國王卻不予批准，導致小彼得辭職。

《一八〇〇年愛爾蘭聯合法》規定從一八〇一年一月一日起取消愛爾蘭議會，由愛爾蘭派三十二名貴族和一百名平民參加英國議會。這以後，英國的正式名稱改為「大不列顛及愛爾蘭聯合王國」，原來的「傑克聯合旗」也加上愛爾蘭的聖帕特里克旗成為新的國旗（即現在的「米字旗」）。愛爾蘭合並鞏固了英國對愛爾蘭的統治，但與蘇格蘭合併不同，愛爾蘭的合併是強制的，多數愛爾蘭人並不支持。愛爾蘭沒有從合併中得到好處，相反它變得更像是英國的殖民地了。佔人口多數的天主教徒沒有完全的公民權，他們仍受歧視性法律的限制；愛爾蘭農民多數耕種英籍地主的土地，經濟剝削和政治壓迫交織在一起，宗教分歧則使雙方的差異更加明顯。自英國兼併愛爾蘭後，愛爾蘭問題就成為英國脖子上的一根繩索，至今都未能完全解開。

三、反法戰爭

一七九三年英法開戰，英國捲入長達二十二年的持久戰爭。這次戰爭在歷史上被稱為「法國革命戰爭」和「拿破崙戰爭」，戰爭把整個歐洲都牽了進去。

戰爭的導火線是法軍進佔比利時，英國認為這威脅了它的傳統盟友荷蘭，因此向荷蘭保證，在必要時將予以武力支援。但戰爭的原因比這深刻得多，首先，英國把低地地區（即尼德蘭）視為自己的門戶，任何大國佔領它都被視為威脅，在歷史上，向來都是這樣處理的。其次，英國已經對法國的事態感到痛恨，輿論界充滿了反法情緒。英國統治層本希望法國能建立君主立憲制國家，但一七九二年九月以後，法國的政局日趨暴烈，君主制保不住了，這顯然對包括英國在內的所有歐洲國家造成潛在的威脅，英國因此希望扼制這種勢頭。第三，也是更重要的，是英法間長達一百多年的爭霸拚鬥，英國在這場鬥爭中已初具優勢，它不希望革命的法國扭轉這種局面。事實上，隨着拿破崙戰爭的進展，英法爭霸的實質越來越清楚，就法國方面來說，拿破崙政變後戰爭的正義性已經不存在了，雙方的爭奪就是在爭奪歐洲，爭奪世界海洋的控制權。

一七九三年二月一日法國向英國宣戰，戰爭由此開始。英國組織了第一次反法同盟，參加的有奧地利、普魯士、撒丁王國和西班牙。葡萄牙、那不勒斯和俄國也參加進來，但沒有發揮實質性的作用。戰爭起初對盟國有利，但很快在法國出現雅各賓專政，法國人的愛國主義熱情被充分調動，法國武裝力量打退敵軍，甚至在一七九五年初還佔領了荷蘭，第一次反法同盟宣告瓦解。

一七九六—一七九七年法軍在意大利取得勝利，它打敗了撒丁王國，迫使奧軍撤出意大利，並割讓奧屬尼德蘭（比利時）。與此同時，英國海軍在海上受挫，其海上優勢受到威脅。法國兼併了荷蘭和西班牙的艦隊，一七九六年甚至打算入侵愛爾蘭，只是因為天氣的原因才沒有得逞。一七九七年，法軍入侵英國本土似乎已迫在眉睫，但這時，兩場海戰拯救了英國的命運，也拯救了英國的海上優勢。其中一場海戰發生在聖文森特角，英國海軍打敗西班牙艦隊；另一場海戰發生在英吉利海峽，英軍打敗了荷蘭艦隊。在前一場海戰中，霍雷肖．納爾遜發揮了傑出的作用，不久後，他就要在英國海軍史上寫下最光輝的一頁。

這時，拿破崙已經在法軍中聲名顯赫，意大利的戰役就是他打的。英國的海上強權使他認識到他無法直接進攻英格蘭，於是就轉而去切斷英國與印度的通道，企圖摧毀英帝國的基礎。一七九八年他率領一支陸軍佔領埃及，但是納爾遜的海上力量卻消滅了法國艦隊，切斷了拿破崙的供給線。於是拿破崙不得不承認受挫，一七九九年秋天他隻身返回巴黎，不久後發動政變，建立了拿破崙專政。

這時第二次反法同盟已經形成，英國出錢，俄、奧及一些小邦國家則參戰。一八〇〇年俄國與奧地利鬧翻臉隨即退出同盟，拿破崙輕而易舉地戰勝了奧地利，瓦解了第二次同盟。在此期間英國陸軍在荷蘭受挫但它的海軍仍維持優勢，它佔領了荷蘭在東印度群島的許多領地，並且從法國手裡奪取了馬耳他島。一八〇一年納爾遜還攻擊了中立國丹麥的艦隊，使拿破崙利用中立國海上力量的企圖落空。這以後英國海軍在地中海打敗法國艦隊，並將法軍趕出埃及。此後雙方都無力再戰，一八〇二年簽訂《亞眠條約》，法國答應撤出埃及和意大利的許多地方，英國則放棄其攻佔的多數領土，但保留了錫蘭和特里尼達。

和約僅維持了一年多時間。英國對和約的條款十分不滿。法國控制着歐洲大陸上許多地方，對英國的商品實行封鎖，這時候，工業革命已在英國如火如荼地展開，限制英國的貿易，無疑是卡住英國的脖子。一八〇三年春英國主動宣戰，戰爭重新爆發。這次參戰的主要是俄國和奧地利，拿破崙在一八〇四年稱帝，隨後就準備進攻英國。一八〇五年，英國國內非常緊張，隨時準備迎擊法軍登陸。但納爾遜的海軍牽制了法國艦隊，使拿破崙特拉法加海戰大軍無法渡海。十月二十一日，英國海軍在西班牙南部沿海的特拉法加附近迎擊法、西聯合艦隊，擊沉一艘、俘獲十七艘敵軍艦艇，英艦則無一受損。法、西聯軍有七千人傷亡，英方僅戰死四百五十人，受傷一千二百人。這是英國海軍力量的決定性勝利，此後直至戰爭結束，法國實際上已

英國海軍將領納爾遜

威廉・克拉克森－斯坦菲爾德（William Clarkson-Stanfield，1793—1867）所繪拿破崙戰爭期間的特拉法加戰役

無力進行海戰。這場戰鬥奠定了英國在後來一百多年裡的海上霸主地位，使英國有可能建立一個橫跨幾大洲的世界帝國。但納爾遜在這場海戰中卻丟失性命，直至今日，他都被看作是英國海軍中最傑出的將領。

雖説英國在海上取得重大勝利，法國卻在陸上取得更偉大的戰果。一八〇五年拿破崙在奧斯特里茨打敗俄奧聯軍，奧地利退出戰爭。一八〇六年，拿破崙攻佔柏林，幾乎滅亡普魯士。一八〇七年他又打敗俄國，簽訂了《提爾西特條約》，事實上控制了整個西歐。這時，法國的唯一對手就是英國了，不制服英國，法國的霸權地位也就不牢靠。但英國是一個海洋國家，掌握着強大的海軍力量。特拉法加海戰後，法國沒有能力在英國登陸，也無法在遠洋爭奪殖民地。於是，拿破崙於一八〇六年頒佈「柏林敕令」，規定在法國控制下的一切國家不得與英國進行貿易，違者嚴懲。英國則在一八〇七年頒佈「樞密院令」，宣佈對一切參加拿破崙「大陸封鎖」的國家實行反封鎖，英國海軍可隨時繳獲其商船商品。拿破崙再以「米蘭敕令」作答，規定對任何出入過英國港口的船隻，一旦進入法軍控制區，即可加以沒收。

拿破崙的大陸封鎖確實對英國商業造成損害，並且是一八一一年出現的經濟危機的原因之一。但英國工業的優勢已經很明顯，英國商隊還控制着某些生活必需品的供應，比如茶、咖啡等。大陸封鎖給各國人民帶來許多不便，尤其對各國統治者，他們希望享受英國的工業品，於是就出現了許多走私活動，而拿破崙的嚴厲鎮壓反而引起普遍的不滿，促成了各國反法的情緒。為使歐洲的封鎖不留漏洞，拿破崙又在一八〇七年佔領葡萄牙，並於一八〇八年派大軍進攻西班牙，從而引起西班牙人民的強烈抵抗，這成為拿破崙失敗的第一根絞索。一八一二年，俄法矛盾因大陸封鎖等問題而日趨激化，促使拿破崙發動侵俄戰爭，而這又是拿破崙垮台的直接導火線。

一八〇八年，英國派亞瑟·韋爾斯利率軍進入葡萄牙，參與西班牙和葡萄牙的抗法戰爭。這原本是一次戰略性的騷擾行動，目的是牽制法軍的主戰場。但在韋爾斯利指揮下，它變成英國陸軍的主要軍事行動了。由於得到西、葡兩國人民的強力支持，英軍與法軍巧妙周旋，最後牽制住一支三十萬人的法國大軍，有力地支援了俄、普、奧等國在北方的戰爭。一八一二年，拿破崙在俄國戰場受挫，而英國則迫使法軍於一八一三年敗退法國邊境。到這時，戰局已基本上明朗了，法國的失敗指日可待。「半島戰爭」是英國陸軍在拿破崙戰爭中最重要的貢獻，韋爾斯利戰功顯赫，一八一四年受封為威靈頓公爵。

但更大的勝利還在後面。一八一四年，俄、普、奧聯軍已攻入巴黎，迫使拿破崙退位，並恢復波旁王朝。一八一五年春，拿破崙又從囚禁他的厄爾巴島上潛回法國，重新奪取權力，組織「百日帝政」。六月十六日，他在比利時的利格尼打敗由布呂歇率領的普魯士軍，六月十八日在布魯塞爾附近的滑鐵盧與威靈頓率領的反法聯軍決戰。威靈頓的六萬八千名聯軍與拿破崙的七萬二千名法軍對陣，聯軍抗住了法軍的一次次衝鋒，從上午一直打到傍晚。這時，布呂歇率領援軍趕到，法軍大敗，傷亡二萬五千人，另有九千人被俘。這以後，拿破崙已經沒有力量再戰了，於七月十五日向英軍投降。為時二十二年的戰爭終於結束，英國是最後的勝利者。

一八一五年，歐洲各國在維也納舉行會議，簽署了已經在巴黎確定的和約，並安排戰後的歐洲格局。英國力主維持法國的原有疆界，不對其實施報復性制裁。這一安排使「維也納體系」在歐洲維持了大約一百年，沒有出現全歐性大戰。但與此同時，歐洲各國的「舊制度」也全面恢復，從而為層出不窮的政治動盪埋下了禍根。根據和約，英國歸還在戰爭中奪取的法國殖民地，但留下毛里求斯、塞舌爾群島、多巴哥和聖盧西亞。除此以外，它又在維也納會議的分贓中得到赫里果蘭、特里尼達、馬耳他、錫蘭和好望角等地，這些地方多數具有重大的戰略意義，因此為英國確立龐大的世界帝國鋪設了框架。英國在戰爭中徹底打敗法國，從此後法國不再是英國的主要對手，歐洲的力量格局發生重大變化。

在維也納會議上組成了「四國同盟」，由英、俄、奧、普四大國參加。戰後初期，四國同盟不僅處理歐洲的國際事務，而且干預歐洲各國的內政，維護歐洲的「正統秩序」。這一保守的格局要到二十年代才發生變化，具體情況將在下一章中敘述。

對法國的戰爭還引發另一場衝突，即英美戰爭。戰爭主要是由英國干擾美國與法屬西印度殖民地的貿易

威靈頓公爵

哈里・佩恩（Harry Payne，1858—1927）所繪滑鐵盧戰役中拿破崙皇帝和他的皇家衛隊

引起的，根據樞密院令，英國海軍應封鎖法國控制下的所有商業口岸，並沒收從事貿易的船隻，於是美國船隻被沒收，美國的商業利益受到損害。戰爭於一八一二年爆發，陸戰主要在加拿大邊境地區進行，海戰則多數是小型的遭遇戰。到一八一四年，歐洲戰局趨於完結，英方騰出手來向美洲增派兵力，開始扭轉不利的局面。在這種情況下雙方同意停止戰爭，並於年底締結根特條約。雙方相互撤出被佔領的領土，英美戰爭以平局告終。

總之，十八世紀八十年代至拿破崙戰爭結束，英國經歷了一個經濟快速發展、社會快速變化的時期，同時也經歷了一個對內的保守政治和對外的持久戰爭的時期。這些情況都對英國造成長期的影響，促使英國在十九世紀發生重大的變革。

作者點評

保守主義的政治和快速發展的經濟同行，這是否也是一種「規律」？世界上好像有不少國家有過這種經歷。英國工業革命就是在一個極端保守的時代高速發展的，經濟創新與政治守成同時出現，這又是一個值得注意的現象。政治上的保守不僅表現在對內的壓制上，而且也表現為充當國際舊秩序的憲兵，在二十多年的反法戰爭中，英國與歐洲最古老的舊勢力結成同盟，與革命的法國頑強地對抗。保守的政治外觀與劇烈的經濟變化互為表裡，構成了這個時代最典型的特徵。不過不能忘記，英國這時的社會政治制度仍然是最「自由」的，其他任何國家不可望其項背。等經濟發展到一定程度時，社會與政治制度就會承受巨大的壓力，這個時候，新的變革就會出現，到下一個時代，就出現了英國的「改革時代」。

第十四章 第一次議會改革

一、「舊制度」

當拿破崙戰爭正在激烈進行時，英國國內的議會改革運動也轟轟烈烈地開展起來。議會改革是十九世紀英國政治的一條主線，它發端於十八世紀，延伸到二十世紀。

光榮革命後英國確立了君主立憲制，議會成為政治活動的中心，控制議會也就成了政治鬥爭的核心問題。光榮革命以後一百多年時間裡，貴族控制國家政權，原因即在於它控制議會，而控制的手段就是當時流行的所謂「舊制度」。「舊制度」指的是光榮革命以後形成的一整套議會選舉與工作制度，這是英國貴族寡頭制度的基石。

英國議會分上、下兩院，上院是貴族院，由全體貴族組成，貴族由世襲產生，不存在選舉問題。真正由選舉產生的是下院，因此下院是爭奪的焦點。但光榮革命後實行的一整套選舉制度保證貴族可以穩操下院勝算，從而保證了大土地財產在國家政權中的優勢地位。

首先，議席分配沿用中世紀定式。當時選區分為兩類，一類是農村選區，另一類是城鎮選區，稱「選

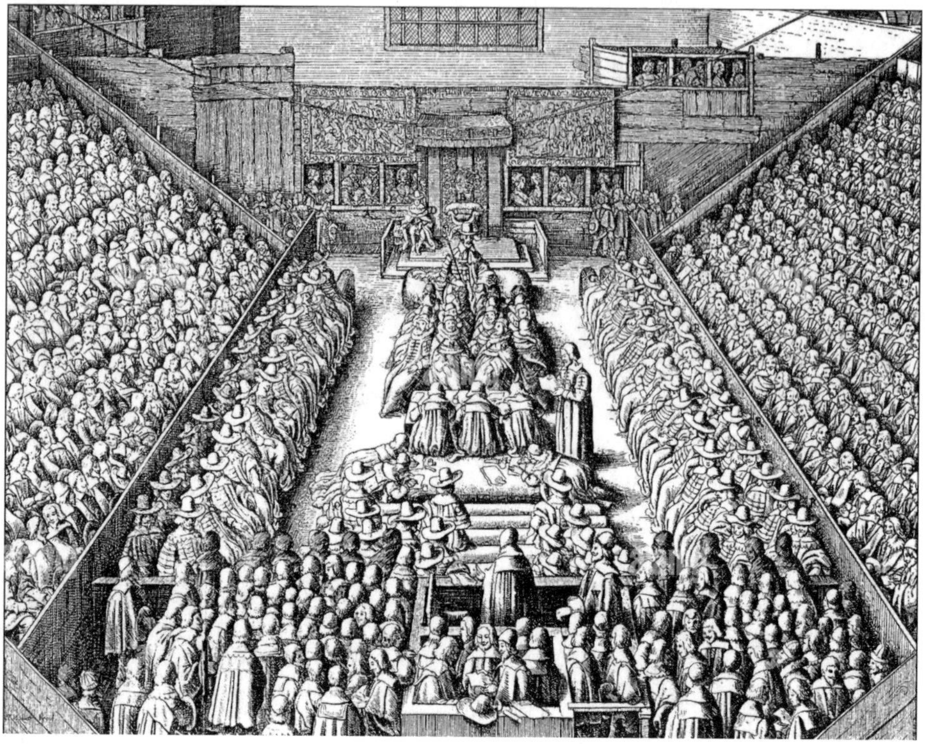

十七世紀的英國議會

邑」。英格蘭各郡每郡產生兩名議員，二百零二個選邑多數也可以選出兩名議員。但二百零二個選邑中有一百二十五個是在愛德華一世時期確定的，其他則由歷代國王相繼確認。當初國王們確定選邑時，這些地方也許很繁榮；但幾百年過去後，許多地方已衰敗不堪了，於是就形成一大批「衰敗選邑」。衰敗選邑的不合理之處十分明顯，它們不僅在經濟上毫無價值，而且居民稀少，個別的幾個甚至已經從地圖上完全消失了，比如老薩勒姆已成為農田，每逢選舉，「選民」們就走到田裡去選舉議員。還有幾個選邑已沉入海底，選民們要坐船到海上去進行「選舉」。在二百零二個選邑中，可以稱得上是「市鎮」的已經不多，據統計，在十九世紀初，人口在一百至兩百之間的選邑有四五十個，人口在五十至一百之間的選邑有十四個，人口在二十至五十之間的選邑有二十個，人口在十至十九之間的選邑有四個，有一個選邑只有五名居民，有兩個選邑根本沒有人住，這樣，「衰敗選邑」大約有近一百個。需要說明的是：人口並不等於選民，人口少，選民當然更少，比如加頓鎮人口有五名，選民也許只有兩個；西盧鎮有五十五個居民，選民只有十二個。另一方面，老薩勒姆沒有人住，選民卻有七個。所有這些選邑都可以選出兩名議員，平均一兩個選民就可以選出一名議員。相比之下，像倫敦、米德爾塞克斯這些巨大的選區會有成千上萬的選民，它們也選出兩名議員。在當時的制度下，只有這些大選區才在某種意義上談得上「民主」，衰敗選邑選出的議員完全稱不上是「人民代表」。

選區這種不合理的分佈狀況，只能造成一個後果，即選民人數儘可能少，因而選舉就容易受到控制。選舉制度中另外一個因素也產生同樣的效果，這個因素是選舉權資格。

在「舊制度」下，農村選舉權資格是年收入四十先令的自由持有農，那是在一四二九年由亨利六世制定的。當時，四十先令是一筆不小的款項，可是到十八世紀已經不值甚麼錢了。但「自由持有農」的規定卻排除了農村的大量人口，正如第十二章所述，在持續一兩百年的圈地運動中，自由持有農大量減少。因此在十九世紀初，符合這一規定的只有十八萬人左右，一八三一年佔農村人口的4%。但這個數字與城鎮相比已經算高了，一八三一年，城鎮選民只佔居民總數的1%多一點。這一方面是由於「城鎮選區」主要由衰敗選邑組成，人口眾多、經濟繁榮的大城市（如曼徹斯特、伯明翰等）反而歸在農村選區內；另一方面，也更重要的是：城鎮選舉權極其狹小，多數選邑實行的是一種身份選舉權制，財產多寡往往不重要，起關鍵作用的是一個人的身份。在有些市鎮，只有能獨立謀生、自起爐灶的人才能獲得選舉權，在另一些市鎮，選舉權只給予納稅人，還有一些市鎮只有市鎮團成員才是選民，另一些市鎮則把選舉權附屬於某些房地產，誰得到這些房地產誰就有選舉權。所有這些選舉權都使選舉的資格極為狹小，只有一種所謂的「自由民選舉權」有可能造成比較龐大的選民團，比如倫敦、利物浦和諾丁漢就是這樣。這種選邑與「納稅人」、「自立戶」選舉權中選民特別多的市鎮共同構成一種「開放選邑」，只有在開放選邑中才有可能出現真正的競選，各黨派都可以參與競爭。其他選邑都是「封閉」的，由於選舉權狹小，哪怕一個很大的城市，也可能只有十幾、二十個選民。

如此，在「舊制度」下，英國選民比例極低，一七一五年選民尚佔人口總數的4.7%，到一八一三年，只剩下2.5%了。這個趨勢繼續下去，選民比例將不斷下降。人們應該明白，控制了一半議員就等於控制了政權，一七九三年一個由輝格黨組成的支持改革的團體「人民之友會」曾發表過一份報告，説英格蘭總共四百多個議席中，佔一半以上的二百五十六個議席是由一萬一千七十五個選民選出來的。由此可知，只要控制這一萬一千七十五個選民，就能控制英國議會，而這對於貴族來説，是易如反掌的事！

選民人數很少的好處是很明顯的：它能使貴族寡頭操縱選舉，操縱的方法就是賄選。比如説，在一個只有五個選民的小選邑，只要收買三張選票就能買到一個議席；然而在一個有五千選民的大選區，則要收買二千五百零一張票才能買到一個議席！選民少對貴族寡頭十分有利，他們不花多少錢，就能有效地控制選舉。這種情況由於當時選民中有大量窮苦人存在而變得更加突出了，窮苦人很願意出售選票，把它當作商品拋售給出價最高的人。這樣，在十八世紀，賄選風氣盛行，幾乎每一個議員都是靠花錢買進來的。議員花錢進入議會，又必然指望政府再花錢收買他們。於是，腐敗之風盛行於政界，政府靠封官晉爵、行賄放賑收買議員，進而控制議會多數。光榮革命以後的政治機器就是這樣運轉的，這就是「腐敗的舊制度」。

因此，「舊制度」有三大弊病：一，議席分配不合理；二，選舉權狹小；三，選舉手段腐敗。但這樣一種不合理的議會制度卻很適合光榮革命後英國農業社會的狀況，在這個社會中，土地是最主要的財富源泉，同時也是身份和地位的象徵。貴族通過收買選票可以控制選舉，政府通過收買議員可以控制議會，政權可以確保掌握在貴族手中，而這恰恰與土地財富的優勢十分吻合。

二、改革前的社會力量對比

但工業革命發生後情況就變化了，土地的重要性逐漸減小，工業成為財富的主要來源。一六八八年，英國經濟各部門的收入分佈仍表明農業是經濟的主要部門，當年，農林漁牧業收入一千九百三十萬英鎊，工礦建築業收入九百九十萬英鎊，商業運輸業收入五百六十萬英鎊，地產房租收入則是二百五十萬英鎊。一八〇一年，收入的分佈已變成：農林漁牧業七千五百五十萬英鎊，工礦建築業五千四百三十萬英鎊，商業運輸業四千零五十萬英鎊，地產房租為一千二百二十萬英鎊，由此可見工商運輸加起來已超過了農業部門。一八三一年，這些數字再變化為：農林漁牧業七千九百五十萬英鎊，工礦建築業一萬一千七百一十萬英鎊，商業運輸業五千九百萬英鎊，地產房租二千二百萬英鎊。這個時候，工礦一個部門的收入就已經大大超過了農業部門，英國已基本上成為工業國。經濟的變化導致社會結構的變化，土地利益的優勢已經過去了。

隨着工業革命的發展，社會孕育出兩個新的階級，一個是工廠主階級，另一個是工人階級。前者以其日益增多的財富昭著於世，後者以其日益增多的人數引人注目。但這兩個階級在「舊制度」下都沒有選舉權，無法在現存政治體制內提出自己的要求。舊的政治體制與新的社會現實發生了衝突，舊制度必須變革，否則它就會被新的社會所淘汰——這就是議會改革的歷史必然性。

但如何變革？是採取暴力的形式還是通過和平的手段？這就取決於社會成熟的程度了。英國通過「光榮革命」已學會用妥協的方法解決社會衝突，不必用暴力來改變國家的體制。但在變革議會制度的過程中，是否仍可用和平的手段？這是英國所面臨的急迫問題。經過長期的較量，最終，英國還是用和平的手段解決了問題，完成了權力的重新分配。對英國而言，過程與結果同等重要，它保證英國能平穩地過渡，未出現像法國那樣的社會大動盪。

改革運動起源於工業革命造成的社會結構變化，因此，理解這些變化，就成了理解改革的關鍵。

工業革命積聚了巨大的財富，但在自由資本主義制度下，財富的分配卻十分不公，造成嚴峻的社會緊張狀態。

工業革命對勞動者造成損害，由於工業革命的指導思想是自由主義經濟學説，是「自由放任」，國家對經濟問題放任不管，這就把勞動者放在一個不利的地位上，經受資本的任意剝削。英國工業化的最大失誤就在於此，它是以犧牲勞動者的利益為前提的。

工業革命消滅了手工工人，用機器取代了他們的勞動，手工操作被迫與機器進行「自由」競爭，結果，手工工人被淘汰了，而在淘汰的過程中，其命運極其悲慘。以手織工為例：工業革命剛開始時，由於紡紗工序實行技術改造，織布跟不上紡紗的需要，因此，手織業有過巨大的發展，手織工的收入之高，可以與紳士相比。可是動力織機出現以後，手工織布就被淘汰了，手織工的生活水平一落千丈，其經濟地位發生翻天覆地的變化。一八二〇年左右，棉紡織業曾經有二十多萬手織工，到一八五〇年，他們只剩下大約六千人。由於和機器競爭，手織工的收入非常微薄，在三十年代，大多數手織工每星期只掙到一兩個先令，連果腹水平都達不到。許多破產的手織工找不到工作，只能靠未成年的子女來養活他們，這些子女在紡織廠一天工作十多個小時，其心理與生理發展都受到障礙。手織工的遭遇非常典型，在工業革命中，隨着一個個工業部門被機械化、工廠化，原先的手工工人一批一批被淘汰。瀕臨滅亡的手工工人想起了伊利沙伯時期制定的國家干預政策，於是就非常希望恢復國家立法，用立法手段調節工資與物價，保障自己的生存。但這樣做就必須在議會有自己的代表，這是他們大量投入議會改革運動的主要原因。

工廠工人的情況不同，在工業革命中，他們經歷了從無到有、從小到大的發展過程，其生存方式與手工工人有很大差別。在早期工廠中，工人們深受剝削，他們一天工作十幾小時，工資卻很低，往往只夠維持生存，工人們必須服從嚴格的紀律，稍有違犯，便受處罰。工廠中勞動條件差，工傷事故頻繁，而一旦出事，

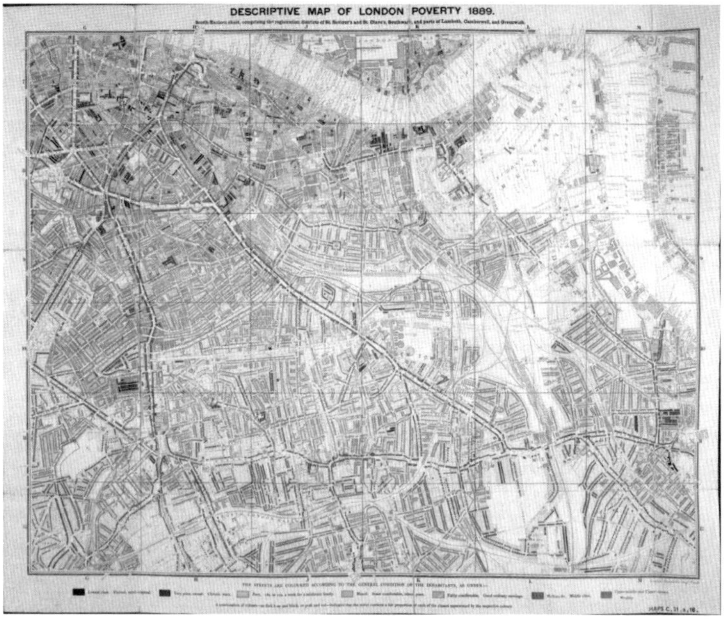

維多利亞時期的商人查理斯．布思（Charles Booth）所繪製的《倫敦貧困地圖》（*London Poverty Map*），地圖用不同顏色代表倫敦各個區域不同的貧困水平。現藏於倫敦大英圖書館

《倫敦勞工與倫敦貧民》（*London Labour and the London Poor*）插圖所繪十九世紀倫敦街頭的貧兒，現藏於倫敦大英圖書館

工人就被趕回家，廠主不負任何責任。惡劣的工作與生活條件使工人健康狀況每況愈下，在曼徹斯特、伯明翰等工業大城市，工人的平均壽命只有三十多歲，遠遠低於全社會的平均水平。面對廠主的壓榨，工人們逐漸明白一個道理：只有團結起來才能對抗工廠主，迫使廠主做一些讓步。這樣，就產生了工會運動。工會運動是針對工廠主的，其目的是改善工人直接的生活與工作狀況，這就導致工會運動一般不願捲入政治活動，生怕政治活動會影響內部的團結。因此，工會作為整體很少參加到改革運動中來，會員自己有可能支持改革，但工會往往卻不願表態。總體而言，工廠工人更關注他們與工廠主的直接衝突，而不像手工工人那樣，強烈地希望通過政治手段解決問題。

這樣，在工人階級內部，我們看到有兩支力量，一支是工業革命前就存在的，另一支是由工業革命造成的，由於其各自的經濟、社會特點，它們對議會改革的態度有所區別。

在中等階級這一邊，人們也同樣看到它一分為二，其一是工業革命前就存在的舊式中等階級，主要由醫生、律師、教師、牧師、中小地主、中小商人、其他自由職業者、專業人員所組成。他們在工業革命前的英國社會中處於中間梯級，對大土地所有者壟斷政權十分不滿。他們崇尚英國「自由」，討厭腐敗的政治制度，希望建立起一個「自由」的議會，能自由地表達人民的願望。因此，他們希望議會改革，清除腐敗政治。正是這些人最早發出了改革議會的呼聲，引發了曠日持久的改革運動。

中等階級的另一支是工業革命造成的工廠主階層，這些人大多屬於暴發戶，出身卑賤，但精明強幹，靠機遇與能力發財致富，成為時代的弄潮兒。在工業革命中，他們大部分時間都忙於發財，很少過問其他事。他們全身心地擁護政府的「自由放任」政策，全身心地崇拜亞當·斯密的經濟學說。只要政府讓他們發財，他們就會支持政府；只有當他們突然發現富裕有餘而政治上毫無權利時，他們才會投身於改革運動，但這時已經是十九世紀二十年代了，在此之前他們一直游離於運動之外，有時還幫助政府鎮壓運動。

貴族也分成兩個集團，一個是輝格黨集團，一個是托利黨集團。輝格黨代表最大的土地貴族及商業與

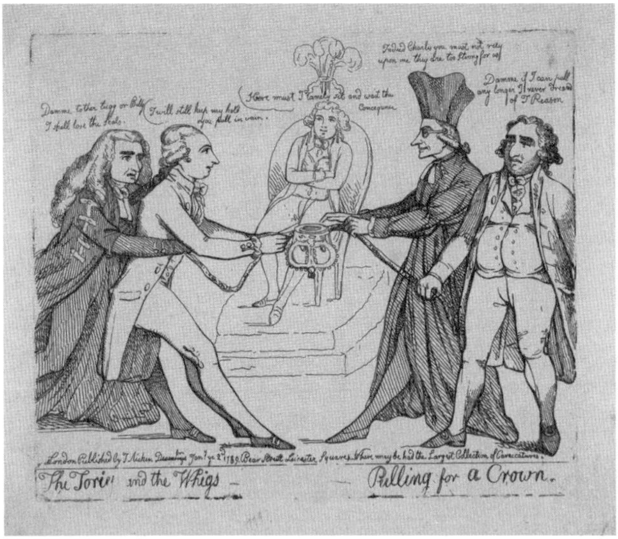

反映兩黨權力鬥爭的漫畫

殖民利益，托利黨代表地方鄉紳，是鄉土利益的代言人。由於佐治三世排斥輝格黨，輝格黨成了反對派，於是也就反對「腐敗的舊制度」，成了改革運動的同情者。但他們支持改革，是希望通過改革而避免革命，他們希望在經濟利益一致的基礎上與中等階級結成同盟，防範下層人民的革命傾向。後來，正是在他們手上完成了第一次議會改革，而改革的結果恰恰是把中等階級吸收到政權中來。但輝格黨集團的存在對英國走上改革的道路卻是關鍵，他們在統治者和人民之間搭了一座橋，使改革的可能性始終存在。

反對改革的是托利黨集團，前一章已經説過，在他們統治下，英國政治進入一個極端保守的時期。托利黨反對在政治制度中作任何變動，生怕微小的變革都會引發連鎖反應，導致整個制度徹底崩潰。但反改革的立場卻使他們越來越孤立，終於成為孤家寡人，而阻止不住改革的潮流。

總之，在十九世紀初，英國社會存在着三大階級，六支社會力量。到二十年代中期，六支力量中的五支都主張改革了，這時候，改革的時機也就成熟了。

三、改革運動與一八三二年改革

改革運動從十八世紀六十年代開始，威爾克斯事件（見上章）引發了改革全過程。威爾克斯事件發生後，倫敦中等階級認為議會已被少數人控制，因此必須進行改革。一七七一年，倫敦中等階級以「威爾克斯後援會」為基礎，成立了「權利法案支持者協會」。這是第一個以改革為目標的政治組織。八十年代初，再以此為核心成立了「憲法知識會」，這樣就出現了十八世紀末最重要的中等階級改革團體。

「憲法知識會」最主要的活動是宣傳議會改革，在它存在期間，它曾出版大量書刊、小冊子，鼓吹改革的必要性。宣傳工作為改革運動提供了輿論準備，而約翰·加特利的政論文《抉擇》產生的影響最大。《抉擇》不僅指出議會必須改革，而且首次提出人人有資格參加選舉。當時，在中等階級改革派中，願意接受普選原則的人並不多，約翰·加特利則是其中的一個。

八十年代，一批中小地主發起一場運動，史稱「聯合會運動」。運動的背景是北美戰爭，由於英軍在美國獨立戰爭中頻頻戰敗，而國內戰費負擔又不斷加重，這引起人們的普遍不滿，中小鄉紳則溢於言表。許多地方鄉紳認為戰爭的目的是為少數人服務，這些人控制了議會，就用人民的錢去打仗，並轉嫁戰爭負擔。他們因此要求改革議會，讓議會重新代表人民。一七七九年，約克郡中小鄉紳召開全郡大會，成立「約克郡自由持有農聯合會」，負責籌集簽名請願，要求議會改革。這一舉動得到其他地方鄉紳的支持，到次年春天，已經有二十六個郡、十一個市捲入運動。一七八〇年三月各郡代表在倫敦召開了一次全國代表大會，由一個約克郡的大地主克里斯托弗·懷威爾主持。大會提出進行「經濟改革」，加強對政府的財政監督，削減國王的權力。這些要求正符合輝格黨的願望，他們因此支持聯合會運動，並藉助運動的聲勢實行了「經濟改革」。聯合會運動是由社會的保守力量發動的，但它的有限綱領卻取得成功，這引起後來改革派的深思。人們認為：群眾運動的壓力和上層政治鬥爭相結合，是改革取得成功的必要條件。這以後，改革就遵循這條路線發展，掀起了一浪又一浪的群眾運動高潮。

第一次高潮出現在法國大革命時期，法國革命在英國造成意想不到的後果，即激發了下層人民的政治熱情。自光榮革命以來，政治都是大人物的事，黎民百姓沒有資格參加。法國革命卻傳遞了新的信息，鼓舞普通百姓去過問國家大事。在這樣一個背景下，理查．普賴斯的一次佈道演說觸發了一場大辯論，為普通百姓走上政治舞台準備了思想基礎。

普賴斯是一個新教牧師，憲法知識會的重要成員。一七八九年光榮革命紀念日時，他應邀去參加「光榮革命紀念協會」的慶祝活動，在會上發表演說，其中提到：光榮革命最重要的遺產是人民有權選擇自己的政府，並可以隨時撤換它。這個觀點引起愛德蒙．伯克的激烈反駁，他發表《法國革命感想錄》一書，在書中提出：光榮革命的原則不是變革，而是維護傳統，傳統保障了社會的存在，因此是社會的基石。法國大革命正因為破壞了傳統，才把法國引向崩潰；英國不可步法國的後塵，它必須維護傳統，保障國家的安全。

《法國革命感想錄》提出一個基本問題，即國家的政治制度是否可以變革？這引起另一位知名人士投入論戰，他就是美國革命的元勳、《常識》的作者托馬斯．潘恩。潘恩和伯克本是朋友，兩人在愛爾蘭問題、美國革命問題上立場相似。但現在，兩人在法國革命問題上分道揚鑣，一人為保守主義搖旗，另一人為激進主義吶喊。一七九一—一七九二年間，潘恩分兩期發表長篇政論文《人權》，其中對伯克的觀點進行反擊。潘恩說，每一代人都有權選擇自己喜歡的政治制度，其先輩無權代其決定。選擇政治制度是英國人生而就有的天賦人權，英國人為保衛這個權利應該戰鬥到底。潘恩進而推論說，每一個人都有權行使政治權利，但在現行制度下，勞動者卻被剝奪這個權利，結果就造成勞動者普遍的貧窮。因此，只有恢復人民的權利，他們才能從貧窮中解脫出來。這樣一來，潘恩就把改革政治制度與解決勞動人民的貧窮問題聯繫起來了，論戰也從單純的「激進——保守」之爭轉變成誰有權改變國家的制度。勞動人民從潘恩的論點中找到一根邏輯的鏈條，即他們應參與政治活動，爭取自己的權利，通過改革建立人民的政權，進而改變貧窮的命運。如此一來，潘恩的思想在下層人民中廣泛傳播，成為日後幾十年中工人激進主義的理論基礎。《人權》出版後在勞動人民中引起巨大反響，到一七九三年，其銷售量已達到二十萬冊，無數人奔走相告，爭相傳聞，勞動者將其視為自己的理論。不久後，下層人民的改革運動開始了，它延續幾十年，是改革鬥爭中基本的群眾力量。

最早出現的工人政治組織是「謝菲爾德憲法知識會」，但更重要的是「倫敦通訊會」。倫敦通訊會成員最多時達到五萬人，創始人是托馬斯·哈迪，一個普通的鞋匠。倫敦通訊會成立時，九個工匠在一家小酒店裡討論有關工人的切身問題，其中爭論最激烈的，是普通勞動者有沒有權利參與政治活動。後來，這九個人中的八個成了倫敦通訊會的創始成員，哈迪當選為書記。倫敦通訊會建立了一個完整的組織機構，它設立分會，每個分會選出代表，由他們組成總委員會。重大決策在總委員會上投票決定，然後再返回各分會，讓全體會員表決。倫敦通訊會的會員基本上是工匠、幫工、小店主、小手藝人等，與法國革命中的「無套褲漢」成分相同。倫敦通訊會的政治綱領是：改革議會制度，實行普選權，通過議會選舉改變議會的性質，制定對勞動人民有利的政策。這以後，普選權成了工人階級政治綱領的真正試金石，正是在這一點上，工人激進主義與中等階級激進主義劃開了一條線。從一七九二年倫敦通訊會成立，到一七九九年它被取締，近七年時間中它開展了大量活動，主要活動方式是召開群眾大會，進行改革宣傳，徵集簽名，向議會遞交請願書，印發宣傳改革的傳單、小冊子，以及各分會每週一次的學習活動等。

類似倫敦通訊會這樣的組織當時在全國出現了許多，幾乎每一個重要城鎮都有。倫敦通訊會與各地的組織保持聯繫，經常交流經驗，通報各自的活動情況。倫敦通訊會還與憲法知識會建立了正常的工作關係，常在一起商討開展聯合行動的問題。所有這些活動都使政府感到威脅，因為在他們看來，下層人民參與政治活動本身，就是一種反叛行為。一七九三年十一月，政府在蘇格蘭逮捕倫敦通訊會主席馬格羅特和另一名重要成員傑拉爾德，將他們判處十四年流放。次年五月，政府又逮捕倫敦通訊會和憲法知識會的主要領導人，對其中十二人以叛國罪起訴，其中包括托馬斯·哈迪。審判雖然以無罪開釋結束，但對改革運動的打擊卻很大。這以後，憲法知識會徹底瓦解了，倫敦通訊會繼續存在了四年，最後在一七九八年被鎮壓。一七九九年政府頒佈《結社法》，正式宣佈倫敦通訊會為非法。《結社法》還禁止成立一切結社組織，包括工人群眾的工會、互助會等。《結社法》的頒佈標誌着英國進入光榮革命以來最陰暗的一個時期，一切自由權利都被取消，光榮革命的成果受到重大威脅。第一次群眾性改革運動的高潮也就此結束了，英國在陰沉的保守氣氛中跨進新的世紀。

此後十五年中，一切群眾運動都隱入地下，現存的許多資料表明，工人的政治活動仍然存在，但由於其秘密活動的性質，現在人們知道的很少。一八〇二年，政府以圖謀造反罪審判德斯帕德上校及其同志，說他們在倫敦的工人中組織「革命軍」。德斯帕德被處死，其他人被判刑。德斯帕德密謀中有許多人曾經是倫敦通訊會的成員，其他一些人則在後來的工人政治活動中發揮了作用。多數非法活動都隱沒在歷史的沉積中了，我們現在知道的只是其中很少一部分。

一八一一—一八一二年，北方幾個郡爆發盧德運動。運動的起因是工人反對機器，或反對不符合行業規範的生產流程。運動起於諾丁漢郡，那裡的襪商不顧行業規矩生產一種劣質長筒襪，壓低了襪子價格，嚴重衝擊了織襪工人的正常收入。織襪工於是秘密組織起來，以「盧德將軍」的名義搗毀不法商人的襪機，由此而開始「盧德運動」。運動擴展到蘭開郡，那裡工人反對的是動力織機；再蔓延到約克郡，在那裡反對一種新出現的剪絨機。在這兩個郡，工人反對的都是新出現的機器，但反對機器的是被機器所取代的手工工人，而不是操作機器的工廠工人。盧德運動一個很明顯的特點是手工工人與工廠主對立（不是工廠工人與工廠主對立），其中的原因是：工廠機器奪走了手工工人的飯碗，把他們推入到無以為生的絕境中。

盧德運動活動詭秘，往往在深夜幾十、數百個盧德派人員突然聚集，把不法廠主的機器搗毀。盧德派每

反映盧德運動中工人破壞機器的畫作

人有代號，活動時都以代號相稱，不暴露真實姓名。盧德運動有極嚴厲的組織紀律，透露內部機密的人會受到嚴重處罰，常常以死威脅。盧德運動表現出一種階級戰爭的特性，在蘭開郡米德爾頓的一次衝突中，廠方開槍打死五人，十幾人受傷；第二天，數百名盧德派圍攻廠主住宅，將其燒毀。在約克郡，工廠主霍斯福爾在光天化日下被人槍殺，當局花了半年時間才將殺人者抓獲。盧德運動高潮時暴力衝突屢見不鮮，政府派出好幾個團的騎兵駐守在出事地區，每夜都四處救援，疲於奔命，仍遏制不住運動的勢頭。後來政府加強了鎮壓，大量使用奸細，在蘭開郡製造「盧德三十八人案」，在約克郡一次處死十七個盧德派，議會並制定法律重判砸機罪，運動才最後被遏止。

盧德運動最神秘的方面是它與政治改革運動的關係，從現存的蛛絲馬跡看，運動背後有政治色彩。一些運動領導人可能是過去的激進派，他們一直在向工人群眾宣傳議會改革。真實的情況可能是：對多數盧德派來說，運動是他們進行經濟鬥爭的一種手段；但激進派努力向運動滲透，力圖給它加上政治色彩。無論如何，這是一場階級戰爭，歷史學家哈孟德夫婦在寫《技術工人》時，第一句話就說：「這個時期的英國史讀起來像是一部內戰史。」

中等階級在這十幾年中活動很少，但一八〇七年他們贏得一次重大勝利，在當年的威斯敏斯特大選中一舉奪得兩個議席。勝利歸功於兩個因素：一是當地選民眾多，很難被控制；二是改革派組成一個堅強的選舉委員會，在一無後台、二無財力的情況下，靠出色的組織能力及啟發下層民眾的政治覺悟贏得了這次勝利。這以後，威斯敏斯特就成為激進主義的堅強堡壘，每次選舉都選出兩名改革派議員。威斯敏斯特委員會也成為改革派培養幹部的根據地，像弗朗西斯·普雷斯、亨利·亨特、威廉·科貝特和加特利少校等著名的激進領袖，都曾是委員會成員。

一八一五年拿破崙戰爭結束，群眾性的議會改革運動重新興起，中等階級改革派起了觸發作用，主力軍卻仍舊是工人群眾。科貝特在宣傳方面功勞不小，他創辦的《政治紀事》報是改革派的喉舌。一八一六年，他出版兩便士一份的《每週政治紀事》報，在改版後的第一期上就登出《告英國工人大眾書》，號召工人群眾參加改革運動，為改善自己的經濟地位而努力。這是中等階級向工人群眾發出的直接呼籲，表明他們認識到：只有工人階級參與鬥爭，改革才有可能成功。其實，在威斯敏斯特大選時他們已意識到這一點了，當時普雷斯主持競選工作，正是靠工匠、幫工、小手藝人的支持，才取得選舉勝利。

約翰·加特利少校在組織方面起了重要作用，他以七十歲的高齡三次出行北中部，二十九天中行程九百英里，在三十五個地方發表演説，宣傳議會改革。所到之處，他幫助工人改革派建立起漢普登俱樂部，「漢普登俱樂部」運動於是滲透在英格蘭北、中部地區，一個以工人為主體的議會改革運動蓬蓬勃勃開展起來，這是新的一次群眾運動高潮。

運動仍以請願為主，在運動高潮中，各地向議會提交了五百二十七份請願書，簽名者據説有六十萬到一百萬。運動聲勢之大、散佈範圍之廣使政府猝不及防，其實，戰爭期間的高壓政策一旦解除，改革運動當然就會隨之而起。但托利黨政府仍然堅持鎮壓手段，它藉一個名叫「斯彭斯博愛主義者協會」的暴力派團體在倫敦組織的一次暴動為理由，於一八一七年三月頒佈「反煽動性集會法」，對北方改革派大加逮捕。漢普登俱樂部很快就瓦解了，運動陷入低潮。這時，一批主張暴力革命的人走上前台，他們在許多地方秘密活動，試圖組織一次跨地區的武裝暴動。但真正行動起來的只有諾丁漢郡的彭特里奇村，六月九日夜，這裡一位失業的織襪工布蘭德雷斯領導三百名武裝人員向諾丁漢市進軍，清晨遭遇一小隊騎兵，結果未發一槍就逃散了。布蘭德雷斯等三人後來被處死，其他領導人被流放或監禁。「彭特里奇工人起義」是世界工人運動史上第一次武裝起義，雖説其組織得很差，像一場鬧劇，卻説明英國工人激進運動中存在着一個主張革命的暴力翼。後來暴力翼一再登台表演，為英國的政治發展做出了自己的貢獻。

一八一八年開始，和平的改革運動再次高漲，其中心仍舊在北、中部工業區。這時候，工業革命已進入高潮，大批手工工人被機器排擠，他們非常希望國家能保護自己的生存，於是大力投身於議會改革運動。

一八一九年夏天，工業區許多市鎮召開群眾大會，在會上選舉「立法代理人」，與會者要求議會承認「立法代理人」是人民的代表，接納他們出席議會。八月十六日，曼徹斯特附近幾十個工業村鎮的六萬至八萬名工人在聖彼得廣場集會，準備選舉他們自己的「立法代理人」。會議正在進行時，軍隊及由當地工廠主子弟組成的義勇隊向與會者發起衝擊，用馬刀向人群砍殺。這就造成了震驚全英國的「彼得盧事件」，在參與鎮壓的軍隊中，有當年在滑鐵盧打敗拿破崙的一個團隊，「彼得盧」的叫法就由此而來。彼得盧事件中有十一人喪生，四百多人受傷。事件發生後托利黨政府向曼徹斯特市政當局發來賀辭，並很快就制定了「六項法律」，全面停止了言論、出版、集會和結社的自由。到這時，托利黨的反動統治已達到極點，英國出現光榮革命以後最專橫的殘暴統治。改革的一切活動都被禁止了，大批改革派人士被捕入獄。和平變革的希望似乎已經消失了，在這種情況下，「斯彭斯博愛主義者協會」再次登上舞台，他們策劃在一次內閣會議時衝進會場，殺死全體內閣成員，為彼得盧事件復仇。但政府在他們的內部安下了奸細，「內閣開會」的消息本身就是一個圈套。一八二〇年二月二十三日晚，「博愛主義者」正準備行動時，政府軍衝進行動現場，西斯爾伍德等五名領袖後來被處死，其他一些人被判刑。這件事後來被叫作「卡圖街密謀」，由此而結束了戰後激烈的政治衝突。

從以上敘述可以知道：改革運動發展到這時已歷經五十多年了，其間出現過幾次高潮。但改革的力量始終不夠強大，無法迫使統治者做出讓步。法國革命時人民運動步入高峰，但反改革的力量也高度集結，戰爭給改革帶來不利影響，反對法國也就給反對變革提供了藉口。《結社法》頒佈後，堅持改革行動的只有工人群眾了，幾次高潮都是由工人發動的，但他們的力量太孤單，無法造成重大壓力。和平變革必須以力量為後盾，需要有社會上絕大多數人都支持改革。工人階級單一的力量做不到這一點，這是直到一八二〇年，改革鬥爭無所成果的主要原因。但一八二〇年以後事態開始變化，改革鬥爭才一步步走向勝利。

彼得盧事件發生後，人民的鬥爭趨向消沉，統治集團內部卻出現分化，托利黨內部形成一個自由派集團，其領袖是佐治·坎寧、威廉·哈斯基森和羅拔·皮爾。這個集團接受工商業資產階級的影響，認識到時代的變化已不可阻擋，因而主張對托利黨政策進行調整。在政治上，他們主張放鬆控制，解除高壓手段；在經濟上，他們要求降低關稅，鼓勵海外貿易；在外交上，他們希望擺脫維也納會議所形成的神聖同盟體系，追求英國自身的利益。總之，他們受自由資本主義理論的影響，對亞當．斯密和邊沁的學說甚為敬佩。一八二二年利物浦勳爵改組政府，讓坎寧主掌外交並兼任下院領袖，哈斯基森掌管貿易，皮爾負責內務部，自由派於是控制了政府內最主要的幾個部門。此後，坎寧修正外交政策，支持南美和希臘的獨立運動；哈斯基森修改《航海法》，使英國向自由貿易方向發展；皮爾大刀闊斧地進行刑法改革，一下就廢除了一百多項死罪，並改善監獄的生活條件，建立世界上第一支屬文職性質的警察部隊——倫敦都市警察。這些自由主義的改革受到大眾的普遍歡迎，卻受到黨內保守勢力的頑強反抗，保守派在威靈頓公爵周圍集結起來，托利黨內部的分歧隨即公開化。一八二七年利物浦因身體不好辭職，坎寧出面組閣，保守派拒不參加政府，使衝突更加尖銳。不巧的是，幾個月後坎寧卻去世了，於是由威靈頓擔任首相，保守的政策立刻得以恢復。一八二八年，哈斯基森率自由派退出托利黨政府，這以後，這個派別就逐漸向輝格黨靠攏，在議會中採取反政府的立場。托利黨至此正式分裂，大大削弱了反改革的力量。

不久後，托利黨在更大的問題上發生分裂，這個問題就是天主教解放。

一八〇一年愛爾蘭合併以後，大部分愛爾蘭人非常不滿，尤其是組成人口多數的天主教徒，由於得不到平等的公民權，其對立的情緒相當激烈。一八二三年，一位愛爾蘭律師丹尼爾．奧康內爾組建民族主義組織「天主教同盟」，要求解除對天主教徒的歧視政策。天主教同盟受到愛爾蘭農民的廣泛支持，在許多地方，真正有權威的是天主教同盟，而不是英國政府。坎寧派退出政府後，威靈頓提名愛爾蘭出生的菲茨傑拉德接任商務大臣，按規定，他必須回到他自己的選區，重新參加選舉，再次當選議員，而這個選區就是愛爾蘭的克萊爾郡。然而就在競選舉行之前不久，威靈頓發表了一個威脅性講話，他聲稱要取締天主教同盟，同時又說：如果天主教同盟自行解散，他可以考慮解放天主教徒的問題。這次講話把天主教同盟放在一個進退兩難的困境上：假如不解散同盟，天主教受歧視的狀態似乎就要由同盟來負責；但假如解散，那就明顯鑽進了威靈頓的圈套，來之不易的大好局面立刻就會消失。在這種困境中，天主教同盟採取了一個背水一戰的戰略：它讓自己的領袖奥康內爾親自出馬在克萊爾郡競選，結果戰勝菲茨傑拉德，當選為議員。

但奥康內爾卻不可以當議員，因為根據當時的法律，天主教徒不可以出任公職。這樣，愛爾蘭的局勢便急劇惡化，一點星火就可以引燃整堆乾柴。天主教同盟在勝利的鼓舞下準備再接再厲，在其他選區也採用同樣的策略。在新教方面（主要是英裔地主），因意識到局勢的嚴重性，便開始準備武裝，使愛爾蘭面臨着內戰的危險。在這種情況下，威靈頓決定採取果斷措施阻止內戰爆發，於是在一八二九年通過《天主教解放法》，取消了對天主教徒的一切政治歧視，讓他們獲得平等的公民權，但同時又解散了天主教同盟。這樣，內戰是遏制住了，天主教同盟的威脅不再存在。但政府為此付出了巨大的代價，排斥天主教是英國幾百年來的基本國策，改變這一政策，是對英國憲政的重大修改。既然連基本國策都可以改，英國政治制度中還有甚麼不可以改呢？這就是當時許多英國人的看法。議會改革運動受到這一事件的鼓舞，在消沉十年之後重新活躍起來了。

托利黨受到巨大的震撼，他們想像不出像威靈頓這樣一個堅定的保守派，何以能主動修改基本國策！黨內於是出現一個極端頑固的派別，他們說威靈頓之所以能夠得逞，是因為他充分利用了議會的腐敗，對議員進行收買。這說明，英國的議會制度確實是腐敗透頂了，應該進行改革！於是在六月二日，極端頑固派以托利黨的名義提出一項改革動議，把七十年來歷次改革的要求集於一紙，托利黨內最頑固的勢力現在居然也提出要「改革」，這說明改革似乎已不可不為之！但這一舉動把威靈頓放到了腹背受敵的位置上，他前有輝格黨，後有托利黨反對派。一八三〇年十一月十五日，托利黨頑固派聯合坎寧派和輝格黨共同投票反對政府，次日，威靈頓政府宣佈倒台，一場改革的大風暴由此就拉開了帷幕。

此時，改革的力量已聚集起來了。早在一月份，伯明翰的工業家成立一個「政治同盟」，由托馬斯·阿特伍德擔任主席。這是工業資產階級組成的第一個要求改革的政治團體，表明工業資本家現在已不站在政府一邊（如彼得盧時期那樣），而是投入到改革陣營中來。三月份，倫敦成立「首都政治同盟」，原先老的中等階級激進派幾乎全都參加進去，中等階級的兩個分支現在都組織起來了。四月，隱居了十年之久的格雷伯爵回到倫敦，使輝格黨得到了當然的領袖。輝格黨迅速與坎寧派結盟，共同支持改革的事業。首都的手工工匠起初參加「首都政治同盟」，後來又單獨組成自己的組織「工人階級全國同盟」。這個組織在人員構成、綱領、活動方式方面都直接繼承九十年代的倫敦通訊會，是工人激進主義的直系傳人。北方的工廠工人現在以工會的形式出現，工會對政治問題一般不感興趣，但在關鍵時刻它仍然會站出來表態，支持把改革進行到底。總之，威靈頓下台時，力量的配置已經很明朗，各階級各階層多數人都支持改革，反改革的只是托利黨一小撮。

一八三〇年十一月十六日，格雷伯爵組成政府，他立即佈置制定改革方案。一八三一年三月一日輝格黨在下院公佈方案，這個方案比大多數改革派事先估計的都要徹底，它提出取消一大批衰敗選邑的選區資格，把議席重新分配給人口眾多的城鎮，主要是工業城鎮。它還提出擴大選舉權，實行財產資格制，在原有的選民之外，農村增加年收入十鎊以上的公簿持有農和五十鎊以上的租地農；城鎮則統一標準，實行十鎊房產持有人有選舉權。這一方案基本上滿足了中等階級的要求，但把工人階級排除在外，因此符合輝格黨的指導思想，即聯合中等階級、保證國家的政權掌握在有產者手裡。

輝格黨方案公佈後，在全國受到普遍歡迎。改革派都支持這一提案，但工人階級全國同盟卻公開反對它，認為那是一個階級的立法。工盟主張工人階級應堅持普選權，決不向中等階級讓步。在改革鬥爭中，實行財產選舉權還是實行普選權，這一直是中等階級激進派和工人激進派的分水嶺；現在，輝格黨方案出來了，它明顯體現着中等階級色彩。

但輝格黨方案受到托利黨的頑強抵制。在下院二讀時，法案僅以一票多數險勝。輝格黨決定解散議會，舉行新的大選。大選中政府得到一百三十多票多數，可以放開手來進行改革了。九月份法案在下院獲得批准，但托利黨利用它在上院的多數卻否決了法案，輝格黨於是和托利黨開始談判，準備向托利黨做出讓步。

就在這個時候，人民卻開始行動了，各地出現許多騷動，民眾自發地攻擊反改革的托利黨，德比、諾丁漢、萊斯特、伍斯特、埃克塞特等地都出現嚴重的暴力活動，軍隊不得不前往鎮壓。騷亂最厲害的是布里斯托爾，在那裡，暴亂持續了三天，軍隊被趕出城外，直至加強了兵力才重新控制局勢，騷動造成了幾百人死傷。與此同時，普雷斯在倫敦建立一個中等階級的政治組織「全國政治同盟」，與在北方的伯明翰政治同盟遙相呼應，召開了許多群眾性的大規模集會，僅十月三日在伯明翰召開的群眾大會上，參加者就有十萬──十五萬。在輝格黨看來，中下層人民的聯合鬥爭似乎正在形成，這使他們感到十分不安。輝格黨進行改革，本來就是要避免出現中下層的聯合，把中等階級拉到政府一邊，共同保衛國家的。面對騷動，輝格黨決心加快向中等階級讓步，而不顧托利黨的反對，於是，它宣佈終止與托利黨的談判，繼續推進原先的改革。

一八三二年四月，輝格黨法案第三次在下院通過，但托利黨繼續揚言要在上院否決法案。五月七日，格雷伯爵覲見國王，要求他在必要時冊封足夠多的改革派貴族，使他們在上院表決時能壓倒托利黨多數。但國王拒絕了這一要求；第二天，輝格黨政府集體辭職，威靈頓奉命組織政府，改革鬥爭進入了白熱化階段。

在這改革鬥爭最危急的關頭，人民的鬥爭再次走上前台，拯救了改革的命運。五月七日，伯明翰政治同盟舉行集會，企圖阻止輝格黨垮台。五月十日，同盟再次召開群眾大會，十多萬人參加會議。五月九日，全國政治同盟也召開群眾大會。在九日至十九日的十天中，全國各地共召開兩百多次群眾大會，遞交了三百多份請願書，成千上萬的人報名參加各地改革同盟。工人階級全國同盟這時表現出異常的積極姿態，它一方面表示輝格黨的方案不符合工人利益，另一方面也指出：工人階級可以把它看作是改革的第一步，為今後更全面的改革打下基礎。工人同盟的機關報《貧民衛報》還發表文章，號召工人發動革命。

在這種情況下，中下層人民聯合行動的可能性真的出現了。五月十二日，各地協會代表趕到倫敦商討對策，隨後伯明翰代表與普雷斯單獨會談。很多年後，普雷斯在回憶錄中說他們制訂了一個武裝起義的計劃，由伯明翰發動起義，其他地方立即響應。五月七日，阿特伍德派他的助手韋德博士加入工人階級全國同盟，以圖協商行事。在曼徹斯特，工人和工廠主共同參加集會，而會場就在當年工廠主屠殺工人改革派的地方——聖彼得廣場。全國的形勢是非常緊張的，如果威靈頓組閣成功，很難估計會出現甚麼後果。五月十四日，議會下院通過一項決議，稱下院將永不接受由一個托利黨政府提出的改革方案。這意味着，如果威靈頓組閣，他將與下院處於永久的對抗之中。這使人想起十七世紀革命，當時，正因為議會與政府對立，才引起革命與內戰的！

但攤牌最終被制止了。威靈頓受命組閣的當晚，普雷斯提出「取黃金、阻公爵」的口號，一夜間這個口號貼滿倫敦城，並傳遍全國。到五月十八日，已經有一百六十萬英鎊的黃金從銀行兑走，佔英格蘭銀行黃金儲備的將近一半。銀行代表緊急通知國王：若再不結束危機，英國的黃金將在四天中告罄。

與此同時，羅拔．皮爾又不肯參加威靈頓政府，而沒有皮爾參加，威靈頓就無法組閣。於是，在五月十五日，威靈頓交回組閣委任書。五月十八日，國王立下書面保證，表示願意冊封任何數目的改革派貴族，強使上院通過改革法。當日晚，格雷伯爵恢復首相職。隨後，上院開始審議改革法案，托利黨多數不再抵抗了，他們退出會議，讓法案順利地獲得通過。托利黨在最關鍵的時刻終於以退讓求保全，避免了一次可能的革命。

一八三二年六月七日，經過十八個月的激烈鬥爭，改革法由國王簽署，正式生效。第一次議會改革成功了。

改革法把英國的選民數從四十八萬八千增加到八十萬八千，從人口總數的大約 2% 增加到 3.3%。中等階級的多數獲得了選舉權，成了「有權的」階級，但他們還不「掌權」。

工人階級被排斥在改革成果之外，完全沒有得到好處。這使他們對改革十分不滿，因此在改革後不久，就發動了轟轟烈烈的憲章運動。

改革法取消了一批衰敗選邑，重新分配了一百四十三個議席，這些席位有許多分配給工業市鎮，進一步加強了工業資產者的地位。改革法修改了選舉資格，使選舉權從身份資格轉向財產資格，顯然，這比原來合理。但財產資格仍然是不合理的，它把身份歧視轉變成財產歧視，社會的絕大多數成員仍舊在受歧視之列。

從內容上看，第一次議會改革只是一次小小的變動，它並沒有造成重大的體制改革，貴族仍然掌握政權，土地的利益仍然佔優勢。然而，有第一次改革就會有第二次改革，第一次改革的最大意義就在於：它表明制度變革是可以進行的，而且不可阻擋，適時的變革最為明智；改革之路可以走得通，其必要的前提是：人民持久的鬥爭，統治者適時的讓步。

作者點評

這一章的內容多數人大概很生疏，原因是在一般的教科書裡，這些內容是沒有的。沒有的原因是我們的教科書源於蘇聯，而蘇聯的教科書形成於二十世紀三十年代。按照蘇聯教科書的體系，這一章的內容違背革命的原理，因此就故意不寫了。但這種態度不可取，歷史學家的主觀傾向太明顯了。對歷史上發生過的事我們可以做出評判，但不可以刪除，不可以隱瞞它的真實存在。其實，英國的改革過程充滿了鬥爭，而且是真真實實的階級鬥爭。從本章的敘述中可以看到，所有階級各種力量都捲入到這場決定命運的大搏鬥中來了，其驚心動魄的程度，決不亞於一次內戰。各階級都有自己的目標，也都有各自的行動與綱領。從改革的最終成果看，得益最大的是中等階級，但其他階級並非有所失，在日後的歷史進程中反而有所得。從改革的內容看，這次改革的幅度很小，完全配不上為此做出過的重大犧牲。但從此後英國就堅定地走在改革的道路上了，它可以自信地面對未來，隨時變革自己的制度，而不必有畏懼之憂。到這個時候，國家就算發展成熟了，它不必再憑空摸索，也無必要處處擔驚。是誰使改革的道路終能成功？從文中的敘述可以知道：是整個英國的民族。

第十五章 維多利亞時代

一、反穀物法勝利與自由資本主義的鼎盛

一八三七年，國王威廉四世去世，他的侄女維多利亞繼承王位（一八三七—一九〇一）。當時，年輕的女王只有十八歲，沉重的國務負擔卻落在她肩上。輝格黨首相墨爾本幾乎是手把手地教她做一個立憲君主，教會她不憑感情用事，心平氣和地與民選的首相共事，哪怕這個首相她從心底裡厭惡也罷。維多利亞在位六十四年，在此期間，君主立憲制徹底鞏固了，國王完全變成了「虛君」，按政治學家巴奇霍特的說法，國王在國事中發揮的作用是：「接受諮詢，給予支持，提出警告。」維多利亞在其一生中模範地履行了立憲君主的職責，因此深受國民的愛戴。早年，她曾因不接受羅拔．皮爾要她解除身邊幾個輝格黨侍女職務的要求，而把已經失去議會多數的墨爾本勳爵留在首相位置上，造成所謂的「寢宮危機」；後來，當她成熟後，她再也沒有犯過類似的錯誤，儘管她不喜歡輝格黨首相羅素，也不喜歡自由黨首相格拉斯頓。維多利亞還是她那個時代道德風尚的典範，她是賢妻，又是良母，是典型的大家閨秀，也是優秀的一家主婦。她與丈夫亞厘畢親王相親相愛，亞厘畢的早逝（一八六一年）引起她巨大的悲痛。她一生養育九個子女，花費了大量精力來

維多利亞女王（Queen Victoria）

培養他們。她自己生活嚴謹，工作刻苦，對別人又充滿責任感。在許多英國人眼裡，她就是她自己時代的縮影，她漫長的在位時期則是國家繁榮昌盛的頂峰。維多利亞在位時期被稱作「維多利亞時代」，在英國所有國王中，維多利亞享有盛譽，這不是因為她做出了甚麼轟動的事業，而是因為她甚麼都不做，而僅僅恪守立憲君主的本分，做她那個時代的表率。

一八三二年改革使輝格黨在政治上佔了上風，從一八三〇—一八六六年，輝格黨幾乎連續掌權，其中只有幾次短暫的間斷。托利黨幾乎與權力無緣，只有一八四一—一八四六年皮爾執政時，才稍稍顯示了托利黨的存在。托利黨在改革中受到巨大衝擊，它必須改造自己，才能適應變化的形勢。一八三四年，黨的領袖羅拔·皮爾在一次競選演説中表示：托利黨應該支持改革，只要這種改革是出於善意並且對維護現存的制度有益。這就是有名的「坦姆沃思宣言」，它是托利黨自身的改革宣言，也是托利黨支持改革的原則宣言，從此托利黨不再是抗拒變革的黨，而是一個主張緩進、漸變的黨，其黨名也漸漸變成「保守黨」，以區別於抵制變革的「托利黨」。與此相反，輝格黨卻沒有受到改造，由於它是得勝的黨，黨內許多舊勢力卻保存下來，反而阻礙了黨在社會變革中發揮更大的作用。黨內發生革新派和守舊派的分歧，從五十年代起，以羅素伯爵為首的革新派曾幾次提出繼續進行議會改革的動議，但卻被否決。黨內守舊派甚至反對再作任何變革，導致第二次議會改革的主動權落到了保守黨手裡。五十年代，輝格黨逐漸改稱「自由黨」，它與保守黨在綱領、思想、社會組成方面的差異日趨縮小。六十年代以後，兩黨輪流執政，這說明兩黨的區別已經很小了。

第一次議會改革後，自由貿易的問題日益突出。隨着工業革命完成，英國成為世界上第一個工業國，工商業資產者越來越希望得到完全徹底的自由貿易，國家完全不干預，實行徹底的「自由放任」。一大批所謂的「政治經濟學家」為此已做了大量的輿論準備工作，其中包括亞當·斯密、大衛·李嘉圖、托馬斯·馬爾薩斯等。但儘管「政治經濟學」的理論已家喻戶曉，政權卻掌握在大地主手裡，他們用政權的力量來保護土地利益，因此反對完全的貿易自由，主張保留國家對經濟的隨意干預，其典型表現就是「穀物法」。

穀物法是一個古老的法律，中世紀就已存在，但一八一五年以後成為重大政治問題。拿破崙戰爭時，物價上漲，穀物價格直線上升，小麥的價格有時達到每夸特一百先令以上。這使農業經營有大利可圖，於是，土地所有者大量開發貧瘠土地，投入大批資金進行糧食生產賺取極大的利潤。隨着戰爭接近尾聲，糧食價格開始回落，不僅貧瘠土地的投資收不回來，就連一般的農業利潤都維持不住了，這對土地所有者造成巨大的威脅。於是在一八一五年，就在戰爭結束之時，議會通過一項穀物法，規定在小麥價格未達到每夸特八十先令時，不准進口外國糧食。這是在人為地抬高糧食價格，社會各階層都會因此受到損害，只有地主階級從中獲利，因而深受時人的痛恨，將其稱作是「階級的立法」。一八一五年「穀物法」是刺激工業資產者投入議會改革運動的原因之一；一八二八年，威靈頓曾迫於黨內壓力修改了穀物法，將其按國內小麥價格的高低來制定浮動進口稅，但這並沒有消除工廠主的怨氣，相反，在一八三二年改革之後，他們發動聲勢浩大的政治運動，要求取消穀物法。

一八三六年，倫敦一批激進派議員成立一個「反穀物法同盟」，未取得任何成果。一八三八─一八三九年，曼徹斯特的工業家接過反穀物法大旗，這才使運動蓬勃發展。運動的主心骨是理查．科布登和約翰．布萊特，兩人都是白手起家的工廠主，靠個人奮鬥發財，堅信自由貿易的信條。在他們的領導下，反穀物法運動成為一個涉及面廣泛的群眾運動，主要參加者是各地工廠主，大批工人也捲入其中。反穀物法同盟有很好的組織體系，全國各地都有分會，各分會都有正常的活動，也有完整的組織機構。同盟以反對穀物法為唯一目標，不談其他政治問題，也不提其他要求。它實際上是英國歷史上第一個壓力集團，企圖用群眾鬥爭的手段達到單一的經濟利益目的。同盟主要靠宣傳工作爭取民心，它的宣傳很巧妙，它對工人說：穀物法抬高了麵包的價格，因為進口關稅限制了糧食的自由競爭；它對佃農說：穀物法對他們毫無好處，因為地主用高租率拿走了全部超額利潤；它對工廠主說：穀物法限制了工業發展，因為別的國家只能用糧食來交換英國工業品，而穀物法恰恰限制了這種交換。總之，它對社會的每一個成員都說穀物法違背了其切身的利益，只有自由貿易才能扭轉這種局面。事實上，反穀物法同盟鼓吹的是自由資本主義經濟理論，它只符合工業資產者一己的私利而已。這個時候，自由貿易最得力的鼓吹者都集中在曼徹斯特，反穀物法同盟的領導者也是這些人，這些人後來被叫作「曼徹斯特學派」。

反穀物法同盟利用群眾鬥爭的方式製造政治壓力，其常用的手段是：出版書刊、小冊子，散發傳單，召開群眾會議，進行宣傳演說。由於其資金雄厚，活動常達到很好的效果，甚至能吸引大批工人參加進來。當時也正是憲章運動活動的高峰，於是就出現兩個運動爭奪工人群眾的局面，並不時引發雙方人員間的打鬥。反穀物法同盟一度曾企圖把憲章運動拉到它自己的軌道上來，但由於工人領袖堅決抵制，此舉未能成功。反穀物法同盟最令人驚歎的政治行動是製造選民，讓這些選民選出支持同盟綱領的議員。為此，同盟籌集大筆資金，歸到本不具備選民資格的人名下，讓他們登記成為「選民」，從而奪取某一些選區的選民多數，選出事

反穀物法同盟的宣傳活動

先議定好的候選人。

反穀物法同盟造成巨大的政治壓力，同時也使自由貿易學説得到更廣泛的傳播。一八四一年科布登當選為議員，使議會內的反穀物法運動也找到了領導人。同盟的活動最終影響了許多當權者，使他們也接受自由貿易的學説，而羅拔·皮爾就是其中之一。皮爾本人出身於富裕的棉廠主家庭，父親是靠自我奮鬥起家的第一代工廠主。他後來雖加入托利黨，卻是托利黨內持自由主義觀點的領導人之一。當坎寧派轉向輝格黨時，皮爾卻留在了托利黨，對後來完成托利黨的自我改造發揮了作用。一八四一年他擔任首相後，開始領導保守黨向自由貿易方向轉化；當時，抵制自由貿易最堅定的就是保守黨，因此這一轉化具有深遠意義。一八四五年，愛爾蘭發生大饑荒，成百萬人被餓死，更多的人流落他鄉。當時，解救災荒的唯一辦法就是放開糧價，讓外國糧食自由進入英國。皮爾於是下決心廢除穀物法。一八四六年，議會終於廢除了這個法律，一個「階級的立法」也就壽終正寢。但皮爾卻為此付出重大代價，黨內頑固派、土地利益的代理人嚥不下這口氣，向皮爾實施報復，皮爾失去議會多數，保守黨政府就垮台了。後來，皮爾派向自由黨靠攏，支持繼任的羅素勳爵政府，輝格黨的一黨優勢又維持了大約二十年，保守黨失去了掌權的機會。

這樣，自由貿易的原則終於勝利了，工業資本主義大獲全勝。一八四九年，已實行幾百年的《航海法》被廢除，這是另一個標誌，表明自由貿易的原則被徹底認可。一八五二年議會發表一項原則聲明，稱自由貿易是英國的國策。英國由此而進入自由資本主義的鼎盛期，維多利亞時代正是自由貿易的全盛時代。

二、憲章運動

就在資產者為自己的利益而奮戰時，工人階級也在爭取自己的權利。一八三六年，倫敦工匠成立了一個新的組織，名叫「倫敦工人協會」，其領導人是著名的工人領袖威廉·洛維特。一八三七年二月，倫敦工人協會提出六條綱領，要求對議會進行新的改革。五月，倫敦工人協會的六名領導與議會中六名激進派議員會談，把這些要求寫成了議會法案的形式，不久以後，起草了一份法律文件，稱為《人民憲章》。《人民憲章》在一八三八年五月公佈；同月二十一日，格拉斯哥召開第一次大規模的群眾集會，要求實行《人民憲章》，參加者超過二十萬人。由此，震驚世界的憲章運動就拉開了序幕，在此後大約二十年時間裡，憲章運動反覆蕩滌着英倫大地。

憲章運動是英國工人第一次單獨的政治活動，它單獨要求議會改革，而不和（也不接受）中等階級結盟。之所以出現這種情況，是因為一八三二年議會改革後中等階級獲得選舉權，成了「有權的」階級；工人階級則一無所獲，產生一種被出賣感。在這種情況下，繼續要求議會改革就只能是工人階級的單獨行動，而且必然帶有強烈的反中等階級色彩。

憲章運動的目標是徹底進行議會改革，使議會真正代表人民。憲章運動的綱領集中體現在《人民憲章》中，其中六項要求是：一，實行男子普選權；二，每年舉行一次議會選舉；三，實行平均的選區，每個選區選民數應該相等；四，議員領取薪金；五，取消議員的財產資格限制；六，實行無記名投票。這六條歸根結底只想達到一個目標，即選出工人議員，讓工人也成為「有權的」階級；所有六條都是圍繞這個目的提出的，因此很明顯，這個綱領帶有鮮明的階級性。但應該記得，所有這六條都不是由憲章運動最早提出的，在漫長的議會改革運動中，這六條都曾明確地提出過；尤其是成年男子普選權這一條，在很長時間裡曾經是工人激進派與中等階級激進派的分水嶺。其實，憲章運動正是幾十年來工人激進主義的直接繼承人，也是它充分發展的頂峰。憲章運動的基本目標——工人階級的政治權利也就是工人激進主義的基本目標，只因為在一八三二年改革中這個目標未能達到，才引發了憲章運動的大爆發。

在社會階級構成上，憲章運動也與幾十年的工人激進主義一脈相承，即它的骨幹力量是正在消失的手工工人。從現在存留的統計資料看，無論在全國性領袖還是在地方領袖中，無論是各級領導人還是群眾中的積極分子，手工工人都佔據主導地位，工廠工人留下的痕跡很少。這些資料可在當時憲章派最主要的報紙《北極星報》上找到，這說明憲章運動仍是個以手工工人為主導的工人運動，與工廠工人的工會運動有明顯區別。手工工人希望通過政治變革改變自己的經濟地位，這一點在憲章運動中表現得空前清楚，例如當時流行的一個口號：「普選權的問題是飯碗問題」，就明白地表達了這個思想。工廠工人在當時仍然以直接的產業對抗為鬥爭手段，他們對政治問題尚不感興趣，這可以從一八四二年北、中部工業區的大罷工中看出來。

憲章運動的組織形式很像是一個擴大了的倫敦通訊會，尤其是一八四〇年七月「全國憲章派協會」成立以後，情形更是這樣。起先，全國憲章派協會設三層組織，包括中央、地方（郡）和基層三級，每一級都有各自的執行委員會，執行委員會由各自所轄委員會選舉產生。一八四一年三月全國憲章派協會實行改組，它取消了郡一層組織，在中央設總委員會，由各地區分會直接派代表組成，而代表由本地會員選舉產生，這就和倫敦通訊會的組織結構基本一樣了。全國憲章派協會的成立是英國工人運動史上劃時代的一件大事。因為它是第一個全國性的工人政治組織，實際上是工人政黨的最早雛形。但它的組織形式的確繼承了激進主義傳統，和工會組織有明顯不同。

憲章運動的鬥爭方式也是激進主義的，即群眾運動的鬥爭方式，包括徵集簽名、提交請願書、大規模的群眾集會與遊行、出版、辦報紙、散發小冊子、指派宣傳員到全國各地宣傳鼓動、召集全國性的代表大會等。憲章運動中還出現一些獨特的鬥爭方式，比如對不支持憲章運動的中小店主進行抵制，不購買其商店貨品；

徵集「國民捐」，為運動籌集經費等。最值得注意的是憲章運動直接參與議會的選舉活動，包括指導憲章派群眾投哪一個黨派的票，以及選出憲章派自己的議員等。一八四一年，憲章派指定十二名候選人參加議會大選；一八四七年它選出了第一位「工人」議員，即運動的公認領袖費格斯·奧康諾。工人運動直接參加議會選舉是憲章運動的重大創舉，它表明工人運動向政黨政治邁出了重要的一步。

總之，無論從組織結構、階級構成、綱領還是行動方式上看，憲章運動都是過去幾十年工人激進主義的延續，它是工人激進運動的最高潮，也是最後一次高潮。

憲章運動有四個來源。首先，它具有工人激進主義的主流傳統，這一點前面已經提及。從組織上說，是倫敦工人激進運動的直接繼承人，其領導人威廉·洛維特、亨利·赫瑟林頓等也都是當年工人階級全國同盟的重要成員，他們對發動憲章運動起了重大作用。

第二個來源是一八三〇年代發生的「無印花之戰」，即工人階級創辦自己報紙的鬥爭。這是英國工人為追求其階級的文化、培植其階級的意識的重要里程碑，雖飽經磨難，最後卻取得輝煌的勝利。運動的主角是赫瑟林頓，一八三〇年，他發行一份叫作《一便士報》的小報，不久改稱《貧民衛報》，其副標題寫道：「一份為檢驗『以權壓理』有多大能耐而『非法』出版的人民週報」。當時，英國雖標榜出版自由，但對每一份印刷品都抽四便士的印花稅，因此報紙售價很貴，讀報成了有產階級的文化特權。英國工人素有追求文化修養的傳統，這在手工工匠中表現得尤其突出，創辦工人報紙是他們創造階級文化的長久夙願，「無印花之戰」就是在這種背景下打響的。

輝格黨政府對工人報紙進行圍剿，一方面加以沒收，一方面對辦報人處以罰款、拘禁甚至判刑。赫瑟林頓的《貧民衛報》是當時影響最大的工人報紙，發行量曾達到一萬五千份（《泰晤士報》當時只發行一萬份），因此是政府打擊的首要目標。為堅持把報紙辦下去，赫瑟林頓做出了巨大犧牲，他在四年之中被三次判刑，前後關押達兩年之久，他的財產也一再受到損失，但報紙卻越辦越好。他坐牢時，他的妻子、姐妹甚至店中夥計繼續出報，使《貧民衛報》成為一支不滅的火炬。他在全國建立起一個發行網，成百上千的人為他銷售報紙，這些人後來都成為工人運動的骨幹，比如憲章運動後期的領袖朱利安·哈尼，最早就是赫瑟林頓店鋪中的小夥計。一八三〇—一八三六年，全國共出現近六百份無印花報，它們和《貧民衛報》一樣，宣傳工人階級的政治理想。一八三四年，倫敦大陪審團推翻了政府的起訴，宣佈赫瑟林頓辦報無罪。這以後一切無印花報都可以合法存在了，工人階級的「無印花之戰」大獲全勝。這場鬥爭為啟發工人階級的政治覺悟做出了不可磨滅的貢獻，從而為數十上百萬普通工人加入憲章運動準備了思想基礎。

憲章運動的第三個來源是十小時工作日運動，它是在北中部工業區形成並發展起來的。工業革命開始以後，工廠的工作條件非常差，工作時間又非常長，這對當時佔工廠工人很大比例的女工童工來說尤其殘酷，其悲慘境遇受到當時許多人的同情，其中包括大量持托利黨觀點的地方鄉紳。土地所有者同情工人有其社會和經濟動機，在當時地主、工廠主、工人的大三角關係中，土地所有者出於對資產者的厭惡，會用一種舊式老爺的態度來渲染工人的苦難，以達到打擊工廠主的目的。但地主鄉紳對工人的同情在客觀上又幫了工人的忙，使他們的苦難狀況受到社會的廣泛重視，十小時工作日運動就是這樣形成的。

運動的代言人是理查·奧斯特勒，一個托利黨鄉紳。他曾在哈德斯菲爾德附近一塊大地產上做主管，而地產旁邊有一些工廠，其中工人的悲慘狀態使他深受刺激。一八三〇年十月，他在《利茲信使報》上發表文章，抨擊工廠裡的「約克郡奴隸制」，這使一些工人領袖去拜訪他，一八三一年六月，他與六名工人代表舉行會晤，簽訂了「菲克斯比大廳協議」，答應領導十小時工作運動。當時，許多紡織城鎮已成立工人自發組成的縮短工時委員會，要求議會制定法律，限制工人的工作時間。奧斯特勒參加進來後，運動得到一位優秀的組織者，原先分散在各地的委員會逐步聯合起來，各地的鬥爭也連成一片。群眾性的集會此起彼伏，請願活動接連不斷。在議會內，不斷有縮短工作時間的議案提出來，邁克爾·薩德勒（另一位托利黨鄉紳）和阿什利勳爵（一位托利黨貴族）成了運動在議會的代表。但儘管有議會內外強大的壓力，運動的阻力卻十分大，而阻力主要來自輝格黨。工人們把這看作是對一八三二年改革的背叛，因為在一八三二年，工人們曾支持過輝格黨的改革。因此當憲章運動興起後，北方的十小時工作日運動很快就融合進來，為憲章運動提供了強大的群眾基礎。

憲章運動的第四個來源是反濟貧法運動。濟貧法是一種古老的法律，它規定由各教區負責救濟本教區窮人，使他們在無生活來源時不至於餓死。但一八三四年，輝格黨政府在工廠主壓力下通過《濟貧法修正案》，規定一切救濟工作都必須在濟貧院裡面進行，領受救濟的人必須住在濟貧院，濟貧院裡的生活標準必須低於院外最貧窮人的生活水平。濟貧院內男女必須分居，夫妻也不例外。制定法律的人聲稱這是根據「政治經濟學」原理來設計的，只有這樣，才能保證勞動力受市場規律的支配，不致有人會因為有所依賴而不肯去工作。他們還特別引用馬爾薩斯的人口論為濟貧院的惡劣生活條件作辯護，馬爾薩斯曾說：人口以幾何級數增長，生產則只能以算術級數增長，生產的自然增長永遠追不上人口的增長，因此必須控制人口增長，才能保持人口與生產增長之間的平衡。馬爾薩斯還特別提到要限制人口中貧窮部分的增長率，這樣一來，就似乎為濟貧院中男女分居提供了論證。

工人對馬爾薩斯的理論十分反感，對新濟貧法則充滿敵意，新濟貧法在北、中部工業區尤其受到抵制，因為在這些地區，工人的工作得不到保障，失業的可能性時時威脅着他們。這樣，從一八三四年起，一場反對《濟貧法修正案》的群眾運動也在北方興起，運動的參加者與十小時工作日運動的參加者往往重疊，憲章運動興起後，也就一同匯合成更大的運動了。

憲章運動有三次高潮，第一次高潮在一八三六—一八三九年之間，並且在一八三九年進入高峰。一八三八年五月格拉斯哥大會後，各地群眾集會不斷，工人階級的各種運動都在《人民憲章》的旗幟下匯合起來，全國各地都出現了憲章派組織。一八三九年二月，倫敦召開憲章派第一次全國代表大會，實行了全國憲章派的正式聯合。大會號召向議會請願，要求議會接受《人民憲章》。大會召開之時，一個轟轟烈烈的簽

反映英國憲章運動的漫畫

名請願活動也在全國開展起來，最終徵集到一百二十八萬人簽名，請願書全長三英里。與此同時，憲章派內部的分歧也逐漸顯現了，分歧的焦點是：一旦請願失敗，憲章派應採取甚麼對策？

以洛維特為首的一派堅持「道義的」力量，他們認為在任何情況下都不應訴諸暴力，而應該加強教育，提高工人的覺悟水平，爭取更多群眾，用道義的力量迫使議會接受憲章，這一派叫作「道義派」。

另一派則主張用實力去爭取憲章，一旦需要，就要動員群眾顯示「實力」，包括拿起自衛的武器，隨時準備戰鬥。他們提出的口號是：「可能則和，必須則戰」。在他們影響下，代表大會通過一項「最後方案宣言」，表示一旦請願失敗，就要訴諸行動。這一派從一開始就佔人員的多數，是憲章運動的主流派，被稱為「實力派」。實力派最主要的領袖是奧康諾，一個愛爾蘭出身的律師，自稱具有愛爾蘭王族的血統。朱利安．哈尼和歐內斯特．瓊斯也是實力派的重要領袖，在憲章運動後期發揮過重要作用。但「實力派」其實並不主張使用真正的暴力，他們並不準備發動革命。他們在「最後方案」中提出各種應急措施，包括罷工、抗議、擠兌黃金（這對工人階級來說是不現實的）等，但並不打算發動武裝起義。實力派的「實力」其實是指大規模的群眾運動，包括遊行、集會、大面積的宣傳鼓動等。所有這些活動都是一八三二年改革時運用過的手段，「實力派」其實是企圖模仿一八三二年改革，用群眾運動的「實力」迫使統治者讓步。

七月十二日，議會拒絕了請願書，「最後方案」中的措施一條也沒有實行，奧康諾帶頭反對罷工，說群眾沒有做好思想準備。第一次憲章運動的高潮到此也就基本過去了，但在最後結束之前，威爾斯的新港發生了一次憲章派武裝劫獄的事件。十一月四日，約上萬名礦工在一位市政官員約翰·弗羅斯特的帶領下攜帶武器進入新港，打算劫救被關押的憲章派領袖文森特。劫獄過程中礦工與軍隊交火，憲章派傷亡很大，不得不撤退，這就是著名的「新港起義」，也是憲章運動中規模最大的一次武裝行動。在新港起義中，全國性領袖要麼迴避，要麼事先加以勸阻，清楚地表現出運動主流的和平主義傾向。弗羅斯特等人後來被捕，但在全國巨大的營救聲勢下未被判死刑。新港起義結束了憲章運動的第一個篇章，奧康諾等全國性領袖後來也被捕，罪名是進行煽動。全國代表大會因未實行「最後方案」而喪失威望，很快也就解散了。

第二次高潮從一八四〇年開始，當時，請願失敗，悲觀的情緒籠罩着憲章派，各地組織損失慘重，運動處於瓦解狀態。許多人看出了組織的重要性，覺得有必要建立一個全國性機構來統一領導運動。一八四〇年七月，二十三名地方憲章派領袖在曼徹斯特開會，成立了全國憲章派協會，走出了建立全國性組織的第一步。不久後，全國性領袖逐漸出獄，全國憲章派協會就成了他們活動的舞台。宣傳鼓動活動又開始了，憲章運動獲得新的勢頭。各地憲章派組織紛紛恢復，並參加到全國憲章派協會中來。一八四一年十月，它在全國有兩百個分會，一萬六千名正式會員；到一八四二年六月，它聲稱已建立四百個分會，擁有五萬名會員。全國憲章派協會以曼徹斯特為基地，其主要力量在北、中部工業區，奧康諾是協會事實上的領袖，他創辦的報紙《北極星報》，是協會及整個憲章運動最主要的喉舌。但這時，道義派和實力派的分歧已經很深了，倫敦許多領袖不參加協會，憲章派在事實上並沒有實現全國大統一。

但全國憲章派協會在推動和促進憲章運動的發展方面仍起了巨大的作用，由於組織機制比較健全，第二次高潮比第一次高潮範圍更廣，勢頭更大，也有更多的人參加運動。如同第一次高潮一樣，憲章派組織了第二次全國大請願，圍繞請願開展轟轟烈烈的宣傳鼓動工作，召開大量群眾集會，徵集簽名，等等。憲章派還實行「排斥性購買」，強迫中小店主支持《人民憲章》。一八四一年，憲章派決定參加議會政治活動，它採納了奧康諾的策略，在大選中支持托利黨反對輝格黨，企圖用這種方法迫使後者讓步，實行新的議會改革。在議會政治中，利用一黨要挾另一黨，這是小黨派常用的手法，但奧康諾的策略卻造成憲章派的另一次分裂，運動最傑出的理論家奧布萊恩指責這是背叛行為，從此就與奧康諾分道揚鑣，不參加憲章派的主流活動。

第二次高潮中有一些重要事件清楚地體現了憲章運動的性質。第一件事是憲章派與反穀物法同盟的鬥爭，在這方面憲章派往往取得成功。憲章派對反對穀物法充滿疑慮，認為那只是中等階級的陰謀詭計，一方面，糧食降價只能給工廠主帶來好處，糧食便宜了，工資一定下降，因此對工人階級不利；另一方面，中等階級讓工人為他們火中取栗，反對了穀物法，卻忘記了普選權，因而轉移了鬥爭的大方向。憲章派對反穀物法同盟深惡痛絕，每逢同盟開會，他們就去衝擊會場，仗着自己人多，強行在會場上通過憲章派的決議。雙方常為此發生打鬥，而憲章派的策略又常能奏效。

第二件事是與「完全選舉權同盟」的鬥爭。完全選舉權同盟是中等階級建立的一個組織，由伯明翰的穀物商約瑟夫．斯特奇領導，它一方面表示支持普選權，另一方面又不肯接受《人民憲章》。同盟的目的是與工人階級合作，但又想控制領導權。斯特奇的企圖引起憲章運動的再一次大分裂，許多老資格的工人領袖，如洛維特、赫瑟林頓、文森特、奧布萊恩等都表示願意與斯特奇合作，而奧康諾則對他的動機表示懷疑。一八四二年十二月完全選舉權同盟召開第二次全國代表大會，憲章派重要領袖幾乎全都到場。會上，斯特奇拋出一個《人民的人權法案》，其原則大大背離了《人民憲章》。憲章派於是全體聯合起來擊敗了這個動議，中等階級想要控制工人運動的企圖因此就失敗了。但憲章派之間卻未能彌合彼此的分歧，洛維特與奧康諾的矛盾卻反而更深。

第三件事是憲章運動與全國大罷工的關係。一八四二年夏秋，北、中部工業區相繼捲入一次產業大罷工，罷工的原因是工資下降，經濟不景氣。罷工一般由地方工會領導，與憲章運動沒有關係。八月五日罷工勢頭增大，開始向全國擴展，逐步形成罕見的全國大罷工。八月七日起，有些地方罷工工人提出了政治要求，把實現憲章看作是達到罷工目標的必要前提。恰在這時，憲章派在曼徹斯特召開代表會議，領袖們就要不要支持罷工的問題進行了激烈的辯論。有些人認為罷工是反穀物法同盟設下的陰謀，工廠主故意降低工資，刺激工人罷工，從而給政府施加壓力，達到取消穀物法的目的。奧康諾顯然也持這種觀點，但他說既然罷工已經起來了，就應給予必要的支持，否則工人會把罷工失敗的責任推給憲章派。於是會議通過了支持罷工的決議，但除此之外，卻沒有採取任何實際的行動。憲章派放過了一個與工會合作甚至對其進行引導的大好機會，這應該說是憲章派一次巨大的失策。

八月罷工失敗後，憲章運動的第二次高潮也就接近尾聲了。人們看到，在這次高潮中，憲章運動既不願與中等階級合作，又不尋求工會的支持，其力量日益顯得單薄。第二次請願書據説徵集到三百三十一萬人簽名，但議會在五月二日又將其否決。大罷工結束後，政府再次進行逮捕，許多領袖被判刑，罪名是煽動改革或鼓動罷工。審判的高潮在一八四三年三月，當時奧康諾和其他五十八人同時受審，最後有三十一人被定罪。其他領袖也在各地分別受審，包括庫珀、瓊斯、哈尼等。

這以後直到一八四八年，憲章派的活動主要集中在奧康諾的土地計劃上。土地計劃於一八四三年提出，主要內容是募集股本，購置一批土地，讓憲章派移居其上，使他們重新變成自食其力的小農，而不做仰人鼻息的工廠勞動者。從內容上看，這個計劃是企圖建立一個理想的小農社會，因而是空想的，也必定不可能成功。許多憲章派領袖不同意這種做法，因而又造成憲章派內部更多的分裂。第一個土地定居點在一八四七年五月開張，定名為「奧康諾村」。以後，土地計劃一度有所擴展，但隨着一八四八年憲章運動第三次高潮的到來，土地計劃漸漸被人們忘記了。

一八四八年，憲章運動進入第三次高潮，這是由席捲全歐的革命大風暴引起的。英國憲章派在歐洲革命鼓舞下振作起來，再次發動全國大請願。這一次，憲章派說他們徵集到五百七十萬人簽名，但議會說他們只統計出一百九十七萬，其他簽名都是假冒的，有許多相同的筆跡，還有人簽「維多利亞女王」、「威靈頓公爵」等。不過一百九十七萬也不是個小數字了，表明人們對憲章的熱情依然很高。四月十日，憲章派在倫敦泰晤士河南岸的肯寧頓公地召開盛大的群眾集會，準備在集會之後組織遊行，把請願書送往議會。

這一天的氣氛緊張，參加大會的大約有十五萬人，政府怕大會引發出武裝起義，於是派近萬名軍隊，由威靈頓公爵指揮，封鎖了會場通向議會的橋樑。但政府的擔憂顯然是多餘的，憲章派並不打算放棄和平請願的意圖，因此儘管實力派最主要的領導人，包括奧康諾、哈尼、瓊斯等都在會上發表演說，大會卻沒有出現任何不測之事。演說完畢後，大會按政府的要求取消了遊行計劃，而是由全國憲章派協會的執行委員們護送，把幾百萬人簽名的請願書放在一輛馬車上運往議會，在那裡，議員們看都不看就再次否決了請願，憲章運動中最接近暴力衝突的一天在極度平靜中安全地過去了。至此，憲章運動中大規模的群眾運動就結束了，倫敦出現了好幾次基層組織發動的武裝暴動的密謀，但都被政府破獲，未能真正發生。

全國性領袖之間的分歧越來越深刻，一八四九年奧康諾打算接受與中等階級的合作，但哈尼不同意，於是就奪過全國憲章派協會的領導權，在瓊斯的幫助下把奧康諾排擠出去。一八五二年，哈尼和瓊斯在工會問題、對待中等階級的態度問題上又發生分歧，哈尼主張聯合工會，同時爭取中等階級的支持；瓊斯反對這些做法，在年底就另立中央，奪過了哈尼的領導權。然而到一八五八年，瓊斯也主張和中等階級合作了，他和斯特奇共同組成「政治改革同盟」，一同投入到第二次議會改革的鬥爭中去。瓊斯的做法又受到馬克思的批評，說他毀掉了憲章運動。至此，憲章運動最終結束，以後的工人運動，就要以工會為基礎了。

從表面上看，憲章運動經過二十多年轟轟烈烈的鬥爭，卻一無成果，運動因此是失敗的。但事實並非如此，放在歷史的長河中看，《人民憲章》六條要求中有五條後來逐一實現，而第六條，即每年舉行一次議會選舉，其實是不現實的。因此也永遠不可能實現。可以說，憲章運動的原則已經勝利了，儘管憲章運動自身並沒有達到目的。

但運動自身為甚麼不可成功？這是因為憲章運動作為一個改革的運動，它的社會基礎太狹窄。它不接受與中等階級合作，同時又對工會運動抱有敵意。這就使運動無法形成最廣泛的群眾基礎，從而無法造成一個成功的改革所需要的強大社會壓力。一八三二年改革因為是社會各階級聯合的改革運動，因此它能取得成功。憲章運動卻只是工人階級單獨的改革運動，而且只包括工人運動中一個部分，它無法形成強大的壓力，無法迫使統治者做出讓步。但憲章運動的成功之處又恰恰在於它是工人階級一次獨立的政治運動，它的成功與不成功都出自同一個原因，無論如何，它為工人階級取得政治權利開通了道路。

三、競相改革的年代

憲章運動雖未能達到目標，但十九世紀卻仍是個變革頻繁的世紀，社會的各方面都在發生變化，變革也為社會各界所普遍認可，自覺的變革逐漸成為風氣。

政治改革受到最大阻力，一八三二年議會改革後，輝格黨宣稱改革已經到頭，再進行改革就會損害英國的國體。羅素勳爵是改革法案的起草者之一，他一再表示，這次改革就是最後的改革了，不能再容忍新的變革。但憲章運動改變了許多人的看法，其中包括羅素勳爵，運動中表達的千百萬人的呼聲，其堅定的意志與頑強的精神，都使人們意識到：新的變革不可避免，阻擋變革只會造成更大的動盪。許多人感到憲章運動表明工人階級已基本成熟，他們在運動中體現的克制、堅韌的態度，說明他們有資格獲得選舉權。五十年代起，上、中階層都有人主張給工人階級選舉權，讓他們成為社會共同體中負責任的一員。在中等階級中布萊特成為新的改革的鼓吹者，在上層人物中，羅素勳爵則一再提出改革的主張，他在擔任首相時（一八四六—一八五二年）就開始倡導新的改革，後來又在一八五三年、一八六〇年幾次提出改革動議。在保守黨方面，新的政治領袖本傑明·迪斯雷利於一八五九年也提出改革方案；可見在五六十年代，各社會集團都意識到有必要進行新的改革。但問題是：上層的改革倡議沒有群眾基礎，找不到群眾運動為其作支撐；改革的阻力主要來自輝格黨內部，而輝格黨從一八三二年起就幾乎一直在掌權。

五十年代末期情況有所變化，約翰·布萊特奔走全國，號召中下層人民支持新的改革。作為反穀物法同盟的領導人，他對中等階級有很大影響；同時他又與瓊斯等人關係良好，與工人階級保持密切的接觸。然而在六十年代初，大多數人對改革的興趣仍然不大，因此布萊特的宣傳活動效果不明顯。

一八六五年，新的改革形勢出現了，羅素伯爵（一八六一年被封為伯爵）第二次出任首相，原先的皮爾派威廉・格拉斯頓這時投奔自由黨，成為黨在下院的領袖。格拉斯頓是新一代的政治領袖，他在政治上信奉完全的自由主義，把自由主義學說及政策基礎運用於國家事務的各個方面。他出掌自由黨帥旗表明輝格黨向自由黨的轉變終於完成了，這個黨也從貴族的黨轉變成中等有產階級的黨。這時，國內政治形勢對改革十分有利，中等階級和工人階級都開始行動起來，全國出現了許多政治性的群眾團體，其中有兩個組織最重要，一個是以工人階級為主的「全國改革聯盟」，另一個是以中等階級為主的「全國改革同盟」。更重要的是工會運動正式表態支持改革，駐倫敦的五大工會領袖全都發表聲明，要求進行新的改革。

這些情況讓格拉斯頓覺得時機已到，於是在一八六六年三月中旬提出一項《人民代表權法》，其中把城市選民的財產資格從原先的十英鎊房產持有降為七英鎊，農村則從五十英鎊租約金下調為十四英鎊。據測算，這樣可以增加四十萬選民，使選民總數達到一百二十萬。此外，他還打算進一步取消衰敗選邑，使議席的分佈更加合理。

保守黨不反對改革，但認為改革的步伐太大，於是要求修改其內容。但改革的反對力量主要在自由黨內，以羅拔・洛為首的舊輝格黨人不願讓工人階級取得選舉權，因此對改革持敵視態度。三月底，洛在一次演講中把工人階級說成是「貪婪、無知、醉酒」的一群，是「衝動而不計後果的狂暴之人」，這樣的人不能取得選舉權。洛集團和保守黨站在一起，共同反對格拉斯頓提案。六月份，自由黨政府被迫下台，由保守黨組成以德比伯爵為首的政府，迪斯雷利是其中事實上的領袖。這兩人是第三次搭檔，在一八五二年、一八五八—一八五九年，他們曾兩次組成短暫的政府。

保守黨上台時面臨國內的激烈情緒。洛的演講造成一個意想不到的後果，即工人階級被激怒了。自一八四八年以後，工人運動的激烈風暴就已經過去，大規模的群眾運動已沉寂了近二十年。但洛的講話重新喚起群眾運動的風暴，而且這一次工會運動加入進來，使工人的政治鬥爭帶上了新的色彩。許多地方出現群眾集會，遊行示威也比比皆是。六月二十七日倫敦就出現一次自發的遊行，示威的群眾結隊走到格拉斯頓的官邸，高呼：「格拉斯頓與自由！」這好像是一百年以前，人們高呼「威爾克斯與自由」那樣。七月二十三日改革派在倫敦市中心的海德公園組織大規模群眾集會，當局關閉公園大門，結果集會群眾推倒柵欄，破牆而入，並與士兵和警察發生衝突，許多人受傷。由此至二十五日，群眾連續在海德公園集會，氣氛顯得相當緊張。北、中部工業區的工人群眾也行動起來，工會會員走上街頭，要求改革，怒斥洛對工人的污衊，而布萊特和其他中等階級激進派則和工人們並肩遊行。遊行隊伍持續幾個小時，格拉斯哥、曼徹斯特、利茲和愛丁堡都出現大規模示威活動。人們很快意識到不進行新的改革已經不行了，工人階級和中等階級已經結成了同盟。

於是保守黨政府提出他們自己的改革方案。迪斯雷利早在一八五九年就提出過改革問題，他認為保守黨應接過改革的主動權，通過主動變革為黨爭取工人階級選民。保守黨上台後，他很快提出改革的動議，但格拉斯頓認為這個方案太溫和，不肯支持它，而保守黨又有一批人聯合洛集團一起反對改革，使改革動議大大受阻。一八六七年，迪斯雷利下決心與自由黨改革派結成同盟，把第二次議會改革推進到底，他提出第二個保守黨改革方案，其內容大為激進。但格拉斯頓們認為改革幅度太小，一度曾想推翻整個法案，卻未得到黨內支持。於是他就改變策略，對保守黨的法案逐條逐句進行修改，最後把這個法案修改得面目全非，當時有人評論說：這是在「按格拉斯頓的指示，行布萊特的原則」。總之，修改後的改革法案已大大超越迪斯雷利的初衷了，在很多問題上，比格拉斯頓的原則還要激進。

第二次議會改革大大擴大了選舉權。在城鎮，凡交納濟貧稅又擁有住房（無論是產權所有或僅僅是租用）的人都可以成為選民；寄居者只要房租達到每年十英鎊，也可以參加選舉。在農村，具有年值五英鎊的財產或租用年值十二英鎊的地產的人都可以有選舉權。這些規定使選民的人數幾乎增加了一倍，大大超出了格拉斯頓原來的設想。事實上，工人階級的主體都得到了選舉權，被排斥在外的是兩大職業集團：礦工和農業工人。

格拉斯頓

迪斯雷利

一八八四—一八八五年，格拉斯頓第二次組閣時進行了第三次議會改革。這時，人們對變革已習以為常了，對工人階級參加選舉也認為天經地義。自由黨和保守黨考慮的主要是誰爭取主動進行改革，誰主動，誰就能爭取更多的選票。第三次議會改革後基本上實現了成年男子普選權，也就是説，工人階級最基本的要求到這時終於成為現實。這個時候，距憲章運動的爆發大約是半個世紀，距倫敦通訊會的成立則是九十多年，經過這麼長的時間，工人階級最主要的政治目標總算達到了。這次改革還重新劃分了選區，原來的城鎮和農村選區大體上取消，按人口比例重新劃定選區界限，並實行單選區制，即一個選區只選出一名議員。這個措施使憲章運動的第二個要求也達到了，即選區的選民數基本相等。憲章運動的第三個要求是在一八七二年實現的，那一年開始實行無記名投票。隨後又取消了議員的財產資格限制，一九一二年議員開始領取薪金。經過七十多年的演變，《人民憲章》的所有要求中除一條之外，其餘全都實現了。而除了普選權是經過長期而艱巨的鬥爭才得到的，其他變化都在靜悄悄之中就得以完成。總之，英國已習慣變革了，維多利亞時代確實是一個變革的時代。

隨着議會制度不斷變革，其他方面的改革也在進行。一八五三年發表的《關於建立常任英國文官制度的報告》（即《諾斯科特—屈維廉報告》）為建立現代文官制繪製了藍圖。一八七〇年的樞密院令以此為藍本建立文官制，規定以考試和業績作為文官錄用和晉升的依據。文官制的建立糾正了政黨政治中政治分贓的弊病，同時也使國家政策有連續性，不因政府變遷而中斷行政過程。

與文官改革同時的是軍隊改革，在這方面最主要的變化是取消買賣軍階的習慣，而把軍功作為晉升的唯一標準。這項改革觸犯了貴族的利益，上院於是拒不批准改革方案，政府只好以國王令狀的形式加以頒佈。地方政府也進行改革。迄至十九世紀為止，地方政府基本沿用中世紀的殘存制度，沒有規範形式，職責也各有交替，「城市」和「鄉村」之間的區別更是混亂，像曼徹斯特、利茲這樣一些新興的工業大城市在行政上屬鄉村治安法官管理，老薩勒姆那樣的衰敗選邑則是城市歸屬。八十年代開始進行地方政府改革，調整原有的行政劃分，建立一個三層結構的地方政府體系，最高一層是郡（包括郡級市和倫敦都市區），中間一層是市、鄉和非郡級市，最基層是教區。每一層管理機構都設有民選議會，即保持原有的自治傳統，又適合現代民主制。

一八七三年的《司法權法》是現代司法制度的基石，該法統一了從中世紀遺傳下來的混亂的司法體系，設一個最高法院，下分高等法庭和上訴法庭兩個庭。高等法庭又分三個審判庭，即大法官庭、王座法庭和遺囑、離婚與海事庭。此法原打算將上訴法庭的判決作為終審判決，但幾年後進行了修改，讓議會的上院繼續發揮最高上訴法院的作用。

十九世紀下半葉，社會改革也如火如荼，政府用立法手段糾正了工業革命中出現的一些問題，這在迪斯雷利任首相的六年（一八七四—一八八〇年）裡表現得特別明顯。作為保守黨的領袖，迪斯雷利繼承了過去托利黨與工廠主階級持對抗態度的一些傳統，對工人的不幸表示同情。他早年曾當過作家，寫過小說《西比爾》，書中暴露工業家的冷酷，又表達了對工人問題的關切。他曾把英國說成是一個「兩個民族」的國家，「當茅屋不舒服時，宮殿是不會安全的」。他主張保守黨扛起社會改良的大旗，在工人中培植保守黨的選民，這就是所謂的「新托利主義」。在他任首相期間，保守黨政府通過了《公共衛生法》（一八七五年）、《工人住宅法》（一八七五年）、《工廠與工作場所法》（一八七八年）這樣一些與工人福利直接有關的社會立法，對工人的生活條件、勞動環境、工作時間等進行規範。他還廢除了自由黨政府在一八七一年制定的限制工會活動的立法，讓工會獲得完全的法律地位。迪斯雷利的政策確實為保守黨爭取到大批工人選民，在工人階級大多數獲得選舉權之後，保守黨仍能得到近40%的工人選票。

一八四七年，議會通過《十小時工作制法》，對紡織廠中的女工童工實行十小時工作日制度。這是縮短工作時間運動取得的一個重大勝利，也是托利黨對工廠主實施的一次重大打擊。這以後限制工作時間和規範勞動條件逐漸為兩黨所接受，並成為兩黨立法的重要內容。一九〇一年，在保守黨領袖索爾茲伯里侯爵任

早期英語語法學校教室

首相時期，議會通過另一項《工廠與工作場地法》，把過去半個世紀中有關工廠問題的立法匯總為一項法律。至此，工業革命中出現的勞動條件惡劣、工作時間長、工傷事故多、勞動沒有保障等最嚴重的問題在相當程度上得到緩解，這不能不說是社會立法的重大貢獻。

自由黨的注意力主要放在政治改革、行政改革和司法改革方面。自由黨是一個「自由貿易」的黨，更主張實行「自由放任」，不願用立法手段來干預經濟運行，因此對社會政策較少注意。但自由黨比較關注工人的政治權利，在自由黨的推動下，議會一再實行擴大選舉權的改革。工人階級獲得選舉權具有舉足輕重的意義，正是為了爭奪工人階級選票，兩黨才爭取改革，使十九世紀下半葉成為一個「改革時代」。

自由黨政治還在教育方面進行改革，迄至此時，國家一向不過問教育，甚至把學校看成是一種「產業」，應該放任自流讓私人去經營。許多學校從教會那裡得到補貼，而宗教分歧就因此而進入教育領域，非國教徒不願讓子女接受國教的教育。因此自己開辦學校，使英國的教育制度十分混亂。這種情況造成英國的教育長期滯後於經濟發展，不能適應工業社會的需要。一八三三年，輝格黨政府制定第一個《教育法》，規定國家每年撥款兩萬英鎊資助初等教育。這是國家第一次對教育領域進行干預，但其撥款力度太小，後來雖說數次追加年度撥款，但到六十年代末，仍有近一半的適齡兒童不能上學。一八七〇年，自由黨政府決定統一全國的教育制度，這一年的《教育法》規定由地方政府建立學校董事會，負責籌建並管理公立學校。公立學校的經費由國家、地方政府和家長分擔，各地可根據情況規定五至十三歲的兒童必須上學。這項法律的出發點顯然是好的，內容也很合理，但它忽視了宗教問題，結果差一點流產。人們抱怨說，由納稅人出錢、地方政府經辦的強制性教育會迫使學童接受其家長不喜歡的宗教課程，因此家長寧願抵制也不願把子弟送到學校去。政府後來對法案進行修改，規定由地方稅資助的學校只能進行一般的基督教教育，而不講授某一教派的特別教義；同時還規定：宗教課應放在一天的開始或一天的結束，使家長有可能不讓孩子參與其不喜歡的宗教課。這項教育法為建立一個統一的國家教育體系打下了基礎，但正如上文所述，由於宗教信仰分歧，教育問題成了一個政治問題，這長期影響着英國教育事業的發展。

總之，十九世紀下半葉兩黨競相改革，表明在自由主義價值觀的指導下，兩黨已沒有實質性差別。表現在政治上，就出現兩黨輪流執政的現象，尤其以格拉斯頓和迪斯雷利交替上台為特色。五十年代末期開始，迪斯雷利三次掌權（一八五八—一八五九年、一八六六—一八六八年、一八七四—一八八〇年，雖然僅最後一次由他自己出任首相），格拉斯頓則四次出任首相（一八六八—一八七四年、一八八〇—一八八五年、一八八六年、一八九二—一八九四年）。這兩個人都出身於富商家庭，迪斯雷利還是一個猶太人轉教的基督徒。這兩人掌權表明中等階級已真正登上了政治舞台，國家的未來應該是他們的。迪斯雷利去世後，索爾茲伯里侯爵接掌保守黨大旗，於一八八五—一八八六年、一八八六—一八九二年、一八九五—一九〇二年三次出任首相。但自由黨和保守黨輪流坐莊的態勢不變，直至一九〇五年——這個時候，維多利亞女王已經去世了。

四、維多利亞時代的經濟、社會與文化

維多利亞時代中期，英國達到強盛的頂峰，當時，它的工業生產能力比全世界的總和還要大，它的對外貿易額超過世界上其他任何一個國家。英國的富庶已經使新老世界為之矚目，一八五一年一個法國人參加了在水晶宮舉辦的博覽會後説：「像英國這樣一個貴族國家卻成功地養活了它的人民；而法國，一個民主的國家，卻只會為貴族進行生產。」一八五一－一八八一年，英國經濟持續增長，國民生產總值從 5.23 億英鎊上升到 10.51 億英鎊，一九〇一年再上升到 16.43 億英鎊。如果按不變價格計算，人均產值從二十四英鎊上升到三十六英鎊，再上升到五十三英鎊，上升一倍多，而人口的總數卻大大增加了。十九世紀下半葉的五十年中，國民生產總值按 2.5%—3.3% 的年率增長，人均增長率在 1.3%—1.9% 之間。經濟的增長是持續的；儘管有週期性經濟危機穿插其間，從長遠來看，其總趨勢卻是增長。

然而從七十年代開始，英國工業獨霸全球的地位卻開始喪失了，其他國家迎頭趕上，而以美國和德國最為突出。以國民生產總值為例，在一八八〇－一八九〇年的十年中，英國年增長率是 2.2%，德國是 2.9%，美國是 4.1%。一八九〇－一九〇〇年這十年英國是 3.4%，德國也是 3.4%，美國是 3.8%。但一九〇〇－一九一三年，英國平均年增長率只有 1.5%，德國卻增長 3.0%，美國增長了 3.9%。一八八〇年，全世界製造品出口總額中有 40% 以上是英國的，一八九九年卻只剩下 32% 多一點。同一時期中，德國的份額從 19.3% 上升到 22.2%，美國的份額從 2.8% 上升到 11.2%。一九一三年，這三個國家在製成品出口總額中的比例變成了 29.9%、26.4% 和 12.6%，英國的下滑趨勢是非常明顯的。當然，這是一個相對下滑；從絕對數字上看，英國的經濟仍在增長，英國仍是世界上最富有的國家，維多利亞時代最顯著的特徵之一就是它的富庶，直至它結束時都是這樣。

英國經濟相對下滑的原因在哪裡？有一種解釋認為「企業家精神喪失」了，這是其中主要的原因。「企業家精神」只在第一代創業者那裡維持着，從父親到兒子、再到孫子，這種精神就喪失了。如此解釋並非沒有道理，因為在英國社會，對貴族及其生活方式的崇拜是根深蒂固的，第一代企業家創業之後，往往把家庭向貴族方向引，三代人一過，企業家精神就蕩然無存了。但其他因素也在起作用，比如英國工業缺乏創新，長期停留在傳統的生產部門如煤、鐵、棉等行業中，對新興起的化學、汽車、電力等部門不敏感，結果在「第二次工業革命」中落到了美、德的後面。英國不重視教育，不重視科學研究在生產過程中的運用，不重視管理手段與企業結構的改革，工會的力量太強大，投資者資金大量引向海外，這些都是英國相對衰落的原因。歸根結底，英國文化中根深蒂固的一種保守傾向阻礙了英國工業的不斷更新，從而使英國在面對世界性競爭時處於被動局面。

在維多利亞時代，財富的分配始終不均，貧富對比十分明顯。一方面，有貴族宮殿式的莊園公館；另一方面，則是農人破敗的茅屋草舍。一方面，是工廠主舒適的生活享受；另一方面，則是失業工人絕望的生存掙扎。人們的生活水平相差太大，一個國家存在着幾個不同的世界。巨大的社會反差到七十年代以後開始有所緩解，兩黨都採取措施，努力改變工人的生活狀況。在維多利亞時代後期，工人階級生活狀況有明顯的改進，假如以一八五〇年的工資指數為一百，那麼在一八〇〇年這個數字只是九十五，一九〇〇年的指數則達到了一百七十九，而物價甚至還有所下跌，因此生活水平顯然是好轉了。但工人的生活仍然是艱苦的，工作沒有保障，勞動強度很大。

貴族是社會的上層，土地仍是最重要的財富。財產、地位、社會聲望等仍然出自土地，最大的地產仍是國家最富有的私人財產。據一八七三年一項統計，全國五分之四的土地歸七千個大地主所有，他們佔全國人口的 0.03% 還不到。遲至世紀之末，地租收入仍佔國民總收入的大約 12%；相比之下，工資總收入還不到 50%，而這是人口大多數賴以為生的手段。在貴族和工人之間，有一道巨大的溝壑。

貴族在政治上也佔上風，儘管中等階級已參與掌權，工人階級也逐步獲得了選舉權，但貴族和地主出身的議員在議會裡一直佔多數，到世紀之末才開始有所改變。每一屆政府中貴族出身的大臣總是多數，真正從中等階級家庭出來的政治人物儘管逐漸增多，卻仍抗衡不了貴族的優勢。

文化方面貴族的影響也十分大，英國社會有一種向上看的風氣，下層模仿中層，中層追隨上層，貴族的價值起表率作用，而維多利亞女王又是這種表率的典範。但中等階級的價值觀也在不斷的勝利之中，「政治經濟學」和功利主義變成了國家的正統學說，自由主義則更被社會所普遍接受。維多利亞時代是自由主義時代，維多利亞時代的鼎盛期也就是自由主義的鼎盛期。

中等階級在十九世紀一直呈上升趨勢，他們有獨特的生活方式。他們居住在地段好的街區或郊外，周圍都是中等階級居民。他們家中有較好的擺設，有藝術品點綴其間。他們家裡一定要有女僕，女僕是中等階級的標誌。他們的妻子不能外出工作，否則就要被人看不起，兒子要接受教育，一般要在語法學校讀書，畢業後出去獨立謀生，去經商、當律師或做其他工作。十九世紀，中等階級的隊伍始終在擴大，財富也在增加，但它始終取代不了貴族的優勢，它處在社會的中層，努力積蓄自己的力量。

中等階級婦女深受時代的禁錮，她們是女性受歧視、受壓抑的典型受害者。上層社會婦女有較高的社會地位，也有許多出頭露面的機會；下層勞動者婦女必須外出工作，否則養不活家口，因此她們也有比較獨立的人格。唯有中等階級婦女是一種多餘的人，她們是丈夫的擺設，完全沒有社會功能，也沒有獨立性。婦女解放運動最早就是從她們開始的，她們希望掙脱家庭的束縛，去尋找自己的社會地位。弗洛倫斯·南丁格爾是婦女解放的先驅，她曾率領一支救護隊赴克里米亞戰場工作，其出色的表現和高超的救護技術贏得了所有人的稱頌，也為中等階級婦女走出家門做出了表率。到世紀之末，婦女外出工作已很普遍，出現了不少女教師、女醫生，甚至還有婦女擔任濟貧委員會的委員，參加地方事務的管理。但婦女問題的真正解決要等到下個世紀，十九世紀是婦女地位最低下的一個世紀。

OPENING OF THE ROYAL HOLLOWAY COLLEGE FOR WOMEN BY THE QUEEN—THE CEREMONY IN THE QUADRANGLE

一八八六年七月十日英國《畫報》報道維多利亞女王為女性創立了皇家霍洛威學院，並主持開幕典禮維多利亞時代對性採取壓抑的態度，在公開場合不可談論它，性快樂被看成是邪惡的表現，女性尤其不能有性的要求。但在事實上，性道德經常被破壞，尤其在男子方面更如此。上層人物常有情婦，工廠主則可以佔有工廠女工。下層的性關係從來就比較隨便，在工業革命中更是有所敗壞，娼妓的數量也一直很大。維多利亞盛期對性的態度是最嚴格的，到十九世紀末則逐漸鬆弛，有關性生活的書可以在市場公開買到，避孕器也可以公開出售了，這使性關係變得比較開放。

維多利亞時代對家庭看得很重，家庭是這個時期道德的基礎，多生子女則是一個完善家庭的象徵。世紀中期一個英國家庭的平均人口是 4.7 人，到世紀之末，這個數字達到 6.2。六分之一的家庭有十個以上的子女，維多利亞自己就有九個孩子。中等階級家庭是以多生育為榮耀的，在一八五一—一九〇一年間，英國總人口從一千六百九十萬上升到三千零八十萬，增長 80% 以上。

宗教在維護道德的嚴肅性方面發揮很大的作用，十九世紀是一個虔信的世紀，人們對宗教有真正的信仰。科學家也信仰宗教，進化論的支持者也是宗教的信仰者。福音主義是十九世紀宗教的主流，但牛津學派則在後半世紀興起。牛津學派主張恢復宗教的正統性，提倡比較正規的儀式和更加嚴格的教義。這些主張在很大程度上是「開倒車」，使國教向更加接近天主教的方向發展。介於福音主義和牛津學派之間的是「廣教派」，這是一種主張教派寬容的思想，希望各種教義能夠兼容。廣教派體現着自由主義的時代特色，它預示着進入二十世紀的發展方向。

十九世紀是一個科學成果集中湧現的世紀，達爾文的進化論是其中最傑出的成就。與此同時，英國科學家幾乎在每一個領域都做出了卓越貢獻，有些貢獻甚至是奠基性的，比如約翰．道爾頓在原子理論方面，邁克爾．法拉第在電磁學方面，J.P. 焦耳在熱力學方面，占士．赫頓在地質學方面，等等。崇拜科學是當時社會的風尚，普通百姓也相信科學的偉大，力圖用科學的方法思考問題。

十九世紀也是個文學和藝術作品集中湧現的時代，查爾斯．狄更斯是作家中的佼佼者。其他知名作家

查爾斯·狄更斯

包括薩克雷、勃朗特姐妹、托瑪斯·哈代等，他們的作品至今仍膾炙人口。科南道爾塑造的福爾摩斯形象現在已是個世界性人物了，蓋斯凱爾夫人撰寫的《瑪麗·巴頓》則是第一部把工人作為主角的優秀作品。詩歌方面最重要的作者是田尼森，他和拜倫勳爵一樣，位居英國最偉大的詩人之列。在美術方面最應該提到的是透納和康斯特布爾的風景畫，以及世紀中期出現的「拉斐爾前派」，該派真實細膩的手法體現着一種中世紀的神秘感。十九世紀下半葉出現了工藝美術運動，它將藝術的旨趣滲透到大眾生活用品的設計中去，設計出許多簡單明快又富於實用感的器具來。歷史學方面也出現了不少優秀作品，但馬考萊的《英國史》也許影響最大，它開拓了歷史學中所謂的「輝格黨學派」之先河。

總之，維多利亞時代在經濟上高度繁榮，在文化上光輝燦爛，它的確是英國歷史上值得稱頌的一個時代，況且，它以開放的改革精神把英國推向現代社會，達到了高度發展的頂峰。

作者點評

有很多事我們都容易想當然，比如憲章運動，人們想像：它既然是工人的運動，就必然是反資本主義的，必然代表更先進的生產關係，代表着更高的社會階段對資本主義的否定。憲章運動的確是工人的運動，而且是反資本主義的；但它不是由工業化所產生的工廠工人的運動，相反，它是被工廠制所消滅的手工工人的運動，代表着前工業社會的獨立小生產者的願望和理想，因此它站在前資本主義的立場上反資本主義，而不是企圖對資本主義做出超越。在工業革命中，許多手工工人受機器排擠，丟失了他們的飯碗，他們因此對工業化十分不滿，對工業革命造成的資本主義制度深惡痛絕，他們懷念過去，反對現實，從而成為工業革命時期最堅定的反體制力量。但反資本主義有兩種反法，一種是站在資本主義前的立場上反資本主義，一種是站在資本主義後的立場上反資本主義。有意思的是，英國的工廠工人融入了資本主義的體制之中，它們反對資本主義剝削，但只想限制這種剝削，並不想打碎這個體制。英國工人運動一直具有這個特點，這在下一章中會看得更清楚。事實上，在許多歐美國家，工人對資本主義的反抗最激烈的時期出現在工廠制消滅小生產的時刻，手工勞動者最暴烈地反對工廠化。在這一點上，英國的經歷也具有普遍性，請讀者注意。

第十六章　工會運動與工人政黨

一、工會運動的產生與發展

工會是一種特殊的工人結社，按費邊社理論家、工會運動史專家韋伯夫婦的說法，它只發生在生產與經營完全分開、僱傭與被僱傭截然對立的情況下。因此，在中世紀的工匠與幫工中不會產生工會，因為在行會制度下幫工與師傅處在同一個社會等級上，勞動與銷售也不分開，銷售者出售的往往是自己的產品。當生產與經營完全分開、勞動者純粹出賣自己的勞動力時，工會組織才會產生，韋伯夫婦說，最早的工會組織出現在十七世紀末，而它之所以成為「運動」，則是工業革命發生以後的事。

工會運動起初很弱小，到一八一五年，它還只涉及很少一部分工人。一八二九—一八三四年，英國工會運動形成第一次高潮，據說其成員總數達到一百萬人。但這個數字顯然是誇大的，其中多數其實是有名無實。據韋伯夫婦估計，一八四二年工會只有十萬名會員。

早期工會組織規模很小，都只是地方性團體，在一些傳統的技術行業中比較流行，比如木匠、石匠、印刷工、箍桶匠、馬車工、鐘錶匠等。工業化造成的新行業中，技術性很強的工種容易出現工會，機械工和機器紡織工就是典型的例子。早期工會關心的都是很具體的事務，如行業中的生產問題、會員的福利問題等。這些工會在很多方面繼承了中世紀就有的互助會、共濟會的傳統，它們為會員提供互助福利，如扶助孤老病寡等。但工會還進行勞資鬥爭，工資勞動者用工會這種形式與資方討價還價，爭取較高的收入和較好的勞動環境，這是工會與互助會、共濟會等最根本的區別。

然而早期工會也是少數高技術工人排斥一般勞動者的排他性組織，他們利用工會這種形式保護高技術工人的特殊利益，保證其工作機會不受競爭，保護少數人特殊的工作條件和特殊的收入。這些工會多數不關心政治問題，對政府不造成重大威脅。有鑒於這些原因，再加上工會所掌握的特殊技術，僱主往往對工會採取容忍態度，並不非得和它勢不兩立。

一七九九年，出於壓制激進政治運動的需要，托利黨政府制定《結社法》，取締一切工人組織，包括工會在內。但遍及各地的互助會、共濟會等傳統的組織卻仍然存在。由於這些組織在某種程度上向社會下層提供了生存保障，在客觀上有助於社會穩定，因此統治者對它們睜一隻眼閉一隻眼，而不少工會就以此為掩護存在下來，在當時很難把它們與互助會完全區別開。

非技術工人也嘗試組織工會，但很難持久。由於不掌握特殊的技術，他們面臨激烈的市場競爭，他們的工作很容易被人頂替，市場上存在着大量的剩餘勞動力。隨工業化深入發展，大量手工工人失去工作，女工和童工取代男工，愛爾蘭移民則大批湧入英格蘭，這些都對非技術工人的工會組織造成巨大威脅。一般來說，經濟景況好，勞動力吃緊時，工會運動就會高漲；經濟不景氣，出現危機時，工會運動就會低落。「勞動後備軍」是工會運動的最大敵人，僱主自覺地利用它，隨時打擊工會。在相當長的一段時間裡，僱主結成同盟共同抵制工會，他們開列黑名單（稱為「證書」），凡列入名單者，所有僱主都不予僱用。

非技術工人被迫採用其他手段保護自己。一八二〇—一八三五年南威爾斯的礦工有所謂「蘇格蘭牛」的活動，用威脅恫嚇的方法強迫無組織的礦工服從運動的指令，並迫使僱主就範。一八三〇年英格蘭南部出現農業工人的「斯文大尉」運動，參加者攻擊地主莊園，焚燒草垛牲棚，甚至傷害人身，目的是禁止使用打穀機，因為打穀機剝奪了他們在冬天的工作。出於相似的動機，一八一一－一八一七年北、中部工業區爆發盧德運動，手工工人反對新出現的機器或工作程序，因為這些東西使他們的手工技術變得無用了。

總之，早期工會運動地位很軟弱，除少數高技術工種的工會有可能存在較長時間外，多數工會都是稍現即逝。工會沒有經費，行業與行業之間、地區與地區之間利益不同，缺乏團結的基礎；政府對其敵視，工會組織不受法律保護；工會幹部很容易利用這個空子騙取工會會費、攜款而逃——這些都使工會很難長期存在，因而影響了工會的發展。但無論如何，這是一種新出現的工人階級的組織形式，是工人與僱主面對面鬥爭的形式，它與手工工人的政治激進主義不同，隨着工業化進展，越來越多的人被拋進單純出賣勞動力的無產者大軍，工會運動也就越來越成為這些人保護自己利益的唯一手段，於是，工會運動便不可遏止了。

一八二四年《結社法》被廢除，這得力於兩個主要人物，一個是弗朗西斯．普雷斯，另一個是約瑟夫．休謨。普雷斯是裁縫出身，很早就投身於工人運動，曾擔任過倫敦通訊會後期的主席，是溫和派最主要的代表。後來他開裁縫店成功，本人也從工人激進派變成了中等階級激進分子，在一八〇六年威斯敏斯特大選中發揮過重要作用。一八三二年議會改革時，他作為中等階級激進主義的主要領導人之一，為改革的成功做出了貢獻。一八三六年，他又幫倫敦工人協會起草了《人民憲章》。但在二十年代初，他的注意力主要放在廢除《結社法》上，他搜集了大量事例，向議會申訴《結社法》對工人造成的危害。這些申訴引起約瑟夫．休謨的注意，休謨是一個激進派議員，由他提議，議會組成一個專門委員會進行調查，由休謨出任主席。當時，工人群眾中普遍存在着恐懼心理，生怕到議會作證會受到迫害。普雷斯做了大量的說服工作，讓委員會收集到足夠的證據，最後委員會提出一份報告，建議廢除《結社法》。這時適逢托利黨自由派掌握政權，皮爾和哈斯基森支持委員會的建議，一八二四年《結社法》得以廢除，工人獲得了結社和罷工的權利。這以後，全國立刻出現組建工會和罷工的熱潮，於是當局便感到憂慮，一八二五年，議會修訂前一年法律，對工會活動進行限制，但工會組織總算合法了，工人在爭取工會權利的道路上邁出了第一步。

一八二九—一八三四年工會運動出現第一個高潮。此時已形成四大工會：紡紗、建築、呢絨、陶瓷，以紡紗工會影響最大。一八二九年，蘭開郡的紡紗工領袖約翰．多爾蒂創建「聯合王國工廠紡紗工總工會」，這是英國第一個全國性的工會組織，甚至包括蘇格蘭和愛爾蘭紡紗工人在內。這個工會存在到一八三一年；但一八三〇年，多爾蒂已組成一個更大的工會——「全國各業勞工保護協會」，這是第一個跨行業的全國性工會組織，除紡紗工會以外，還包括建築、冶金、採礦、製陶以及機械等行業工會，成員據稱有十萬人，下屬一百五十個工會，但全國勞工保護協會僅是個鬆散的工會聯合體，各行業、各下屬組織都有自己的利益，缺乏中央機構協調彼此的立場，再加上資金短缺，便不能長久維持，到一八三二年就已經解體了。

就在這時，建築工會又興起了，它受歐文主義影響比較深，把全國的建築工人都包括在內，按行業原則組織起來，連打雜的幫工也吸收進來。它企圖控制全國所有的工程承包，把工會轉變成生產管理機構。但這種願望顯然行不通，到一八三四年，因內部分歧嚴重，建築工會也瓦解了。這一時期，同時興起的還有一八三〇年創建的製陶工會和約克郡毛呢工會，一八三一年出現的兩個礦工工會。一八二六年出現的「蒸汽機工人和機器製造工人工會」是這一時期所有工會中存在時間最長的一個，同時也是技術性最高的一個。

一八三四年工會運動步入高峰，當年二月，以歐文為首成立了一個「全國大團結工會聯合會」，它企圖把全國各行各業都聯合在一個總工會中，並且把工會建設成生產管理機構。該工會成立後勢頭兇猛，短時期內人數就達到八十萬，全國各地、各行業都有人參加，而且表示相互支持。一時間，罷工浪潮突襲全國，各地工人都認為可以把大團結工會作為靠山發動罷工，而大團結工會也確實向罷工的工人提供經濟援助，讓他們在罷工時能領到一些津貼。但這種全面出擊的做法很快就把大團結工會拖垮了，該工會號稱有百萬會員，實際交納會費的卻只有一萬六千人，其中一半是倫敦的裁縫與鞋匠。全面罷工耗盡了工會的基金，大團結工會存在了十個月就瓦解了。

大團結工會的解體伴隨着另一個重大事件，即「托普德爾烈士」事件。托普德爾是多塞特郡的一個村莊，六名農業工人組織工會，受到迫害。當局説他們進行非法的「宣誓」活動，遂將其逮捕，並判以重刑，流放澳大利亞服刑七年。這是對已經取得合法地位的工會運動的蓄意打擊，大團結工會曾發動了聲勢浩大的聲援活動，但未能奏效。「托普德爾烈士」一八三六年獲特赦回國，但此時工會運動卻已經消沉了。

這一時期的工會運動深受歐文主義影響，歐文在英國工人運動史上留下了不可磨滅的痕跡。羅拔．歐文生於馬鞍匠之家，從小當學徒。他生性穎悟，自學成才，二十幾歲就與人合夥辦棉紡織廠，顯示出驚人的管理才能。一八〇〇年他出任著名的新拉納克棉紡廠經理，開始試行他的社會理想。他改善工人的生活條件，為他們提供房舍、餐廳、商店、文娛活動室等，還提供乾淨的水源，子女可以受到教育。在當時工廠勞動條件普遍惡劣、工人苦難深重的環境下，新拉納克如同黑暗中的一盞燈，深為工人所敬仰。工人們在新拉納克廠中拚命工作，結果創造了一個奇跡，即工人的生活待遇越好，工廠越賺錢。這使歐文獲得了社會改革家的盛名，各界人士都到新拉納克參觀，把歐文視為偉大的慈善家。

一八一七年是歐文一生的轉折點，這一年他發表《致新拉納克郡的報告》，系統提出了他的社會主義思想。他認為，當今的社會佈滿苦難，窮人的苦難俯拾皆是。但苦難是由甚麼造成的？苦難的根源是不合理的競爭。工廠主為追求私利，不惜用機器去和工人的勞動進行競爭。工人在這種競爭下被徹底打垮了，成為機器和資本的徹頭徹尾的奴隸。因此，要消除苦難就要消滅競爭，而只有消滅了私有制，才能徹底清除競爭的土壤，建立一個人人合作的社會。歐文把公有制看成是未來社會的根基，並決心為未來的社會提供一個樣板。一八二四年他變賣了家產去美國的印第安納州創建「新協和村」，以此作為他的共產主義試驗田。但這個試驗失敗了，「新協和村」中住進了一批懶漢，他們只想享受共有制的成果而不願為此做出貢獻，公社共同體很快就因為財政困難和內部紛爭而不能維持下去。歐文在失望之餘回到英國，正好趕上英國工會運動進入一個高漲期。歐文的思想在許多工會領導人中很有影響，因此在這個時期，工會運動帶有強烈的歐文主義色彩。

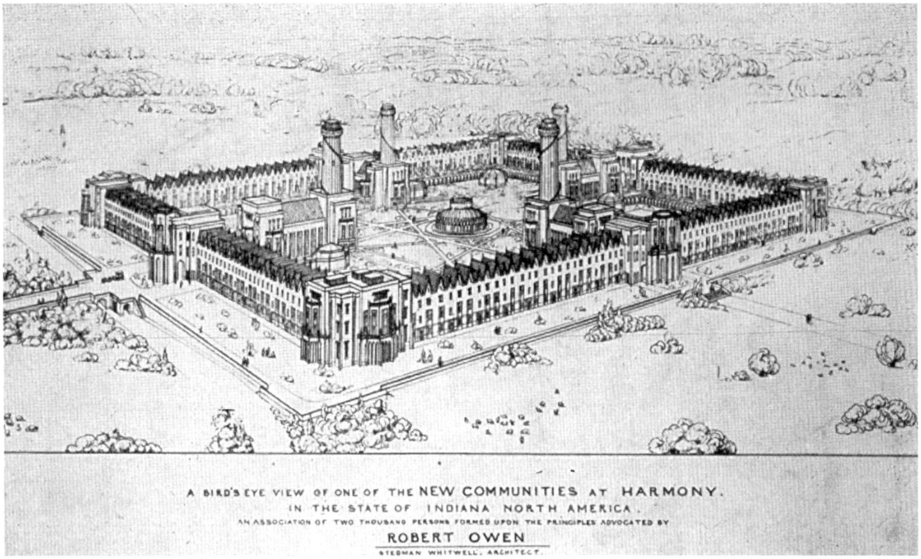

歐文創建的「新協和村」示意圖

歐文主義還對工人運動的另一個分支有影響，即合作社運動。歐文主張消滅競爭，提倡社會合作，希望用合作的社會組織控制生產，取消私有制。這個思想直接引導了合作社的出現，但歐文倡導的是生產合作社，現實中大量出現的卻是消費合作社。生產合作社旨在控制生產，消滅生產過程中的剝削關係；消費合作社則旨在消滅商品流通過程中的中間盤剝，讓勞動者維護其消費利益。歐文從美國回來時，發現倫敦等地已出現許多這樣的消費合作社，雖說這與他本意不同，他仍然熱情地支持了這個運動，站到了運動的前列。許多工人激進主義的領袖都是合作社運動的熱烈支持者，洛維特、赫瑟林頓等都積極投身到運動中來。一八三二年，英國大約有五百個合作社組織，兩萬名會員，但兩年以後大部分合作社都解體了。一八四四年，羅奇代爾的蛤蟆巷出現一個新式合作社，由二十八位法蘭絨織布工創建。他們按購貨量分配紅利，結果使合作社長久地存在下去。這以後合作社運動就按這個模式發展，它當然也就完全背離了歐文主義的初衷。

但「羅奇代爾先鋒」所指示的路卻是合作社能生存下去的唯一可行之路，工人們從這種合作社中還是能得到不少實惠。

三四十年代也是反對新濟貧法和爭取十小時工作日運動的年代。一八三三年，十小時工作日運動取得重大進展，阿什利勳爵的法案獲議會通過，它規定在紡織廠工作的童工年齡不得低於九歲，九—十三歲的兒童每天工作不超過九小時，十三—十八歲的少年不超過十二小時。法案還規定建立工廠視察員制度，由中央政府指派專員監督法律的實施。這項法律只適用於紡織工廠，因此適用範圍非常有限；但它確立了一個重要的原則，即國家可以調節經濟領域的活動，這個原則是和自由放任政策背道而馳的。

憲章運動興起後，十小時工作日運動融入其中，聲勢更加顯赫。但新的進展卻要到憲章運動基本平靜後才取得，一八四四年和一八四七年阿什利勳爵的法案對工作時間做進一步調整：九—十三歲兒童只可工作半天（或隔天工作），其餘一半時間應強制性上學；女工和十三—十八歲少年每天只能工作十小時；工廠中可能造成危險的機器應該有防護措施。一八四二年，阿什利的《礦山法》規定婦女不得在井下勞動，並且把紡織廠的有關規定擴展到礦山。十小時工作日運動到一八五〇年基本告一段落，以後十小時工作制逐步推廣到各個行業，成為固定的工作制度。

反對新濟貧法也是三四十年代工人運動的一個話題，但這方面的成就卻不那麼明顯。濟貧院中最令人討厭的規定是在現實中慢慢改變的，在北方工業區，不准許在濟貧院之外進行賑濟活動，這實際上從來就行不通，因此濟貧院制度在北方也就似有似無。憲章運動結束後，工人鬥爭明顯進入一個退卻期，從這時候起，工會運動成了工人運動中唯一的一種形式。

一八五一年出現一種新的工會，後來被稱為「新模式」。第一個「新模式」是「機械工人混合工會」，它囊括全國同行業（機械工業）的所有分支，如機械工、機械修理工、蒸汽機製造工、機器製造工、鐵工、車工、造模工等。每個分支都分別組織在自己的工會裡，然後再聯合成「混合」工會。這個工會每星期向會員收一先令會費，因此只有收入很高的工人才有可能入會。在一年之中，它的會員達到一萬二千人，成為當時最大的工會。一八五二年，蘭開郡和倫敦的僱主對這個新生的工會發動進攻，拒不接受它提出的禁止加班、反對計件工資的要求，工會在這次鬥爭中失敗，但失敗後卻仍然能保存下來，會員數和會員的特殊工作地位都不受影響。一八六〇年，它的會員達到二萬一千人；一八七五年和一八八八年分別達到四萬四千人和五萬四千人。在過去，幾乎所有的工會都只是曇花一現，經過一兩個鬥爭高潮之後很快就會瓦解。「新模式」在鬥爭之後卻仍然能生存下來，因此它就非常吸引人。「新模式」之所以能夠做到這一點，原因卻恰恰是它後來受到人們指責的那些特點，這些特點是：一，排他性強；二，儘可能避免與僱主對抗。

排他性強是指它只吸收技術手藝高、工資收入高的人，其組織形式中的行業特徵和很高的會費能保證做到這一點。「新模式」排斥非技術工人，把他們看成是競爭對手。「新模式」最主要的目標之一就是控制本行業的勞動力就業，不讓非技術工人受僱於技術工種中的工作。他們堅決反對非技術工人組織起來，因為非技術工人的工會更容易對技術工人構成威脅，而不是對僱主構成威脅。因此「新模式」作為自衛性的工人組織，一方面針對僱主，另一方面針對非技術工人。

儘量不與僱主對抗，指的是不到萬不得已不發動罷工。遇有問題，它們寧願尋求與僱主對話，工會作為一個整體爭取與僱主進行談判。由於「新模式」中全部是技術工人，佔據着關鍵性的生產崗位，其人員眾多，組織嚴密，紀律性比較強，所以僱主往往做出一些讓步，滿足工會的要求。而工會也往往適可而止，見好就收，一般不會得寸進尺。一八五〇年後，英國的勞資關係進入一個相對平靜的時期，就與雙方都採取妥協立場有關。但這種「集體談判」所得的好處只使工人中很小一部分人受益，廣大無組織的工人群眾只能受僱主的任意擺佈。

機械工人混合工會的榜樣很快為其他行業所仿效，「木工細木工混合工會」、「鍋爐與鐵船製造工聯合會」、「棉紡紗混合工會」、「北蘭開郡動力機織工協會」、「成衣工混合工會」等一批「新模式」相繼出現。礦工也大規模組織起來，出現了好幾個地方性工會，還有一個「全國礦工協會」，在一八六三年改組為「全國礦工聯合會」。礦工不屬於技術性強的工種，因此礦工工會不很穩定。但礦工組織工會卻形成深厚的傳統，在英國工會史上發揮了重要作用。

「新模式」工會組織嚴密，其主要特點是有專職幹部，專做工會工作。大工會在倫敦設立總部，各總部之間常有聯繫，遇重大問題相互磋商，採取共同立場。這樣，在倫敦逐漸形成了被稱為「將塔」（西班牙語「協商會」之意）的工會巨頭非正式機構，韋伯夫婦說這是「工會世界的不正式內閣」。「將塔」包括機械工會、木工工會、鑄鐵工會、瓦工工會的領導人及一名倫敦鞋匠，他們受到一批激進的知識分子的協助。「將塔」的形成是英國工會運動史上一個重要事件，不久以後，他們將把工會運動帶進政治領域。

除大工會之外，當時還出現許多小工會，這些工會人數很少，以一個城市甚至一個企業為基礎，力量非常薄弱。為了能夠生存，小工會間的相互支持是很重要的，遇有急事，相互支持就有可能不被資方擊敗，因此在小工會間逐漸形成地區性的聯盟，以城市為一個單位，稱「行業協商會」。第一個永久性的行業協商會於一八四八年出現在利物浦，隨即各大城市都形成類似組織。倫敦的協商會在一八六〇年形成，後來被「將塔」控制。到一八七五年，所有略具規模的城市都組成了行業協商會，行業協商會打破了「新模式」工會狹隘的行業意識，把更多的工人組織起來，雖說一般只具有地方性質，卻對有組織的工人運動做出了重大貢獻。

二、工會參政與工黨建黨

工會運動經過了很長時間的躑躅才干預政治事務。起先，工會不願意捲入政治活動，因為政治見解的不同很容易分裂工人階級，而團結又是工會力量的唯一源泉。但後來許多事實證明單純的產業行動不足以解決工人的問題，工會於是開始涉足政治領域。

六十年代的議會改革加速了工會的政治化，自由黨內輝格黨守舊派對工人階級的污衊，給工人群眾上了一堂生動的政治課，工人群眾的政治熱情驟然高漲。就在此前後，幾件事相繼發生，使工會覺得不捲入政治不行。首先是一八六六年謝菲爾德發生工會會員與非工會會員之間的衝突，會員對「工賊」施暴，還用炸藥炸毀了一個非會員的房屋。衝突導致社會輿論對工會不利，議會遂指派皇家委員會對工會活動進行調查。工會害怕調查結果會導致對工會進行全面的壓制，於是被迫捲入政治活動，參加到委員會的調查取證工作中去。一八六七年，蒸汽機製造工協會一個地方分會的司庫侵吞公積金二十四英鎊，工會向法院起訴，要求按一八五五年的《互助會法》給予法律保護，追回贓款，但被法庭駁回。通過這件事，工會意識到它尚不具備完全的法律地位，因此制定保護工會的法律就至關重要了——這件事，史稱「霍恩比起訴克羅斯案」。同時，工會還注意到，當時規範勞資關係的一個法律——《主僕法》也對工人十分不利，該法規定勞資雙方都必須遵守勞動合同，但資方若違約，只按民事法審理並最多向工人賠償損失；勞方若違約，則要按刑事法審理並可以被判刑。一八六七年議會對《主僕法》進行修訂，其中雖改正了某些最不合理的內容，卻仍然對工人一方不利。此外，有關工傷事故的法律也使工人十分不滿，因為僱主可以很容易就規避對事故的責任。這些都促使工會開始重視法律問題，制定保護工會的法律成了工會的當務之急。

第二次議會改革後相當一部分工人群體獲得選舉權，這就使兩大政黨都必須正視工人的要求。一八七一年，自由黨制定兩項法律，其中一項確認工會有合法地位，且其資金受法律保護；但另一項——《刑法修正案》，則認定脅迫他人、阻止他人工作、設立罷工糾察線等行為是違法，可以按刑法處置。這使工會的罷工行動事實上不可能進行，因此剝奪了工會最有力的鬥爭手段，招致工人的普遍反對。一八七四年大選自由黨失利，在很大程度上就歸因於工人選民的反對。

保守黨上台後，迪斯雷利執行「新托利主義」政策爭取工人選票，一八七五年政府制定兩項法律，其中《密謀與財產保護法》廢除了《刑法修正案》，規定罷工中的糾察行為為合法；暴力行動和脅迫行為雖仍屬犯罪，但不再以密謀罪論處。另一項法律《僱主與僱工法》把《主僕法》中剩餘的不公正條文予以糾正，這項法律的名稱本身也說明了問題：以前把勞資關係界定為「主僕」關係，現在則明確為僱傭關係。一八七五年的這兩項立法使工會獲得了比較完整的法律地位，因此被看作是「工會運動的大憲章」。一八七八年，保守黨政府還通過一個《工廠與工作場地法》，把從一八四七年開始的規範工作時間與勞動條件的法律匯總成一個法律，使之適用於各行各業，而不僅只適用於個別的行業如紡織業。

在工會捲入政治活動的過程中，產生了工會代表大會。由於有許多問題需要各工會緊密磋商，採取共同立場，原有的「將塔」形式已經不夠了，工會代表大會應運而生。一八六八年，第一次工會代表大會在曼徹斯特舉行，以後每年舉行一次，各工會都派代表參加（也可以不參加），在會上討論大家都感興趣的問題，制定共同的政策，向政府施加政治壓力。不久後，在大會休會期間又形成一個「議會委員會」，由大會委任成員，行使大會職能。當時有許多人提議把工會代表大會轉變成一個有行政權威的工會管理機構，或乾脆就變成總工會；但在英國始終沒有形成類似於總工會這樣的組織，各工會仍舊是獨立的，工會代表大會僅是個「講壇」。「將塔」後來融入工會代表大會並在其中發揮重大作用，但工會代表大會則變成有組織的勞工運動的正式發言人，其政治與經濟立場都比「將塔」要激烈一些。

一八六八年起工會參與議會競選，這一年有幾個工人站出來競選議員，但都沒有成功。一八七四年大選中「議會委員會」指導工人投票，影響了選舉結果；同時兩位工人候選人在自由黨幫助下競選成功，成為英國最早的工人議員。這以後，工人支持自由黨的傾向成為工會政治運動的主要傾向，「自由—勞工同盟」也逐漸形成。保守黨通過「新托利主義」也能吸引一部分工人，但自由黨更願意支持工人在政治上的要求，給他們充分的選舉權，並支持他們參與地方政治，甚至幫助他們競選議員，因此也更受到工會的支持。

一八七五年廢除《刑法修正案》之後，「自由—勞工同盟」迅速形成，此時工人階級相當一部分已獲得選舉權，而工人候選人直接參選則是順理成章的事。但在英國的政治結構中，沒有政黨的支持是不可能參選的，於是在兩大黨中，工會選擇了自由黨，以支持自由黨為代價，換取工人候選人參選的機會。自由黨此時已從傳統的自由放任主義轉向「新自由主義」，新自由主義強調社會公正，強調平等對自由的意義。新自由主義開始承認國家在建立一個平等的社會中的積極作用，注意到社會立法對改善工人經濟狀況的重要性。這樣一些因素使自由黨願意考慮工人階級的許多要求，從而使「自由—勞工同盟」有可能出現。與此同時，保守黨自皮爾以來事實上已接受了自由主義的最基本原則，在政治、經濟等重大國策上和自由黨已沒有根本分歧。保守黨的這種轉變吸引了很多選民，使他們願意向保守黨靠攏。在這種情況下，自由黨日益感到需要爭取更多的工人選民的支持，雙方都有求於對方，「自由—勞工同盟」就是在這個前提下形成的。

「自由—勞工同盟」在兩個層面上具體操作，在議會選舉的層面上，自由黨讓勞工候選人在自由黨勢力不大的選區出面競選，用他們來對抗保守黨，在這些選區，勞工候選人會得到自由黨支持，包括組織上和經費上的支持。作為交換，勞工在多數選區支持自由黨，幫助自由黨掌權。在國家政治的層面上，工會支持自由黨的政策，自由黨當然也要儘可能滿足工會的某些要求，制定一些對工人有利的法律。工人議員在議會都站在自由黨一邊投票，實際上屬於自由黨議會黨團。持批評態度的人說工人階級成了自由黨的小尾巴，情況確實也如此。但在十九世紀末，這一方面是政治的現實，另一方面也不得不如此——自憲章運動失敗後，戰鬥性的工人運動已經停止了，而工人階級獨立的政黨政治時機尚未到來。由於「自由—勞工聯盟」的存在，一些工人出身的人成為議員。一八八〇年大選增加了一名工人議員（他是工會代表大會議會委員會的書記），到一八九〇年，議會中已有八名工人議員。很多人對這種情況感到不滿足，他們認為工人階級應該有自己的政治，應該選出更多的工人議員。其實，工人階級組建自己的政黨只是個時間問題，一旦選舉工人議員成為政治目標，組織政黨就是不可避免的。一八八一年，亨利·海德曼組建「民主聯盟」，一八八四年改稱「社會民主聯盟」。它自稱信奉馬克思主義，馬克思的女兒愛琳娜也曾經參與其中。但這個組織對工會採取敵視態度，稱其為資產階級的走狗；它內部又爭執不休，分歧重重，所以無法爭取工人群眾的支持。在整個八十年代，其成員從來沒有超過一千人，而且多數是中等階級出身。

費邊社是另一個社會主義團體，它人數更少，只有一兩百人，而且幾乎全都是知識分子，組織極其鬆散，彷彿只是一個沙龍，既無正式的組織機構，又無正常的組織活動，成員來去自由，完全沒有正式的程序。但費邊社的思想影響深遠，不僅影響到工會運動，而且影響到英國社會主義的發展方向，對二十世紀英國的政治走向有着決定性作用。費邊主義是英國土生土長的政治學說，也充分反映了英國政治發展的特色。

由於英國的特殊情況，馬克思主義始終未能在英國產生重大影響。早期的社會主義學說是歐文主義，它在四十年代以後就基本上喪失了影響力。五十年代以後，工人激進主義銷聲匿跡，起而代之的是工聯主義（即工會主義）。但工聯主義基本上是一種實踐而不是學說，它的思想很簡單：靠工人階級的組織力量對資本家階級開展直接的產業鬥爭（如罷工、集體談判等），改善工人的生活狀況與勞動條件。這樣一個簡單的思想不需要產生理論家，但它很容易為普通的工人群眾所理解，因此一直到八十年代為止，英國工人運動事實上沒有理論指導。

費邊社的成立改變了這種狀況。這個團體中有一些大知識分子存在，比如西德尼和比阿特麗絲·韋伯夫婦、蕭伯納、夏拔·威爾斯等。這些人出身中等階級，卻對工人問題十分關心。他們提倡「社會主義」，並不是出於對「社會主義」的信仰，而是認為歷史發展的方向必然是社會主義，因此知識分子——作為最富有預見性的社會良知的體現，應自覺地推進社會主義，讓它早日成為現實。他們認為資本主義已經為社會主義準備了條件，資本主義生產方式下必然出現的資本集中，已經為財富的社會化開通了道路。既然如此，社會主義就是一定要到來的，而工人階級就是實現社會主義的歷史工具。工會是一種現成的組織形式，它承擔着把財產從私人佔有向社會佔有轉化的使命。一旦財產的私人佔有被消滅，在工會中的全體勞動者就會接管所有的財產，實行社會化生產。但費邊社認為：完成社會主義改造是一個長期的過程，同時也是一個和平的過程，社會主義因素只能一點一滴地滲透到資本主義社會中去，最終和平地改造整個社會。這就如古羅馬將軍費邊在打仗時採用的迂迴戰術一樣，由此，這個團體起名為「費邊社」。費邊社的理論由韋伯夫婦最充分也最完整地表達出來，他們是費邊社最卓越的理論家。此外，費邊社還不定期地出版《費邊論叢》，都是會員們撰寫的有關各種社會問題的小論文。這些論文涉及面很廣，有理論探討，也有時事評論，觀點和立場都不盡相同。但它們的基本出發點都是一樣的，那就是改造資本主義，和平長入社會主義。

費邊社的思想為英國工人運動提供了一種英國式的社會主義理論，英國工人運動本來就具有和平、改良的特點，費邊思想恰好符合這種需要。英國工人在政治上組織起來之後，費邊主義成了其指導思想。二十世紀三十年代，新一代費邊主義理論家成長起來，最重要的代表人物是G.H.D.柯爾。柯爾提出一種「基爾特社會主義」理論，主張把社會按「基爾特」(行業)重新組織，由基爾特控制社會生產。第二次世界大戰後工黨政府受費邊主義影響很深，事實上，像艾德禮這些工黨政治家，就都是費邊社的成員。

費邊社的出現對工人階級組織政黨起了重大的推動作用；而另一個推動因素是：在十九世紀最後十年，工會運動發展到一個新階段，大批無技術、無特長的下層工人組織起來，使工人運動重現已失去多年的戰鬥性。八十年代英國經濟發生衰退，失業人數急劇增加，非技術工人人數特別多，於是不安定的因素迅速增長。海德曼以及激進的工會領袖約翰·伯恩斯、湯姆·曼等發動失業工人進行抗爭，一八八六年二月的一次抗議活動發展成一場群眾暴亂，倫敦鬧市區的許多商店被打砸、車輛被推翻。一八八七年十一月，特拉法加

費邊社成員蕭伯納（左）在群眾集會上

十九世紀工人舉行罷工遊行

廣場上發生軍隊與示威群眾的暴力衝突，許多人受傷，被稱為「流血星期日」。這兩年，群眾性的騷動在許多工業城市出現，其中包括曼徹斯特、謝菲爾德、加的夫等。

但更重要的是非技術工人動員起來，一八八八年罷工事件急速增加，到年底有五百多次罷工發生，許多非技術工人投入鬥爭，其中意義最深遠的一次，是由費邊社會員貝桑特女士領導的倫敦一家火柴廠女工的罷工。這些女工在非常惡劣的條件下勞動，工資低，工作沒有保障，深受剝削又沒有申訴的地方，是社會所忘卻的一個角落。由於廣受各界同情，她們的罷工很快取得勝利，這項勝利觸發了非技術工人此起彼伏的罷工浪潮。一八八九年倫敦碼頭工人大罷工，經過一個月的鬥爭也取得勝利。隨後首都煤氣工人又發動罷工，這次罷工堅持了好幾個月才取得勝利。其他非技術行業也相繼出現了罷工潮，到九十年代初，工人罷工步入頂峰。

在罷工的高潮中出現一種新工會，它們以非技術工人為主，面向普通的勞苦大眾。這種工會人數多，力量大，願意以激烈的對抗為鬥爭方式，具有很強的戰鬥性。它們收很低的會費，但給會員的福利待遇也相對少，日常性的（類似互助會式的）福利幾乎沒有，只在罷工時才會提供生活援助。這種工會按產業的原則（即同一個工作部門和同一個工作場地的工人）組織起來，而不像老工會那樣按行業原則（不同工作部門和不同場地的相似工種）進行組織。這種工會叫「新工會」，它為英國的工會運動添加了新的生命力。從一八八八年到一八九二年，四年中工會總人數從七十五萬增加到一百五十七萬六千，增長一倍多。到一九〇〇年，有組織的工人總數已超過兩百萬，工會顯然成了一支巨大的社會力量。在這些工會中，最重要也是最著名的包括碼頭工人罷工後成立的「船塢、碼頭和河邊工人工會」，海員大罷工後成立的「海員和鍋爐工人工會」，煤氣工人罷工後成立的「煤氣和通用工人工會」，以及「大不列顛礦工聯合會」等。農業工人的工會也取得很大發展，其成員從幾千人擴張到五萬人。女工也大規模組織起來，一八九一年，成立了一個「婦女工會聯盟」。

在非技術工人工會運動蓬勃發展之時，「白領」及中等階級下層也開始組織，九十年代初出現相當一批這種性質的工會，比如「全國店員混合工會」、「第二部門職工協會」、「郵遞員聯合會」、「稅務員協會」等，甚至還出現一個「音樂師工會」。「小教工會」在一八七〇年就成立了，到一八八八年有一萬四千名會員。

在「新工會」運動的高潮中，工人階級的組黨工作也在進行。迄至此時，選舉工人議員的努力進展不大，工會代表大會顯然不足以推動此項工作。許多人意識到建立一個工人階級單獨的政黨勢在必行，但工會代表大會對此卻一直不置可否。一八九三年，蘇格蘭礦工聯合會的領袖基爾·哈迪建立一個獨立的工人階級政黨，稱「獨立工黨」，其黨綱明顯受費邊社影響，提出要「保障一切生產、分配和交換手段的集體所有制」。工會代表大會對獨立工黨不予支持，結果，在一八九五年的議會大選中，獨立工黨提出的二十八名候選人全部落選，連哈迪都丟掉了他在一八九二年贏得的議會席位。這樣一個結果説明建立一個全體工人階級的政黨已迫在眉睫了，而恰在此時，「新工會運動」遭受挫折，其成員已從運動之初的高峰急劇跌落。工廠主向工會運動進行反撲，而自由黨顯然不願替工會説話。因此，沒有一個獨立的工人政黨提供支持，工會運動看來就難以繼續發展了。於是，在一八九九年，工會代表大會終於批准了獨立工黨的一項動議，同意召開一次特別會議，討論工人階級組黨問題。特別會議於一九〇〇年二月召開，參加會議的有全國各工會、工人合作社及費邊社、社會民主聯盟和獨立工黨的代表。會議決定在議會中建立一個獨立的工人黨團，在議會活動中採取獨立的政治立場，在工人黨團尚未掌握議會多數之前，它應和同情工人立場的任何政黨（無論是自由黨還是保守黨）共同工作，以爭取工人階級獨特的利益。為此目的，應建立一個獨立的政治組織，稱「勞工代表權委員會」。一九〇六年，在該委員會指導下工人階級選出二十九名工人議員，同時還有二十五名工人在自由黨旗幟下當選。這是工人階級在議會政治中取得的第一次重大勝利，它也證明了政黨的重要性。這一年，勞工代表權委員會正式更名為「工黨」，二十世紀英國最重要的一個政黨便由此產生了。

工黨成立之初沒有黨綱，參加工黨的全是集體黨員，工會代表大會下屬的各工會都是工黨成員，一部分合作社、行業協商會和費邊社等社會主義團體也是集體黨員。社會民主聯盟後來退出工黨，但此後也就不再有發展前途。各集體黨員信奉不同的意識形態，無法提出統一的黨綱，於是只好避開這個問題，把選舉工人議員作為黨的共同基礎。這對一個政黨來說是十分奇特的，但從英國文化傳統的角度看，這又是個巧妙的安排。一九一八年，工黨已經相當成熟了，它在英國政治舞台上牢牢地站住了腳。這一年工黨進行改組，並在西德尼·韋伯的幫助下制定黨綱。黨的綱領明確了黨的目標是建立「生產資料的公共所有」，這一條列為黨綱的第四條款，是黨的社會主義性質的明確表露。但在一九一八年工黨年會上，代表們對黨綱問題並不十分在意，只花了很短的時間就將其通過了。大會注意的是黨的組織重建，從此後，工黨不僅包含集體黨員，也吸收個人黨員，為此建立了黨的地方組織，開展基層活動。黨與工會代表大會的關係也明確了：黨雖然接受工會的財政資助，用於黨的政治活動，但黨不附屬於工會，黨有自己的年會和議會黨團，黨產生自己的領袖。至此，一個完整的議會黨便形成了，它出自工會運動，但又從工會運動中脫離出來，成為獨立的政黨。工黨在二十世紀發揮重大作用，它很快就要在英國政壇上嶄露頭角了。

作者點評

如果站在歷史發生的當時當事來觀察，我們對歷史的理解也許會更全面，我們也許能更準確地回答這樣一些問題：它為甚麼發生？為甚麼這樣發生？為甚麼是這種情況而不是那種情況？為甚麼是這樣一個結果？如果我們站在後人的角度上來評判歷史，也許我們會苛求，我們也許會說：它應該是那樣，而不是這樣；人們應該那樣做，而不是這樣做。但如果我們自己就處在當時的情境中，我們大概也只會這樣做而不是那樣做。十九世紀中期英國的「新模式工會」就是一個典型的例子，它具有很強的排他性，排斥絕大多數境遇更淒涼的階級兄弟。但在當時當地，只有這樣組織起來才能生存，在此之前，所有的工會組織都失敗了，於是工人不得已找到了這種形式。無論如何，在當時，「新模式」畢竟是工人的一種階級組織，而且是唯一的組織；沒有它，也就沒有後來的英國工人運動了。

第十七章　爭奪世界帝國

一、「第二帝國」的形成與發展

美國革命結束後，英國丟掉「第一帝國」，在海外剩下的殖民地主要是加拿大和印度。加拿大原是法國殖民地，七年戰爭中被英國征服，一七七四年英國頒佈《魁北克法》，允許當地的法國移民保留天主教信仰，並繼續實行法國法律。這一開明的措施保證了法國移民在美國革命時仍舊對英國表示忠誠，結果在美國革命後，加拿大留在英帝國裡，沒有發生分離運動。相反，大批在美國革命中站在英國一邊的原殖民地人逃往加拿大，在那裡尋找新的家園，於是在加拿大就出現了一批英裔居民，人數相當多。英裔人與法裔人講不同的語言，文化和宗教信仰也不同。為避免衝突，英國在一七九一年頒佈《加拿大法》，將該地分割為兩個省，西邊的叫「上加拿大」（即安大略省），由英裔人居住，實行英國法律；東邊的叫「下加拿大」（即魁北克省），由法裔人居住，實行法國法律。兩個省都有自己的立法會議，協助總督進行治理。此外，新斯科舍和紐芬蘭仍然是單獨的殖民地，到後來才併入加拿大。加拿大地域廣闊，但人口稀少，氣候寒冷，不適於居住，英國雖佔有這樣一片廣大的土地，其重要性在當時卻顯示不出來。

印度的地位則重要得多，印度地廣人多，物產豐富，是一塊富裕的土地，但七年戰爭結束時英國的地位並不鞏固，它所控制的地區仍然很小，大片土地仍保留在大大小小的土邦王公手裡。當時，很少英國人認為印度會很快落入英國之手，但政府對印度的重視程度卻非常高。一七七三年英國頒佈《調整法》，把孟加拉、馬德拉斯、加爾各答三塊公司直轄地合為一體，以加爾各答總督為主管官，總督的任命由英國議會決定。一七八四年議會再頒佈《印度法》，規定統治印度的最高權威是政府而不是東印度公司，從而把印度的治理置於政府管轄之下。這兩項法律奠定了英國統治整個印度的基礎，此後，在印度的擴張就是政府行為了。

一七七〇年，占士．庫克船長發現澳洲，當時這裡只是一片不毛之地，土著人很少，尚處於不開化狀態。廣袤的荒地對英國似乎毫無用處，經過激烈的辯論，政府還是決定把它佔領下來，作為流放犯人的場所。在很長時間裡，澳大利亞的最高行政長官就是監獄的典卒司令官，一切給養都要從英國運過來，澳洲自己不生產，反而成了英國的沉重負擔。

總之，美國獨立後英國的殖民地事業遭受重挫，留在英國手中的除印度和西印度群島尚有價值外，其他都是荒蕪之地。多數英國人對殖民事務不感興趣，而政府對殖民地則提不出甚麼新思想，於是就維持原有的統治形式。

拿破崙戰爭是一個轉折點。戰爭中，英國佔據了海上優勢，法國被打垮了，其海上力量一蹶不振。戰後，英國在地中海、加勒比海、印度洋得到新的立足點，其中多數具有重大的戰略意義，扼制着世界的海上通道。尤其是好望角殖民地和錫蘭，都是通往東方、拱衛印度的海上門戶，其重要性無與倫比。一個新的帝國實際上正在形成，在英國歷史上這個「新帝國」被稱為「第二帝國」。

第二帝國的基石是印度。在韋爾斯利侯爵（威靈頓公爵的兄長）任總督期間（一七九八—一八〇五年），英國在印度迅速擴張。當時正在進行拿破崙戰爭，法國對印度覬覦已久，戰火於是蔓延到印度。英國政府指示韋爾斯利執行挺進政策，保衛英國在印度的利益。韋爾斯利在土邦王公中打一派拉一派，利用矛盾從中漁利。在南方，他與海德拉巴德土邦結成同盟打擊邁索爾，吞併其沿海地域而將其他地區置於一個強制性的城下之盟中。隨後他又吞併卡納蒂克和坦焦爾兩個土邦，在三年時間裡印度南部已落入英國之手。在北方，他強迫奧德土邦割讓領土，其中包括莫臥爾王朝的首都德里。這時中部的馬拉特同盟的勢力強大，韋爾斯利再次採取分化政策，將馬拉特同盟的參加者各個擊破，到一八〇五年他奉調離任時，大部分印度已在英國控制之下了。韋爾斯利的繼任者繼續執行擴張政策，一八一八年，英國對馬拉特同盟再次發動戰爭，將其中某些領土兼併，其餘的領土被迫臣服。一八二五—一八二六年英國進攻與印度毗鄰的緬甸，兼併了其南方領土。一八四三年英國不提出任何理由就接管了信德邦，三年後又以制止內亂為藉口吞併旁遮普全境，從而保證了對西北印度的控制。這時，英國對印度的統治基本上採取兩種形式，一種是直接統治，由英國總督直接治理；另一種是與各土邦王公簽訂條約，各邦承認英國的宗主權，讓英國掌握其軍事與外交，控制其軍隊（英國人擔任軍官），而內部事務則繼續由各土邦王公全權處理。這種辦法使英國殖民當局和普通印度人之間隔着一個印度社會的上層，從而使印度人民的怨氣有可能不直接指向英國當局。英國人在印度大量使用這種方法，從而鞏固了他們在印度的統治。

澳大利亞的情況不同，十九世紀初，英國改變它的政策，允許英國人自由移民，澳大利亞也就從犯人監管地逐漸變成了移民殖民地。一八一三—一八一五年，英國殖民者翻越藍山，進入豐腴的大草原，開始發展養羊業。養羊業的發展使澳大利亞迅速走上自足之路，其羊毛出口創造出大量財富。更多的移民於是接踵而來，對這塊荒無人煙的大陸進行大規模開發。一八〇三年，塔斯馬尼亞島上建立了移民點；一八二四—一八三六年，昆士蘭、西澳大利亞和南澳大利亞也相繼被開發。在大約三十年時間裡，一個龐大而富裕的殖民地初露雛形，成為英帝國一個重要的組成部分。英國人在無意中得到澳大利亞，又在無意中將其開發，這對建立世界性的帝國無疑有重大意義。與此同時，新西蘭殖民地也發展起來，一八三九年成立了「新西蘭公司」，開始進行大規模移民；一八四〇年英國與島上的土著居民毛利人簽訂《懷坦吉條約》，正式將新西蘭劃歸英國所有。

這時，英國國內對殖民地的態度開始發生變化。迄至此時，殖民地主要建立在重商主義的基礎上，英國人把殖民地看作是本國市場的延伸，要求對殖民地的生產與銷售進行壟斷，將其作為母國產品的推銷地及原料的供應地。為此，英國政府一再頒佈《航海條例》，規定殖民地只能與母國進行貿易，禁止它們與其他國家自由通商。隨着工業革命的興起，重商主義理論已過時了，許多人開始用自由主義的經濟理論來看待殖民地，反對在殖民地實行商業壟斷。亞當．斯密是這種新觀點的主要代表，他認為商業壟斷無論對母國還是對殖民地都是不利的，它既阻礙生產發展，又沒有增加商業利潤。他認為只有實行自由貿易才能對雙方都有好處，為此，應解除一切貿易限制，讓經濟在完全自由的環境中運行。順着這一思路推論，他甚至認為保有殖民地對母國實際上沒有益處，既然貿易開放了，為甚麼還要保有殖民地？殖民地只會給母國增加負擔，它需要行政經費，還必須承擔防務開支。母國人民要為殖民地交納沉重的稅務，殖民地不是財源，而是負擔。

斯密的學説體現着一個歷史的事實，即在當時，只有英國是工業國家，只有英國的實力最強，而不懼怕任何競爭。「自由競爭」對它而言實際上是「所向無敵」，在「自由競爭」中它將奪取最大的經濟利益。這種觀點影響了越來越多的政治家和社會活動家，後來以工業家為主的「曼徹斯特學派」在殖民地問題上就贊成斯密的立場。輝格（自由）黨領導層也有許多人同意斯密的觀點，於是在十九世紀二十—三十年代，出現了「自由帝國主義」的社會思潮。不少人覺得，保有殖民地是沒有必要的，但既然英國已對其殖民地人民的福祉承擔了責任，那麼就應該鼓勵其成長，逐漸成熟直至其最終可以獨立。英國與殖民地的關係如同父母與子女的關係一般，子女長大了，就可以脱離父母。在這種關係中，感情是唯一的紐帶，不一定要依賴正式的帝國統治。

正是在這種氛圍中發生了加拿大的反叛事件。一七九一年《加拿大法》頒佈後，上、下加拿大各成立自己的政府，總督在參事會輔助下負責行政管理，而總督的職務則由英國政府任命。立法會議負責立法工作，立法委員由民選產生。這種二元的政治機構也就是當年北美十三州的政治機構，而二元的對立則最終導致美國獨立。現在，對立的因素也在上、下加拿大日趨明顯，矛盾和衝突越來越尖銳。在上加拿大，居民主要是英裔移民，其社會分歧主要是貧富分歧和宗教分歧，貧窮的人抱怨分配不公，非國教徒抱怨國教控制了太多的土地。這些抱怨造成了反對派，要求對現存制度進行改革。但政府官員、富裕的家族把持政權，對改革的要求不肯做出讓步。總督也反對改革，在他授意下，改革派領袖威廉·麥肯齊被趕出立法會議，雙方的衝突立刻就升級了。

下加拿大的情況更糟。下加拿大原由法裔人居住，十九世紀初開始發生變化，大量英裔人湧入各地，在有些地方法裔人反而成了少數民族。法裔人受到排擠，就要求對英裔移民進行控制。一八一五年法裔人領袖路易·帕皮諾當選為立法會議議長，這以後就開始了立法會議與行政當局的長期對抗。一八三四年帕皮諾提出改革綱領，要求參事會由民選產生、財政權交給立法會議等。這些要求被政府拒絕，帕皮諾於是在一八三七年發動叛亂。支持帕皮諾的人並不多，暴動很快就被鎮壓了。但這個時候，上加拿大在麥肯齊的領導下也乘機暴動，儘管其規模更小，與軍隊一接觸就立刻瓦解，但上、下加拿大同時暴動卻引起英國政府的高度警覺。

當時，離美國獨立大約五十年，人們清楚地記得與殖民地對立會造成甚麼結果。此時執政的是輝格黨政府，他們受「自由帝國主義」理論的影響，認為應盡快滿足殖民地的要求，避免美國革命的事態重演。在他們看來，殖民地本來就是個包袱，因此應趕緊想出一個辦法，讓殖民地自己去管自己的事，但同時又不損害帝國的利益。這樣，政府就派達勒姆勳爵去加拿大出任總督，領導一個調查委員會，提出解決問題的方案。一八三九年，達勒姆提出《英屬北美事務報告》，也稱《達勒姆報告》，這份文件奠定了後來約一個世紀中英國殖民政策的基礎。

達勒姆報告涉及許多問題，包括土地分配、城市建設、議會工作程序、移民等，但最重要的條款卻是政治方面的。文件寫作時報告僅就加拿大問題而談，並不打算提出甚麼根本性原則。達勒姆的想法很簡單：如果不想讓加拿大變成另外一個美國或乾脆落入美國之手，那就必須讓加拿大成為一個「民族」，有能力自己管理自己。為此他提出兩項措施，一是上、下加拿大合併，組成一個國家（並且必須是由英裔人佔多數的國家）；二是建立民選議會，政府各部向議會負責，總督只起象徵作用，其地位如英國本土的國王。英國只在涉及帝國問題時才干預加拿大事務，有關其內部的事則完全由加拿大政府自己處理。這意味着在加拿大建立責任制政府，議會的權威高於政府。同時，在加拿大建立自治政府，只在帝國問題上它才服從英國的指導。

但這樣一來，《達勒姆報告》就確立了一個先例，即殖民地政府可以是自治的，同時又是責任制的，從而為改變英國在殖民地的統治方式奠定了基礎。但這兩條原則在加拿大付諸實施卻花了不少時間，儘管在一八四〇年上、下加拿大就實行合併，英國大多數政治家對殖民地的「自治」卻很不習慣，因此在向加拿大議會「放權」時，便半真半假。同時，幾任新總督都對報告內容無所適從，他們不知道在哪些問題上應對英國負責，在哪些問題上又應對加拿大議會負責，於是，議會和總督的職權就分不清。這種情況到一八四六年埃爾金勳爵接任總督後才開始改觀，議會責任制政府逐漸成形。一八六七年，在加拿大的要求下，英國政府頒佈《英屬北美洲法》，最終建立起自治、責任制的聯邦政府，上、下加拿大各保留其內部治理權，新不倫瑞克和新斯科舍也加入進來，形成「加拿大自治領」。這以後，加拿大領土不斷擴大，直至今日的疆域，而紐芬蘭是到一九四九年才加入加拿大的，此時它已經是一個獨立的國家了。

《達勒姆報告》的原則後來推廣到其他殖民地，並且還實行得更快一點。在澳洲，新南威爾斯於一八四二年就獲准組織議會，到一八六〇年，除西澳大利亞之外，所有澳洲殖民地都已建立責任制政府，實行內部自治。緊接着，澳大利亞各殖民地（包括新南威爾斯、維多利亞、昆士蘭、南澳大利亞、北方領土、塔斯馬尼亞等）開始商談合併問題，到一九〇〇年談判成功，一九〇一年組建聯邦政府，成立「澳大利亞自治領」。新西蘭在一八五二年設立議會，一八五六年實行自治。達勒姆原則在澳洲實行得更順利，原因是澳洲距離遙遠，英國不準備承擔太多的義務。

二、「炮艦政策」與「自由帝國主義」

十九世紀中葉，英帝國的領土擴張有所緩和，「自由帝國主義」理論甚囂塵上。多數英國人認為沒有必要保留一個正式的帝國，英國以其強大的經濟實力和海上霸權，完全能控制全世界的貿易。他們認為自由貿易是英國最大的利益所在，與其保護帝國，不如保護海上通道。在這種思潮影響下，英國實行「炮艦政策」，即以海軍的力量控制海洋，強制推行「自由貿易」，迫使全世界為英國的商品打開門戶。在這種政策下，領土擴張並不是首要目標，重要的是「貿易自由」。最充分執行了這一政策的是亨利．帕默斯頓子爵（中國史稱「巴麥尊」），他在一八三〇—一八四一年、一八四六—一八五一年擔任外交大臣，一八五五—一八五八年、一八五九—一八六五年又兩度出任首相。可以說，十九世紀中葉的英國外交基本上是在他的指導下實行的。

「炮艦政策」的典型表現是中英鴉片戰爭。英國對華貿易長期虧損，中國當時是農業國，經濟上自給自足，不求外物，為穩定國內政局，清政府又封關自守，不與外界往來。為扭轉入超，英國向中國輸入鴉片，尤其是一八三三年以後，英國政府取消了東印度公司在印度的貿易壟斷地位，許多「散商」參與鴉片貿易，使鴉片輸入失去控制，造成中國的社會危機。一八三九年，中國政府下令禁煙，在廣州虎門燒毀大量英商鴉片。英國對此報復，藉口其使臣在中國受到冷遇，於一八四〇年發動戰爭，攻入中國沿海地區，迫使中國在一八四二年簽訂《南京條約》，接受了英方提出的苛刻條件。這以後，中國的門戶被打開，被迫與西方國家「自由貿易」，傳統的社會結構開始瓦解，國家面臨深刻的危機。一八五六—一八六〇年，英國在法國幫助下再次發動戰爭，稱「第二次鴉片戰爭」。戰爭的結果是中國的市場進一步開放，社會危機更加嚴重。

英國在世界其他地區也實行炮艦政策，比如在日本，它乘美國迫使日本開國之機，也與日本簽訂商約，擠進了日本市場。一八六三年，英國以使館人員被殺為由攻擊鹿兒島，索取巨額賠款，史稱「薩英戰爭」。

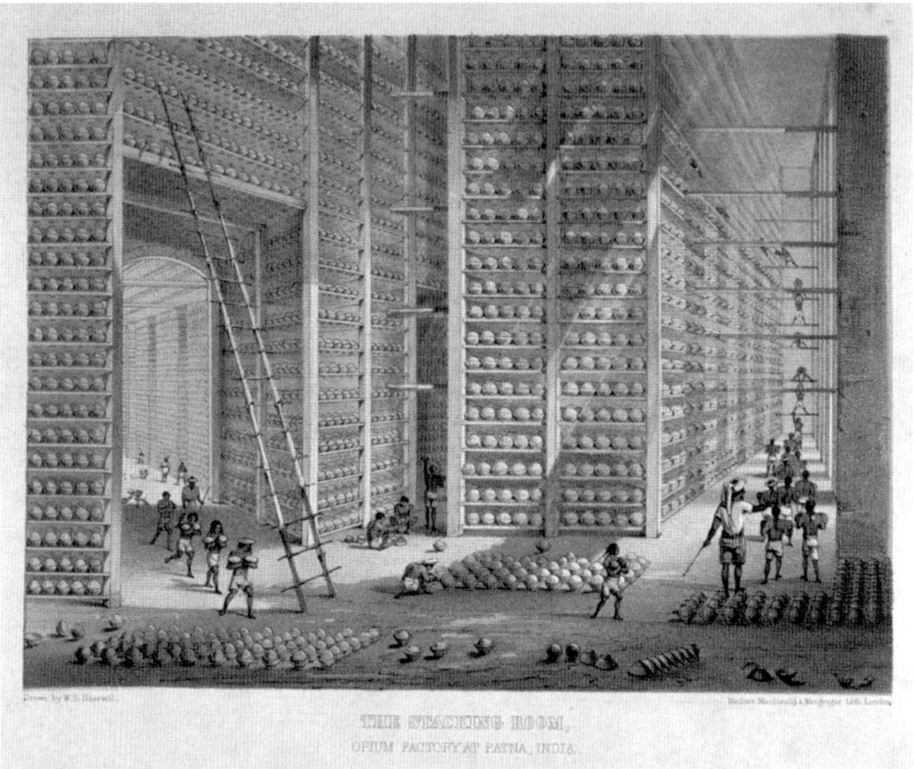
THE STACKING ROOM,
OPIUM FACTORY AT PATNA, INDIA.

東印度公司存放鴉片的巨大倉庫

此後它又與其他歐洲國家多次聯合攻擊日本，目的都是迫使其「開國」。

在西非，英國也常用炮艦政策迫使土著就範，其中最典型的是阿散蒂戰爭。十七世紀起英國人已出沒於西非海岸，將其作為奴隸貿易中奴隸的來源地。十九世紀中葉，以阿克拉為中心的一塊沿海地區已接受英國的「保護」，由於其出產黃金，被稱為「黃金海岸」。但內陸地區的土著國家阿散蒂常對沿海進行騷擾，十九世紀，英國多次對阿散蒂進行戰爭，直至一八七三年，英國人攻入阿散蒂腹地，徹底瓦解了阿散蒂的反抗。阿散蒂在一九〇二年正式併入黃金海岸，在此之前，它只在名義上保留着獨立國家的地位。

英國在西非的殖民地還有岡比亞、塞拉利昂和尼日利亞。岡比亞地處岡比亞河口，很早就作為貿易口岸而被佔領。塞拉利昂則是英國反蓄奴運動中出現的一個被釋放奴隸的集散地，後來正式成為英國殖民地。尼日利亞（以拉各斯為中心）起先是奴隸貿易的口岸，後來又成為釋奴運動的據點。皇家尼日爾公司很早就滲透到尼日利亞內地，但直到一八六一年，拉各斯地區才成為正式的殖民地，內地則更遲。英國勢力很早就進入西非地區，但後來它沒有在這個地區大力發展，原因是一八〇七年英國正式取消奴隸貿易，西非的重要性已開始下降了，但尼日利亞卻仍是西非最富裕的地區。

印度是真正的重要之地，儘管「自由帝國主義」一再宣稱殖民地只是母國的負擔，但從來沒有人說英國應該放棄印度。一八四八年，達爾胡西侯爵出任印度總督，他甚至還加強了英國的控制。在韋爾斯利時代，英國對印度實行「屬地同盟」政策，即土邦王公與英國簽訂盟約，他們接受英國的宗主權，但保留對本邦內部的治理。達爾胡西則聲稱，英國人有責任為廣大的印度人民着想，為他們的福利創造條件。為此，「屬地聯盟」政策就不夠了，英國人應對各土邦內政有更廣泛的干預權。他認為應節制土邦王公的殘暴統治，糾正印度社會中「蒙昧落後」的狀態，傳播西方文明。出於這種理論，他在印度修築鐵路，興修水利，開辦電報電信業，興建公共工程，設立學校，大力傳播基督教。在他的統治下，印度社會確實出現了一些新氣象，新的科學技術引了進來，對後來改造印度社會起了一些作用。同時，他還力圖革除印度社會中的許多陋習，比如在火車、監獄、學校中停止種姓隔離制度，允許寡婦再婚，反對婦女殉夫，禁止戮嬰，等等。但所有這些在西方人看來是「文明進步」的表現，在印度卻引起極大的恐懼，許多印度人認為英國企圖消滅印度文化，因此抱有敵意。達爾胡西還沒收了許多地產，說地主對農民的盤剝過重。他還徵收鴉片稅，因而又引起農民不滿。他大力傳播基督教，使印度的宗教界也大為惱火。達爾胡西試圖使印度社會「現代化」，結果卻引發出前所未有的社會緊張關係，各階層都聚積着強烈的不滿。

更糟的是達爾胡西加強了在印度的擴張。一八四九年他鎮壓旁遮普暴動，將旁遮普完全置於英國管轄之下。他使用「遺產轉歸」理論，把沒有子嗣的土邦王公的領地轉為英國所有，而不允許他們按傳統的習慣過繼子嗣。一八五二年他攻打下緬甸，一八五六年又吞併奧德，在他統治下，「屬地同盟」政策瓦解了，代之而起的是赤裸裸的吞併與控制。這樣，在一八五七年，印度爆發了民族大起義，領導起義的正是土邦王公。

起義從印度士兵開始，當時，軍中得到一批子彈，其彈殼上塗有牛油或豬油。子彈在射擊前須用牙咬掉其殼蓋，但根據宗教規定，印度教士兵不可食用牛油，伊斯蘭教士兵則不可食用豬油。印度士兵認為這些子彈是蓄意對他們進行的污辱，於是在五月份，密拉特的士兵首先發難，全民大起義就開始了。起義主要在北部和中部發展，三個中心是德里、勒克瑙和坎普爾。參加起義的主要是印度籍士兵，尤其是孟加拉軍隊，但印度其他階層也參加進來，領導者是王公貴族，其中包括馬拉特邦主的養子納納·薩希布和詹西的女王拉克茜米·葩伊。起義者目標分散，又沒有統一領導。德里地區主要以伊斯蘭教為號召，並把莫臥爾王朝的末代皇帝抬出來作為首領。納納·薩希布和詹西女王企圖恢復失去的邦國，重登統治地位。恆河流域由婆羅門領導運動，帶有濃厚的印度教色彩。起義的分散狀態導致整個起義過程中沒有發生大規模的戰鬥，而且也不可能根本動搖英國的統治，但在起義之初，由於力量對比極為懸殊，四萬多名英軍分散在幾千千米的戰線上，所以起義者很快就給英國人造成重大打擊。短期之中，四十多個地區爆發起義，起義者趕走英國人，建立自己的政權。英國人花了很長時間才重新集結力量，把軍隊從旁遮普、下緬甸甚至波斯調過來鎮壓起義。一支派往中國參加第二次鴉片戰爭的軍隊也臨時奉調轉回印度；到一八五八年年底，已經有六十八個英國步兵營在印度作戰。起義最終被鎮壓下去，英國人進行殘酷的報復，許多骨幹分子被塞進炮筒，點上火藥射出去擊殺。在有些地方，英軍在破城之後實行屠殺，被殺的印度人不計其數。但在起義中印度人對歐洲人也有過火的行為，比如在坎普爾，幾百名歐洲人在投降繳械、獲准撤離時又被集體殺害，後來又有數百名婦女兒童死於兵亂。

印度的起義在當時是不可能成功的，因為印度本身四分五裂，不僅土邦林立，相互敵對，而且社會被種姓制所割裂，不同種姓之間互不來往，印度教和伊斯蘭教之間的對立更給這種分裂雪上加霜。印度的獨立要等到民族意識形成之後才可能實現，而具有諷刺意味的是，印度的民族意識卻是由殖民地統治造成的。儘管如此，一八五七年民族大起義仍然產生了直接的後果，英國政府意識到在印度的統治必須改變，於是以女王的名義發佈文告，對起義所揭露的問題予以糾正。文告明確否定「遺產轉歸」的做法，從而安撫了土邦王公；它還斥責對宗教信仰的粗暴干涉，從而撫慰了宗教界的不滿；文告宣佈不分種族、不分教派，一切人都可以為女王效勞，以此來緩和社會衝突。一八六一年，英國頒佈《印度參事會法》，首次准許印度人進入立法會議，以此來平息印度人的怨憤。但最重要的措施是一八五八年頒佈的《印度法》，該法完全取消東印度公司在印度的行政參與權，將其所屬土地與軍隊全都轉歸英國政府，由一個內閣級的大臣負責管理，輔之以十五人的諮詢委員會，其成員中多數必須有十年以上在印度生活的經歷。不久以後，當局對印度軍隊也進行改組，增加了英籍軍人，直至對印籍士兵的比例達到 2:5。

十九世紀中葉，英國在歐洲參與一場戰爭，即克里米亞戰爭。戰爭的目的是阻擋俄國南擴，保護英國在土耳其奧斯曼帝國的優勢。法國也對俄國南擴十分擔憂，並圖謀插手奧斯曼帝國。因此戰爭中英法聯盟，共同抗擊沙俄。

一八五三年，俄國藉口保護東正教徒，佔領了土耳其的附屬國摩爾達維亞和瓦拉幾亞（現羅馬尼亞境內）。土耳其因此宣戰，但抵抗不住俄軍的優勢，於是英法兩國於次年三月參戰。戰爭主要在克里米亞半島進行，聯軍圍攻俄國要塞塞瓦斯托波爾，但久攻不下，而傷亡慘重。直至一八五五年九月俄軍撤出要塞，戰事才告結束。一八五六年六月雙方簽訂《巴黎和約》，俄方放棄了它自稱的「東正教保護人」的身份，承認奧斯曼帝國的主權。俄國南下的企圖受阻，英法的戰爭目的達到了。但戰爭中暴露的英軍指揮無能、給養供應不上、衛生條件差等問題，迫使英國在戰後進行軍事改革，阿伯丁政府（一八五二—一八五五年）並因此而垮台。軍事改革的主要內容是取消買賣軍銜制，以軍功為晉升標準等。這對貴族階級是一個打擊，但對英國軍隊的建設卻有重大意義。戰爭還締造了一位女英雄即弗洛倫斯·南丁格爾，她在戰爭中的工作使她成為現代護理學的創始人。

英俄爭霸還表現在阿富汗。為阻止俄國南下，保護印度的北方邊境，英國一直想吞併阿富汗，為此在十九世紀曾兩度入侵阿富汗（一八三八—一八四二年，一八七八—一八八〇年），但都遇到劇烈抵抗，最後都沒有成功。一九〇七年英俄簽訂協約保證阿富汗獨立；一九一九年英阿雙方在印度邊境再次發生衝突，後來簽訂《拉瓦爾品第條約》，阿富汗保住了獨立地位。

為保護印度側翼，英國也在伊朗（當時稱波斯）與俄國長期爭奪，後來在一九〇七年協約中雙方劃分勢力範圍，俄國得到伊朗北方，英國得到伊朗南方。

總之，遲至十九世紀中葉，印度一直是英國最重要的殖民地，英國的許多外交政策和軍事策略都是圍繞保護印度而展開的。一八七六年，維多利亞女王正式加冕為「印度女皇」，標誌着英國對印度的全面統治。

三、愛爾蘭的沉淪與復興

愛爾蘭問題是英帝國面臨的另一個難題，兩大黨在愛爾蘭問題上嚴重對立，嚴格地說，愛爾蘭並不是英國的殖民地，一八〇一年它與英國合併後，就成為聯合王國的一個組成部分，愛爾蘭事務由內閣大臣直接管理，並非由殖民部管轄。但對大多數愛爾蘭人來說，合併就意味着吞併，他們時刻想擺脱英國的統治。一八二九年，愛爾蘭天主教徒在奧康內爾領導下完成天主教解放，取得了完全的公民權，但作為條件，「天主教同盟」也隨即解散，奧康內爾與輝格黨結成同盟，在很長時間裡與其合作，漸漸喪失了愛爾蘭人的支持。就在此時，發生了愛爾蘭大饑荒。

一八四五年愛爾蘭遭受蟲災，馬鈴薯被毀，幾乎毫無收成。馬鈴薯是愛爾蘭人最主要的食品，窮人幾乎完全靠它生活，這場災難使愛爾蘭遭受前所未有的饑荒，從一八四六年起，一百萬人被餓死，另有一百萬人遷徙國外，而當時愛爾蘭人口大約總共只有八百萬人。愛爾蘭經濟遭受沉重打擊，後來幾十年中都難以恢復。英國政府對災荒沒有採取積極的救濟措施，唯一有效的步驟就是廢除了穀物法，使糧食進口不受限制，因此可以降低糧價。但對於顆粒無收的愛爾蘭農民來說，糧食價格再低都無濟於事，他們對英國統治的怨恨情緒因此急劇上升。一八四八年，「青年愛爾蘭」黨人利用這種局勢在愛爾蘭發動起義，但立即被鎮壓。

這以後愛爾蘭民族主義旗幟就傳給了「芬尼社」。芬尼社是一八五八年在紐約成立的，創始人占士·史蒂文斯參加過一八四八年起義，是青年愛爾蘭黨人的幸存者之一。芬尼社主張用暴力推翻英國統治，並且從美國向英國的殖民地加拿大發起過幾次進攻，但都沒有成功。一八六七年它在英國發動起義，也立刻失敗了。它還在澳大利亞預謀行刺維多利亞女王的次子，也被破獲。芬尼社雖屢戰屢敗，但它暴烈的行動卻震撼了英國社會，統治者中有一些人開始關注愛爾蘭問題，這就使愛爾蘭問題融入了英國政治主流。

反映愛爾蘭大饑荒的畫作

把愛爾蘭問題作為重大政治問題提出來的是自由黨領袖格拉斯頓，格拉斯頓看出愛爾蘭問題可被自由黨利用，便藉機提出對愛爾蘭政策進行改革。這一立場得到自由黨多數人的支持，一八六八年大選中自由黨獲勝，格拉斯頓第一次組閣。第二年，該政府就制定法律取消英國國教在愛爾蘭的國教地位，使它與其他宗教（比如天主教）處於同等地位。接着，格拉斯頓又試圖解決愛爾蘭土地問題，一八七〇年他制定了一項土地法案，禁止地主（多數是信仰新教的英格蘭移民）在未做出賠償之前就把佃戶（多數是信仰天主教的愛爾蘭農民）趕出土地。但這項法案其實效果不大，因為地主可以提高地租，通過這種手段迫使佃戶主動退佃。愛爾蘭農民對這種做法十分不滿，於是一場轟轟烈烈的土地改革運動就逐漸醞釀成熟，後來它又推動了愛爾蘭自治運動的發展。

一八七〇年一個新的愛爾蘭政治組織在艾薩克·巴特的領導下成立，取名為「愛爾蘭自治會」。巴特是一位律師，長期為芬尼黨人出庭辯護，後漸漸滋生出愛爾蘭自治的思想。自治會不像芬尼社那樣要求完全擺脫英國的統治，它只要求自治，讓愛爾蘭人管理自己的內部事務。一八七一年巴特進入英國議會，開始領導自治運動。一八七四年議會大選，自治黨在一百個愛爾蘭席位中取得五十八個，一八八〇年大選則取得六十個。但愛爾蘭議席在英國議會總席位數中比例很小，愛爾蘭的呼聲因此很難表達出來。巴特是個循規蹈矩的人，他雖然開創了自治運動，卻未能把它推向前進。

一八七九年巴特去世，由查理·斯圖爾特·帕內爾接任領導。帕內爾是英格蘭人後裔，有一份很好的地產，又是新教徒。但他仇恨英國的統治，於是投身於愛爾蘭解放運動。他對巴特的策略不以為然，認為它太溫和，解決不了問題。恰在這時，愛爾蘭農民的土地改革運動進入高潮，由邁克爾·達維特領導的「土地聯盟」發動鬥爭，對愛爾蘭地主實行抵制。抵制運動最初出現在厄恩勳爵的地產上，一八八〇年，這塊地產上一個農民被無端解佃，土地聯盟於是號召對該地產的總管博伊科特上尉實行封鎖，讓他既無法購物，也無法售貨，結果他不得不離開愛爾蘭，到其他國家去謀生。帕內爾抓住這個時機，向愛爾蘭農民發出呼籲，要他們保衛自己的利益，向一切任意解僱佃戶或隨意提高租金的地主實行制裁。「抵制」（boycott）這個詞，就是從博伊科特（Boycott）的姓氏轉化而來的。一時間，愛爾蘭掀起轟轟烈烈的反解僱、反高租運動，廣大農民積極投入鬥爭，在一八八〇年發生了二千五百九十起反抗地主的鬥爭，局面極為劇烈，而自治運動也立刻受到愛爾蘭農民的普遍支持。

一八八〇年，格拉斯頓第二次組閣，他把解決愛爾蘭問題作為該政府的首要任務。一八八一年政府通過新的愛爾蘭土地法，確定三「F」原則，即固定租佃期（fixity of tenure）、公平租金（fair rents）、允許佃農自由出售其租地權（freedom of sale of the tenant's rights）。這些原則基本上滿足了土地聯盟的要求，於是該組織就解散了。但愛爾蘭農民仍繼續開展土地鬥爭，動盪的局勢仍舊延續。格拉斯頓遷怒於帕內爾，遂將其逮捕，但局勢仍不平靜。格拉斯頓無法，就在一八八二年與關押在獄中的帕內爾談判，最終達成非正式協議，以監獄名為名，史稱「基爾梅內姆條約」。在條約中，政府答應進一步修訂土地法，帕內爾則答應以他的聲望來平息局勢。正在這時，都柏林發生「鳳凰公園暗殺事件」，一個叫「決勝者」的組織刺殺了新上任的愛爾蘭事務大臣及其副手，造成群情震動。但格拉斯頓仍履行了諾言，將帕內爾釋放出獄，而帕內爾出獄後也履行他所承諾的保證，勸說愛爾蘭農民保持克制。一八八五年保守黨上台執政，制定了第三個愛爾蘭土地法，規定由政府出資，一次性從地主手中贖回土地，由佃戶取得所有權，佃戶則分期歸還政府款項，歸還期可長達幾十年。後來，歷屆政府都認同這項法律，到一九〇九年，大約有一半土地轉歸佃戶所有，愛爾蘭農民的一大抱怨在相當程度上得到緩解。但愛爾蘭人的不滿情緒仍然存在，他們強烈要求實行自治。

一八八五年大選中出現了微妙的局勢，自由黨獲勝，比保守黨多出八十六席。但帕內爾的愛爾蘭自治黨恰好得到八十六個議席，如果他們站在保守黨一邊，自由黨的多數地位就喪失了。因此，自治黨得到了討價還價的籌碼，誰贊成他們的主張，他們就可以讓誰掌權。實際上，這正是帕內爾夢寐以求的良機，他一心想造成兩黨間的平衡狀態，以便把愛爾蘭問題推到英國政治的前沿。格拉斯頓明白這一點，他於是決定支持愛爾蘭自治，認為這是維護帝國統一的唯一出路，同時也是自由黨掌權的唯一辦法。次年，他組成第三次內閣，立即就提出「愛爾蘭自治法」。根據這個法案，愛爾蘭將組織自己的議會，處理愛爾蘭自己的事務。愛爾蘭自治政府對愛爾蘭議會負責，它是愛爾蘭真正的行政機構。倫敦政府只控制愛爾蘭的外交、軍事、鑄幣等，但如果愛爾蘭議會的法律與英國法律相抵觸，那麼英王可以否決愛爾蘭法律。這個安排實際上把愛爾蘭放到了與英國海外自治領同等的地位上，說明愛爾蘭的民族權利已經得到了某種承認。但當時英國人多數不願接受這個法案，保守黨反對愛爾蘭自治，自由黨內部也發生分裂，以約瑟夫・張伯倫為首的一批人與保守黨一起投票反對自治法，結果迫使格拉斯頓下台。一八八六年夏舉行了新的大選，格拉斯頓的自由黨慘敗。這以後自由黨就與自治黨組成統一戰線，繼續爭取愛爾蘭自治。張伯倫則領導一個「自由黨聯合派」，堅決維護對愛爾蘭的吞併。這一派參加以保守黨為首的聯合政府，堅定地推行帝國擴張政策。

一八九二年格拉斯頓第四次組閣，再次提出愛爾蘭自治問題。這一次，法案獲下院通過，但被上院否決。一九一〇年大選中愛爾蘭自治黨又取得平衡地位，當時自由黨獲二百七十四席，保守黨和聯合派共獲二百七十三席，工黨獲四十一席，愛爾蘭自治黨則掌握了八十二個席位。在這種情況下，自由黨再度把自治問題提上日程，一九一二年「自治法」獲下院通過，一九一四年自動成為法律。但此時第一次世界大戰爆發了，法律暫緩執行。等戰爭結束後，自治的機會卻已喪失了，愛爾蘭人提出了更高的鬥爭目標，即要求獨立。

帕內爾在一八九〇年捲入一樁緋聞，他和一個部下的妻子長期有染，這時被披露。自治黨因此分裂，格拉斯頓也不再和他來往。第二年，帕內爾在憂鬱中死去，愛爾蘭自治事業一直拖到大戰之前才解決，與這件事有很大關係。一個政治領袖的不檢點行為影響到一個民族的命運，帕內爾為愛爾蘭事業做出巨大貢獻，卻也造成重大損害，這是帕內爾自己的悲劇，也是愛爾蘭的悲劇。

四、爭奪非洲及英布戰爭

從七十年代開始，「自由帝國主義」理論受到挑戰，世界的變化已經很明顯了，英國失去它在工業方面的壟斷地位，德國、美國、法國都在迎頭趕上，其商品銷售正在擠進國際市場。在這種情況下，「自由貿易」還有利可圖嗎？開放的帝國市場是否反而對其他國家有利？進而言之，德國和法國都在攫取殖民地，俄國則盡力向周邊地區擴張，美國把拉丁美洲看作是自己的後院，西班牙、葡萄牙、比利時、荷蘭等歐洲國家也拚命要保住已有的地盤。在這種情況下，英國是否應滿足於構建一個「無形帝國」，而坐視其他國家去把世界瓜分掉？「殖民地是負擔」的看法似乎已站不住腳——即使殖民地真是負擔，英國也必須佔有它，而不能讓其他國家奪了去。這些就是十九世紀最後三十年英國關於殖民地問題的爭論點，英國政治也圍繞殖民地問題而展開。其實，在這些年代，英國兩大黨在內政方面並沒有太大的分歧，分歧發生在殖民地問題以及與此相關的外交與對外貿易問題上。總體而言，保守黨更強調領土擴張，希望建立更廣大的有形帝國；自由黨則比較有節制，更強調英國對殖民地所承擔的義務與責任。保守黨希望建立帝國關稅制，以保護英國與殖民地的特殊關係；自由黨則堅守自由貿易原則，反對設立保護性關稅壁壘。

一八七五年迪斯雷利在埃及邁出了重要的一步，標誌着英帝國重新開始大規模擴張。一八六九年，蘇伊士運河在法國人幫助下開鑿成功，但由於管理不好，埃及政府希望法國人買下運河股票，以便擺脱債務負擔。迪斯雷利聽説後立即搶先行動，他讓政府出面提供擔保，説服倫敦銀行家出資收買了將近 50% 的運河股票。這樣英國就捲入了埃及財政，進而控制埃及的經濟命脈，而最終的結果，當然就是控制埃及。運河是通往印度的捷徑，具有重大戰略意義，控制運河不僅意味着保衛印度，而且使英國在北非取得最重要的立足點。此後，英國逐漸形成「雙開計劃」，即把英國的殖民地從開羅一直延伸到開普頓，縱貫非洲大陸。英國計

蘇伊士運河

劃與法國計劃、德國計劃彼此衝突，於是，在剩下的四分之一世紀中，歐洲列強就在非洲大陸展開了激烈的爭奪。

一八七六年，英法共同派代表到埃及，由於埃及還不起債，英法遂接管了埃及財政。這引起一八八一年由阿拉比上校領導的埃及軍隊起義，反對外國人干涉埃及內政。英國派軍隊鎮壓了起義，這以後埃及就完全落入英國之手，英國派出的特派員成了埃及的太上皇，凡事都要由他說了算。一九一五年英國宣佈埃及是受保護國，正式把埃及納入英帝國範圍之內。

一八八四年，英國又捲入蘇丹事務。蘇丹是埃及的附屬國，但並沒有被徹底征服，一八八三年發生民族起義，穆罕默德·阿赫邁德自稱是伊斯蘭教的「馬赫迪」（意為「受真主指引的人」），驅逐了埃及佔領軍，自己建立政權。當時自由黨正在英國掌權，它不想進行軍事干預，就派查理·戈登將軍（曾參與鎮壓中國的太平天國起義）去喀土穆觀察形勢。戈登到喀土穆後卻與起義軍為敵，結果起義軍攻克喀土穆，殺死了戈登。戈登被殺在英國引起一陣帝國主義的叫囂，格拉斯頓政府並因此而在一八八五年下台。蘇丹的民族起義直到馬赫迪死後才逐漸被鎮壓，一八九八年英國宣佈蘇丹是英埃共管地，實際上由英國控制。

八十年代，英國與其他列強爭奪非洲的鬥爭全面展開。法國佔領了西非、北非、剛果河北岸大片地區和馬達加斯加，比利時則在剛果河南岸及非洲腹地建立「剛果自由邦」，德國佔領西南非洲、德屬東非（坦噶尼喀）和西非的喀麥隆，意大利染指索馬里，葡萄牙則佔據着東非和西非的大片土地。格拉斯頓的非擴張主義政策越來越不受歡迎，多數英國人願意追隨迪斯雷利，支持他進行公開的擴張。這樣，英國在非洲的全面擴張由此展開，一八八五年，英國在西非的尼日利亞和南非的貝專納（現博茨瓦納）正式建立保護國，差不多同時又在東非積極活動，最終建立英屬東非，包括現在的烏幹達和肯尼亞。英屬索馬里在一八八四年成為英國的保護國，桑給巴爾島則在一八九〇年被英國正式吞併。在這些擴張中，英國與德國、法國形成正面衝突，一八八四年列強在柏林召開會議討論剛果河和尼日爾河盆地的歸屬問題，這標誌着列強共謀瓜分非洲的一個新階段。一八九八年英法兩國軍隊在法碩達地區（現蘇丹境內）對峙，差一點形成武裝衝突。

但英國最重要的擴張是在南部非洲，在這個地區的擴張奠定了英國在非洲的戰略優勢，並最終使英國在非洲取得最大的領土份額。

一八一四年英國獲得開普殖民地，在蘇伊士運河開鑿之前，這是通往印度的必經之路，具有巨大的戰略意義。但開普原是荷蘭殖民地，荷蘭人在這裡生活了許多世代，已形成獨特的文化和生活方式，他們以農業為生，自稱是「非洲人」或「布爾人」。英國佔領開普後大量向該地移民，於是造成兩個民族間的許多齟齬。英國人禁止使用奴隸，這對大量蓄奴的布爾人形成重大衝擊。布爾人於是北遷，在開普殖民地以北建立兩個政治實體，即德蘭士瓦和奧倫治自由邦。這些地區本來居住着許多非洲土著部落，於是在南部非洲出現了複雜的種族關係，首先是白種人和黑種人的對立，然後是英國人和布爾人的對立。五十年代初德蘭士瓦和奧倫治分別與英國簽約，事實上取得了獨立地位。但這種獨立是很難維持的，它們和開普殖民地聯繫太緊密，不僅其親戚紐帶把它們和開普殖民地連在一起，而且在經濟上它們也依賴開普，由於地理位置限制，它們只有面向開普才有出路，否則就沒有出海的通道。六十年代情況更複雜，在德蘭士瓦發現金礦和鑽石礦，大批英國移民湧入該地區，對兩個布爾人國家造成重大威脅。同時，白人和黑人間的對立也在加劇，並且引發了祖魯戰爭。

祖魯是南部非洲一個強大的部落聯盟，居住在納塔爾省北部，在德蘭士瓦和開普殖民地之間的地帶。一八六九年英國吞併巴蘇陀蘭（現萊索托），一八七一年又吞併格里夸蘭（現屬南非開普省）。祖魯人感到受擠壓，便在開普和德蘭士瓦邊境頻頻發動攻擊，新任祖魯王塞蒂瓦約執行強硬政策，一方面攻擊白人，一方面也欺負周圍的弱小部落。一八七八年十二月，英國以保護白人和弱小部族為名向祖魯人開戰，發動了祖魯戰爭。這是一場力量懸殊的戰爭，英國人使用步槍、鋼炮等現代武器，祖魯人卻是赤身裸體、手執長矛刀箭。一八七九年一月，英軍在伊桑德爾瓦納大敗，損失慘重。這以後，英國從本土派出大批援軍，才逐步挽回戰局。七月英軍在烏隆迪打了勝仗，俘獲塞蒂瓦約，結束戰爭。一八八七年英國宣佈祖魯為保護國，一八九七年將其併入納塔爾省。

此後，英國與布爾人的矛盾更突出了，德蘭士瓦在克魯格領導下發動起義，反對英國吞併。一八八一年二月，布爾軍在馬尤巴山大敗英軍。這時，英國國內政局發生變化，迪斯雷利下台，格拉斯頓組織政府。格拉斯頓不願執行擴張政策，遂與布爾人議和。英國允許德蘭士瓦在英國的宗主權之下管理內部事務；一八八四年又修改條約，把關於宗主權的詞句也刪除了，實際上就承認了德蘭士瓦的獨立。整個事件在歷史上稱「第一次英布戰爭」，戰爭以議和告終，但問題並沒有解決，許多人對格拉斯頓不滿，認為他讓步太多。南非的金礦吸引了大批英國人，他們與布爾人的衝突正在發展。一場新的戰爭遲早是不可避免的，這場戰爭將劃分兩個時代。

十九世紀最後三十年，帝國主義情緒已越來越濃厚了，更多的人相信帝國有必要存在，認為英國必須在瓜分世界的鬥爭中勇往直前。查理·迪爾克是這種思潮在理論方面的主要代表，他的《更大的不列顛》提出以種族為紐帶，建立並維護一個「更大的不列顛」。在實踐方面，迪斯雷利大力主張帝國擴張，他與十九世紀中期的帕默斯頓不同，他不以「炮艦」為手段強迫別國接受「自由貿易」，而是直接搶奪殖民地領土。迪斯雷利死後，索爾茲伯里侯爵接任保守黨領袖，在他三度任首相（一八八五—一八八六，一八八六—一八九二，一八九五—一九〇二）期間，繼續執行迪斯雷利的帝國擴張政策。在自由黨方面，約瑟夫·張伯倫是帝國主義的最主要體現者，他在愛爾蘭問題上的立場前面已經說過，在貿易問題上他也以帝國為考慮問題的出發點，提出了建立保護性關稅的理論，從而對自由主義經濟學說造成巨大衝擊。

張伯倫是一個工業家，一八七三年出任伯明翰市長，他對市政管理進行改革，最大的創建是建立「市屬企業」，即由市政府出資，發展城市公共事業，比如供水、照明、道路、交通等。在自由主義經濟理論盛行時，這似乎就是一場地震，因為自由主義理論反對政府對經濟領域作任何干預，「無所作為的政府是最好的政府」。張伯倫的市政改革衝擊了這種思想，收到了很好的效果，也為他爭得了巨大的聲譽，他被看作是一個「激進派」。一八七六年他成為自由黨議員，後來在格拉斯頓政府擔任貿易大臣和地方政府大臣。格拉斯頓提出愛爾蘭自治法後，他帶領自由黨聯合派棄黨，轉而支持保守黨的帝國政策，並在索爾茲伯里政府中擔任殖民大臣。這一時期，他最主要的興趣是建立「帝國聯邦」。

所謂「帝國聯邦」，是指把帝國中各白人殖民地聯合成一個政治實體，設置統一的法律、統一的議會，實行統一的貿易和對外政策，而以英國作為聯邦之首。八十年代初，思想界就有人宣揚這種帝國統一，約翰・西利的《英格蘭的擴張》和占士・弗勞德的《大洋國》就是其中的代表作。一八八四年，各界名流曾成立一個「帝國聯邦協會」，其成員中不乏政客高官，甚至有殖民地的政治家。

在協會慫恿下，一八八七年藉維多利亞女王登基五十週年之際，英國政府召開了一次殖民地會議，所有自治殖民地及一些其他殖民地都派代表參加會議，一般由殖民地政府總理親自出席。這次會議沒有取得實質性成果，但它第一次把各殖民地代表召集到一起，從而造成一種帝國的親近感。它同時還在英國人中推動了帝國的情緒，讓他們為帝國的存在而感到自豪。一八九五年張伯倫就任殖民大臣後，把建立帝國聯邦作為目標。一八九七年，女王登基六十週年慶典，英國舉行更為隆重的慶祝儀式，各殖民地代表再次齊集倫敦，張伯倫乘此機會召開第二次殖民地會議，正式提出了建立帝國議會的主張。然而各殖民地對此熱情不高，多數殖民地主張安於現狀，真正支持張伯倫動議的寥寥無幾，「帝國聯邦」的計劃也就夭折了。事實上，帝國內現在已出現一種離心的傾向，各自治殖民地已感覺到它們正在成熟，一種「民族」的感情似乎正在形成。殖民地的離心是不可避免的，自從英國給殖民地以自治的權利以來，一種新的認同就必然要產生。遠在重洋之外的各殖民地不可能永遠認同於英國，它們會形成新的社會、新的生活方式，以至於成為新的民族。一旦新的認同產生，脱離母國就是必然的。因此自治必然導致離心，自治的必然結果是出現新的國家。但不自治又如何呢？英國是為了避免美國獨立戰爭的重演而給殖民地自治權利的，不自治則意味着帝國更快的瓦解——

這就是帝國的邏輯。

第二次殖民地會議產生了一個長久性成果，即各殖民地同意定期召開殖民地會議，討論共同關心的問題，主要是防務與貿易問題。加拿大主動提出給英國進口商品以優惠關稅，其他殖民地也對關稅問題發表了見解，這就把帝國特惠關稅的問題提了出來，很快它成為一個重大的政治問題。殖民地會議在一九〇二年、一九〇七年再次召開，此後改名為「帝國會議」。帝國會議在第一次世界大戰中發揮了很大作用，它把各殖民地的人力物力都調動起來，為支持英國做出了巨大貢獻。但同時它也使各殖民地政府與英國政府日漸處於同等地位上，給殖民地的離心傾向提供了更大動力。

張伯倫也把自己的注意力轉向關稅改革，他認為英帝國應成為一個經濟共同體，這才能保證帝國永世長存，為此就應該建立共同的關稅，以保護帝國不受到外來競爭的危害。關稅改革的思想反映着世界變化的現實，即英國已不能壟斷世界市場，它正面對着各後起之國的劇烈競爭，因此建立關稅制是大勢所趨。但這個思想又從根本上否定了自由貿易的原則，而自由貿易長期以來已經是英國的立國之本，因此受到兩大黨的共同維護。一九〇三年張伯倫公開宣佈他主張建立保護性關稅，並且辭去在政府內的職務。不久他建立「關稅改革同盟」，大力宣傳關稅改革思想。張伯倫的辭職使保守黨發生分裂，並導致保守黨政府在一九〇五年下台。一九〇六年張伯倫去世，他的關稅改革願望也就暫告一個段落了。

在十九世紀的最後十年，帝國聯邦和帝國關稅制兩大設想都未能實現，這表明帝國已悄悄地走上了下坡的軌道。但在當時，很少有人看到這一點，英國繼續進行領土擴張。一八八七年，南非的鑽石大王塞西爾·羅得斯發起成立「英國南非公司」，並於一八八九年得到英國政府批准。由此，就開始了英國在南部非洲最大規模的擴張，也使帝國的版圖前所未有地擴大。

南非公司用各種手段攫取非洲領土，通常的做法是：公司派出代表，與土著酋長簽訂條約，酋長把部落的領土交給公司，接受公司的「保護」。這個過程通常是由威脅和欺詐共同完成的，許多酋長根本就不理解

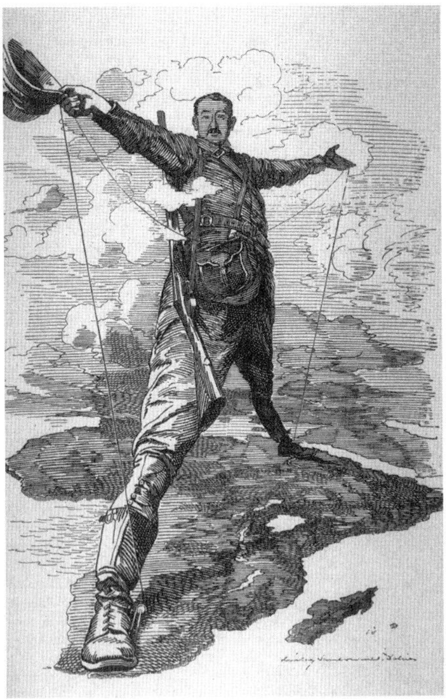

諷刺塞西爾·羅德斯拓殖南非的漫畫

英國南非公司票券

他們簽訂的條約是甚麼含義；當他們不願簽約或簽約後又反悔時，就會受到赤裸裸的武力威脅。總之，南非公司很快就把一片巨大的地區攫為己有，這片地區後來被叫作「羅得西亞」（即現在的贊比亞和津巴布韋）。

但是在羅得西亞和開普殖民地之間卻橫亙着布爾人的兩個國家——德蘭士瓦和奧倫治自由邦，他們當時都與英國人簽有條約，答應給它們獨立的地位。英國在南部非洲的迅速擴張使它們深感不安，他們深切地體會到：自己已處於被包圍之中，這使它們充滿疑慮，並且對英國人抱有敵意。一八八五年情況變得更糟：德蘭士瓦發現大金礦，大批歐洲人湧入其中。德蘭士瓦政府害怕外國人勢力太大，便不給他們選舉權，也不讓他們取得國籍。外國人於是抱怨不迭，其中的英國人便要求英國政府給予保護。一八九〇年，羅得斯就任開普殖民地總理，他早就想把兩個布爾共和國兼併過來，此時正好找到藉口。他暗中鼓動德蘭士瓦的外國人，讓他們發動「革命」；同時讓親信利安德·詹姆森裝備一支南非公司的軍隊，在一旦「革命」發生時就進攻德蘭士瓦。但「革命」沒有發生，詹姆森卻在一八九五年進攻德蘭士瓦。進攻很快就失敗了，詹姆森本人也被逮捕。英國政府監禁了肇事人，但對羅得斯只進行言詞譴責，而未做任何處理。羅得斯在一八九六年辭去總理職務，繼續鼓吹在南部非洲的擴張。

德蘭士瓦對英國政府充滿疑慮，認為是英國政府在暗中操縱了詹姆森攻擊。英國議會的調查表明：張伯倫有可能知道一點內情，而張伯倫是當時的殖民大臣。德蘭士瓦政府於是對外國人加強壓制，並暗中準備進行戰爭。英國政府多次與德蘭士瓦進行交涉，但終不能改善雙方的關係。一八九九年英國威脅要採取行動，德蘭士瓦於是先發制人，攻入英國管轄地區，奧倫治自由邦隨即參加，第二次英布戰爭開始了。

戰爭初期對英國人非常不利，布爾人士氣高昂，而且做好了充分的準備。英軍被包圍在馬弗京、金伯利和萊迪史密斯三個據點中，十二月九—十五日一週之內，布爾人殲滅二千五百名英軍，這個星期被稱為「不祥的一週」。消息傳回英國，英國朝野震動，英軍派戰將弗雷德里克·羅伯茨為南非遠征軍總司令，另一名將軍夏拔·基欽納為總參謀長，率援軍前往南非。一月份援軍在南非登陸，二月份已攻入金伯利和萊迪史

一九〇〇年參加英布戰爭的一支英軍

密斯，三月份佔領奧倫治首都布隆方丹，五月份進佔德蘭士瓦首都比勒陀利亞。此後，英國宣佈正式兼併兩個布爾共和國，戰爭似乎已經結束。

但布爾人並沒有放下武器，他們發動游擊戰，繼續與英軍周旋。他們利用熟悉的地形，神出鬼沒，打了就跑，給英軍造成沉重的傷亡。布爾人幾乎全民皆兵，使英國人窮於應付。於是，英國人開始採用殘酷的戰爭手段，他們使用碉堡戰術，實行三光政策，把布爾人趕進集中營，在戰爭中不分老幼，一律追殺。布爾人承受巨大的損失，他們的田莊被毀，莊稼被燒，牛羊被驅趕，國土完全荒蕪。為征服布爾人，英國派出的軍隊達四十五萬人，其中二十五萬是正規軍，比布爾人的人口總數加在一起還要多。在如此高壓之下，布爾人終於支撐不住了，一九〇二年四月雙方開始談判，五月底簽訂了和約，布爾人承認了英國的主權，但英國人則給布爾人戰爭賠償，允許其使用荷蘭語，並答應讓他們實行自治。

從表面上看，英國人打贏了這場戰爭，將其在非洲的領土擴張到前所未有，除德屬東非（坦噶尼喀）尚有待吞併之外，從開羅到開普的計劃已基本上實現了。然而，英布戰爭卻標誌着一個時代的結束，英帝國的擴張至此已基本停止了。英國動用大量人力物力，還調動了其他殖民地人員參戰支持，結果花了三年時間才征服布爾人這樣一個小小的民族，表明英帝國的能力確實是有限的。在戰爭中，英國已表現出自己的虛弱，其地位在其他歐洲列強眼裡已無形中降低。各強國都不支持英國的戰爭，英國已深深感覺到自己的孤立。英布戰爭在英帝國發展史上是一道分水嶺，在此之前帝國在上升，在此之後帝國則走上了下坡路，一個龐大的帝國在十九世紀末登上了頂峰，同時也就開始了它沒落的路程。

作者點評

十五世紀以後，西方一些國家通過殖民活動建立世界性的大帝國，英帝國是其中最大也是影響最深的一個。英帝國與其他一些帝國相比，有許多明顯的特徵，比如說它更注重生產性的開發，而不純粹是殺雞取卵式的掠奪；它特別重視殖民地的商業價值，殖民政策的改變一般都以商業利益為出發點。在政治上，它引進殖民地自治的概念，這在很大程度上緩和了母國和殖民地的矛盾。有必要提醒讀者的是：英帝國包括不同性質的殖民地，加拿大、澳大利亞等屬於「移民殖民地」，其居民基本上是白種人（尤其是盎格魯—撒克遜人）的移民後裔，這些地方後來的發展與母國有很大的相似性。印度、亞非其他殖民地屬「土著殖民地」，在這些地方，英國人的統治方式有很大差異，後來各殖民地走過的道路也各有不同。愛爾蘭是一個很特殊的地方，它嚴格地說不是殖民地，但英國人的所作所為使它形同殖民地。英帝國與西班牙帝國、葡萄牙帝國、法帝國、俄帝國等等相比，具有明顯的「自由主義」色彩，這是與英國自身的發展相關的。英帝國瓦解後仍留下一個英聯邦，就與這個特點很有關係。

第十八章　從第一次世界大戰到第二次世界大戰

一、二十世紀初到第一次世界大戰

一九〇一年一月二十二日，維多利亞女王去世，她在位六十三年七個月零三天，是英國在位時間最長的一位君主。她在位時，適逢英國國力最鼎盛時期，她的時代被稱為維多利亞時代。維多利亞時代是英國的自由資本主義時代，政治、經濟、文化、社會都發生着重大變化。維多利亞最大的功績是在這個變動的時期維護了英國的立憲君主政體，使君主制在一個發展的現代社會中追隨了時代的步伐。在維多利亞時代，君主立憲制度牢固地確立了，其規範、形式也成為定式。在二十世紀，君主立憲制頑強地保存下來，其中基本的原因，就在於國王統而不治，置身於國內外政治漩渦之外。王權只是國家的象徵，是整個民族認同的目標。人們有怨憤也不會指向王權，立憲制度為王權提供了一個安全的避風港。維多利亞還以其嚴肅的生活態度為十九世紀英國人樹立了榜樣，她逝世時，受到全體英國人真誠的哀悼。

二十世紀的英國國王多數能追隨維多利亞的樣板，愛德華七世儘管在做太子時有一些輕浮，但他去世時卻受到普遍好評。佐治五世和佐治六世都是勤勉的國王，他們在戰爭中的英勇表現受到國人的尊重。伊利沙伯女王二世是一位仁慈、具有母愛之心的女性，她的個人品質顯然得到多數英國人的認可。只有愛德華八世上演了一齣「不愛江山愛美人」的時代劇，他堅持要和一個已經離了兩次婚的美國女人結婚，為此他被迫放棄王位。然而，到二十世紀末，英國王室卻不斷傳出豔事醜聞，伊利沙伯女王的子女多數都是離異的，其中王位繼承人查理斯王子和戴安娜王妃的離異在國人心中蒙上一層陰影，這給君主制的未來帶來一些不祥之兆。

一九〇五年，自由黨上台。自由黨已經連續十年不在台上了，它面臨着一些深層的危機。在意識形態方面，自由主義不主張國家干預，因此已無法應付經濟和社會所迫切需要解決的問題，經濟的無政府狀態和社會的貧困問題加劇，使人們對自由放任原則產生重大質疑。新的自由主義理論家，如托馬斯·格林和倫納德·霍布豪斯等，開始強調國家與社會的積極作用，他們認為在創造一個真正「自由」——即公正、平等的社會方面，國家應起主要作用。這就給自由黨提出一個問題：它應堅持傳統的自由放任主義，還是接受新的、強調國家作用的自由主義？在政治操作方面，自由黨也面臨困境，它原先的自由主義立場已經被保守黨接受，而且保守黨比自由黨更堅定地執行自由放任政策。這就給自由黨提出另一個問題：它是否應在新的方向上邁出一步，以便在綱領方面與保守黨有所不同？而這一步一旦邁出，就會使自由黨的社會基礎發生動搖，從而使自由黨面臨危機。除此之外，世界格局的變化已經使自由貿易的理論很難維持了，英國經受着嚴峻的挑戰：其他國家已搶佔國際市場，並構築了關稅壁壘，英國是否仍應獨善其身，堅持自由貿易的原則呢？

總之，自由黨上台時，它感到必須做出一些新姿態。由於自由黨上台是因為保守黨在自由貿易問題上跌了跤，因此新姿態只能在其他方面表現出來，於是它選擇了國家干預的方向，也就是新自由主義所倡導的方向。從政治的現實考慮，這也是可行的：上世紀末工人階級已獲得選舉權，自由黨希望以新的姿態爭取工人選民，因此，它在組閣後不久就開始制定社會立法，包括工會立法，工傷保險立法，學校供應午餐的立法等。一九〇八年，剛上任的夏拔·阿斯奎斯首相加快了社會立法的步伐，在這一年制定「養老金法」，這是英國第一個社會福利立法。此後，政府打算建立一個廣泛的社會保險體系，以解決日益尖銳的貧窮問題。但保守黨堅決反對國家干預的手段，因此用它所掌握的上院多數否決了自由黨的多項社會立法。這樣，自由黨在上議院的攤牌就不可避免了，由此引發上院改革的鬥爭。

迄至此時，議會改革只針對下院，上院一如既往，始終是世襲貴族的俱樂部。多數貴族支持保守黨，自由黨執政時就會惹出許多麻煩。為改變這種狀況，自由黨決定對上院開刀。

但自由黨並不準備重建一個上院，把它改造成如美國參議院那樣的民選機構。自由黨只打算克服上院的反抗，把它變成一個可有可無的空談館。一九〇九年，財政大臣勞萊·佐治提出該年年度預算，其中故意對貴族利益進行大規模打擊，包括大幅度增收遺產稅，增加所得稅，徵收土地稅等，該法案被稱為「人民預算」。上院果真進行反擊，說這是個社會主義方案，是搶奪富人的錢包，接濟窮苦的無賴，於是將法案否決。但這樣做卻違反了習慣做法，根據傳統，討論財政預算是下院的特權，上院不可干涉。上下兩院於是就尖銳對立，政治氣氛緊張。一九一〇年一月舉行大選，選舉中自由黨獲二百七十四席，保守黨獲二百七十三席，工黨獲四十一席，愛爾蘭自治黨控制了八十二席，處於左右全局的地位。自由黨於是決定向自治黨讓步，同意在愛爾蘭實行自治，自治黨反過來支持自由黨，對上院進行改造。三月，阿斯奎斯在下院提出動議，規定任何法案只要連續在下院的三屆會議上獲通過，而三屆會議相隔時間已超過兩年，那麼無論上院同意與否，該法案就應該成為法律。這項動議在上院受到嚴重阻撓，保守黨貴族一再反擊，使法案無法通過。後來愛德華七世國王逝世，又使法案拖延下來。十一月，新繼位的佐治五世國王答應在必要時冊封足夠多的新貴族迫使上院通過法案，但條件是舉行一次新的大選觀察民意。大選結果與前一次幾乎一樣，五月份，阿斯奎斯遂提出一份二百五十人的新貴族名單，要求國王兑現諾言。在此情況下上院只得讓步，九月份以131:114的票數批准了《議會法》。這以後，上院在立法問題上的發言權就非常有限了，它最多只能把一項法案拖延兩年，兩年後法案會自動成為法律。一九四九年，英國又制定第二個《議會法》，把上院的延置權縮減為一年。在英國政治體制中，這個以世襲為基礎的貴族機構至此就不起甚麼太大的作用了，它的實權已經被基本剝奪。

乘此大勝之機，自由黨決定再接再厲，於是就提出《國民保險法》，讓一千四百萬工人得到了病殘保險或失業保險，保險金由國家、僱主和工人三方面分擔。這是英國在建立社會保障制度方面邁出的重要一步，雖説還不是「福利國家」，但國家終究在消除社會貧困方面承擔了一部分責任，因此是對自由放任原則的重大否定。

在以後的兩三年裡，英國的局勢極為動盪，工會運動日趨激進，罷工的活動風起雲湧，在一九一二年，因罷工而損失的工作日達到四千多萬個，平均每天損失十多萬個工作日。愛爾蘭問題也日益突出，由於自由黨對愛爾蘭問題做出了承諾，因此它和保守黨的分歧相當嚴重。在愛爾蘭，天主教徒和新教徒都成立武裝，內戰有一觸即發之勢。此外，婦女選舉權問題也成為嚴重的政治問題，一批「戰鬥的婦女參政運動者」出現在公眾舞台上，她們用一種劇烈的手段把婦女選舉權問題提上日程。在那幾年，一群群戰鬥婦女衝上街頭，砸碎商店櫥窗，破壞劇院博物館，切斷電話線，圍攻議員，放火焚燒教堂，甚至安置炸彈。所有這些活動都是為引起公眾對婦女問題的關注。警察對她們毫無辦法，他們抓住這些婦女，婦女們就在獄中絕食，於是警察就被迫把她們放出來，但一出獄這些婦女又上街鬧事；為此，議會不得不制定《貓鼠法》，授權警方在婦女絕食時將她們釋放，釋放期滿再行收監。一九一三年，一位叫埃米莉·戴維森的戰鬥婦女衝到佐治五世的賽馬面前，被馬撞傷致死，在社會上引起巨大震動。總之，在大戰爆發前，英國社會動盪不已，醞釀着重大的變化。

圖書中的英國新女性形象

一九一四年要求婦女選舉權的潘克赫斯特女士在示威時被捕

但這一切都被戰爭打斷了。一九一四年八月一日德國對俄宣戰，三日又對法宣戰，四日英國站在俄法方面參戰，世界大戰爆發。

戰爭的根源由來已久。十九世紀最後三十年，歐洲列強在世界範圍內爭奪殖民地，造成許多積怨。各列強為保護自己的利益便互相結盟，到二十世紀初形成了兩大軍事集團，一是德、奧、意組成的同盟國，二是法、俄、英組成的協約國。兩大集團內部各用條約互相保證，加盟的任何一國一旦與另一方的某個國家發生衝突，就可能立即引發大戰。英國在英布戰爭中深感孤立，並意識到自己的國力已相對衰弱，不再像十九世紀中葉那樣，可以抗衡整個世界，於是在一九〇二年與日本簽約，結成「英日同盟」；一九〇四年它與法國簽約，一九〇七年又與俄國簽約，至此，英國放棄了長期實行的「光榮孤立」，正式捲入結盟外交。一九一四年六月，奧匈帝國皇太子到新近被吞併的前土耳其屬地波斯尼亞視察，二十八日在薩拉熱窩被刺殺，兇手是一個波斯尼亞人，但得到塞爾維亞民族主義者的支持。奧匈帝國要塞爾維亞政府對此負責，並於七月二十八日對塞宣戰。但塞爾維亞是俄國的盟國，俄國於是實行總動員，德國則搶先一步對俄宣戰，大戰就這樣爆發了。

戰爭中英法俄結盟，意大利於一九一五年背棄同盟國，參加協約國方面作戰，羅馬尼亞和希臘則在以後兩年中分別加入協約國。美國在一九一七年對德作戰，從而使力量對比發生決定性的變化，對協約國取勝起到了舉足輕重的作用。站在同盟國方面的是德國、奧匈帝國和奧斯曼帝國，保加利亞在一九一五年加入同盟國。在東方，日本和中國先後捲入協約國方面的戰爭；此外，英帝國各組成部分自動隨英國參戰，從而使戰爭真正具有「世界大戰」的性質。

英軍在世界各地作戰。戰爭初期，英國派出一支遠征軍進入法國，以後一直在那裡戰鬥，直至戰爭結束。這裡即是所謂的「西線」，是英國作戰的主戰場，它在這裡投入幾百萬軍隊。英國第二個重要戰場在中東，由於土耳其是敵對國，英國遂正式宣佈埃及為保護國，並攻入奧斯曼帝國在西亞的許多屬地，包括伊拉

第一次世界大戰徵軍海報

戰時在炮彈廠做工的女工

克、敘利亞、巴勒斯坦等等。在非洲大陸，英國向德屬殖民地大舉進攻，佔領了多哥、喀麥隆、德屬西南非和德屬東非。在中東和非洲的戰爭中英國動用了大批殖民地和自治領的軍隊，第一支印度遠征軍於一九一四年十一月就在中東登陸，此後一直在那裡作戰。南非和英國其他殖民地軍隊在非洲奪取德國屬地，澳大利亞和新西蘭則派兵攻佔德國在西太平洋地區的島嶼。

一九一五年，英法派大軍進攻達達尼爾海峽，精銳的澳新軍團也參加了這次戰役。這次戰役的目的是切斷土耳其與歐洲大陸的聯繫，將同盟國從中間攔腰切開。但戰役組織得很不好，戰場遠離協約國勢力範圍，單靠海軍維持數十萬軍隊的軍火給養供應是無濟於事的，因此所謂的「加利波利半島戰役」以失敗告終。當時任海軍大臣的溫斯頓·邱吉爾引咎辭職，這是他政治生涯中的第一個重大挫折。

英軍的另一個戰場在海上，戰爭開始後，英德兩國艦隊就不斷交戰，互有勝負。一九一六年五月三十一日—六月一日，兩國艦隊主力在日德蘭半島附近海域遭遇，德國艦隊被包圍，但最終趁夜色逃跑了。這次海戰雖未能消滅德國艦隊，但此後它就龜縮在基爾的海軍基地不出來，英國艦隊則一直進行封鎖，德國海軍事實上已被封死，不再發揮作用。此後，德國發動「無限制的潛艇戰」，用潛艇襲擊協約國船隻，主要是商船，英國因此而損失的船隻達六千多艘。一九一七年已擔任首相的勞萊·佐治發明了護航制度，即派武裝的艦隊護送大批商船結隊航行，這才遏制了德國潛艇的威力。「無限制潛艇戰」還造成一個後果即美國參戰，德國潛艇對與英國進行貿易的中立國商船發動攻擊，這損害了美國的利益。美國因此轉變中立態度，參加協約國作戰。

但戰爭最激烈的地方仍是西線，在這裡，英法聯軍與德軍對峙，雙方投入的兵力各有好幾百萬，散佈在幾百千米長的戰線上。這個時期，流行的作戰方式是陣地戰，雙方在自己的陣地上挖壕掘溝，憑壕死守，一方發動衝鋒，另一方就大炮機槍齊發，在毫無遮掩的空曠戰場上射殺敵軍，如快刀割韭菜一般造成陳屍遍野，血肉橫飛，景象十分悽慘。進攻十天半個月下來，可能只把戰線向前推進了幾千米，而據守的一方也許就立即發動反攻，於是同樣的場面再演一場，只不過位置倒過來而已。這種戰爭中傷亡數極大，整連整營甚至整個團被消滅是經常的事。無論哪一方都很難取得決定性勝利，雙方打的實際上是消耗戰。到一九一八年，同盟國終於堅持不住了，其人力物力漸趨耗盡，儘管在東線由於俄國發生革命，同盟國已取勝，但西線由於美軍投入戰鬥，同盟國正面臨崩潰。十月三十一日奧斯曼帝國首先投降。最後，德國國內發生革命，德皇逃往國外。十一月十一日，德軍正式投降，大戰以協約國的勝利而告終。

第一次世界大戰歷時四年多，波及全世界，世界上有七千多萬人走上戰場，約一千萬士兵拋屍沙疆。英帝國整體捲入戰爭，投入的兵力約九百五十萬，其中六百萬出自英國本土。在戰爭中，帝國軍隊傷亡三百多萬人，陣亡的士兵大約有一百萬，其中約80%是英國士兵。在大戰中英國承受重大的經濟損失，支出戰費近一百億英鎊，損失船隻約九百萬噸位，其經濟結構遭受重大破壞。戰後，雖說在一九一九—一九二〇年經歷了短暫的經濟繁榮，其結構性的傷害卻非常難以補救。從二十年代起，英國經濟一直處於不景氣狀態，英國喪失其經濟上的霸主地位，其實是從第一次世界大戰開始的。

但英帝國卻由於戰爭而擴大了。根據《凡爾賽條約》，德屬殖民地由各戰勝國實行「委任統治」，其非洲殖民地由英、法、比三國瓜分，英國分得其中最大的一份。太平洋島嶼由英國與日本瓜分，日本取得赤道以北，英國及帝國自治領取得赤道以南。因此從表面上看，英帝國似乎比以前更強大。

巴黎和會四巨頭（左起）：勞萊·佐治（英）、奧蘭多（意）、克列孟梭（法）、威爾遜（美）

二、自由黨衰落與工黨崛起

戰爭時期，英國各黨組成聯合政府，起初由阿斯奎斯任首相，自由黨佔主導地位。一九一六年勞萊．佐治接過領導權，保守黨開始佔主導地位。勞萊．佐治還成立一個內閣中的內閣即「戰爭指導委員會」，這才是真正的決策機構。在這個機構中，保守黨有三人，工黨有一人，自由黨只有勞萊．佐治自己。勞萊．佐治的做法給自由黨造成重大傷害，一九一八年五月該黨正式分裂，以阿斯奎斯為首的九十八名自由黨議員反對政府，也反對勞萊．佐治與保守黨合作的政策。戰爭剛剛結束，英國就舉行大選，大選中自由黨輸得很慘，阿斯奎斯派只得到二十八席，阿斯奎斯自己也未能當選。勞萊．佐治派得到一百三十三席，保守黨則得到三百三十五席。這次大選是自由黨衰落的一塊墓碑，自此以後自由黨再也沒有振作起來，它迅速萎縮成一個小小的黨。

自由黨為甚麼突然衰落？原因固然很多。直接的原因是勞萊．佐治分裂了黨，造成黨的一蹶不振。但有兩個深層的原因更為重要，一是自由主義的理念正經受全面的危機，其國家不干預的傳統受到重大打擊。出於戰爭需要，國家在第一次世界大戰中對社會生活的各個方面進行控制，不僅指導戰爭，而且直接管理經濟生活，調節物資分配，調度全國的人力。這些措施與自由黨的意識形態是背道而馳的，很容易造成黨的思想基礎不穩。但僅此一宗仍不足以造成自由黨的解體，前面已經說過，從十九世紀末開始，自由主義已出現理論轉向，自由黨也竭力採取新政策，以爭取工人階級選民。但作為有產者的政黨，自由黨不可能代表工人群眾的經濟利益，因此當工黨以工人黨的面目出現時，工人選民就會大量湧向工黨。自由黨的悲劇根本原因就在於：它失去了黨存在的社會基礎——保守黨接過自由主義的旗幟而成為有產者的旗手，工黨則把工人群眾團結在它周圍，自由黨夾在保守黨和工黨之間，無法找到立足的基礎。工黨則在這種背景下急速發展，一九一八年大選它得到約六十個席位；一九二二年再次大選，工黨以一百四十二席位居第二。這時，它離掌權的目標只有一步之遙了。

勞萊．佐治在一九一八年大選後領導一個由保守黨人佔多數的聯合政府，繼續當了四年首相。到一九二二年，多數保守黨議員不願再接受這位自由黨首相的領導，於是把他趕下台，組織清一色的保守黨政府，由博納．勞出任首相。這一年大選中，勞萊．佐治派自由黨只得到五十七個席位，阿斯奎斯派得到六十個。一九二三年，博納．勞去世，由士丹利．寶雲繼任首相。在隨後舉行的新的大選中，保守黨得到二百五十九席，工黨得到一百九十一席，自由黨兩派加起來是一百五十八席。保守黨和自由黨不願聯合組成政府，於是只好由工黨出面組閣了，由工黨領袖拉姆齊．麥當勞出任首相。這個以「工人黨」面目出現的「社會主義」黨，在成立二十四年後，居然能夠以和平的手段出掌政權！

不過工黨政府並沒有為它的工人選民做甚麼事，它唯一的作為就是制定一項「住房法」，對工人階級的住房發放建築補貼。工黨領袖來自下層，有些還是工人出身，面對着突如其來的掌權局面，黨領袖們多少有點不知所措，不知該如何操作英國政府這台複雜的政治機器。因此十個月的掌權實際上是一次見習期，讓工黨熟悉一下政治運作的程序。工黨政府在外交上承認了蘇聯，並且想和蘇聯簽訂一項雙邊條約。保守黨和自由黨懷疑工黨企圖與俄國的布爾什維克勾結，於是就聯起手來，把工黨政府推翻了。

十月底舉行新的大選，選舉前發生了所謂的「季諾維也夫信件」事件。《泰晤士報》發表一封信件，據稱是共產國際主席季諾維也夫發給英國共產黨的信。信中要求英國共產黨動員工人群眾，促成工黨政府與蘇聯正在進行的談判。信件隱含的意思十分清楚，即假如工黨獲勝，它將成為俄國布爾什維克的工具。信件發表對工黨造成很大的損害，在隨之而來的大選中，工黨失去四十個席位，只獲得一百五十一席；保守黨則大勝，得到四百一十九席。自由黨兩派加起來才得到四十席，自此後自由黨就再也不是個重要的黨了。後來人們意識到季諾維也夫信件是假造的，但其負面影響已經造成了。

寶雲於是第二次組閣，在此期間發生了一九二六年全國總罷工。罷工是由煤礦業的勞資衝突引起的，英國煤礦技術落後，工人工資低，勞動條件差，同時又富於鬥爭傳統，礦工工會是英國最強大的工會之一。二十年代，煤礦業的勞資衝突頻頻發生，多次出現全國性的行業對抗。一九二五年礦工要求增加工資，政府有憚於工會的實力，便在勞資衝突中居間調停，宣佈政府對煤礦業的經濟補貼延長九個月，使礦工的要求部分得到滿足。然而明顯的是：九個月後衝突會再起，到那時候怎麼辦？政府決定準備對抗。

一九二六年三月，政府的一個專門委員會發表調查報告，其中說政府對煤礦的補貼應該停止，為彌補停止補貼所造成的成本損失，工人要麼降低工資，要麼增加工作時間。這個報告立刻引起工人的反彈，工會表示不接受，勞資雙方談判破裂，政府則表示決不延長煤礦補貼。於是，攤牌就不可避免了。礦工方面得到工會代表大會的支持，早在一九一三年，煤礦工會、鐵路工會和運輸工會就結成「三角同盟」，答應在勞資衝突時相互支持。現在礦業衝突已如箭在弦，四月三十日政府補貼屆滿，僱主已宣佈同盟歇業。五月一日，工會代表大會便不得不決定進行全國總罷工，聲援礦工的鬥爭。五月三日子夜，大罷工開始了。

加入罷工的有三百萬工人，工會代表大會領導罷工，全國許多行業參加進來。工會代表大會的策略是分批投入罷工，第一批若干行業先罷工，第二批再投入若干行業，一批批投入，以增加聲勢。這是一次真正意義上的全國總罷工，英國從來沒有出現過（後來也沒有再出現）如此多的行業、在如此大的地域範圍內、由一個統一的領導指揮的全國性罷工。但罷工還是失敗了，政府為對付這次罷工做了九個月的準備，儲備了大量物資，動員了許多中等階級的人來頂替由於罷工而停頓的必不可少的工作，如市內交通、食品分發等。五月十二日，工會代表大會宣佈停止罷工，但礦工一直堅持到十一月，最後一批罷工工人才終於復工。總罷工是徹底失敗的，罷工中沒有一項要求得到滿足。一九二七年政府還制定了《勞資衝突法》，禁止再發動總罷工，也不許進行聲援性罷工，工會的力量因此而大受削弱，但工會卻無力進行反抗。這以後，工會領導權轉到比較溫和的一派人手中，他們更願意和當局合作而不是對抗。

但保守黨還是得到了報應，一九二九年大選中工人把選票投向工黨，報復大罷工的失敗和一九二七年《勞資衝突法》。工黨第一次成為議會中的最大政黨，儘管它的席位仍未過半數，但比其他各政黨都要多。工黨於是第二次組織政府，麥當勞仍然出任首相。這一屆工黨政府本應該有更大的作為，但就在它上台還不到半年的時候，紐約股市狂跌，引發了世界性的經濟危機。英國在危機中受到很大衝擊，它的生產下降，投資減少，出口下跌了三分之一，到一九三一年九月，黃金儲備已基本枯竭，失業人數接近三百萬，佔投保工人總數的23%。政府用大量資金實行救濟，在一九三〇年，預支的失業保險費已達到一億英鎊。英國財政承受着巨大的壓力，若不削減政府開支，有可能出現財政崩潰。面對這種壓力，麥當勞等人提出削減失業工人的救濟金，這對工黨政府來説，無疑是一劑難以下嚥的藥：作為「工人政府」，它不可以這樣做；但作為英國政府，它又不得不這樣做。

一九三一年八月二十四日內閣就此問題進行表決，支持麥當勞的十一票，反對他的九票，麥當勞於是説他不能再幹下去了，於是就驅車去王宮覲見國王，説是要辭職。但等他從王宮出來時，人們卻驚訝地得知：國王沒有按常規指定保守黨領袖寶雲組織新政府，而是讓麥當勞繼續留任，組織一個超黨派的「國民政府」！工黨政府垮台了，麥當勞卻留在首相的位置上，而且沒有和他的工黨同事商量就採取了行動，在英國政黨政治中，這顯然是違章操作。於是工黨群起而攻之，指責麥當勞叛黨，並且在九月二十八日將他及留在他政府中的其他工黨成員開除出黨。但麥當勞還是依靠保守黨組織了新政府，並隨即對英國經濟實行搶救。九月二十一日，英國放棄金本位制，英鎊也同時貶值30%。次年二月，議會通過《進口關税法》，正式放棄了被視為國策的自由貿易原則，而改行關税保護主義。約三十年前張伯倫為此奔走遊説而一無所獲，現在，在嚴酷的經濟危機打擊下它卻不得不改弦更張，把最基本的國策也丟掉了。但英國歷史的最大特點就在於此：它願意隨形勢之變而變，決不把「原則」視作是束縛自己的鎖鏈。

一九三一年大選，「國民政府」大勝，工黨只得到五十二席。國民政府領導英國慢慢走出了經濟危機，一九三五年左右總算開始復甦。在「飢餓的三十年代」，人民生活很苦，物資匱乏，失業人數很多，但國民政府仍能得到多數英國人的支持，一九三三年初，失業人口已從三百萬下降到不足兩百萬，國民生產總值也比一九二九年增長了 10%。英國在世界各工業國中第一個走出危機，也第一個出現復甦的跡象。英國的恢復是在保守黨領導下取得的，一九三五年五月，寶雲正式取代麥當勞出任「國民政府」首腦，在隨後的大選中，保守黨獲四百三十二席，取得絕對優勢。麥當勞派從政治舞台上消失了，但工黨卻恢復過來，它在新領袖克萊曼．艾德禮領導下取得一百五十四個席位，一代新工黨正在形成。新工黨和老工黨有許多不同，這在第二次世界大戰之後將明顯地體現出來。

三十年代有一個重大話題就是安全與軍備。第一次世界大戰以後，英國的和平主義思潮嚴重，許多人對戰爭造成的巨大苦難刻骨銘心，希望和平永久保留，反對一切戰爭。但納粹黨在德國掌權後，戰爭的陰雲正在聚集，英國是否要重整軍備，防範侵略？這成為重大的政治問題。大多數政治家此時都持和平主義立場，他們雖然反對納粹的黷武政策，卻希望用綏靖手段來安撫希特拉，因此反對重整軍備。兩黨在這個問題上立場相當接近，工黨甚至比保守黨更加對和平主義抱有幻想。知名政治家中其實只有邱吉爾一個人看到了戰爭的危險，他喋喋不休地警告國人，要他們做好戰爭的準備，在戰爭中與納粹德國決一死戰。但英國人把他當作戰爭販子來看待，他彷彿是一個口出惡言的女巫，不斷地詛咒世界的毀滅。鑒於時局的惡化，保守黨從一九三五年起開始進行有限度的重整軍備，軍費開支從一九三五年的一億多英鎊增加到一九三九年的七億英鎊，而且軍備的重點在發展空軍。儘管保守黨重整軍備是半心半意的，其政策核心是綏靖主義，但這些半心半意的軍備措施仍然發揮了作用，在第二次世界大戰初期幫助英國渡過了難關。

一九三六年，英國發生王位危機，這是英國歷史上唯一的一次這種危機。這年一月佐治五世去世，愛德華八世繼位，新國王要求和一個叫沃利絲．辛普森的美國女人結婚，但這個女人已經結過兩次婚，英國輿論普遍反對這門婚事，於是首相寶雲就強迫愛德華八世做出選擇：要麼放棄王位，要麼放棄辛普森夫人。

愛德華八世退位後與辛普森夫人合影

國王選擇了前者，演繹了一齣「不愛江山愛美人」的感傷劇。不過從這件事中可以看出二十世紀英國國王的地位究竟如何，愛德華八世在一九三六年十二月退位，接受了溫莎公爵的封號，帶着他新婚的妻子離開英國，此後再也沒有回來。一九三七年五月，愛德華的弟弟佐治六世加冕為王，他在位十五年，忠實地履行了立憲君主的職責。寶雲認為他的從政生涯已經很光輝了，可以回去安度晚年，於是在新國王加冕後他就辭去首相一職，由約瑟夫·張伯倫的次子尼維爾·張伯倫繼任首相。在尼維爾·張伯倫領導下，英國把綏靖政策推行到頂點，結果不僅沒有阻止戰爭，反而助長了戰爭的爆發，給歷史留下了深刻的教訓。

三、殖民地民族運動與英國的統治

二十世紀上半葉，英國殖民政策經歷了由帝國向聯邦轉化的過程。

十九世紀，英國的白人殖民地已先後取得自治權，英國只保留外交、軍事、帝國等少數權力，殖民地的內部事務完全由自治政府處理。這種統治制度雖然避免了殖民地與母國之間的衝突，因而不再會發生像美國獨立那樣的事，但它同時也培植了殖民地在自治框架內的認同感，從而導致新民族的產生。一八六七年，加拿大不再以「殖民地」稱謂，而改稱「自治領」。一九〇一年澳大利亞建立聯邦。一九〇七年又和新西蘭一起，分別取得自治領地位。這一年，「殖民地會議」改名為「帝國會議」，表明自治領的地位已大大提高。一九〇八年，南部非洲四個殖民地即開普、納塔爾、德蘭士瓦和奧倫治起草了一部聯盟憲法，在一九一〇年正式組建南非聯邦，成為與其他殖民地一樣的自治領。至此，白人殖民地都已具備獨立的條件，英帝國事實上孕育了一批新國家。

第一次世界大戰對英帝國的衝擊非常大。大戰中，各自治領都派軍隊參戰，為戰爭勝利做出了貢獻。戰後各自治領又都參加了巴黎和會，並隨後成為國際聯盟的成員。這表明自治領的國際地位已發生變化，它們與英國的關係也不同了，自治領的離心傾向越來越明顯，它們希望有完整的國際地位，不再依附於英國。一九二一年，愛爾蘭南部成為「愛爾蘭自由邦」，也取得自治領地位。這對離心傾向無疑是一針強心劑，自治領的自主意識越來越強烈。加拿大、南非甚至派出駐外使節，表明它們在外交上也想擺脫英國。自治領與英國的關係必須加以調整，否則雙方的衝突將不可避免。在這種情況下，一九二六年召開的帝國會議對自治領的地位重新加以界定，為英聯邦的建立打下了基礎。

帝國會議曾指定一個委員會，由英國樞密大臣亞瑟·貝爾福領導，負責研究帝國內部關係，結果起草了一份報告，稱《貝爾福報告》，獲大會通過。根據這份報告，今後各自治領和英國在法律地位上將彼此平等，互不隸屬，各地區都只以對英王的共同效忠為紐帶結合在一起，形成一個「英聯邦」。報告還對各自治領總督的地位做出規定：總督是英王的代表，他不接受英國政府的指令，他在自治領的地位與作用，如同英王在英國一樣。

根據《貝爾福報告》的原則和一九二九年召開的專家會議的建議，英國議會於一九三一年頒佈《威斯敏斯特法案》，這項法案是英聯邦的奠基石，它宣告英聯邦正式形成。英聯邦建立之初只包括英國及其原來的白人殖民地，不包括其他殖民地和保護國。所以，在很長一個時期中聯邦和帝國共存，表現了平緩過渡的性質。

儘管帝國的終結已指日可待，然而在二十世紀初，它仍呈現出強勁的上升勢頭，並且在第一次世界大戰後達到領土擴張的頂峰。第一次世界大戰中英國出兵中東地區，並且把埃及變成保護國。戰後英法兩國瓜分中東，英國得到巴勒斯坦、外約旦、伊拉克大部分及波斯灣沿岸地區。一九一七年英國政府還以貝爾福的名義發表一份文件，稱《貝爾福宣言》，正式宣佈英國支持在巴勒斯坦建立「猶太家園」，目的是在這一地區造成兩個民族即阿拉伯人和猶太人的永久對立，從而為英國的存在創造條件。第一次世界大戰後，德國在東非的殖民地交由英國「託管」，「開羅—開普」計劃便已實現。太平洋上許多德屬島嶼則交給澳大利亞或新西蘭「託管」，因此從表面上看，帝國確實達到了輝煌的頂峰。

然而就在大戰結束後不久，帝國的全面瓦解也就開始了，除白人自治領的離心傾向日重，最終導致英聯邦建立外，帝國其他部分也爆發出民族主義浪潮，衝擊着帝國脆弱的大堤：一九一九年，埃及首先發生民眾反抗，第二年，伊拉克也發生暴亂。但最嚴重的問題出現在愛爾蘭，愛爾蘭的事態影響到整個帝國。

十九世紀下半葉，帕內爾領導的自治運動迅猛發展，儘管它一再受到挫折，但到二十世紀初，自治已是大勢所趨，不可避免了。一九一二年，自治法終於被英國議會批准，但愛爾蘭內部卻出了問題。新教徒佔多數的北愛爾蘭（即厄爾斯特）不願接受自治方案，它害怕自治會讓天主教徒佔據優勢，從而對新教徒進行迫害。南方則堅決主張自治，愛爾蘭局勢立刻惡化，南北兩方緊張對峙，雙方都成立武裝團體，準備打內戰。恰在這時世界大戰爆發了，才僥倖避免了一場內戰。

但英國在大戰中犯下嚴重的錯誤，這些錯誤使愛爾蘭不再接受自治，而是要求獨立。戰爭中，愛爾蘭新教徒和天主教徒都走上前線，在英國的國旗下一同作戰。但新教徒可以組成獨立的厄爾斯特師，天主教徒則被打散，分派到不同的團隊中去，受到英國戰友的監視，其自尊心受到極大傷害。進而，英國在事先未與愛爾蘭商量的情況下，宣佈推行徵兵制，雖説最後並未實行，卻使多數愛爾蘭人十分反感，認為是把愛爾蘭視為殖民地，而不是平等的夥伴。但最糟的是英國政府對「復活節起義」處理不當，結果使整個愛爾蘭都與英國為敵。一九一六年復活節，一個極端的民族主義組織「愛爾蘭共和兄弟會」在都柏林發動起義，企圖以此喚醒愛爾蘭人民，在愛爾蘭爭取獨立。兄弟會是一個很小的組織，其起義也不得人心，絕大多數愛爾蘭人並不同情起義，因此立刻就被鎮壓了。但隨後英國政府卻不顧愛爾蘭人的籲請，甚至不顧國際社會的求情，而將被捕的起義領袖多數處死，結果，一場本來不受歡迎的武裝起義變成了愛爾蘭民族主義的象徵，被處死的起義者也成了民族英雄。從這時起，英國在愛爾蘭就喪盡了民心，愛爾蘭人也下定決心要求獨立。

第一次世界大戰結束後舉行的議會大選中，主張獨立的新芬黨在愛爾蘭獲勝，表明民意已經大變。新芬黨的領袖是德·瓦列拉，他是復活節起義中唯一幸存的領導人，他把愛爾蘭帶上了爭取獨立的道路。一九一九年，南部天主教徒組建「愛爾蘭共和軍」，開始進行暴力活動，在隨後一年多時間裡，英國軍人不斷受到襲擊，一百多人死亡，兩百多人受傷，愛爾蘭事實上已成為戰場。一九二一年底，英國政府被迫與愛爾蘭達成協議，允許愛爾蘭南部成為自治領，稱「愛爾蘭自由邦」，享有與加拿大一樣的法律地位。北部則留在「聯合王國」治下，英國的國名也因此改為「大不列顛及北愛爾蘭聯合王國」。德·瓦列拉和他的戰友不肯接受這一安排，他們要求完整的獨立，於是繼續開展暴力活動，從而與自治的愛爾蘭政府發生衝突。但到二十年代中葉，這一派也改變鬥爭策略，他們成立了另一個政黨「芬尼亞黨」，在一九三二年的大選中獲勝，由德·瓦列拉上台執政。經過與英國重新談判，南愛爾蘭獲得更完整的國家地位，改稱「愛爾蘭國」，留在英聯邦內。一九四九年再改名為「愛爾蘭共和國」，這時，它已是個完全獨立的國家了。

北愛爾蘭的經歷卻十分不同，一九二一年北部六個郡（即厄爾斯特）留在英國治下，從而使愛爾蘭問題經久不得解決。一九二六年芬尼亞黨成立時，原新芬黨中有一部分人不願追隨德·瓦列拉改變策略，他們主張繼續進行暴力活動，並且與愛爾蘭共和軍結為同盟，要求統一愛爾蘭。為此，他們從三十年代起就在愛爾蘭北部及英格蘭本土製造許多暴力事件。但愛爾蘭北部又以新教徒居多，他們反對與南部合併，並且組織武裝團體與共和軍作對。這樣，北愛爾蘭就一直不得安寧，暴力衝突不斷，成了英國政治中的一根毒刺，至今仍是如此。

就在愛爾蘭事態日趨激烈的同時，印度的民族主義也逐漸發展起來，最終成為洶湧澎湃的潮流。一八五七年印度民族大起義之後，英國取消了東印度公司，實行英國政府的直接統治。英國政府向印度派駐總督（亦稱副王），作為印度的最高行政長官，總督之下是一個五人行政會議，行政會議之下建立一個印度文官系統，從牛津、劍橋大學畢業生中公開召募從政者。基層地方政府則吸收了一些印度人任職，讓他們做一些低級的文官工作。這些人和新出現的知識分子形成印度早期的中產階級，在他們中滋生出早期的印度民族主義。他們往往接受過西方教育，有些人甚至在英國留過學，西方的教育使他們接受了西方的理想，希望把印度也改造成像西方那樣的國家。所以殖民統治的雙重邏輯就表現出來了：它一方面把被統治民族置於宗主國統治下，一方面又培植它們的民族主義，使其成為殖民主義的掘墓人。一八八五年，一個印度民族主義的組織在孟買成立，其成員主要是在西方受過教育的知識分子。組織定名為「國民大會黨」，創始人是一名退休的前英籍軍官。英國殖民政府當時支持甚至授意了國大黨的成立，因為它認為：與其讓知識分子暴露在民族主義的侵害之下，不如給他們一個言論的場所，讓他們成為殖民統治的贊成者。但國大黨最終還是成為民族主義的領導者，把印度引上了獨立之路。然而它同時也未曾辜負英國當局的期望，它把印度引上了一條和平的獨立之路。

英國在印度的統治被稱為「仁慈專制」，一八九八—一九〇五年任印度總督的佐治．寇松，最充分地體現出所謂「仁慈專制」的特點。在他治下，英印政府一方面發展教育，興修水利，改良農業生產，改革稅制，減輕農民負擔，保護農民利益，還大力修築鐵路、開展公共事業等，因此博得許多印度人的好感。另一方面，寇松又大力推行強權統治，壓制民族主義運動，孤立知識分子，不讓印度人有更多的機會參與政府工作，因此受到中等階級的憎惡。一九〇五年，他下令把孟加拉省分開治理，東面為穆斯林區，西面為印度教徒區，公開宣佈的理由是孟加拉省太大，一分為二利於管理；但真實的原因是孟加拉一向是印度民族主義的搖籃，分而治之，可以挑起兩個教派之間的不和，達到分化和削弱民族主義的目的。但事與願違，孟加拉分治推動了民族主義運動，知識分子的追求第一次得到大眾民族主義的支持，孟加拉發生罷市，家家不生火燒飯，許多人上街遊行，有些地方還發生暴動。國大黨走到了大眾民族主義的前列，它在一九〇六年宣佈：「自治」將是它爭取的目標。

一九〇五年寇松去任，由明托伯爵接任。他上任時正是印度民族主義大爆發的時候，局勢極為動盪，他到任後兩次受炸彈襲擊，都倖免於難。於是，他一方面加強鎮壓，逮捕和流放了許多民族主義領導人；另一方面又實行改革，調整統治政策，於是就有了「莫利—明托改革」，即一九〇九年由英國議會通過的《一九〇九年印度立法會議法》。這項法律規定，可以任命印度人參加設在倫敦的印度事務委員會和設在德里的總督行政委員會，並且增加各級立法會議中的印度議員人數。這項改革暫時穩定了印度的局勢，使英印政府渡過了第一次群眾運動的高潮期。

第一次世界大戰中民族主義再次高漲，印度在自治的方向上也邁出新的一步。戰時印度全力支持英國，派出上百萬軍隊參加作戰，為戰爭做出巨大的貢獻。英國統治者不得不為此付出代價，於是就讓印度和其他自治領一樣，參加了帝國的戰時內閣。戰爭中，印度的民族主義者消除了內部分歧，重新結成反殖民主義的全民戰線。穆斯林表示支持國大黨的自治要求，國大黨則答應在未來的政治構架中，要考慮穆斯林的特殊利益。國大黨內部激進派和溫和派也言歸於好，共同發動了「自治運動」。一九一七年，印度的民族運動達到新高峰，而英國的戰爭努力卻進入最低谷，在這種雙重危機下，英國政府決定部分滿足印度的要求，擴大其自治。八月份，英國以印度事務大臣埃德文·蒙塔古的名義發表聲明，表示最終將考慮在印度實行自治，這就是著名的《蒙塔古宣言》。一九一八年，英國再以蒙塔古和印度總督蔡姆斯福德的名義發表《蒙塔古—蔡姆斯福德報告》，對未來的印度政府結構提出設想。一九一九年英國議會以此為參照制定了《印度政府法》，該法規定在邦一級實行「二元制」，由民選機構負責教育、衛生、農業等事務，而以總督為首的行政機構則仍控制財政、司法、治安等大權。印度人在地方一級取得了一定的權力，但全印事務仍掌握在英國人手中。

一九一九年改革並未滿足自治的要求，英國人也不想真正在印度實行自治。相反，一九一九年發生的兩件事大大傷害了印度人的感情，民族主義情緒反而更激烈了。三月，英印政府通過《羅拉特法》，目的是強化對民族主義者的司法審判；四月，阿姆利則發生慘案，英軍向和平集會的抗議民眾開槍，打死近四百人，打傷一千二百人。這兩件事在全印度引起極大的憤慨，印度的民族主義運動也由此而步入新的階段。

走上舞台的是卡拉姆昌德·甘地，他開創了印度的非暴力不合作運動。甘地出身在印度一個商人之家，曾在英國留學成為律師，後來他在南非開業，捲入印度僑民爭取權利的鬥爭，由此他步入政壇，並創造了一種新的鬥爭方式：非暴力不合作。一九一五年甘地回印度，一九二〇年被選為國大黨領袖，他旋即率國大黨發動不合作運動，成百上千萬人立刻加以響應。參加運動的人抵制英國法庭、學校和商店，放棄政府公職，拒絕納稅，不承認政府法令。甘地還推出手紡車行動，他身先表率，脫去西服，腰纏一塊印度土布，坐在傳統的紡車旁紡紗績線，象徵着印度要脫離英國。甘地的榜樣為無數人所模仿，一種無言的抗議震動着印度大地，印度民族以一種沉寂的憤怒向英國當局挑戰，殖民者則感受到前所未有的恐怖。運動持續了一年多時

甘地領導的食鹽進軍

間，一九二二年初，卻在個別地區發生了群眾的暴力行動，有一些警察被燒死，恐怖主義的浪潮似乎要蔓延。堅信非暴力原則的甘地認為這表明印度民族尚未成熟，便毅然宣佈停止了不合作運動。英印當局立即以策動叛亂的罪名逮捕了甘地，給他判了六年刑。

二十年代末，民族主義再次高漲，以莫蒂拉爾·尼赫魯（即後來印度總理尼赫魯的父親）為首的一個國大黨委員會起草了一份文件，要求在印度立即實行自治。英國政府不接受這個要求，總督歐文於一九二九年十月發表宣言，說自治只是印度變革的終極目標，而不是現在就實行的事。歐文建議召開圓桌會議來討論印度問題，但國大黨立即拒絕，並在當年的年會上提出新的綱領，即「完全的獨立」。國大黨說：自治的要求已被拒絕，印度人已被迫走上獨立之路。國大黨還宣佈一九三〇年一月二十六日是「獨立日」，並授權甘地發動第二次不合作運動。一九三〇年三月，甘地率領七十八名信徒開始「食鹽進軍」，鬥爭立刻進入高潮。甘地和他的追隨者徒步行走兩百多英里向海邊進發，沿途有無數人參加進來。到了海邊，他們舀海水曬鹽，象徵着他們反對英國的食鹽稅，更反對英國的統治。全國掀起聲勢浩大的聲援浪潮，英印統治者手忙腳亂，將六萬多人投入監獄，並制定十二項緊急法令，進行鎮壓。一九三一年三月，歐文與甘地會談，甘地同意結束這次鬥爭，歐文則答應要釋放被捕者，撤銷緊急法令，降低鹽稅。但是在這一年晚些時候召開的圓桌會議上衝突再起，國大黨領袖不參加會議，甘地一人與會，中途又退出。一九三二年一月，甘地再次發起不合作運動，英國嚴厲鎮壓，國大黨被取締，其領袖全部被捕，到年底，印度局勢已基本平靜了，但其爭取獨立的意向卻無可逆轉。

在這種情況下，英國議會於一九三五年制定一個新的《印度政府法》，向印度做出了更大的讓步。根據這項法律，印度在邦一級建立責任制政府，實行自治；中央設兩院制議會，總督保留外交、國防、帝國、貿易等方面的權力，其他事務可由議會處理。這意味着印度人得到了管理內部事務和地方事務的權力，他們有充分的力量參與議會選舉。一九三七年國大黨在七個邦的選舉中獲勝，建立了自治政府。但法律中關於中央政府的規定卻未能實行，不久後，第二次世界大戰爆發，印度的獨立進程再次被打斷。

在帝國的其他地方，民族主義運動也同樣興起，其中最典型的是埃及。埃及在一九一五年成為英國保護國，但第一次世界大戰後掀起激烈的反英運動，從一九一八—一九二一年，暴力活動不斷，形同一場戰爭。一九二二年，英國讓埃及取得有限的獨立地位，但保留對外交、軍事、外籍僑民、蘇伊士運河和蘇丹的控制權。這樣一種半獨立的地位使埃及的民族主義者十分不滿，他們繼續開展鬥爭，甚至刺殺了埃及軍隊中的英籍總司令斯塔克爵士。一九三六年，隨着歐洲局勢惡化及意大利在北非擴張形成對埃及的東西兩面鉗制之勢，英國決定讓埃及獨立，以平息埃及的反英情緒。但英國仍在運河地區駐軍，因此埃及的獨立仍是不完整的，到第二次世界大戰時，英國對埃及的控制再次明顯地表現出來。

總之，在二十世紀上半葉，英帝國從頂峰上跌下來，白人殖民地完成了組建民族國家的過程，成為英聯邦中與英國平等的夥伴。印度開始離心，民族主義運動一浪高過一浪。亞洲非洲各附屬殖民地的民族主義也開始抬頭了，其最典型的表現就是埃及的獨立和錫蘭在一九三一年建立半自治政府。第二次世界大戰推進了所有殖民地的民族主義潮流，英帝國的末日也即將來臨了。

四、第二次世界大戰

第二次世界大戰的禍根是德意日侵略集團。一九三六年十月，納粹德國和法西斯意大利簽訂協約，形成柏林—羅馬軸心；同年十一月德國與日本締結《反共產國際協定》，一年後意大利加入，戰爭集團正式形成。

在第一次世界大戰後形成的「凡爾賽體系」中，英法作威作福，它們對戰敗國實行擠壓政策，企圖讓它們永遠處於依附地位。同時，英法對蘇維埃俄國又採取敵視態度，一九一九—一九二〇年甚至進行武裝干涉。英法與蘇俄的對立使東西方之間彼此戒備，這就為德意集團的崛起創造了國際環境。在對德問題上英法處置不當，它們想永遠削弱德國，便加緊勒索戰爭賠款，使德國的經濟始終未能復甦。德國的仇外心理反而因此加強了，結果幫了希特拉的忙。

切活動都沒有受到英法的反擊，希特拉的膽子也就越來越大了。與此同時，意大利入侵埃塞俄比亞，日本侵略中國，世界和平日益受到威脅，英法卻仍舊推行綏靖政策。

綏靖政策的高潮是《慕尼黑協定》。一九三八年初，德國對捷克斯洛伐克提出領土要求，圖謀佔領蘇台德地區。捷克政府予以抵制，德國則以武力相威脅，它操縱親德的勢力發動暴亂，製造流血事件，以圖製造干涉的藉口。在英法壓力下，捷克政府一再退讓，答應讓蘇台德區實行完全的自治，但希特拉實際上是要兼併蘇台德，遂在九月份擺出進攻的架勢，以戰爭相要挾。根據當時的條約，法國對捷克負有義務，在捷克遭受侵略時應出兵援助；英國與法國又應該互相支援，因此蘇台德的危機將牽動整個歐洲，導致一場大戰。面對戰爭的威脅，英法決定繼續實行綏靖政策，不惜一切代價保住「和平」。這樣，英國首相張伯倫在七十歲高齡兩次飛赴德國，與希特拉談判。一九三八年九月三十日凌晨一時，德、意、法、英四國首腦在德國慕尼黑簽訂協議，在捷克代表不在場的情況下肢解捷克斯洛伐克，把蘇台德區割讓給德國。協議簽訂後，張伯倫飛回英國，宣佈他給世界帶來了「和平」。他在倫敦受到凱旋般的歡迎，人們把他看作是和平使者，戰爭的陰雲似乎已經被他消除了！

的確，在當時，有許多英國人支持張伯倫，主張不惜一切代價維持和平。綏靖主義並不是張伯倫一個人的錯，而是當時的一種思潮。英國人希望他們的善意能得到好報，侵略者得到了犒賞就會心滿意足。但希特拉並不領他們的情，一九三九年三月十五日，《慕尼黑協定》簽訂不到半年，德軍就佔領布拉格，吞併了捷克斯洛伐克全境。到這時，綏靖主義就徹底失敗了，妥協不僅未能保住和平，反而加速了戰爭的到來！

張伯倫這才發現自己上當了；希特拉的胃口其實填不滿，他又把目標轉向波蘭。這一次，張伯倫決定用強硬政策來對付希特拉，三月三十一日，他對波蘭提出安全保證：一旦波蘭遭受侵略，英國將履行義務，幫助波蘭進行抵抗。同時，英法與蘇聯開始談判，企圖建立統一戰線。但談判到八月份完全失敗了，相反，希特拉與蘇聯簽訂了互不侵犯條約，條約還附有一個秘密協議，規定在戰爭爆發後，德、蘇可在協議所劃定的各自勢力範圍內擴張領土，彼此不干預，在得到蘇方這樣的保證後，德軍於九月一日進攻波蘭，英法則被迫捲入戰爭，第二次世界大戰爆發了。英國因為執行了綏靖政策，現在必須付出沉重的代價。

戰爭開始後的八個月中，「西線無戰事」，希特拉企圖再次使用敲詐的手法，不放一槍就取得勝利，但這次英法沒有讓步。一九四〇年春天，戰爭真正開始了，從四月九日到六月十六日兩個月多一點的時間裡，德國已控制了北歐和西歐大部分國家，包括法國在內；英國成了一個孤島，孤零零地與強大的「第三帝國」對陣。在戰爭的巨大壓力下，張伯倫下台了，人們對這位「和平英雄」喪失了信心，他不能把國家引向勝利，承受不了如此巨大的戰爭重擔。挑起這副重擔的是溫斯頓．邱吉爾，僅僅在幾個月之前，人們還把他看作是戰爭販子，但事實證明他是唯一有遠見的政治家，當此國難之時，他被推上了拯救國家的艱難崗位，而他一上台，立刻就發表了「我們決不投降」的誓言。

邱吉爾做的第一件事是把近三十多萬英法聯軍從被圍困的敦克爾刻海灘搶救回國。英國海軍動用各種船隻，從巡洋艦到小漁輪，加上許許多多的志願人員，九天之內晝夜運作，冒着德軍的槍林彈雨，竟完成了這一奇跡般的任務，從而為英國軍隊保留了一支有生力量。這以後，英國就進入了單獨抗敵的艱苦時期。德國要打敗英國，就必須取得對英吉利海峽的制空權，否則德軍無法渡海，英國海軍有能力把德國軍隊封死在大陸海岸。這樣，從七月份起，「不列顛之戰」開始了，這是一場空戰，目的是爭奪英吉利海峽的制空權，英國飛行員英勇地衝上天空，保衛自己的祖國。對英國來説，這是一場殊死的戰鬥，英方一旦失利，英倫三島立刻就要淪陷。英國空軍頑強地頂住了，儘管從總體上説英軍處於劣勢，但他們利用戰鬥機的優勢和雷達（在當時是一種秘密武器）的威力擊落大批來犯的敵機，使希特拉消滅英國空軍的企圖未能得逞。八月底，德國將戰略重點轉向轟炸英國大城市，造成大量平民傷亡，其中考文垂市被夷為平地。但英國人民的鬥志卻越戰越勇，到十月底，德國空軍被迫停止轟炸，希特拉也被迫放棄了入侵英國的計劃，不列顛之戰以英方全勝而告終。這場戰爭對第二次世界大戰的終極命運有決定性意義，它表明：英國在單獨抗拒德國的鬥爭中堅持下來了，這就為反法西斯戰爭的繼續進行創造了條件。

陸上的戰爭在北非和南歐進行。在北非，英國軍隊與意大利軍隊交戰，將意軍逐出埃及並趕回利比亞，但德軍在一九四一年春投入戰鬥，使局勢迅速惡化，埃及處於危險之中。在南歐，德軍夥同它的盟國在一九四一年春大舉入侵巴爾幹，佔領希臘和南斯拉夫，參戰的英軍則退往克里特島，後來大部分被消滅。

此後英軍主要在北非作戰。一九四一年春德意聯軍發動進攻，英軍敗退至托布魯克，後轉入反攻，到秋天已收復大部分失地。但一九四二年初德意聯軍在德軍元帥隆美爾指揮下再次進攻，一直打到埃及境內，離開羅只有兩百多千米、離亞歷山大港不到一百千米處。在此危急之機，蒙哥馬利將軍出任第八集團軍總司令，經過他的精心準備，英軍在十月二十三日發動反攻，十二天的「阿拉曼戰役」共消滅敵軍六萬人，而英軍傷亡只有八千人。阿拉曼戰役是第二次世界大戰期間英國陸軍取得的最大勝利，它奠定了北非戰事的勝局。四天後，英美聯軍就在摩洛哥、阿爾及利亞等地沿海登陸，東西夾擊，於一九四三年五月在突尼斯境內

第二次世界大戰宣傳品

考文垂轟炸中被炸毀的教堂

會師，十餘萬德意聯軍投降。北非於是成為第二次世界大戰中盟軍最早取得全勝的一個戰場。

從一九四一年夏天起，英國就不再孤軍奮戰了，六月德國入侵蘇聯，十二月日本偷襲珍珠港，這為英國提供了兩個強大的盟友。就在德國對蘇聯發動進攻的當天晚上，邱吉爾便發表聲明，放棄他一貫反蘇的立場，表示支持蘇聯抗戰。一九四二年一月一日，英、美、蘇、中等二十六個抗戰國家在美國發表《聯合國家宣言》，標誌着世界性反法西斯統一戰線正式形成。以後，戰爭就不再是個別國家的單獨行動了，它成了全世界反法西斯戰爭的各個組成戰場。但英國的處境並未因此立即改善，除北非遭受隆美爾軍團的凌厲攻勢外，遠東也受到重大挫折，日軍對英國殖民統治的地區發動進攻，中國香港地區、馬來西亞、新加坡、緬甸相繼失守，印度邊境告急。英帝國建立後，它還從未面臨如此巨大的危險。一九四二年六月，日軍佔據新幾內亞，澳大利亞也岌岌可危。幸虧美國軍隊在中途島戰役中扭轉戰局，澳大利亞才免遭入侵。此後，太平洋戰場主要由美軍承擔，英國退守印度；在日軍對印度入侵的危險解除後，英軍才進入緬甸作戰，與中、美軍隊共同發動緬甸戰役，到一九四五年五月，英軍收復仰光。英國在遠東的不佳表現使它喪失在殖民地的威信，戰後亞洲國家相繼發生獨立運動，與第二次世界大戰有密切關係。

英國海軍在戰爭中主要起護航作用，英國必須保證大西洋海道通暢，才能使援助物品源源不斷地從美國運來，以保證戰爭能打下去。德國的海軍力量處於劣勢，於是就利用潛艇攻擊商船，給英美造成巨大損失。英軍在採用護航制度後才逐漸扭轉這種局面，保證了戰爭物資的供應。這些戰爭物資不僅運往英國，而且大量運往蘇聯，有力地支援了蘇軍作戰。

一九四三年年中戰局開始改觀，五月北非戰役結束，七月英美聯軍在意大利西西里島登陸，九月攻入意大利本土，意大利政府投降，不久又宣佈對德作戰。與此同時，美軍在太平洋戰場進展順利，蘇軍則在史達林格勒轉入反攻。該年年底，英、美、蘇三國首腦在伊朗首都德黑蘭舉行會議，確定了開闢歐洲「第二戰場」的方案。一九四四年六月六日，一支由英、美、加拿大和自由法國軍團組成的龐大軍隊在陰風冷雨中強渡英吉利海峽，在法國諾曼第海岸登陸，開始了盟軍解放歐洲大陸的偉大進程。八月份，法國巴黎被解放，戰爭迅速向德國境內推進。一九四五年五月蘇軍攻克柏林，德國投降。九月日本也無條件投降，歷時六年的世界反法西斯戰爭以盟軍的徹底勝利告終，英國在戰爭中再次成為戰勝者。

但英國的損失是巨大的，在戰爭中，近三十萬英軍戰死，六萬多平民喪生，英國商船損失慘重，約一半運載量在戰爭中被摧毀，三萬五千名海員被打死。為換取美國「租借法案」的援助，英國將紐芬蘭、百慕大、巴哈馬、牙買加等殖民地的許多軍事基地租給美國，租期達九十九年。一九四五年英國欠下巨額戰爭貸款，外債達到三十五億美元，其黃金、美元儲備及海外投資在戰爭中幾乎耗盡，英國事實上已一貧如洗，它的「世界首富」的稱號已一去不復返了，戰後只有靠「馬歇爾計劃」以及五十億美元的美、加貸款，才勉強維持，不致破產。更重要的是，戰後英國已經從世界一流強國的地位上迅速滑落，世界上出現了兩個超級大國——美國和蘇聯，英國逐漸向歐洲二流國家萎縮。

但第二次世界大戰又是一次「人民的戰爭」，與歷次戰爭都有所不同，在這次戰爭中，人民真心實意地支持戰爭，投入戰爭，為戰爭的勝利做出貢獻。英國上下同仇敵愾，舉國一致，上自王室公爵，下至黎民百姓，能出錢者出錢，能出力者出力，壯年男子出征打仗，老人婦女護衛家鄉，男人留下的工作婦女來做，犧牲者的苦難全國來分擔。在德軍入侵最危險的時刻，平民自動組成國土保衛隊，日夜巡邏，時時警惕；在戰爭進行到最激烈的日子，國王和他的全家都以各種方式參與戰爭，包括年僅十四歲的國王長女（後來的英國女王）伊利沙伯公主和她的妹妹，都參加婦女輔助隊，為戰爭的勝利做出貢獻。人民取得戰爭的勝利，戰後人民就要求回報；「人民的戰爭」導致「人民的和平」，戰爭開創了一個嶄新的時代。戰爭為戰後英國拉開了帷幕，這個英國，將是一個前所未有的英國。

作者點評

英國的保守主義是一個很奇特的東西，它從來不落伍於時代，當然也從來不走在時代的前頭。它與時代的進展離一步之遠，但一旦進展完成，它就遲早跟上，並且以新成果的守成者的面目出現，維護新成果，而把它原來的立場拋於身後。我們記得，保守黨在十九世紀是堅決反對自由貿易、因而反對自由主義的；到世紀之交時，它反而成了自由主義的旗手，要保護「自由經濟」、「自由貿易」、「自由帝國」和「自由主義」的其他一切了。相反，自由黨反倒被擠出自由主義陣地，向國家干涉主義邁進。英國保守主義的可變異性質是英國始終可以走改革道路的重要原因，十七世紀革命以來，我們屢屢看到保守主義的變異，比如在光榮革命，在議會改革，在取消穀物法和接受自由主義的過程中，等等。以後，我們還要看到保守黨又放棄「自由放任」的原則，接受「福利國家」和「國有經濟」。保守黨的可變異性也解釋了為甚麼保守黨比其他黨派都更長時期地掌權，一個以「保守」為標榜的政黨，它保守的是不斷出現的變革的成果，當這些成果是由其他政治力量爭取得來時，保守黨反而成為守成者。

第十九章　走向福利國家

一、「福利國家」與「英國病」

第二次世界大戰尚未結束，邱吉爾就下台了。一九四五年七月戰火猶酣之時，議會就舉行大選，工黨在大選中獲勝，得到三百九十三個席位，保守黨只得到二百一十三個。工黨組成政府，這是它第三次組閣，也是第一次組織一個掌握着議會多數的政府，因此可以放開手來大幹。

邱吉爾對大選失敗毫無思想準備，他領導英國取得勝利，他的政府雖說是聯合政府，工黨和自由黨都派人參加，但保守黨是政府的主幹，保守黨發揮了最大的作用，這是誰都知道的事實。然而，戰爭尚未結束，保守黨卻在大選中失敗了！當時，美、英、蘇三國正在柏林附近的波茨坦舉行首腦會議，邱吉爾因參加競選而中途回國；等大選結束三國會議復會時，回到會議桌旁的卻是工黨新首相了！

保守黨的失敗決非偶然，邱吉爾是位有遠見的政治家，但他沒有看出國內民情的變化。隨着戰爭接近尾聲，勝利的曙光就在眼前，人們把注意力轉向了未來，憧憬着戰後應該出現的「新英國」。「人民的戰爭」應該為人民創造出美好的前景，這是當時英國人的共同願望。早在一九四一年六月，政府就曾組織一個委員會

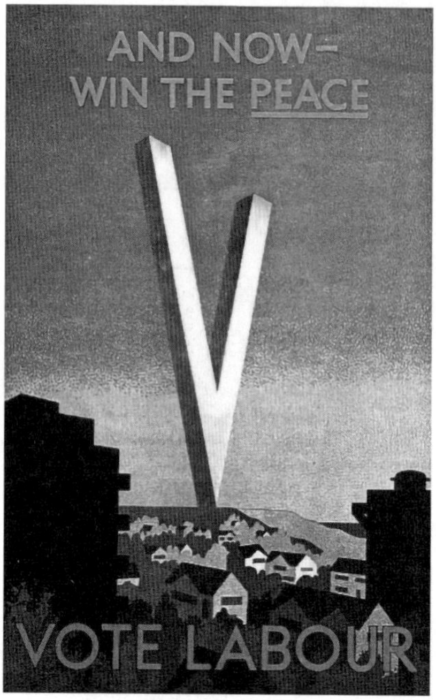

一九四五年英國工黨競選海報

來考慮戰後的社會發展問題，委員會主席是威廉．貝弗里奇爵士，他曾擔任過勞工交易所主席和倫敦經濟學院院長。一九四二年十二月，委員會發表一份報告，這就是著名的《貝弗里奇報告》，這份報告為戰後建立「新英國」勾畫了藍圖，是建設「福利國家」的指路標。報告的主要內容是建立一個包羅萬象的社會保障體系，讓所有英國人——不分階級、不分貧富——都有權享受社會福利制度的保護，「從搖籃到墳墓」，永不受貧窮疾病之苦！這樣一個前景顯然為千百萬普通的英國人打開了通往光明之路，從今往後，英國將消滅貧窮，而貧窮曾使多少古往今來的英國人深受苦難！《貝弗里奇報告》引起的震動是可想而知的，人們的心被深深地打動了。一年中，幾十萬份《報告》被售出，許多人排長隊購買這本小冊子。到年底，95%的英國人知道這個報告，包括正在前線打仗的普通英國士兵。人們懷着無比期待把戰爭進行到底，他們相信，戰爭之後，新時代的曙光一定會到來。邱吉爾對這種情緒顯然是低估了，他對《貝弗里奇報告》一直掉以輕心，並沒有把它放到保守黨的議事日程上來。工黨卻對建設「新英國」做出比較積極的反應，早在一九四三年二月，工黨後座議員就發動議會辯論，要求政府接受《貝弗里奇報告》。一九四五年大選前工黨又發表競選宣言，其中說工黨將在英國「建立一個社會主義的大不列顛共同體」。工黨的積極態度與保守黨的冷漠形成鮮明對照，工黨在大選中的勝利便是理所當然的事。

戰爭之前，建立福利國家的思想就已經形成了。福利國家的本質是國家對社會問題進行干預，用國家的力量來調節財富的分配。這其實是對自由資本主義的一種否定，在理論上，則是對自由主義的一種修正。還在第一次世界大戰時期，自由放任學說就已經受到衝擊，為了領導戰爭，當時政府曾不得不承擔起組織經濟活動的責任，比如下達生產指標，分發原材料，調撥勞動力，控制物價，等等。這些措施保證了戰爭勝利，同時也第一次向英國人說明：在經濟領域中國家的作用不可忽視。戰爭結束後戰時的措施被取消了，但它對思想界的衝擊卻是深刻的。三十年代初，世界性經濟危機再次引起人們的深思：經濟的完全自由是否就真的是金科玉律？國家在解決社會經濟問題中可以發揮甚麼作用？在一連串的思考之中，一部革命性的經濟學著作問世了，它就是約翰．凱恩斯的《就業、利息和貨幣通論》。這部書否定了從亞當．斯密就開始的自由主義理論傳統，提出要用國家干預的方法刺激消費，促進生產，達到充分就業，從而消滅貧困。《通論》問世表明在經濟學理論上國家干預的學說已經成熟了，這就為後來向福利國家過渡準備了理論基礎。

第二次世界大戰中，人們對國家干預的重要性有了進一步認識，與第一次世界大戰相比，這次大戰的整體性、全民性更加明顯，國家所發揮的作用也更加重要。第二次世界大戰中幾乎一切活動都需要國家出面加以組織，比如應付敵機轟炸需要組織疏散，食品和生活必需品需要定量分配，勞動力和原材料需要進行調度，全國的人力包括婦女在內都需要其指定工作或參加某種防衛活動。令人吃驚的是，由於國家干預，戰時不僅物價穩定，而且工資還不斷上升；儘管物資匱乏，人民的平均營養水平卻反而提高了，根本就沒有出現飢餓現象。這就啟示了人們：在戰時可以做的事，戰後為甚麼不可以繼續做？國家干預就這樣在英國人的頭腦裡扎下根來，為戰後的變革創造了條件。

在這種背景下，《貝弗里奇報告》的出現就不是意外之事了，人們對「新英國」的期待也就在情理之中。工黨作為「社會主義」的黨，首先對這種期待做出反應，因此立刻得到選民的支持。一九四五年工黨執政後，就開始履行它的諾言，具體而言包括兩方面內容，一是「福利國家」，二是國有化。

「福利國家」由兩項法律奠定基礎，其一是《國民保險法》，其二是《國民醫療服務法》。《國民保險法》規定一切有收入的人定期交納保險金，而一旦失業，就可以領取失業津貼，從而免除飢餓之苦。《國民醫療服務法》對全民實行免費醫療，一旦生病，即可就醫，從而避免了疾病的威脅。這兩項法律的優越性是顯而易見的，自此之後，一切英國人都不必擔心忍飢捱餓，也不必顧慮缺醫少藥了。國家出面為全體國民提供了保障，讓一切人可以享受最低的生活標準，英國人從此不必為生存問題操心了，國家保證了他的生存。自此後，他所關心的就是如何生活得更好。

英國走到「福利國家」這一步經歷了漫長的路。十六世紀，在伊利沙伯一世時期，英國建立「濟貧制度」。濟貧制以教區為單位實行救濟，每個人都要交納濟貧稅，結果是窮人交錢養活窮人，其實質是「劫窮濟窮」。但濟貧制度為社會提供了最低限度的社會保障，由不幸和災難造成的困境不致導致最糟的後果。工業革命以後，自由放任思想甚囂塵上，濟貧制度受到動搖，勞動者暴露在嚴重的生存危機之下，隨時面臨着生老病死的威脅。由此造成的社會後果是十分明顯的，工業革命時期，英國的階級矛盾十分尖銳，社會孕育着深刻的危機。一九一一年，自由黨制定《國民保險法》，目的就在於緩解這種危機。但這時採取的做法是互助式的，儘管國家出面組織了社會保障，具體操作者卻是各種社會團體，包括工會、合作社、互助會等，而且社會保障的覆蓋面很小，只包括若干行業中的工資勞動者。一九四六年的《國民保險法》才把覆蓋面擴大到全體國民，並且由國家具體操作，承擔社會保障的一切責任。正因為如此，這樣一個國家被稱為「福利國家」。

一九四六年立法是福利國家的奠基石，後來歷屆政府加以補充完善，制定了更多的法律，使福利制度涉及許多方面，而國民的生活標準也提高到很高的水平。應該説，第二次世界大戰後，因為有「福利國家」，英國便成為基本消滅了貧窮而高度發達的國家了。經過幾百年的努力，英國在社會平等方面取得了重大成就。

福利國家需要大量資金，資金來源於三個方面：國家、企業和個人。但歸根結底，所有資金都來自英國國民，國家的錢是從税收得來的，為維持福利制度的運作，資金的需求會越來越大，税收也就會越來越高，從而影響企業的效率，也影響個人的收入。當支付福利制度的資金達到國民生產總值的一定比例時，就會形成一種阻力，影響國家的經濟發展。從六十年代起，這個問題逐漸顯得突出，一九五九—一九六四年，公共開支已達到國內生產總值的三分之一，而其中除防務之外，福利開支是最大的一個項目。一九六五—一九六六年度這項開支（包括教育）達到六十五億英鎊，而二十年後則接近九百二十億英鎊了。顯然，負擔已經太重了。

工黨的第二項承諾也從一九四六年開始，這一年英格蘭銀行實行國有化，由此開始了國有化進程。兩年時間裡，煤礦、民航、鐵路、公路、運輸、煤氣、鋼鐵、電力等部門相繼完成國有化，使工黨的「社會主義」色彩看起來十分強烈。但國有化並不是公有化，它採取國家所有制的形式，對國民經濟中某些特定的部門實行國家控制。從實行國有化的行業看，主要是公用性質的部門，其中某種形式的國家控制本來就是需要的。另一些部門則是長期虧損的行業，比如煤礦，既不賺錢，不經營又不可能，於是由國家接管，虧本經營，同時企圖加以改造。國有化過程中對原有的企業主給予補償，隨之由國家成立管理機構（如國家煤炭局），作為國家所有權的體現者。在多數場合下，原有企業內部的管理人員並不改變，工人的地位也沒有變化，在很大程度上，國有化是用一個國家的代表機構取代原來的私人老闆，工人仍是受僱傭者，國家是他們的僱主，工人可組成工會與「國家」這個老闆講定工資。不過具體的談判卻是在工人與經營人員之間進行的，國家仍站在仲裁者的地位上調節衝突，充當中間人。一九四八年，國有化基本上告一段落，這時，80% 的勞動力仍然在私營企業中工作，國有化的雷聲顯然大於雨點。

但國有化仍然是巨大的觀念變化，在英國這樣一個自由資本主義的發源地，國有化意味着雙重否定。它意味着「社會主義」是一種可以接受的實踐，而資本主義也是可以不「自由」的。實際上，保守黨對國有化並沒有當真反對，一九四七年保守黨研究部提出一份文件叫《工業憲章》，其中對英格蘭銀行、煤礦等行業的國有化表示認可。在國有化過程中保守黨只對工黨法案作部分修正，並不反對國有化的根本做法。這表明在思想深處，保守黨和工黨已形成某些共鳴之處，而凱恩斯的經濟理論就是其間的紐帶。

在福利制度方面，保守黨也接受了工黨的理念，即建立一個全方位的社會保障制度，這既是社會公正的需要，也是國家安全的需要。這種共同的思想基礎便形成戰後的「共識政治」，保守黨後來執政時，全面接受了工黨制定的社會立法，也基本上認同了工黨已經實行的國有化措施，由此而產生英國政壇上的「共識政治」，這一次「共識政治」是以保守黨向工黨靠攏為基礎的，事實上若保守黨不認同工黨的做法，它就會永遠被選民拋棄。

工黨創建了福利國家，但它內部的分歧已逐漸明朗。工黨左派以安奈林·比萬為首，要求進一步實行國有化；艾德禮、貝文等主要領袖則不打算這樣做，左、右派之間的隔閡越來越深。一九五〇年大選工黨只得到五票多數，政局非常不穩。一九五一年工黨在朝鮮戰爭問題上分裂，工黨政府垮台。在隨之舉行的大選中保守黨取勝，邱吉爾再次出任首相。這以後一直到一九六四年都是保守黨掌權，但執行的政策卻與工黨無根本不同。英國的情況是很有意思的：工黨創建了福利國家，維持它的卻是保守黨。

兩黨的經濟政策都是一致的，即推行「混合經濟」。在這種經濟制度下，國有企業和私有企業同時存在，「計劃經濟」和自由競爭也同時起作用。國家不僅通過立法來干預經濟，而且下達指標，對經濟發展實行「指導」。國家並不直接參與生產與經營活動，卻可以用「計劃」來引導經濟發展的方向；同時又用稅收的手段調節財富的分配，用福利制度來保障最低的生活標準。這樣一套社會經濟政策在戰後大約二十年時間裡效果很好。這段時間裡，經濟穩定，失業率很低，人民的生活水平明顯提高，英國似乎已走進了一個「富裕社會」，戰爭的代價確實沒有白付，人民為自己創造了前所未有的繁榮。兩黨的「共識」體現為一個新的符號：「巴特茨克爾主義」。這個詞來源於理查·巴特勒和休·蓋茨克爾的姓，他們分別擔任過保守黨政府和工黨政府的財政大臣，由於兩黨執行同樣的經濟政策，兩個人的姓就被合成一個有意思的新詞了。

保守黨一直執政，先由邱吉爾任首相，後由安東尼·伊登接任。伊登在一九五六年蘇伊士運河事件中栽了下來，哈羅德·麥美倫接替。麥美倫在一九六三年因病做了個小手術，他決定提前卸任，並提名何謨伯爵繼任。但這時，人們一般認為首相應該是下院議員，貴族不應該做首相。於是何謨伯爵放棄爵位，通過一次選舉進入下院，這才當上了首相。但何謨在黨內威信不高，許多人不服他，這使工黨在一九六四年大選中獲勝，由哈羅德·韋爾遜組閣。保守黨在一九七〇年捲土重來，由愛德華·希思出任首相。一九七四年韋爾遜再次組閣，一九七六年則由本黨的占士·卡拉漢接替首相職。至此時為止，各屆政府無論何黨派都執行大同小異的內外政策，「巴特茨克爾主義」也始終在英國生效，凱恩斯的經濟學說是兩黨治國方案的共同基礎，「共識政治」指導着兩黨的行動。

在「共識政治」期間，英國憲政發生了一些有趣的變化，使權力的重心更傾向下院。首先，上院的作用進一步削弱，根據一九四九年的《議會法》，上院對下院所通過的法案，只能行使一年的延置權，一年之後，法案將自動成為法律，送英王批准。這樣，上院在立法方面的權力就幾乎被剝奪殆盡。一九五八年議會又通過《終身貴族法》，旨在改變上院的世襲性質。這項法案規定國王可以冊封「終身貴族」，終身貴族不可世襲，終生而終。這以後，英國就很少再冊封世襲貴族了，企圖以這樣的方法逐步減少世襲貴族的人數，改變上院的組成。但《終身貴族法》並不取消世襲制度，因此改變不了上院的性質。第二次世界大戰後各種政治力量曾多次提出徹底改造上院的問題，但最後都不了了之，無可付諸行動。世紀之末新的工黨政府再次把這個問題提出來，雖已提出初步方案，但因此問題涉及政治制度的基本框架，因此非常複雜，實施起來當會碰到不少困難。

但另一方面，一九六三年制定了一項《貴族法》，規定世襲貴族可以放棄世襲頭銜，成為平民。這主要為生來就是貴族的人捲入政治主流鋪平道路，因為作為貴族，他們無法參加大選，不可以成為下議員，因此也就不可能作為黨的領袖進入主流政治中去。

在上院影響繼續衰落的同時，下院的重要性則持續增長。第二次世界大戰前英國已實行全民普選，一九四八年制定的《選舉權法》實行了徹底的一人一票制，把過去殘存的一人多票現象完全消除了。一九六九年將選民的年齡限制從二十一歲降為十八歲。現在，凡年滿十八歲的英國公民，不分男女，都有權參加下院選舉（少數情況例外，比如貴族）。正因為下院是普選的產物，所以它自稱代表民意，體現着國家的主權。下院在當代英國政治中具有舉足輕重的意義，爭奪下院多數是各政黨的目標。

但第二次世界大戰之後，權力卻在向政府方面傾斜。從理論上説，政府應該服從議會，執行議會的立法；但在現實政治中政府卻通過政黨控制議會多數，讓議會制定符合政府願望的法律。在這個過程中起關鍵作用的是政黨，二十世紀英國政黨已成為群眾性黨，也就是説，它們不再像在十九世紀那樣只是議會內部貴族政治家的不同派別，與社會大眾沒有直接聯繫；二十世紀政黨都有地方黨組織，有大批的普通黨員，雖説黨的領導並不能要求黨員隨時服從黨，但黨卻可以通過黨的地方組織動員群眾參加選舉，選出本黨議員，再通過黨的議會黨團對本黨議員實行紀律約束，要求他們在一切重大問題的投票表決中與本黨保持一致，從而達到控制議會的目的。執政黨對黨的控制就意味着對議會多數的控制，政府控制議會也就通過政黨這樣一個中介工具而完成。二十世紀的英國政治是典型的政黨政治，政黨是政治運作的基石。

政府通過政黨而取得權力，首相則在政府中地位日顯。第二次世界大戰期間，邱吉爾的地位已相當顯赫；第二次世界大戰後，首相的作用越來越超出政府中其他成員。二十世紀八十年代，瑪格麗特·戴卓爾在英國政壇崛起，她就是一位以強悍著稱的首相。

戴卓爾上台標誌着「共識政治」的結束，它有着深刻的歷史背景。六十年代下半葉英國經濟出現奇怪現象，即一方面發展停滯，另一方面物價飛漲，出現著名的「滯脹現象」，通稱「英國病」。按照傳統的經濟理論，經濟蕭條時物價會下降，購買力疲軟，經濟發展的動力不足，市場縮小，而失業人口則隨之增加。針對這種情況，凱恩斯提出用國家干預的方法刺激需求，人為擴大市場，用市場需求帶動生產，達到經濟繁榮，並解決失業問題。福利政策就是在這種理論指導下制定的，它是一種擴大消費的手段，希望在消費增長的情況下經濟也自然增長。但「滯脹現象」出現後凱恩斯理論就受到動搖，人們發現經濟蕭條與通貨膨脹同時存在，需求與發展的關係似乎斷開了，人們一方面沒有錢，勞動力大量失業，另一方面物價卻居高不下，好像人們有數不盡的錢似的。這種現象是如何形成的？一種新理論認為是公共開支太大而造成了惡果。它指出：凱恩斯理論從擴大消費的角度來刺激經濟，為此必然擴大公共開支（其中最重要的項目之一就是福利開支），因此就必然加重稅收，而沉重的稅務則一定會影響企業的收益，妨礙投資，造成生產率下滑，失業率則上升，因此，一方面市場疲軟，另一方面則物價高抬。這種理論主張從擴大生產的角度來刺激經濟，為此就應該減少貨幣總量，削減公共開支，大幅度降低稅收，尤其要降低針對富人的高額所得稅，鼓勵投資，刺激生產。這種學說被稱為「貨幣主義」。

七十年代，滯脹現象達到高潮，年經濟增長率在2% 以下，有時還出現負增長；零售物價指數不斷上漲，一九七四—一九七八年其指數從二百零一上漲到三百六十五（以一九六三年數字為一百），同時，到一九七八年，失業人數達到一百六十萬。工會連續發動大規模罷工，七十年代出現第一次世界大戰以來最活躍的罷工浪潮，每年因罷工而損失的工作日少則一千多萬個，多則兩千萬個，一九七九年達到一九二六年以來的最高數字，即二千九百四十七萬個。罷工工人要求大幅度提高工資，而工資一旦提高，物價就會更高，生產能力卻並未因此而有所改進，相反，在生產水平不發展的前提下提高工資，只會加劇通貨膨脹，使滯脹現象更為突出。面對嚴重的經濟危機，各屆政府無論是工黨還是保守黨都用盡渾身解數力圖解救，但只要他們試圖抑制消費、緩解通貨膨脹時，經濟發展就立刻受阻；而一旦他們企圖刺激生產，解決停滯問題時，又

一九七九年戴卓爾當選為英國首相後，登上《時代》雜誌（*TIME*）封面

立刻造成更嚴重的通貨膨脹。歷屆政府都頭痛醫頭，腳痛醫腳，結果滯脹現象愈演愈烈，「英國病」已病入膏肓。一九七八年，工黨卡拉漢政府宣佈對工資問題採取強硬立場，規定年增長率不得超過5%；但第二年，在強大的罷工壓力下政府不得不同意把工資提高9%，在全體國人面前大丟其臉。在這種情況下，保守黨對政府提出不信任案，並以一票多數擊敗政府。這是二十世紀唯一一次當權的政府丟失議會多數的場合，此時英國正陷在最深刻的社會經濟危機中。

瑪格麗特．戴卓爾在這時上台，她上台便拋棄了「共識政治」。戴卓爾信奉貨幣主義理論，上台後就進行大刀闊斧的改革。她主要採取四項措施，一是私有化，二是控制貨幣，三是削減福利開支，四是打擊工會力量。在私有化方面，戴卓爾政府把40%的國有企業出售給私人，總資產達兩百億英鎊，包括英國航空公司、英國電信公司、英國鋼鐵公司等。在貨幣政策方面，戴卓爾政府實行嚴格控制，將通貨膨脹率降到5%以下。在社會福利方面，戴卓爾政府大量削減各種補貼，包括住房、醫療、失業、教育等，這些削減對社會下層造成比較大的影響，但它不敢根本否定福利制度，因為福利制度關係到大多數人口的根本利益。在打擊工會力量方面，戴卓爾政府制定一系列相關法律對罷工進行限制，使罷工的決定很難做出，罷工需經過工會會員的投票及一系列法律程序的批准才可進行。一九八四年，戴卓爾政府還與煤礦工會攤牌，煤礦工會發動了三百六十二天的長期罷工，其間甚至發生一些暴力活動，但罷工最終還是被政府擊敗了，這以後，整個工會的力量都大大受到削弱。

戴卓爾的一系列政策確實取得效果。起先，戴卓爾的「猛藥」似乎把英國拋進了危機的最低谷，三百萬人失業，國民生產總值下降3%，經濟一片不景氣。但從一九八三年起情況好轉，到一九八八年英國已走出危機，經濟增長率超過了歐美國家的平均水平，通貨開始穩定，失業率也持續下降，達到了正常水平，「英國病」似乎已治好了。在此後舉行的兩次大選中保守黨都獲勝，戴卓爾也成為二十世紀在職時間最長的首相，並且是一八二七年以來唯一在連續三次大選中獲勝的首相。

戴卓爾雖説政績斐然，但她的政策基本上是「扶富抑貧」，在她的政策下，富人富了，貧窮的階層卻受到傷害；政府在文化教育方面削減開支，從長遠角度看對國家也不利。戴卓爾個人作風強硬，引起黨內同僚不滿。一九九〇年十一月，內部衝突終於爆發，導致戴卓爾下台。保守黨在歐共體問題上一直有嚴重分歧，形成所謂的「親歐派」和「親美派」。「親歐派」的黑塞爾廷趁下院保守黨領袖傑弗里·豪對戴卓爾的外交路線發起公開攻擊之時，宣佈挑戰戴卓爾的黨領袖地位，並爭奪首相職務。在黨內第一輪投票中戴卓爾未能獲勝，雖説還可以進行第二輪投票，但她宣佈退出競爭，主動結束了「戴卓爾時代」。不久後，她被授予女男爵稱號進入上院，一代女相逐漸淡出英國政壇。

保守黨選擇了性格較為平和的馬卓安接任首相，馬卓安基本上是個「戴卓爾派」，但他不是個強有力的領導人，被看成英國歷史上最沒有作為的首相之一。但他卻在一九九二年大選中帶領保守黨輕易獲勝，原因是工黨實在太弱，拿不出吸引人的競選綱領。馬卓安在多數問題上繼續執行戴卓爾路線，似乎是戴卓爾的翻版，「戴卓爾時代」彷彿仍在繼續。但在一九九七年的大選中風向卻變了，保守黨因為在對歐政策問題上再次發生嚴重分歧，不能團結一致；選民則對保守黨的沉悶氣氛感到失望，希望再現新風。這一年，在野十八年的工黨在大選中終於獲勝，一個「新時代」於是開始了。

二、殖民地獨立與英帝國解體

第二次世界大戰後英帝國解體了，民族主義運動在殖民地蓬勃興起。戰爭開始時，自治領和殖民地與英國一同捲入戰爭，再次體現了帝國的團結。帝國各地共派出五百萬軍隊投入戰鬥，這個數字已高出第一次世界大戰中的數字。但戰爭結果卻表明：它恰恰是英帝國解體的催化劑，如果說第一次世界大戰使英帝國發生動搖，那麼第二次世界大戰就使英帝國走向終結，戰爭的勝利反而促進了殖民地的離心傾向，最終導致戰後的獨立。

以下這些因素促進了殖民地的離心傾向。首先，戰爭初期英軍在亞洲的敗退造成深遠影響，人們意識到英帝國已相當脆弱，不能給殖民地帶來安全，自治領和殖民地都開始重新思考它們和英國的關係，這就使帝國的凝聚力受到重大打擊。第二，在戰爭中，迫於戰局需要，英國對殖民地做出種種許諾，希望它們全力以赴投入戰爭。但戰爭結束後這些許諾就需要兌現，從而為民族獨立提供了契機。第三，戰爭促進了殖民地人民的覺醒，這次戰爭的重要特徵之一，就是受侵略國家反對侵略的戰爭，戰爭中聯合國家提出了民族自決的原則，由美、英簽署的《大西洋憲章》也體現出了這一精神。但民族自決的原則一旦提出，它就迴避不了殖民地與宗主國關係的問題，殖民地以民族自決為口號，一定會走上與帝國分離的道路。第四，戰爭使大批殖民地人走出國門，走上戰場，開拓了他們的眼界，改變了他們的思想，這些人回國後往往會成為民族主義的傳播者，為英帝國培養更多的掘墓人。最後，戰爭中的盟國都對殖民主義不抱好感，尤其是美蘇兩國，它們在戰後成為超級大國，造成了瓦解英帝國的國際環境。

這樣，在戰爭結束後不久，英帝國的解體也就開始了。印度是走向獨立的第一個地區。戰爭中，印度的反英情緒很濃，許多人不願為英帝國打仗，甚至站在日本侵略者一邊反對英國統治。甘地領導的非暴力不合

蒙巴頓勳爵代表英國向尼赫魯移交政權，承認印度獨立

作運動在戰爭期間屢現高潮，英印當局殘暴鎮壓，於是和民族主義形成尖銳對立。一九四二年日軍侵佔緬甸，一直打到印度邊境，英國政府慌忙派特使赴印度與國大黨談判，做出了許多保證。但國大黨堅持要求在戰後實現獨立，英國則未予承諾。戰爭結束後，英國遵照它的保證在全印度進行大選，國大黨和穆斯林聯盟分別得到印度教徒和伊斯蘭教徒的全力支持，而印度的獨立也就不可避免了。但這時，印度教和伊斯蘭教之間卻發生嚴重衝突，穆斯林不願留在一個統一的印度國家內，生怕印度教的人口優勢會對他們不利。英國起初想維持一個完整的印度，但後來發現做不到，就打算撒手不管。一九四七年二月首相艾德禮宣佈：英國將在一九四八年六月之前撤離印度，而不管印度當時的局勢如何。這就意味着在一九四八年六月之前國大黨和穆斯林聯盟必須解決它們的分歧，否則印度將處於無政府狀態。在這種情況下，印度兩大黨終於都承認分治是唯一的出路，並接受了由新任總督蒙巴頓勳爵制定的分治方案，即「蒙巴頓方案」。根據這個方案，獨立後將出現兩個新國家——印度和巴基斯坦。印度主要由印度教徒組成，巴基斯坦則是個伊斯蘭教國家。各土邦都可以自主決定加入印度或加入巴基斯坦，從理論上說也可以選擇獨立，但在實踐上這一點卻無法做到。

於是，印、巴獨立後，除了克什米爾的歸屬問題直至現在都未能解決、並引起印巴之間的三次戰爭外，其他地區按宗教信仰分成兩部分：西北部和東北部的伊斯蘭地區組成一個國家即巴基斯坦（後來東北部又單獨成為孟加拉國），中間的印度次大陸主體則成為現在的印度。一九四七年八月兩國先後宣佈獨立，英國皇冠上的這顆明珠，在經受英國三百多年的侵略和統治之後終於脱離了英國，成為戰後英帝國解體的第一聲。獨立後，印度和巴基斯坦都加入英聯邦，成為英聯邦中與英國平起平坐的獨立國家。兩國的做法為後來獨立的殖民地提供了先例，英聯邦逐漸成為英國與新獨立國家的鬆散聯合體。

但印、巴在獨立之時卻發生了難以名狀的慘劇，印度在爭取獨立的過程中完全遵循甘地的指引，走非暴力不合作之路。但就在獨立的前夕，兩個教派之間的衝突，卻演變成印度人之間的大仇殺，印度教徒和穆斯林互相廝殺，成千上萬的無辜者在血泊中倒下。年逾古稀的甘地老人再次呼籲非暴力，並且進行最後一次絕食，他想用這種方式籲請人們停止暴力，呼籲宗教的和解、人心的互諒。但這一次卻沒有人追隨他，也沒有人響應他，他的聲音孤零零地飄過印度上空，幾百萬印度教難民卻從印巴分界線的巴基斯坦一側湧入印度，另外幾百萬穆斯林難民則從分界線的印度一側湧入巴基斯坦，逃避宗教迫害。這些人在途中飢寒交迫，飽受劫難，至少有五十萬人被對方的狂熱分子殺害，有人説受害者達到一百萬。在這樣一個仇恨的癲狂中，印度歷史上最悲涼的一劇發生了：一九四八年一月三十日，當甘地老人去做他例行的晨禱時，一名印度教青年向他彎腰祝福，突然間卻拔出手槍向他射擊，甘地連中三槍，驚訝地死在他自己人民的手中，而原因就是他主張宗教和解、提倡和平地解決問題！

儘管如此，印、巴獨立還是帶動了亞洲一批國家的獨立。一九四八年，緬甸、錫蘭相繼獨立，英國並放棄了在巴勒斯坦的託管權，結果巴勒斯坦問題成為當今世界上最難解決的問題之一。情況之所以如此，就是因為英國先在巴勒斯坦執行「猶太家園」計劃，後來又限制猶太移民，結果兩頭不討好，猶太人和阿拉伯人都反對它，兩個民族之間的仇恨也被挑動起來。一九四八年英國宣佈撤離，以色列立即立國，接着，第一次阿以戰爭就爆發了。五十年代初保守黨政府採取較為強硬的政策，結果捲入三場殖民地戰爭。一九四八—

一九五五年英軍在馬來亞鎮壓共產黨遊擊隊，為此曾派出二十五萬英軍，而馬共武裝大約只有八千人。從軍事上說英國是勝利了，但一九五七年它卻不得不讓馬來亞獨立。第二場戰爭從一九五二年起在肯尼亞進行，目標是當地土著吉庫尤人的一個帶有神秘宗教色彩的「茅茅」組織。戰爭打了四年，幾千人戰死，而肯尼亞仍然在六十年代取得獨立。第三場戰爭是在一九五四年開始的，英軍在地中海的塞浦路斯島上向希臘族「埃奧卡」武裝力量開戰，投入軍力約三萬人，最後卻未能制服「埃奧卡」，不得不在一九五九年同意塞浦路斯獨立。這三場戰爭中，儘管前兩場戰爭從軍事上說是勝利的，但其政治意義卻不大。後一場戰爭在軍事上都是失敗的，戰爭並不能解決問題。

但一九五六年英國在殖民地問題上犯了更大的錯誤，捲入一場更丟臉的戰爭。這一年，英國從蘇伊士運河撤軍了，恢復了埃及的完整主權，這意味着二十年前埃及獨立時留下的一條殖民主義尾巴已經徹底被割斷了，埃及問題似乎已經解決。但不久後，剛剛掌握政權的納賽爾宣佈對蘇伊士運河實行國有化，大大地觸犯了英法的利益，因為英法控制着蘇伊士運河的大批股票。英法於是和以色列秘密商定：由以色列對埃及發動進攻，然後英法借保護運河、制止戰爭為由，派軍隊進駐運河區，重新實行軍事佔領。這是個十分拙劣的陰謀，英國既想佔領運河區，又想扮演正義的角色。起初，一切都進行得十分順利，但美國卻出於自身的利益，一開始就不支持英法動武。戰爭爆發後，美國一方面在聯合國譴責侵略，一方面又迫使以色列接受停火，使英、法失去了干涉的藉口。在蘇聯、中國和全世界正義輿論的反對下，英法不得不撤軍，在全世界面前丟了臉。

蘇伊士運河事件是英國殖民史的重大轉折點，它説明老牌殖民主義已四面楚歌，很難繼續維持下去。它也説明美國的影響已超過英國，沒有美國支持，英國甚麼也幹不成。事件結束後，伊登政府垮台了，工黨本來有很好的機會取而代之，但工黨內部有分歧，無法利用這個機會向保守黨發動窮追猛打。結果保守黨組成新政府，由麥美倫出任首相。麥美倫嘴上喊着帝國主義的口號，行動上卻改弦更張，加緊英國從殖民地撤

一九五六年十一月一日聯合國召開緊急會議討論蘇伊士運河危機

退。一九五六年之前，英國已基本上撤出遠東，但不打算放棄非洲。英國人認為非洲的民族尚不成熟，還不能自己管理自己，除黃金海岸（現在的加納）、蘇丹和尼日利亞外，英國並不準備離開其他地方。但蘇伊士運河事件後英國加快了撤離的步伐，它已經意識到無力維持一個帝國了，因此越早撤手，情況就越好。一九六〇年麥美倫訪問南非，在開普敦發表了著名的「變革之風」演說，在演說中他承認民族主義覺醒已傳遍非洲大陸，對這樣一股「變革之風」英國準備接受。在這種思想指導下，英國在六十年代讓非洲幾乎所有的殖民地全都獲得了獨立，而英帝國至此事實上就已經結束了。

獨立的國家多數都留在英聯邦內，這多少對英國是一種安慰。別的帝國垮台了就煙消雲散，英帝國卻還能留下一個幻影。其中的原因與英國的統治方式不無關係，英國人善於讓步，一旦他們發現民族主義的烈火已不可遏止，他們便見好就收，趁早把權力交給本地人，因此從感情上說，英國與殖民地之間並未發展到勢不兩立的地步。此外，英國在多數殖民地建有代議機構，本地人經長期的努力，可能早就進入了這些機構，這對平穩過渡也是有益的。新獨立的國家認為與英國保持某些比較正式的關係是有好處的，英聯邦則正是這種新關係的體現。但英聯邦畢竟不是英帝國，隨着時間的推移，聯邦內部關係越來越鬆散，成員國對地區事務日趨重視，而超地區的聯邦對它們來説則越來越遙遠了。

七十—八十年代，又有一批受英國殖民統治的地區獲得獨立，它們主要是加勒比地區、太平洋島嶼和印度洋島嶼。這時非殖民化運動在全世界都已接近尾聲；香港則在一九九七年歸還中國。

在整個過程中，南羅得西亞是個特例。這個地區的白人想建立一個南非式的國家，由白人少數種族控制政權。英國反對白人的圖謀，表示支持向多數人統治過渡，結果白人單方面宣佈獨立，於一九六五年脱離英國統治。英國對此不予承認，和國際社會一起對它進行制裁；黑人解放運動也開始進行武裝鬥爭，到一九八〇年，白人政權終於把權力交還給英國，由英國向多數人移交權力，南羅得西亞成為獨立的津巴布韋。

在帝國光輝日益黯淡的過程中，一九八二年英國卻重溫了一次帝國夢。這一年，阿根廷用武力進佔馬爾維納斯群島（英國稱福克蘭群島），英國則用武力加以收復。福克蘭群島在一八三三年被英國佔領，此後一直在英國統治下，島上一共只有一千八百名居民，基本上都是英裔移民，並沒有甚麼經濟和戰略價值。阿根廷動武，是因為它認為英國已經衰落，無力顧及一萬海里之外這樣一群孤島了。但此時在英國是戴卓爾執政，「鐵娘子」不願讓英國的國威在她手上受辱，於是派出一支特混艦隊，由英國海軍三分之二的兵力組成。艦隊浩浩蕩蕩地駛向阿根廷南部海域，這一次英國得到了西方世界的支持，尤其是美國，它向英國提供了大量軍事情報。英軍在一九八二年六月收復福克蘭群島，雖説勝利是輝煌的，意義卻很渺小，它主要是安慰了英國人的帝國心理，讓他們突然回憶起英帝國昔日的光榮。

在英帝國全方位撤退的同時，愛爾蘭問題日益使英國進退兩難。第二次世界大戰中，愛爾蘭保持中立，不願參加英國的戰爭。一九四九年，愛爾蘭改名「愛爾蘭共和國」，表示它與英國更加拉開距離。但使英國頭疼的是北愛爾蘭問題，一九二六年，德．瓦列拉接受憲政方法、放棄暴力活動時，一部分新芬黨人不願追隨他，他們和愛爾蘭共和軍結為表裡，新芬黨是政治翼，進行合法鬥爭，共和軍是軍事組織，從事暴力活動，目標都是統一愛爾蘭，結束南北分裂的局面。但問題的複雜性在於：北愛爾蘭人口多數是新教徒，他們不願歸併愛爾蘭，希望留在英國統治下，因此如果把北愛爾蘭交給愛爾蘭，就會受到北愛爾蘭多數人的反對。在這種情況下，北愛爾蘭兩派激烈地衝突，使英國左右為難。六十年代末，兩派的衝突愈演愈烈，雙方互相殘殺，北愛爾蘭陷於戰亂之中。一九六九年八月，英軍開入北愛爾蘭，這以後便開始了大約三十年的英國直接統治。這段時間裡，共和軍不斷發動暴力攻擊，殺害英軍士兵，襲擊警察，製造爆炸事件，暗殺政界人士。一九七九年共和軍刺殺戴卓爾夫人的重要盟友艾雷·尼夫，同年又刺殺王室成員蒙巴頓勳爵，蒙巴頓是第二次世界大戰時盟軍東南亞戰區的總司令，又是印度獨立的主持人，他的死在全世界引起巨大震驚，對共和軍的聲譽造成重大損害。戴卓爾上台後對共和軍採取強硬態度，一九八一年，一批共和軍犯人獄中絕食，戴卓爾不顧國際社會的求情，堅決不予理睬，致使十一名犯人餓死。共和軍則加強了暴力活動，一九八四年，共和軍在保守黨召開年會時爆炸了會議賓館，企圖刺殺戴卓爾；一九九一年，共和軍在倫敦向首相官邸發射火箭，而當時馬卓安和他的政府正在開會。

時至今日，英國早就想丟掉愛爾蘭這個包袱了，但它又丟不掉。英國在愛爾蘭問題上一再犯錯誤，起先它把愛爾蘭看作殖民地，引起愛爾蘭人的深惡痛絕；後來愛爾蘭要求自治，英國的拖延卻錯過了時機，愛爾蘭反而要求獨立了。等英國想徹底丟掉愛爾蘭時，它又丟不掉了。現在北愛爾蘭的問題是：若英國不丟掉北愛爾蘭，天主教徒反對；若英國丟掉北愛爾蘭，新教徒又不願意。新教徒在北愛爾蘭佔人口多數，天主教徒則在整個愛爾蘭佔人口多數。因此，英國無法擺脫這個困境，讓兩邊的多數人都能滿意，而同時又能使自己脫身。它唯一能做的就是拚命把雙方都拉到談判桌上來，在談判中找到一個雙方都能接受的方案。從馬卓安開始，歷屆英國政府都採用這個方針，貝理雅的工黨政府上台後更推動了談判的勢頭。一九九八年四月，愛爾蘭和平會議終於取得成果，簽訂了一個歷史性的決議，為最終解決愛爾蘭問題提供了可能性。但問題的解

英國議會大廈——威斯敏斯特宮

決仍有待時日，積怨已經太深了，牽扯的方面又太多，各方都有過多的期待和過多的怨恨，歷史的冤結有時是很難解開的，化解怨仇談何容易！

相對來說，蘇格蘭和威爾斯的情況就平和得多。戰後這兩個地區也出現民族主義，不過它們更強調的是文化特色，因此是一種「文化民族主義」。在政治上，兩個地區都提出分權的要求，即建立地區性議會，討論和決定本地區的地方事務。為此，一九七九年在兩個地區分別舉行了全民公決，決定是否建立分權議會，但都未能成功。一九九七年工黨政府上台後再進行一次全民公決，結果兩地都建立了地區議會。現在，聯合王國內部已經有三個議會，一個是在威斯敏斯特的中央議會，討論和決定全國事務；兩個是蘇格蘭和威爾斯的分權議會，討論和決定地區事務；北愛爾蘭問題尚未最後解決，但在構想中也應成立一個地區議會。由此看來，第二次世界大戰後不僅英帝國解體了，「聯合王國」如何「聯」法也成了問題。英國在這個世界上的地位已發生根本變化，它將以何種姿態進入二十一世紀？

三、從「帝國情結」到融入歐洲

英帝國的命運直接影響着英國的對外政策及它在世界上的自我定位。第二次世界大戰結束的時候，英國是個龐大的帝國，它以帝國作為自己存在的基石，一切對外政策都是以帝國為出發點的。這個時候，邱吉爾為英國的國際存在進行定位，他說：當今世界存在三個環，第一個是英聯邦和英帝國，第二個是英國、美國及英語世界其他國家，第三個是聯合起來的歐洲。通觀全球，只有英國在三個環上都佔有位置，而且處在三個環的交叉之處，因此，英國仍將發揮舉足輕重的國際作用，仍然是世界上的一個大國。邱吉爾的這個判斷後來在很長時間裡指導英國的外交政策，被人們稱為「三環外交」。

三環外交的基石是英聯邦和英帝國，英國把很大的注意力放在這個方面。但英國也意識到它的力量已經削弱，而美國已成為超級強國，沒有美國的支持它將寸步難行，所以特殊的英美關係事關重大。三環之中最不被重視的是歐洲，而恰恰在這一點上英國做出了錯誤的判斷。英國人一直有一種很奇怪的想法，即認為英國不屬於歐洲，英國與「歐洲」之間沒有關係。這固然是一種島國心態的反映，但更重要的是英國有一個帝國情結，它始終站在帝國的立場上考慮問題，而帝國利益與歐洲的利益又往往是衝突的，比如國際貿易，假如照顧了帝國，便難以兼顧歐洲。這種思維定式使英國在戰後幾十年中漠視了歐洲事態，或者在必須做出選擇時選擇了帝國，結果就錯失了引導歐洲潮流的機會。

戰後西歐的主要潮流是一體化，一九五〇年法國提出「舒曼計劃」，兩年後法、德、意、荷、比、盧六國組成「歐洲煤鋼共同體」，這就是歐洲經濟共同體的前身。英國對此項計劃毫無興趣，它擔心在煤鋼方面與歐洲國家合作，會影響到帝國內部的生產與貿易。一九五七年煤鋼共同體轉變成歐洲經濟共同體，英國再次袖手旁觀，對西歐的一體化持消極態度，生怕過多的歐洲色彩會影響它的帝國性質。但這樣一來英國就失去了在歐洲事務中起領導作用的機會了，以致後來再想加入歐共體，就不得不一次又一次去申請。

後來的事態發展卻迫使英國把注意力轉向歐洲。首先，英國在六十年代患上「英國病」，經濟景況十分不好，相比之下，歐共體六國呈現出欣欣向榮的發展趨勢，使英國的劣勢日趨顯著。歐共體對外實行統一關稅，對內進行經濟互助，英國事實上已被排除在歐洲經濟一體化之外，照此發展，英國將越來越處於不利的地位，其經濟將承受更大的損失。其次，英國本來把帝國看得非常重要，希望帝國內部的經貿關係可以補償它在其他地方受到的損失。但第二次世界大戰後帝國迅速瓦解，英聯邦又不能取代帝國的作用，站在帝國的角度看問題，看到的只會是一個幻影，對英國的經濟無濟於事。蘇伊士運河事件後，英國加快從帝國撤退，帝國顯然不能再作為對外政策的基礎了，英國必須另闢蹊徑。第三，戰後世界格局迫使英國重視歐洲，兩極化將英國與西方拴在一起，英國不得不重視它與西歐國家的關係，更多地捲入歐洲事務。最後，特殊的英美關係也要求英國重視歐洲，美國的外交重點是抑制蘇聯，美國希望英國在這方面發揮重要作用，甚至在歐洲起引導作用。英國要維持它與美國的特殊關係，就必須滿足美國的願望。並且，美國是討厭英國的舊式殖民帝國的，這在第二次世界大戰及蘇伊士運河事件中表現得很清楚，美國的這種情緒也影響着英國的政策。

總之，隨着時間的推移，英國一點點發生轉變，把臉轉向歐洲，而背卻開始對着帝國。這是英國對自身國際地位的重新界定，標誌着在大約五百年中一個歷史性的大轉變。

英國人對這一轉變反應遲緩，英國人的帝國情結太深，難以在一代人時間裡完成變化，英國人的心目中總是存留着一個帝國，哪怕它已萎縮成一個影子也罷。出於這種心態，當戰後出現西歐聯合的最初跡象，而英國明顯處於最優越的地位上時，英國卻拱手讓出這一機會，錯過了這一千載難逢的良機。然而現實是無情的，它迫使英國向歐洲靠攏，當加入一體化進程的必要性逐漸展現出來時，英國人被迫踏上這條路。儘管如此，英國人仍勉為其難地在這條路上行走，迄今仍不願痛痛快快地追趕一體化的步伐。

英國政界始終有兩派，一派主張靠攏歐洲，另一派則持強烈的反對態度。一般來說，工黨中的左派反對

THE GUARDIAN

Manchester　Monday January 1 1973　5p

Two die on the toss of a coin

We're in—but without the fireworks

By DAVID McKIE and DENNIS BARKER

Alone in the heart of a city...

Sheltering

Surrounded

一九七三年一月一日英國《衛報》關於英國加入歐共體的報道

歐洲化，保守黨中的右派與他們結盟。但保守黨對一體化的態度相對積極一些，為此做出的努力也更加大。英國第一次申請加入歐共體是在一九六一年，當時保守黨的麥美倫任首相。但一九六三年初法國否決了英國的申請，第一次努力也就此失敗。一九六四年工黨執政，工黨左派強烈反對歐共體，説它是「帝國主義」的一個陰謀，申請過程因此中斷。但一九六七年韋爾遜政府轉變態度，於是提出第二次加入申請，這次努力很快也受挫，歐共體成員國擱置了英國的請求。一九七〇年，保守黨的希思在大選中獲勝，他於一九七一年重新開始與歐共體談判，最後在一九七二年達成協議，從一九七三年起，英國將成為歐共體成員。但英國國內關於歐共體的爭論卻並未因此結束，一九七五年，韋爾遜政府為應付黨內的反對意見而舉行一次全民公決（也是英國歷史上第一次全民公決），就是否退出歐共體問題進行投票。雖説多數選民支持留在歐共體內，但反對的意見仍十分強烈。戴卓爾作為保守黨中的右派，上台後對歐共體採取較為強硬的態度，在許多問題上鬧獨立性，常使其他成員國大傷腦筋。雖說這與戴卓爾的個人作風不無關係，但在更深的層面上卻體現着英國朝歐洲轉向的艱難過程。一九九〇年，執政十一年的戴卓爾在黨內受挫折突然宣佈辭職，其中政策方面的分歧就在於歐洲問題，戴卓爾是「歐洲懷疑派」，她反對加強與歐洲的關係，反對擬議中的歐洲聯盟。時至今日，英國仍是歐盟中一個半心半意的夥伴，它的邊境仍處於半開放狀態，它反對防務一體化，它不願加入歐元體系，所有這些都使英國與聯合的歐洲若即若離，使人們常常記起：英國是一個島國，又曾是一個帝國。

總之，第二次世界大戰後英國發生了很大的變化，這些變化可以概括為三個方面：第一，它改變了自由資本主義的色彩而成為一個福利國家；第二，它不再是一個大國而成為一個小國；第三，它丟掉了一個帝國而重新回到歐洲。大戰到現在雖說只有半個多世紀，但變化卻是深刻的，在很大程度上改變了英國的性質。這些變化也是世界潮流變化的產物，英國跟進了潮流，卻也在潮流中受到了猛烈的衝擊。

作者點評

我曾多次在英國旅行，也接觸過許多英國人。英國的原野非常美麗，千姿百態，鄉村之靜秀，山巒之挺峻，蘇格蘭高地的雄峰淒壯，威爾斯海岸的驚濤悲涼，這些都給我留下很深的印象，我禁不住總是想：造物賜予英國何等的關愛！這片優美的國土，本是在海中安詳地漂蕩，但突然間它成了文明的中心，在世界的漩渦中隨波瀾起伏，捲入了時代的狂風巨浪！這是由工業革命引起的，因工業革命，英國改變了世界，也改變了自己的命運。為甚麼工業革命從英國開始呢？這是多少人心中始終悶悶不得其解的問題，他們孜孜不倦，企圖尋找答案。但答案存在於歷史之中，歷史是一個廣闊的天地，它能夠包羅萬象。到二十世紀下半葉，漩渦的中心已離英國而去了，英國又恢復了它相對的寧靜。我見過許多英國人，他們對此似乎很坦然，並不為失去中心地位而感到痛心疾首，也不為丟失昔日帝國而時有哀輓之情，他們似乎安然於現狀，安然於自己新的定位，那就是：英國是一個發達的、現代化的歐洲國家，它關注於自己的生活。當然，他們對過去的歷史滿懷豪情，畢竟，是英國打開了現代化的大門。歷史上的英國時代已經過去了，但英國開創的文明卻仍在繼續；人們對英國的興趣也許會淡薄，但對它開創的那種文明，卻是揮之不去的。

第二十章 此去何方

一、尋找新方向

一九九七年，時隔五年之後英國大選，四十四歲的貝理雅領導工黨大獲全勝，成為繼一八一二年利物浦勳爵執政以來最年輕的英國首相。一個「新時代」由此開始，那就是「貝理雅時代」。

此前，工黨已連續十八年不在台上，它若繼續在野，其政治生命岌岌可危，很可能失去存在的理由，究其緣由，是工黨提不出明確的路線。第二次世界大戰結束後以凱恩斯主義和福利國家為兩大支柱的「共識政治」被戴卓爾破壞了，工黨應該怎麼辦？為此黨內出現了嚴重的路線分歧，分歧的焦點是：工黨應該維持「工人黨」的面貌，堅持「社會主義」路線；還是做一個「全民黨」，像保守黨那樣爭取有產者的支持？工黨在建黨初期是一個「工人黨」，黨員中除極少數具有社會主義傾向的知識分子（如費邊社）之外，全都是工會會員；黨的領導階層幾乎全是工人出身，黨對自己的工人身份感到自豪。一九一八年，在費邊社的幫助下工黨制定出一部黨綱，其中第四條提出「生產、分配和交換手段公有制」的綱領，從而明確了自己是一個「社會主義黨」。但「社會主義黨」和「工人黨」的身份使它在一九二四年和一九二九—一九三一年兩次早期執政時

SEA OF HANDS REACHES OUT AS BRITAIN'S NEW PRIME MINISTER SWEEPS IN TO No10

Tories seize 7 councils

Adams swings it for Sinn Fein

City shares in the success

World hails a great victory

TONE DOWNING ST

By BRIAN READE

THE FIRST DAY OF THE BEST OF OUR LIVES

BLAIR'S FINAL STEP

TONY, PUT IT BLAIR

TONY THERE

TONY STAIR

LAB 419

CON 165

LIB DEM 46

OTHERS

BLAIR'S MESSAGE OF HOPE FOR BRITAIN: PAGES 4 & 5

一九九七年工黨領袖貝理雅當選為英國首相

的處境十分尷尬，因為在議會選舉體制下，它既不能單獨為工人階級掌權，又不能不為工人階級掌權，結果就不知所為，只好一無所為，並導致麥當勞的「叛黨」事件。第二次世界大戰改變了這種尷尬局面，在戰後英國國民要求改變現狀的強大民意支持下，工黨第三次執政的艾德禮政府實行「國有化」，並建立福利制度，工黨的「社會主義」與全民擁護的福利國家似乎攜起手來，於是「工人黨」和「全民黨」居然融為一體，工黨的支持率也達到頂峰。在這種情況下形成了第一次「共識政治」，即保守黨向工黨靠攏，接受了工黨的路線走向。此後直到二十世紀七十年代末，兩黨都執行大致相同的政治和經濟政策。

但工黨卻逐漸失去社會基礎，給黨的生存帶來危機。在「福利國家」框架下，「有產」和「無產」之間的對立似乎在消失，許多體力勞動者上升為「白領」，而腦力勞動者和管理階層也受僱於人，像工人那樣拿工資，雖説他們的收入遠遠高於普通工人，但「工薪」的表徵卻是一樣的。社會下層的經濟和社會地位都在提高，高等教育普及勞工，為其子女進入「中等階級」提供了可能性。一個多層次、多元性的社會正在形成。在這個社會中，「工人階級」的定義開始變得模糊，真正從事社會低下工作的有許多是外籍移民、邊緣人群或者婦女，他們不是傳統的「工人階級」。第二次世界大戰以後的總體趨勢是：工人階級不斷萎縮，中等階級日趨擴大。這對工黨是致命的威脅：工黨如果繼續做「工人黨」，並且指望通過選舉來獲取政權，它就會找不到自己的社會基礎，丟失基本盤；而保守黨卻可以因為它「全民黨」的招牌在社會各階層中找到自己的投票人。這就是工黨在一次又一次大選中接連失敗的根本原因。這樣，工黨面臨着艱難的選擇：是繼續做「工人黨」，還是轉變成像保守黨那樣的「全民黨」？工黨內部的路線鬥爭就是集中在這一點上展開的。

早在二十世紀五十年代末，黨內右翼就提出要修改黨章。一九五九年，時任工黨領袖蓋茨克爾對黨章「第四條」發起攻擊，並要求對社會主義、國有化等問題進行重新認識。蓋茨克爾的提議被黨內左派和工會代表多數所否決，但黨的性質第一次遭遇挑戰。事實上，此時的工黨至少從領導集團看已經很難說是「工人黨」了，其階級成分和受教育程度都越來越接近保守黨。同時，工黨的「社會主義」也名存實亡，「國有化」到五十年代末就基本停止了，「福利國家」建立後英國向哪裡走？工黨說不清楚。保守黨則接過工黨的路線，形成「共識政治」。

二十世紀八十年代，面對嚴重的「英國病」，戴卓爾用「新自由主義」的猛藥取得成功，同時也破壞了「共識政治」。但這反而刺激了工黨左派，使他們更堅定了黨的「社會主義」路線。一九八一年左派富特出任工黨新領袖，他隨即加強了黨與工會之間的聯繫，使其更具備「工人黨」色彩。這推動右派脫離工黨，另組社會民主黨。在左派領導下，工黨在一九八三年議會大選時提出黨的競選綱領《英國的新希望》，其中不僅強調工黨的「社會主義」性質，並且提出大幅度擴大公共開支、加快國有化、退出歐共體、實行單方面裁軍等。此時正是戴卓爾主義風頭正盛時，工黨的綱領幫了倒忙，結果在大選中慘敗。

接連四次大選失敗震動了工黨，「工黨現代化」由此開始。兩任黨領袖金諾克和史密斯相繼提出改革主張，尤其是後者，他明確表示，工黨只有在放棄公有制綱領後才有機會重新執政，也就是說，工黨要拋開社會主義，改造為「全民黨」。史密斯的思路成為工黨轉型的方向盤，其具體實施者是托尼·貝理雅。一九九四年貝理雅四十一歲時出掌工黨，是工黨歷來最年輕的領袖。繼任之後他立即打出「新工黨、新英國」的旗號，對工黨進行徹底改造。他認為工黨必須完全拋棄「階級黨」性質，把工黨轉變成「全民黨」；為此就必須放棄「公有制」，把「第四條」從黨綱中清除。一九九五年工黨修改黨章，把原本「第四條」中關於「生產、分配和交換手段公有制」的提法改成「市場進取精神及競爭活力與夥伴合作力量相結合」；工黨仍然是「民主社會主義」的黨，但公有制沒有了，「社會主義」變成了「合作」。由此，工黨被抽掉了「階級黨」的靈魂，它在性質上與保守黨無異。為了給這種轉變以理論支持，貝理雅將吉登斯的「第三條道路」奉為新的意識形態基礎，一時引起全世界的關注。然而甚麼是「第三條道路」？吉登斯本人曾解釋說：它既不同於社會民主主義，也不同於新自由主義。這種說法無異於「既非A，也非B」，但究竟是甚麼？還是沒說出來。不過在貝理雅那裡，這種「兩不是」意味着既不是戴卓爾，也不是艾德禮，因此是「新工黨」；新工黨將締造一個「新英國」。但是從他十年執政的情況看，貝理雅其實執行了一條沒有戴卓爾的戴卓爾路線，由此形成第二次「共識政治」。只不過第一次「共識政治」是保守黨向工黨靠攏，這一次卻是工黨向保守黨靠攏，工黨也因此轉變成另一個保守黨，成為又一個「全民黨」。

為了完成向「全民黨」的轉變，貝理雅與工會拉開距離。工會一直是工黨的支柱，自從工黨成立起，工會就為工黨提供經費、輸送幹部，並且影響工黨的決策。但幾乎從擔任黨的領袖開始，貝理雅就宣佈工會今後將不再是工黨內部的特殊部分，工黨與工會是「公平」關係，雙方應該互相尊重。工會應該做工人的發言人，而不是工黨的發言人；工會可以就工黨的政策提出意見，但不能支配工黨。在貝理雅出任工黨領袖之前，史密斯已經改變了工黨選舉領袖的辦法，將工會的權重從五分之二壓低到三分之一，並且將投票權分散給每一個工會會員，而不是像從前那樣每個工會只投一張票，工會領導人控制着誰當工黨領袖的話語權。貝理雅是按照這種辦法選舉出來的第一位工黨領袖，因此他對工會可以不領情。

貝理雅上台後面臨的急迫問題是如何處理戴卓爾的「遺產」。第二次世界大戰後英國政府的一大難題是福利開支，貝理雅執政前這筆開支已達到九百億英鎊，是英國政府最沉重的負擔。巨大的福利開支迫使政府實行重稅政策，而這樣做勢必阻礙經濟活力，造成通貨膨脹，由此而形成了「滯脹」。為解決滯脹問題，戴卓爾曾執行激烈的貨幣主義政策，將政府的關注點從刺激消費轉向刺激生產。她採取減稅、削減福利項目、壓縮文化教育經費等措施，試圖減少公共開支。這些措施曾緩解了「英國病」，但同時又造成嚴重的兩極分化，貧富差距拉大，社會對抗加劇，引起廣泛不滿。

面對如此困局，貝理雅政府一方面接受戴卓爾的基本原則，對福利開支進行控制；另一方面又試圖尋找新路，在保留福利框架的同時清除它的積弊。貝理雅對「福利」進行重新解釋，他認為與其把錢花在設定福利項目上，還不如用在人力、智力和基礎設施的投資上，從生產的角度提供「福利」，因此他的經濟政策其實與戴卓爾推崇的供應學派經濟理論一脈相承，是戴卓爾主義的另一個版本。出於此種思路，貝理雅政府鼓勵公私企業共同向基礎部門投資，扶持中小企業，用創造就業來代替救濟。它增加對教育的投資，通過發展人力資源來提高勞動生產率，推動經濟發展。政府還向英格蘭銀行下放權力，讓它獨立於政府，自行決定匯率。在醫保方面，它一面承諾大幅度增加政府撥款，一面又在具體規定上精打細算，節省每一筆錢，並且鼓勵私人醫療。在勞工政策方面，它一方面批准歐盟《馬斯特里赫特條約》所規定的「社會憲章」，限制勞動時間，提高最低工資標準，保障職工參加工會的權利；另一方面又有意識地疏遠工會，將工會的作用邊緣化。總之，貝理雅執政期間緩和了戴卓爾「猛藥」中最激烈的部分，但保留了戴卓爾政策的精髓。

貝理雅第一屆政府還做了以下兩件事：

一是在一九九八年提出上院改革法案，縮減世襲貴族在上院的表決權。改革上院是工黨在競選時做出的承諾，人們曾普遍認為工黨將徹底改變上院的性質，將它從一個世襲的機構改變成民選的「第二院」。不過最終卻是雷聲大雨點小，改革的結果是：只保留九十二個世襲貴族的表決權，其中兩人由政府指定，其他由各政黨推派；「終身貴族」因其非世襲身份不受影響，仍保留表決權。這樣就大大加強了政府對上院的控制權，因為終身貴族都是由政府提名的。這部法律在一九九九年十一月獲得通過。

二是一九九七年履行了另一項競選承諾：在蘇格蘭和威爾斯進行分權公投，兩項公投都得以通過。根據公投結果，一九九九年兩地都建立分權議會，並進行第一次選舉。從理論上説，分權議會把蘇格蘭和威爾斯的地方事務交給兩地自行管理，加強了這兩個地方的「自治」權，尊重了這兩地人民的「特殊認同」，因此政治上是「正確」的。但工黨這樣做又帶有明顯的黨派動機：當時工黨在兩地都握有選票優勢，分權後可以在兩地議會中穩佔多數，這樣就加強了工黨在全國議會中的力量，以達到長期執掌全國政權的目的。但事實證明如此盤算十分「短視」：蘇格蘭民族黨很快就在蘇格蘭的分權議會中掌握控制權，不久又在全國大選中拿下了蘇格蘭幾乎所有的席位。它乘勝追擊，提出蘇格蘭獨立的主張，並迫使後來的甘民樂政府同意舉行獨立公投。

首屆貝理雅政府在平衡經濟發展與福利開支方面還算做得不錯。一九九九年，政府自稱它在競選時做出的一百七十七項承諾中的多數已經完成或正在執行。英國經濟平穩發展，實現了低通脹、低利率、低失業的目標。貝理雅頂住了參加歐元區的要求，兑現了「反對建立歐洲聯邦」的承諾；在二〇〇〇年歐盟尼斯峰會上，他繼續採取英國一貫的若即若離的立場，為實行歐洲統一的税收與社會保險政策保留了否決權——所有這些，都是當年戴卓爾的做法。二〇〇一年，在十分有利的政治環境中，貝理雅政府提前解散議會，舉行新的大選。工黨在大選中再次以大比數獲勝，拿下了三分之二以上的議席。

大選後工黨的鋭氣就開始消退，「第三條道路」也日漸消聲，「新工黨」只是在走保守黨的路，人們對它已經沒有新鮮感。費邊社當時的領導人馬丁．雅各布斯評論説：「假如第二屆（工黨）政府想要完成它的歷史承諾，工黨就必須找出一個適合於新時代的故事來。」但這個故事沒有找到，政府反而麻煩不斷。在第二屆貝理雅政府當政期間英國捲入由美國主導的伊拉克戰爭，這是貝理雅個人聲望開始下滑的轉折點。越來越多的人反對戰爭，最終成為促使貝理雅下台的一個因素。但更強烈的風暴來自國內，工黨不斷被爆出腐敗案件。用金錢換取爵位是英國政壇的一個潛規則，政黨用晉爵封貴來獎勵向本黨捐贈巨款的人，尤其是在大選時慷慨解囊的人。貝理雅任職期間冊封了大量貴族，是二十世紀歷屆政府所少有的，受封者多是向工黨提供捐款的人，其中包括歌劇演員邁克爾・利維，他為一九九七年工黨的勝選立下大功，為此他受封為男爵。二〇〇六年初利維捐款事件東窗事發，倫敦警察廳介入調查。其間，貝理雅在一個月內被傳喚三次，在英國歷史上他是唯一被警察傳喚過的在職首相。利維等一干人被拘捕，多名高官被傳訊，一百多人接受質詢，內閣幾乎所有成員都被查問。調查進行了一年多，直至貝理雅下台才不了了之。

在此事件發生之前，二〇〇五年英國再次舉行大選，工黨以六十六席多數獲勝，比起前兩次大選，工黨的勢頭已大大減弱。但貝理雅第三次出任首相，這在工黨的歷史上絕無僅有。此時的貝理雅是一個世界級風雲人物，他緊跟美國的小布殊，看起來好像是西方世界的第二號首腦。但他在國內的人望卻急劇下跌：除伊拉克戰爭引起普遍不滿外，一個又一個的政治醜聞敗壞了工黨的形象。有人說，貝理雅第三次執政成績斐然，在教育、醫療、福利、財政、司法公正、核能政策等方面做了不少事。從細節上說大概如此，但撇開細節，工黨的銳氣卻消磨殆盡，已拿不出更多的創造性思維，工黨執行保守黨路線，「新工黨」也走到頭了。

二〇〇七年貝理雅下台，接替貝理雅的是白高敦，他和貝理雅是同志加戰友，都屬於「蘇格蘭幫」，在史密斯領導下同為工黨改革派，共同憧憬「新工黨」。貝理雅執政時期他一直是事實上的二號人物，民間一直有傳聞說兩人曾經有預約，首相的職務輪流當。但貝理雅三次連任，絲毫沒有讓位的意思，兩人間的關係就變得十分微妙，彼此經常說一些摸不着頭腦的話。人們甚至傳言：在「金錢換爵位」的危機中，白高敦是真正的幕後操盤手。然而就在醜聞風波鬧得沸沸揚揚時，貝理雅宣佈他將辭職，他意識到人們已經厭煩他了，他的最佳選擇就是讓位。

白高敦是一位出色的理財家，長於實幹卻不善言辭。貝理雅時代，在台上誇誇其談的是貝理雅，在台下默默做事的是白高敦。政府在經濟方面的成就很大程度應歸功於白高敦，是他維持了貝理雅時代大體上的平穩。然而正當白高敦躊躇滿志當上首相準備大幹一場時，二〇〇八年的金融風暴卻降臨了，白高敦沒能頂住這場風暴，在二〇一〇年的大選中輸給了保守黨，由四十四歲的甘民樂出任新首相。

甘民樂執政六年，他的運氣比較好，成功恢復了受金融危機打擊的英國經濟，就業率達到高位。他的經濟路線依舊繼承戴卓爾衣缽，因此總體上說，仍舊是第二次共識政治的延續。但他最重要的政治遺產有兩項，一是蘇格蘭獨立公投，二是英國脫歐公投。蘇格蘭公投暫時堵住了獨立的路，脫歐公投則留下無窮的遺患，開啟了長達四年的「拖歐」工程。

二、英國與歐洲，英國與世界

二〇一〇年大選中保守黨勝出，卻沒有獲得半數議席，因此只能組建聯合政府，與自由民主黨共同執政。自由民主黨是個「奇怪」的黨，它是自由黨和社會民主黨合併的結果。自由黨在十九世紀勢壓政壇，其自由主義意識形態風靡一時；社會民主黨是二十世紀八十年代從工黨中分離出來的，原屬於工黨右派。這兩個黨合併，是因為到二十世紀末兩者都處於沒落狀態，合併之後易於生存。但它們的意識形態相距甚遠，很難在同一張床上做同一個夢。甘民樂與自由民主黨聯合執政顯然是「政治婚姻」，完全為了執政的需要。但這樁「婚姻」並未得到保守黨內部的一致認可，從來就有很多保守黨人心存不爽。根據英國法律，二〇一五年又需要進行大選了，甘民樂希望在這次大選中能夠完全取勝，使保守黨單獨執政，於他自己也很風光。為此就需要拿出一個能吸引人的競選承諾來，於是英國與歐盟的關係就被選中，作為大選的話題。

英國與歐盟的關係一直是個問題，在英國各界、上上下下所有人中都是問題。保守黨內部對這個問題也一直有分歧，反歐的情緒相當強烈。二十世紀六十年代，受當時國內的經濟困境與國際形勢變化所迫，英國申請加入歐共體，而且是由保守黨完成的。不過此舉在當時就備受爭議，反對者大有人在。為平息爭議，工黨的韋爾遜政府於一九七五年舉行了英國歷史上的第一次公投，結果是多數人贊成留在歐共體。但兩派意見從未消除，工黨和保守黨內部都有分歧。保守黨內有相當強大的反歐力量，戴卓爾就是典型的「疑歐派」。甘民樂執政時疑歐派在黨內呼聲很高，對甘民樂的領導地位構成挑戰。為解除這種威脅，甘民樂就想用公投的方式藉助「人民」的力量打壓對手。二〇一四年甘民樂曾批准蘇格蘭進行「脱英」公投，結果如他所願公投結果是不「脱英」。他因此斷定：「人民」是永遠正確的，不會出錯，所以有信心再組織一次公投，一勞永逸地解決問題。

此外，黨外的挑戰也是一個因素。工黨是主要反對黨，但工黨在歐洲問題上也意見不一，總體而言，工黨對歐盟更有好感，但仍有相當一部分人反對與歐洲融合。兩大黨的反歐勢力如果聯起手來共同行動，對甘民樂當然是重大威脅。但更大的挑戰來自一個叫「英國獨立黨」的小黨，這個黨的宗旨就是要脱離歐盟，實現英國的「獨立」。這個黨在二〇一五年大選前不久才成立，但很快就招攬了大量支持者。甘民樂認為該黨的勢頭不可小覷，擔心它搶走保守黨選民。以上因素疊加在一起，促使甘民樂用「脱歐」話題做競選承諾，一方面保證保守黨獲勝，另一方面也保住自己的首相地位。他於是宣佈只要保守黨贏得大選，就舉行全民公投，讓人民來決定與歐盟的關係。甘民樂相信「人民」會和他站在一起，不贊成脱歐的。

保守黨在大選中獲得微弱多數單獨組建政府，終於擺脱了聯合執政的尷尬。但「英國獨立黨」一共只得到一個議席，甘民樂虛驚一場；他自己繼續擔任首相，了結了一樁心願。但他必須兑現諾言舉行公投，於是，經過大約一年的準備，於二〇一六年六月二十三日進行公投。公投前英國各方力量開足馬力開展宣傳，不僅是政界，而且是媒體、社團、各行各業，從上到下都捲入一場前所未有的大辯論。贊成留歐的人說：自從加入歐共體後英國經濟發展很快，生活水平比以前高；金融中心地位更穩固了，英國變得更繁榮；國家安全更有保障，朋友更多了，提升了國際地位；來自歐洲的年輕勞動力注入漸趨老齡化的社會，給英國帶來新的活力。反對留歐的人說：英國丟失了主權，許多與英國相關的決定是在歐盟總部做出的，英國人自己不能做主；大量移民來自落後的東歐國家，搶走了英國人的飯碗，還分享了他們的福利待遇；其中不乏恐怖分子，把英國變得很不安全；英國向歐盟交錢，比以前變得更窮了……諸如此類。雙方都有大量的輿論工具，像《泰晤士報》《衛報》這樣的主流媒體支持留歐，而《每日電訊》《太陽報》這種小報卻主張脱歐。對民眾來說，社會精英喜歡的「大報」離他們太遠，他們喜歡小報，所以小報的宣傳很起作用，小報用煽情的語言講訴英國人的工作如何被外來人搶走，英國的錢如何被歐盟拿走，英國的文化傳統如何被移民改變，等等。這些宣傳非常有效，普通老百姓很願意聽。此外，甘民樂執政六年，許多政策讓民眾不滿，多數老百姓其實不明白甚麼是「脱歐」，更弄不懂如果脱了歐英國會怎樣，很多選民把公投理解為對甘民樂的信任投票，於是就把他們的不滿演變成脱歐，因為甘民樂主張留歐。

在英國精英中，多數人明白脱歐對英國不利，從長遠來説會損害英國的經濟，傷害英國的國際地位，因此不主張脱歐。下院多數議員是反對脱歐的，當時的民調都説明了這一點。政黨中，工黨大部分領袖人物如貝理雅、白高敦及新任黨魁科爾賓等都不主張脱歐；而蘇格蘭民族黨、自由民主黨、綠黨、北愛爾蘭及威爾斯的地方民族主義政黨也都主張留歐，它們不希望英國離開歐盟。然而當公投變成對甘民樂的信任表態、對歐盟「掠奪」的民意測驗時，其結果就很清楚了：51.9% 贊成脱歐，48.1% 主張留歐，反歐力量獲勝，英國將離開歐盟。甘民樂盲目動用「人民」的力量，聲稱這是「人民主權」，他不明白：英國是精英統治的國家，「人民」只是個招牌；如果把如此重要的問題交給議會中的精英們去表決，結果必定是留歐。等甘民樂意識到自己的錯誤時，大局已定。於是他只好辭職謝罪，然後完全退出政界。

工黨本可以有很好的機會奪取政權，但工黨內部分歧太大，又缺少出色的領導人，因此保守黨得以繼續執政，由文翠珊繼任首相。文翠珊是一個脱歐派，在甘民樂內閣擔任內政大臣，是個重要人物。按照政治慣例，內閣成員應共進共退，必須與首相保持一致立場；文翠珊作為脱歐派，卻不能公開反對甘民樂的留歐態度。但甘民樂辭職後，人們認為文翠珊作為脱歐派來主持英國脱歐事務是再好不過了，況且文翠珊如果繼任將是英國第二位女首相，人們期待她像戴卓爾那樣成為又一位「鐵娘子」。但人們的期待落空了，文翠珊不是那樣的人；文翠珊的魄力不夠，並且欠缺政治家必須具備的前瞻性。文翠珊執政期間英國的經濟情況不好，加上脱歐不順利，使其政策執行難上加難。她兩次遭遇下院的不信任投票都只是僥倖過關，而且在二〇一七年提前舉行大選後又不得不和北愛爾蘭統一黨組建聯合政府，使其脱歐決策經常受到該黨的羈絆。

歐盟對英國的公投結果非常憤怒，擔心英國成為壞榜樣，讓更多的歐盟國家起而效尤。歐盟於是決意要好好懲罰英國，讓英國為脱歐付出沉重代價。這就使雙方的脱歐談判非常艱難，歐方提出很高的「分手費」，以及各種先決條件；英方則力圖維護自己的利益，企圖做到既脱歐又能享受歐盟成員國的各種好處。雙方於

英國街頭支持脫歐的標語

英國街頭反對脫歐的標語

是就陷入曠日持久的拉鋸式談判，將脱歐變成了「拖歐」。其間，雙方官員來回穿梭於海峽兩岸，文翠珊自己也親赴歐盟好幾次，與歐洲大國首腦不斷會談，試圖打破僵局。但所有這一切都少有成效，脱歐的進程非常緩慢。北愛爾蘭邊界問題成為重大障礙：作為聯合王國的組成部分，北愛爾蘭在脱歐後就和愛爾蘭共和國之間產生了邊界，也就是在南北愛爾蘭之間重新樹建壁壘，這就打破了約二十年前為解決愛爾蘭暴力衝突問題好不容易才達成的政治解決方案，再一次觸動了愛爾蘭的民族主義敏感神經。其他如北海漁業問題、英歐關稅問題、雙方勞務問題、人員居住權與身份問題等，都很複雜又很瑣碎，因此從文翠珊上台開始，到二〇一九年六月，差不多三年時間中脱歐進程幾乎無進展，英國公眾也從情緒激動到麻木不仁終至極不耐煩，只盼望早日結束這場沒有意義的馬拉松，而無論結果如何。

三年中，英國為脱歐問題吵得天翻地覆，各派政治力量都在博弈。有人希望推翻公投結果，要求進行「二次公投」；有人不滿意保守黨執政，要求政府下台；有人支持脱歐，但對如何脱歐爭執不休；有人對英歐談判的細節挑三揀四，對任何方案都不滿意……更糟糕的是，保守黨內部分歧嚴重，「硬脱歐」和「軟脱歐」兩派視同陌路，文翠珊三次提出脱歐方案都被議會否決，其實是被自己黨內反對派否決，文翠珊在黨內已丟失威信。在這種情況下文翠珊不得已宣佈辭職，由「硬脱歐」派鮑里斯·約翰遜接任首相。

約翰遜採用「砸鍋」打法，也就是把「鍋」砸爛了背水一戰。面對議會中留歐派的阻撓和保守黨內部的分歧，他宣佈舉行新的大選，讓全世界觀察家都大吃一驚，因為民調發現公眾的態度正在逆轉，原先投票支持脱歐的人有許多反悔了，反而希望留歐。這個情況對工黨很有利，新的大選有可能翻轉英國政壇，讓工黨上台，把脱歐反轉成留歐。結果約翰遜的「豪賭」卻成功了，保守黨得到三分之二以上的絕對多數議席而單獨執政，這意味着約翰遜的保守黨可以「隨心所欲」。緊接着他就把這口「鍋」砸向歐盟，以英國「民意」的名義，宣佈二〇二〇年一月三十一日是英國脱歐的最後期限。此後是十一個月的與歐盟談判過渡期，若談不成，英國就「硬脱歐」，也就是在無協議的情況下離開歐盟，而不管後果如何。「硬脱歐」對雙方都會造成重大損失，歐盟在如此威逼下做出讓步，滿足了英國的諸多要求。二〇二〇年十二月二十四日聖誕節前一日，英歐草簽商業貿易協議，長達四年半的「拖歐」終於結束了。

脫歐後英國與世界的關係會如何？英美特殊關係會是其主軸。英美特殊關係是第二次世界大戰後邱吉爾設計的三環外交中的重要一環，現在英帝國既已解體，英國又退出歐盟，英美關係就成為碩果僅存了。第二次世界大戰後的英美關係有過一些波折，總體而言保守黨執政時比較熱，工黨執政則比較一般，韋爾遜時期甚至有點冷。戴卓爾和列根的私人關係極好，兩人都信奉新自由主義，都實行大刀闊斧的政策改革。有趣的是，極好的私人關係在貝理雅和克林頓之間也保持下來，貝理雅甚至把克林頓的「新民主黨」視為「新工黨」的楷模。小布殊執政時，英國是真真實實派軍隊協助美軍在伊拉克作戰的國家，為此引起英國公眾的極度反感。英國脫歐，特朗普竭力慫恿，因為特朗普想破壞歐盟；拜登則願意看到英國留歐，英國留在歐盟，可以成為美國在歐盟的傳聲筒。

英國與歐洲的關係一直不算融洽，許多英國人不認為他們是「歐洲人」，不認為英國屬於「歐洲」。英國脫歐是符合邏輯的，歷史上英國對歐洲一直很戒備，哪個歐洲國家強大起來，就一定要把它打下去。現在英國做不到這一點了，但它既想超然於歐洲之外，不接受歐洲的約束；又想分享歐洲的紅利，魚和熊掌兼得。不過如此美餐能不能到手卻是未知的，英國和歐盟的關係隱含着潛在危機。

英國離開歐盟，經濟上會受損；為彌補損失英國不得不和新興經濟體打交道，包括中國、印度、巴西、東盟等。在這方面英國會受到美國的牽制，經常要服從美國的全球利益。但無論如何，英國仍會儘可能按照自己的國家利益與新興經濟體打交道，至少是維持經濟關係。中英關係在香港回歸後勢頭良好，到習近平訪英前後進入「黃金時代」，兩國高層經常互訪，兩國的經貿、文化交流也不斷深化。約翰遜任首相後有所改變。但總體而言，為了在脫歐以後不陷入孤立，英國和歐美以外的國家正常來往卻是不得不做的選擇。英國離開歐盟，它的國際地位只會降、不會升，這也是不爭的事實。

三、是「合」還是「分」？

脱歐將英國置於國家分裂的危險中，「聯合王國」面臨前所未有的挑戰。就全國而言，贊成脱歐的人超過願意留歐的人；但在蘇格蘭，有百分之六十多的人不願意離開歐盟，在北愛爾蘭也有一半以上的人主張留歐。這就迫使蘇格蘭人和北愛爾蘭人在英國和歐盟之間做選擇：他們願意做「歐洲人」，還是做「英國人」？

眾所周知，「聯合王國」由四個部分組成，其中威爾斯和英格蘭在歷史上淵源較深，蘇格蘭和北愛爾蘭一直有分離傾向，以蘇格蘭的情況尤為微妙。蘇格蘭在一七〇七年和英格蘭合併，當時是「自願的」，由此而有了「聯合王國」之名。合併後蘇格蘭在商業、工業、殖民地、帝國等方面都很受益，和英格蘭一起完成工業革命，一起統治殖民大帝國。所以在兩百年中蘇格蘭人是滿意的，他們對「英國」（即聯合王國）有高度認同感。但蘇格蘭人又保留着很多文化特徵，比如男人穿裙子、吹管風琴、操蘇格蘭方言等。蘇格蘭的司法制度、教育制度、地方管理等也和英格蘭不同。不過這些特徵並沒有影響「英國」（即聯合王國）的存在，直到第二次世界大戰以後情況才發生變化。二十世紀六十年代「英國病」發作，蘇格蘭受很大打擊，經濟情況不好。而差不多同時北海油田被發現並開採，屬於英國的這部分恰好處於蘇格蘭海域，而石油在那個時候價格瘋漲，這給了蘇格蘭地方主義一個抬頭的機會。從那時起，英國兩大黨為黨派私利而執行的政策，不僅不是消除分離主義，反而助長了離心傾向，終於使地方主義和蘇格蘭的文化特徵糾纏在一起，發展出文化民族主義，後來又演變為政治民族主義，導致蘇格蘭獨立意向日益壯大。

在這個過程中，蘇格蘭民族黨發揮了決定性作用，可以說，沒有這個黨的活動，就不會有蘇格蘭獨立的意圖。蘇格蘭國家黨是民族黨的前身，成立於一九二八年，是一些知識分子和激進主義者的組織，持有模糊的獨立意識。因為得不到民眾支持，一九三四年國家黨與蘇格蘭自治黨合併，改名為民族黨。但它很快就將那些主張自治的領導人排擠出去，把民族黨改造成要求蘇格蘭獨立的黨。一九四八年，「獨立」被寫進民族黨黨章。

但在當時，要求獨立是不可想像的，蘇格蘭人的腦子裡根本沒有這個念頭，因此一直到一九六〇年，民族黨也只有大約一千名黨員，在英國歷次大選中只能得到蘇格蘭選民中百分之零點幾的選票。就在這時「英國病」發作了，民族黨開始炒作經濟話題，把蘇格蘭面臨的經濟困難包括失業、老工業部門衰落等問題都歸咎於「威斯敏斯特的統治」，歸咎於英格蘭對蘇格蘭的掠奪。同時，由於北海油田開發，一個美妙的故事被編造出來：只要獨立了，蘇格蘭的石油就會由蘇格蘭所有，為蘇格蘭人創造財富，帶來就業和美好生活。這個故事能夠吸引大量蘇格蘭人，特別是受經濟危機打擊的中、下層民眾，於是政治分離主義就和社會經濟問題聯繫起來，「獨立」被說成擺脫危機的唯一方法。六十年代末，民族黨急劇壯大，黨員發展到十多萬人，成為蘇格蘭最大黨。

就在這時，英國兩大執政黨卻不斷犯錯誤，為蘇格蘭的獨立勢頭火上添油。戴卓爾上台正是「英國病」高發之時，為恢復經濟戴卓爾下猛藥，砍伐福利項目，整治衰老產業，蘇格蘭作為工業革命的發源地之一有許多傳統企業倒閉了，人員大量失業，福利計劃的削減又加大了生活的困難。儘管戴卓爾的救治計劃是針對全國的，但在很多蘇格蘭人眼裡卻是剝奪蘇格蘭的利益。民族黨趁機加強宣傳攻勢，使更多的蘇格蘭人願意傾聽他們的訴說。就是從這個時候起，「獨立」成了一個可以思考的選項，而不是癡人說夢話了。戴卓爾的經濟復甦方案在全國有效，但在蘇格蘭卻幫了民族黨的忙，讓許多人認定保守黨是「英格蘭黨」。

工黨與保守黨爭奪選民，便大打「分權牌」，即在蘇格蘭建立分權議會，讓蘇格蘭得到更大的自治權，以此換取選民的支持。工黨在蘇格蘭一直佔有選舉優勢，它希望通過分權的手段長期控制蘇格蘭，既可以排擠保守黨，又可以打壓民族黨，阻擋它的獨立意圖。不想民族黨迅速改變鬥爭策略，它借力發力，接過分權方案把它變成了走向獨立的第一步，並用分權思想刺激蘇格蘭民族主義的進一步發展。一九七七年工黨卡拉漢政府時期就在蘇格蘭對分權方案進行過公投，未能通過；一九九七年貝理雅上台後很快就對分權問題再次公投，當時工黨勢頭正足，貝理雅以為一旦分權成功，工黨將長期主宰蘇格蘭政局，並加大工黨在全國政治中的砝碼。然而事實是，儘管分權成功了，工黨也在第一次分權議會中贏得了多數，但從二〇〇七年開始民族黨便逆轉選情開始執政，一直到現在。分權為民族黨打造了合法的政治舞台，讓它控制了蘇格蘭，並利用蘇格蘭的政治優勢推進獨立進程。

在這種情況下，二〇一四年民族黨發動獨立公投，結果以 44.7%：55.3% 失敗。這是向獨立方向發動的第一次衝擊，儘管是失敗的，卻向獨立方向推進了一大步。蘇格蘭有將近一半的人表示願意獨立，這在民族黨獲取蘇格蘭的執政權之前是不可想像的，因為直至二〇〇七年民調都顯示支持獨立的人不超過 30%，可見分權帶來多麼大的變化。英國保守黨和工黨在這個變化中都起了作用，是他們的所作所為改變了蘇格蘭人對「英國」（即聯合王國）的態度，黨派利益使他們在蘇格蘭政策方面彼此爭鬥，民族黨則坐收漁翁之利。事實上，民族黨最大的優勢就在於它以「蘇格蘭黨」的面目出現，讓人們相信只有他們是維護蘇格蘭利益的。但一旦把蘇格蘭的利益與英國的利益切割開，地方主義就變成了分離主義。

英國脱歐又給分離主義添加了一把火，在脱歐公投中，百分之六十多的蘇格蘭選民主張留歐，而英格蘭則以接近 60% 的大比數支持脱歐，結果在全英總數中，脱歐比例過半。民族黨於是發聲：脱歐是違背蘇格蘭人意願的，蘇格蘭被裹挾脱歐，因此蘇格蘭人將維護自己的權利，為自己選擇自己的未來。民族黨黨魁同時也是蘇格蘭地方政府首腦的斯特金宣佈，她將尋求第二次獨立公投。她説：獨立不是可能不可能的事，而是甚麼時候的問題。脱歐公投後蘇格蘭的獨立傾向愈加嚴重，到二〇二一年一月英國正式退出歐盟時，已經有一半以上的蘇格蘭人願意離開英國了。

在蘇格蘭問題日益嚴峻時，愛爾蘭的局勢也愈加奇特。一八〇一年愛爾蘭與英國合併，被愛爾蘭人視為

英國《獨立報》有關《好週五協議》的報道

殖民吞併。二十世紀上半葉愛爾蘭南部取得獨立，即今愛爾蘭共和國；愛爾蘭北部因其居民多數為新教徒，不願加入天主教徒佔多數的南部愛爾蘭，於是仍留在聯合王國（即英國）內。但北愛爾蘭的天主教徒仍要求南北愛爾蘭統一，於是天主教徒和新教徒兩派互不相讓，鬥爭愈演愈烈，以至發展到武裝對抗，暴力活動不斷升級。戴卓爾試圖用鐵腕手段強行壓制，但未能奏效，反而將暴力活動引向英格蘭；馬卓安政府採用懷柔方式啟動對話，也沒有達到目標。愛爾蘭問題成了英國政府的燙手山芋，欲進不成，欲退不得。

貝理雅上台後決意解決這個問題。一九九七年九月，在美國總統克林頓的斡旋下，北愛爾蘭問題相關各方開始會晤，經過七個月的艱苦談判，於一九九八年四月十日達成協議，這一天是星期五，協議被稱為《好週五協議》，其主要內容：一是在北愛爾蘭成立地方議會，其中新教徒和天主教徒平分秋色，一半對一半，議會任何決議都需經雙方各自的多數贊成才能生效；行政機構服從議會，負責管理北愛爾蘭。二是建立南北委員會和東西委員會，南北委員會由愛爾蘭政府代表與北愛爾蘭議會代表組成，負責協調南北關係；東西委員會由愛爾蘭政府、北愛爾蘭議會、英國政府和蘇格蘭、威爾斯的地方議會代表組成，負責協調愛爾蘭島與不列顛島之間的多邊關係。三是愛爾蘭共和國修改憲法，放棄對北愛爾蘭的領土申述，宣佈只有當北愛爾蘭人民多數同意時，南北愛爾蘭才能統一；英國則承認：南北愛爾蘭根據其人民的共同意願可以在未來統一。這個協議是在各方都做出重大讓步的情況下達成的，此後二十年協議得到很好的執行，南北愛爾蘭都進入和平發展階段，取得很好的成績。

但整個解決方案有一個前提，即英國和愛爾蘭都屬於歐盟，在歐盟這個大框架下，南北愛爾蘭統一問題被模糊了；進而，歐盟作為一個共同市場，人員和物資在其內部是自由流動的，成員國之間不設邊界。然而英國脱歐破壞了這個前提，《好週五協議》其實是很脆弱的。一旦英國脱歐，北愛爾蘭怎麼辦？從理論上説，北愛爾蘭也脱歐了，南北愛爾蘭之間的邊界也恢復了，於是統一問題再次凸顯。再者，南北愛爾蘭之間出現「硬邊界」後，人員和物資就不能自由流動，於是南北愛爾蘭都不高興。在脱歐公投中，北愛爾蘭有56%的人選擇留歐，他們不願意脱離歐盟，原因是多數北愛爾蘭人已經習慣了南北分歧的淡化，享受在無邊界的情況下自由流動。顯然，北愛爾蘭也是「被脱歐」的。這樣，南北愛爾蘭的邊界問題就成為英國和歐盟談判的重大障礙，英國政府進退兩難：設立「硬邊界」無疑是重提南北的差異，必將刺激出統一問題；不設「硬邊界」，則等於在脱歐之後仍留有一條自由來往的通道，由於有這條通道存在，英國和歐盟之間的關係就變得很難界定。文翠珊未能解決這個問題，英國政界則為此吵得不可開交；歐盟、英國、愛爾蘭、北愛爾蘭都捲入爭吵，脱歐由此變得遙遙無期。約翰遜上台後做出重大讓步，他同意將北愛爾蘭留在歐盟單一市場，愛爾蘭與北愛爾蘭之間邊界開放，人員物資可自由往來，英國與歐盟之間的邊界事實上退居到海洋中線。換句話説，北愛爾蘭事實上留給歐盟了。但這樣就留下一個隱患：北愛爾蘭屬於英國（聯合王國）還是歐盟？在那些長期以來不願離開英國、堅持北愛爾蘭是聯合王國的一部分的愛爾蘭新教徒看來，這幾乎就是背叛；而在天主教徒看來，愛爾蘭統一似乎又有了新希望，代表這些人的新芬黨已經放話：他們會考慮發動愛爾蘭統一公投。可以設想：一旦蘇格蘭脱英成功，北愛爾蘭也會趁勢效仿。

聯合王國還有一個組成部分是威爾斯。威爾斯有53%的人投票贊成脱歐，與英格蘭保持一致。但這個數字是危機重重的，說明在威爾斯也有近半數民眾不主張脫歐。威爾斯是聯合王國的一個特殊地區，它有自己的語言，英語和威爾斯語都是通用語；威爾斯人有濃厚的凱爾特人血統。第二次世界大戰以後文化民族主義在威爾斯也強勢發展，只是還沒有像在蘇格蘭那樣轉變成政治民族主義。一九九九年，威爾斯也建立分權議會，也是在工黨的創意下建立的。儘管威爾斯未見得像蘇格蘭、北愛爾蘭那樣想和英格蘭「分家」，但一種離心力仍然是存在的。在未來，即便威爾斯一直和英格蘭站在一起，永遠不離開，但一旦蘇格蘭和北愛爾蘭都離開英國，那也意味着聯合王國就此消失。「聯合王國」這個概念是在英格蘭與蘇格蘭合併之後出現，並在將北愛爾蘭兼併之後得到加強的，一旦失去蘇格蘭和北愛爾蘭，聯合王國也就不存在了。

是「分」還是「合」？這個問題已經擺在英國人面前了。對英國來說，二十一世紀將是重大考驗。人們不禁會問，路漫漫其修遠兮，此去何方？

作者點評

二十一世紀最初二十多年，英國的表現乏善可陳。在國際上，它丟失大國風範，除緊跟美國之外，很少表現出獨立的風度。在國內，戴卓爾遺風一路順延，人們再也沒有看見有新的創意。吉登斯的「第三條道路」一時新風拂面，最終卻無實際內容。貝理雅曾帶來一線生機，「新工黨」和「新英國」讓人憧憬，但結果卻讓人大失所望。貝理雅更擅長說，而不是做。進入二十一世紀以來的英國確實很平淡，正像它美麗的鄉村，一切都靜靜的，如同一幅靜止的畫，永遠定格在那一瞬間。也許是想打破這種寧靜，英國上演了一場「脫歐」秀，吸引了全世界的眼球。不過人們最終還是沒有看懂：脫歐後，英國將向哪裡走？當代英國丟失了以往的活力，它沒有更多的抱負，這是最大的問題。作為發達國家和富裕的社會，英國在和平的環境中享受寧靜、享受富足，不想再有更為遠大的追求了，它滿足於現狀。常言道：人無志則怠，國無志則衰；英國現在是後工業社會，後工業社會就是這樣嗎？當一個大國丟掉了遠大的志向，丟掉引領世界進步的能力後，它就從第一檔掉落到第二檔、第三檔的行列了。這，就是大國興衰的宿命吧。

結束語　過去、現在與未來

英國的歷史講述到現在，基本上可以告一段落了，但歷史本身仍在繼續，它的延伸是無窮無盡的。

在一部通史中講述英國史，必然只能講一個梗概，把最主要的輪廓勾畫出來，讓讀者了解其基本線索。因此「撮其要者而書之」，便只能以直陳史實為主旨，學術的爭鳴與討論就很少能體現。不過，我們在最關鍵的部分都提出了自己的看法，很多觀點具有原創性，是我們長期研究英國史的心得，也是一種論爭，熟悉英國史的讀者都能看出這一點。許多觀點與國內長期流行的說法不同，那些說法太陳舊了，照搬蘇聯史學界二十世紀三十年代的做法，說教多於史實，為了框架的完整性而任意裁剪歷史，而不是從歷史的真實中抽取結論。這是一種顛倒的歷史學方法，表達不出歷史的面貌。

在這部通史中我們看到英國歷史的梗概大約是這樣的：

在幾個與大陸分離的小島上，人類的足跡雖不是不至，文明的曦光卻遲遲不見，蠻荒時代長時期延伸，在島上留下了石器時代的遺跡。等文明由羅馬軍團的軍事征服帶來時，已經是基督教紀元的第一個世紀了。文明的遲到表明這些小島在地理上的邊緣性，事實上，這裡是古代文明的西部疆界，再往西，是滔滔大洋，人類的主體文明要再等一千多年才有能力跨越這道障礙，把「舊世界」和「新世界」連接起來。

地理上的邊緣性造成了文明的邊緣性，英倫三島一直處於西方文明的最邊緣，既沒有獨立發展出自身的文明，又不能在西方文明中發揮主體作用。羅馬佔領結束後大約有兩百年時間，這些小島似乎又被人遺忘了，靜悄悄地再走一遍從蠻荒到文明的自生自滅之路。文明在羅馬人撤離後居然也消失了，不列顛重新退回到野蠻時代。這在人類文明發展史上是極少見的，不過這足以說明不列顛諸島的邊緣性，羅馬人撤離後，文明已經把這塊土地拋棄了！

幸好基督教沒有拋棄這幾個小島，尤其是當六世紀末聖奧古斯丁奉教皇之命在英格蘭登陸後，這片土地又被拉回到西歐主體文明的框架裡，若即若離地與歐洲大陸保持着某種聯繫，緩慢地發展出自己的「封建社會」。這個過程後來被諾曼第征服所打斷，大陸人再次統治不列顛，再次帶來大陸的社會與經濟制度。這一次，大陸統治者把他們所征服的社會徹底改造了，不列顛完全融入西歐文化，從此後它再也沒有擺脱過「西方」。

諾曼第征服把英格蘭與法蘭西糾纏在一起，此後英國便不可從歐洲脱身，它的邊緣地位逐步被改變了，英法相爭成了中世紀西歐史的主線之一。兩地相爭終於發展成百年大戰，正是在百年大戰中，法蘭西成為民族，英吉利也成為民族。這一結果對英法、對歐洲都有巨大的影響，不久後，兩國都建成專制政體，王權靠武力統一國家，建立集權的中央政府，民族國家出現了——這恰恰就是現代化所必須的先決條件！

此後，英國就處在幸運之神的召喚下了，它每走一步都體現出幸運，乃至一步步走完之後，終至跨進現代文明之門，率先發動了世界現代化。英國的幸運是一環套一環的，它在十四世紀發生農奴制解體，十五世紀開始文藝復興，十六世紀進行宗教改革，十七世紀就發生政治革命。如果說前幾項變異還只是隨西歐變局之大流而動，並無領先或特殊之處，那麼從專制王權建立起，它的進展就特別順利，幸運之星始終陪伴着它。專制王權即將建立時，一場玫瑰戰爭清掃了地基，把古老的領地軍事貴族消滅乾淨。專制權力的建立幾乎不費力氣，結果就使這個權力不需要太強大，國家機器也不需要太完備。英國因此既不設常備軍，也沒有健全的官僚體系，地方勢力仍發揮很大的作用，鄉紳控制地方，能和王權抗衡。所謂「地方自治」的傳統就是在這種特殊的環境中培植起來的，「生而自由的英國人」則是這一傳統的天然產物。後來，當王權企圖繼續擴張並以法國為榛板時，不強大的王權就和強大的鄉紳勢力——議會碰撞了，結果是「人民」戰勝國王，專制權力在世界範圍內第一次失敗，而這正是現代化過程的第一步，把英國推進了現代化的大門。衝突的結果是議會成為國家的主權，從而為現代國家奠定了一個基本的模式。光榮革命後出現一個寬鬆的社會，從而為經濟發展創造了環境。工業革命在寬鬆的政治環境中發動，這是一個最值得注意的問題。人被解除束縛，是發揮人的創造力的首要條件；而人的創造力的發揮，則是工業革命的基本條件。工業革命一旦發生，就把人類社會一切已有的文明全都撼動了，工業革命開創了一種新文明，它不僅是新的生產力，而且是新的社會和新的文化。總之，工業革命創建一種新的文明形式，我們把它叫作「工業文明」或「現代文明」。英國是走進現代世界的第一個國家，它領先了世界現代化。

現代化是可以「輸出」的，憑藉它的工業力量，英國把觸角伸向世界，用早期資本主義的血腥手段，竟奪取一個世界帝國！這時，地圖似乎為它重新畫過了，英國從地理的邊緣變成中心。地理的中心其實就是文明的中心，憑藉這種新文明，一個小小的島國成了現代世界的領頭羊，其中的因緣，仍等待一代代的學者們去探尋。

不過，英國的輝煌終究成為過去，二十世紀兩場大戰耗盡了它的國力。第二次世界大戰後，它終於從世界帝國的頂峰上跌落下來，跌到與它人口和面積相匹配的位置上。但英國的「衰落」是否還有其他原因呢？是不是有更深層的文化、社會因素？這是否意味着某種「模式」的歸宿，或一種「制度」的終結？再不然就如英國學者所說，是「工業精神的喪失」？當然也可能這只是一個自然的回歸——畢竟英國人口少、資源小，它在工業文明的頂峰盤踞一個世紀本是一種超常發揮，如今當世界其他國家也終於都趕上工業文明時，英國回落到它的正常位置上，這本是一件正常的事？到二十一世紀，英國只是一個歐洲的中等強國了，「脱歐」更使它前途未卜。一個世界大國，在幾個世紀時間裡勃然興起，卻又迅速衰退，不禁讓人想起古代的羅馬帝國，何其相似乃爾。

英國的衰落只是相對的，它沒有落後，仍能跟上時代的潮流，只是無力領導這個潮流而已。但逆水行舟，不進則退，不能領導潮流就會被其他國家超越，這是歷史的邏輯。英國丟掉帝國這也是一種時代潮流，對此英國並不情願，但它仍能跟着走，而且當其他帝國一瓦解就煙消雲散時，英帝國變成了英聯邦。英國對變革常常抱一種順應的態度，它一旦意識到某種變革是大勢所趨，不可阻擋，就很快會調整自己的立場，接受變革，哪怕它對此痛心疾首也罷。英國接受變革、接受民主，都是在這種心態指使下造成的，但這就使它最早走進工業社會，也最早走進民主社會。十八世紀美國獨立戰爭後英國就改變其殖民政策，讓殖民地取得更大的自主權。因此二十世紀英聯邦取代英帝國，是一個漫長過程的自然結果。

另一個例子是君主制的演變。十六世紀，君主的權力至臻頂峰，上帝之下，君主極尊。但十七世紀開始，議會向君主的權力挑戰，最終把君權一點點剝奪。在這個過程中，王權起初對抗，引發了內戰；後來採取順應的態度，到維多利亞時代完成了向「虛君」地位的轉變。「順應」是對歷史潮流的服從，作為回報，英國的王位保留下來，仍然維持崇高的尊嚴；而世界上其他王冠則一頂頂落地。

貴族制向民主制的讓步也是這樣。在民眾抗爭的衝擊下，少數人壟斷政權的局面逐步改變，權力的範圍一點點擴大，到二十世紀完成向民主制的轉變。這個過程也是漫長的，但從來沒有停止過，也沒有倒退。民主化過程充分顯示了英國歷史發展的特點，即和平、漸進、改革的方式，英國式道路是一條最穩健的發展道路。

由此可見，英國留給世界的遺產不僅是工業化、民主化、世界化、城市化——這些現代化有形的標誌，而且還創造了一種模式，這種模式是通向現代化的有效方式，從某種意義上說，是最成熟的發展方式。適時而變、和平漸進，這是社會變革的最佳選擇，它要求社會每一個成員承擔義務，對國家的命運負起責任。漸進改革不是一件容易的事，它要求社會的共識，要求各方的妥協，每一方都不可以完全勝利，每一方也不可以完全失敗。各方都要放棄自己立場的一部分，最終達成整個社會的利益平衡。這需要高度的責任感和高超的政治技巧，統治者和被統治者都必須承擔責任。

總而言之，英國是一個有意思的國家，它的歷史留下了豐富的遺產。在英國的歷史中我們可以讀到很多東西，這些東西蘊藏於歷史本身而不在書寫它的文字中。所以，我們希望讀者透過書中的文字，去看歷史本身。

附錄一　英王世系簡表（自諾曼第征服始）

1. 諾曼王朝與金雀花王朝

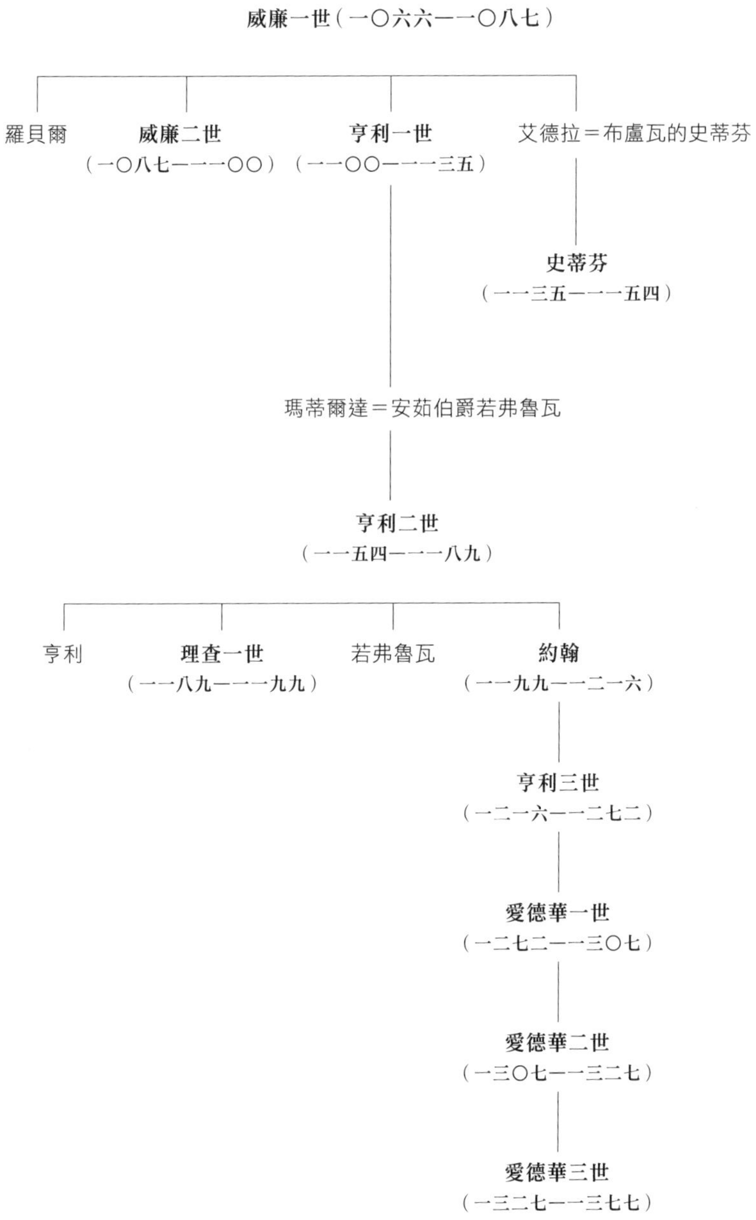

2. 蘭開斯特王朝和約克王朝

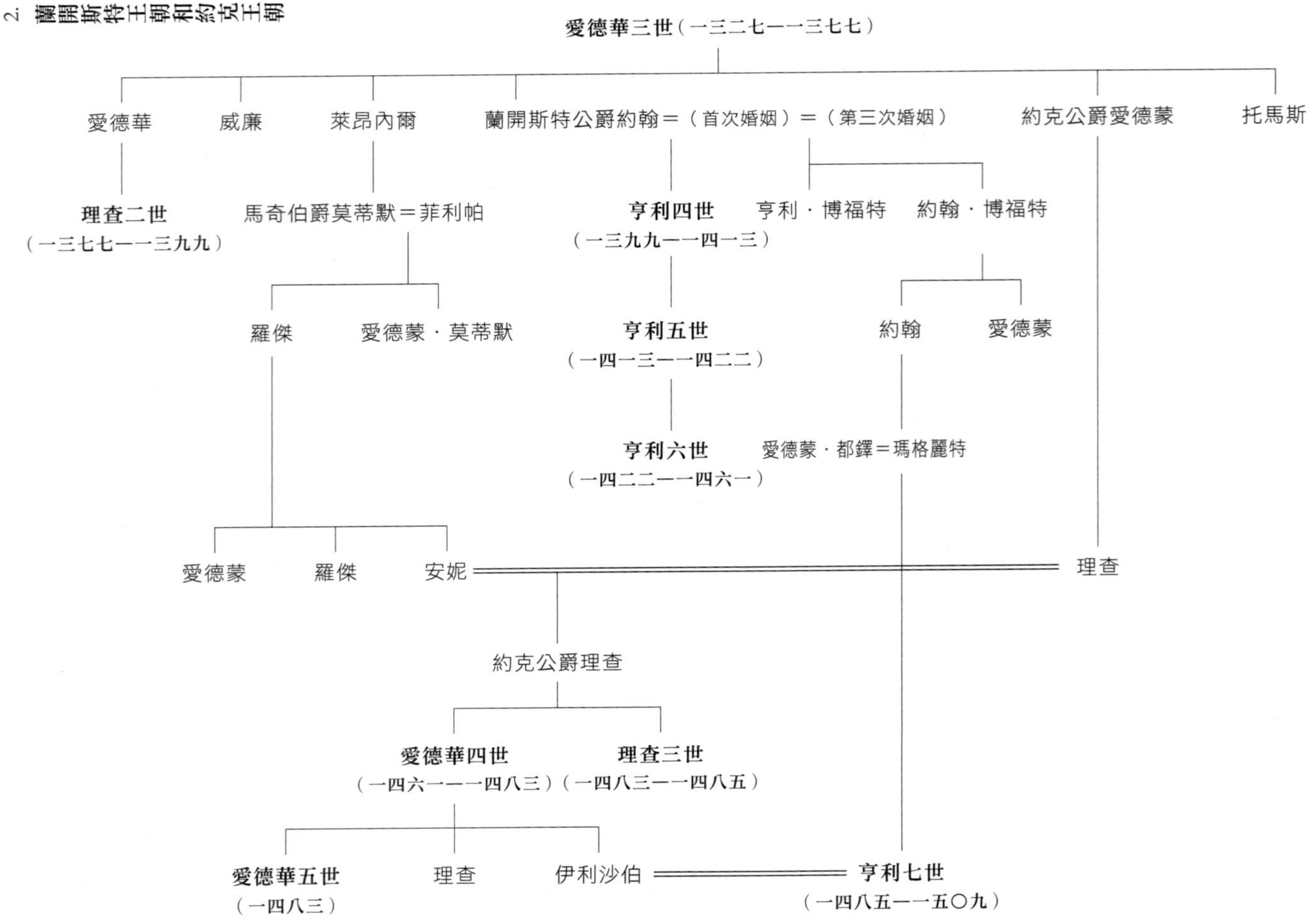
愛德華三世（一三二七—一三七七）
愛德華
威廉
萊昂內爾
蘭開斯特公爵約翰＝（首次婚姻）＝（第三次婚姻）
約克公爵愛德蒙
托馬斯
理查二世
（一三七七—一三九九）
馬奇伯爵莫蒂默＝菲利帕
亨利四世
（一三九九—一四一三）
亨利・博福特
約翰・博福特
羅傑
愛德蒙・莫蒂默
亨利五世
（一四一三—一四二二）
約翰
愛德蒙
亨利六世
（一四二二—一四六一）
愛德蒙・都鐸＝瑪格麗特
愛德蒙
羅傑
安妮
理查
約克公爵理查
愛德華四世
（一四六一—一四八三）
理查三世
（一四八三—一四八五）
愛德華五世
（一四八三）
理查
伊利沙伯
亨利七世
（一四八五—一五〇九）

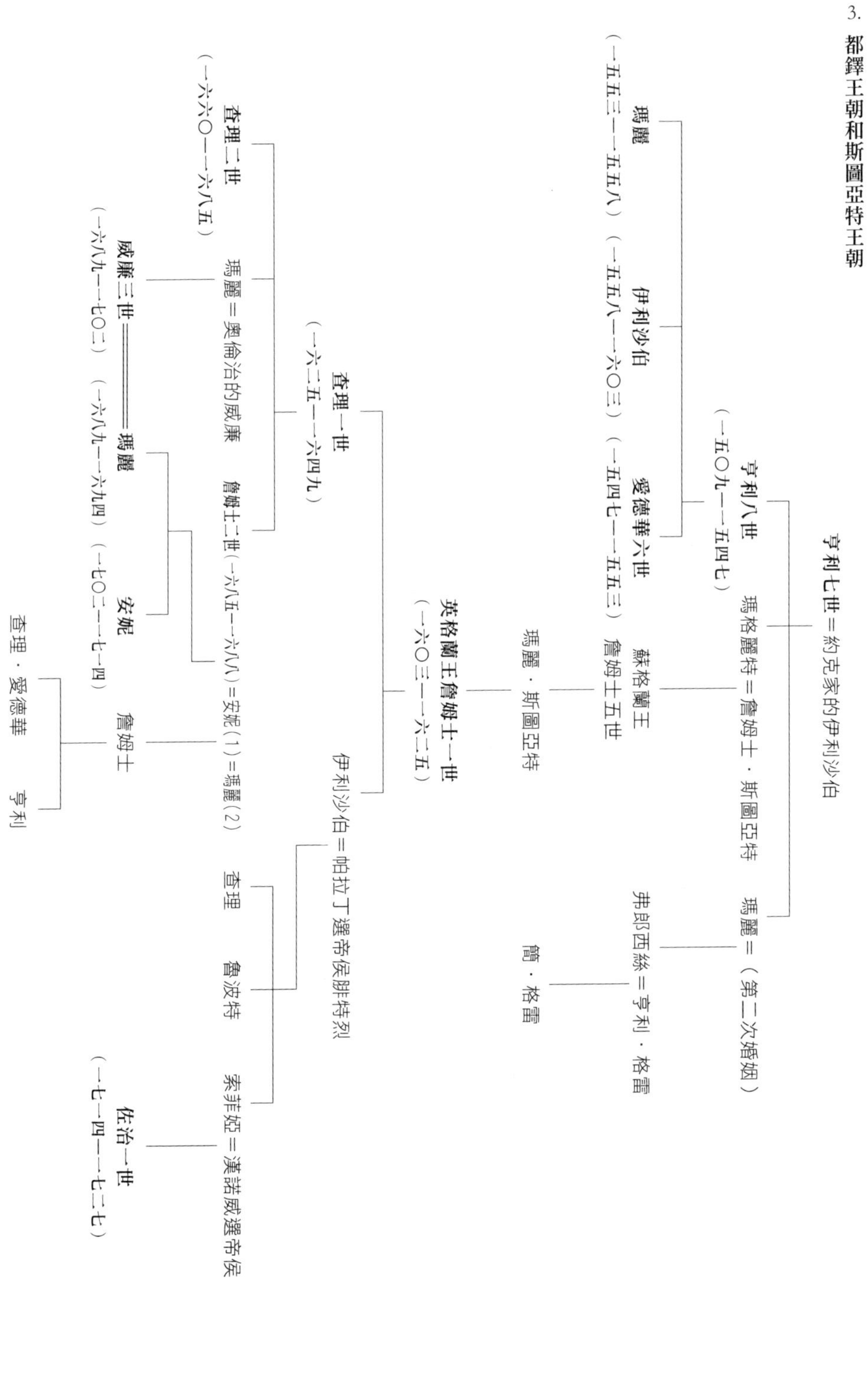
3. 都鐸王朝和斯圖亞特王朝
亨利七世＝約克家的伊利沙伯
亨利八世（一五〇九—一五四七）
瑪格麗特＝詹姆士・斯圖亞特
瑪麗＝（第二次婚姻）
瑪麗（一五五三—一五五八）
伊利沙伯（一五五八—一六〇三）
愛德華六世（一五四七—一五五三）
蘇格蘭王詹姆士五世
弗郎西絲＝亨利・格雷
瑪麗・斯圖亞特
簡・格雷
英格蘭王詹姆士一世（一六〇三—一六二五）
查理一世（一六二五—一六四九）
伊利沙伯＝帕拉丁選帝侯腓特烈
查理二世（一六六〇—一六八五）
瑪麗＝奧倫治的威廉
詹姆士二世（一六八五—一六八八）＝安妮（1）＝瑪麗（2）
查理
魯波特
索菲婭＝漢諾威選帝侯
威廉三世＝＝瑪麗
（一六八九—一七〇二）（一六八九—一六九四）
安妮（一七〇二—一七一四）
詹姆士
佐治一世（一七一四—一七二七）
查理・愛德華
亨利

4. 漢諾威王朝和溫莎王朝（一九一七年以後）

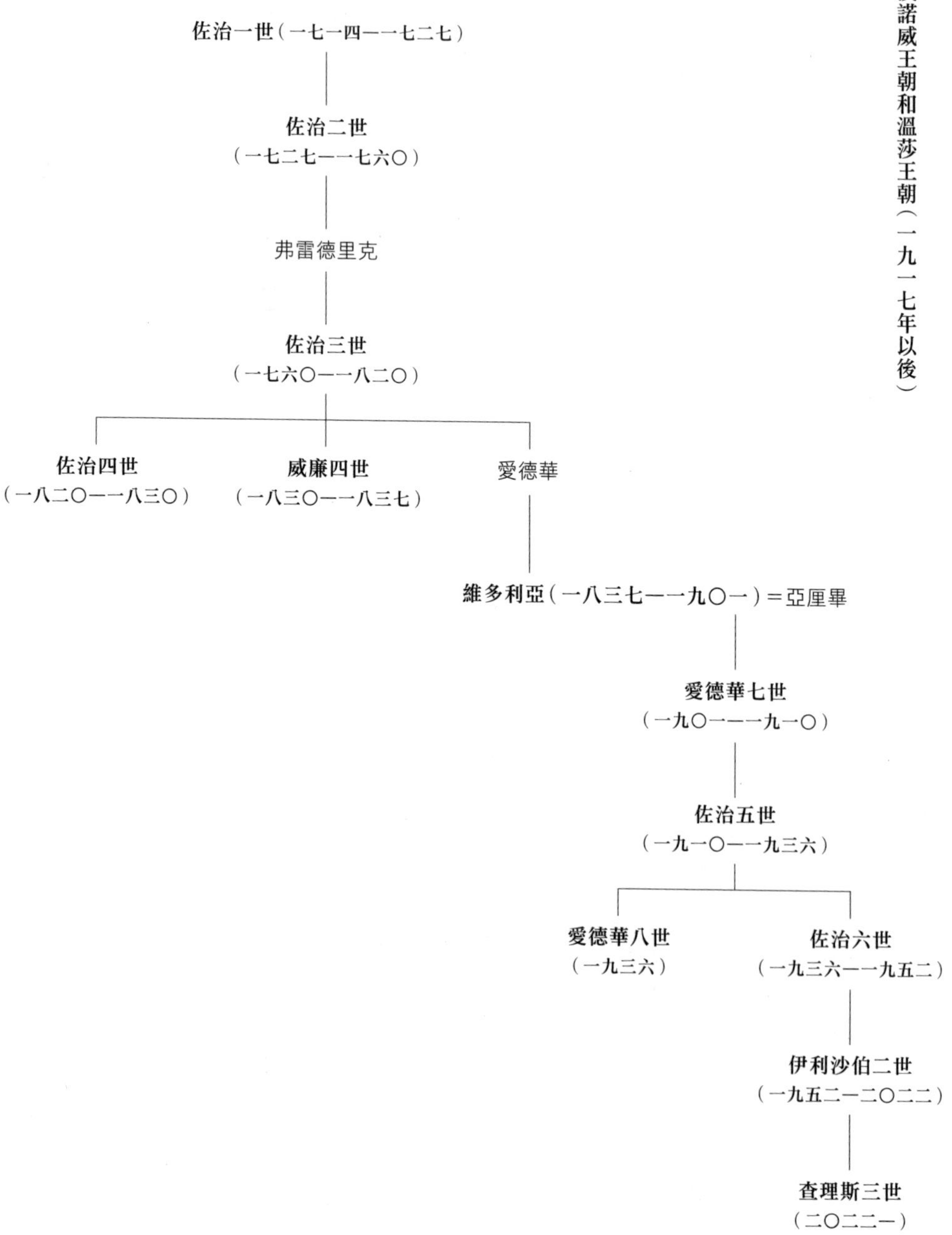

附錄二　英國歷屆首相表

羅拔・華波（Robert Walpole　一七二一—一七四二　輝格黨）
約翰・加特利（John Carteret　一七四二—一七四四　輝格黨）
亨利・佩勒姆（Henry Pelham　一七四四—一七五四　輝格黨）
紐卡斯爾公爵（Thomas Pelham-Holles　一七五四—一七五六　輝格黨）
威廉・彼得（William Pitt the Elder　一七五六—一七五七　輝格黨）
彼得和紐卡斯爾公爵（一七五七—一七六一　輝格黨）
紐卡斯爾公爵和布特伯爵（一七六一—一七六二）
布特伯爵（John Stuart　3rd Earl of Bute　一七六二—一七六三　國王之友）
佐治・格倫維爾（George Grenville　一七六三—一七六五）
羅金漢侯爵（Charles Watson-Wentworth　2nd Marquess of Rockingham　一七六五—一七六六　輝格黨）
查塔姆勳爵威廉・彼得（William Pitt　1st Earl of Chatham　一七六六—一七六八　輝格黨）
格拉夫頓公爵（Augustus Henry FitzRoy　3rd Duke of Grafton　一七六八—一七七〇）
諾思勳爵（Frederick North　Lord North　一七七〇—一七八二　國王之友）
羅金漢侯爵（一七八二　輝格黨）
謝爾本伯爵（William Petty　2nd Earl of Shelburne　一七八二—一七八三　輝格黨）
福克斯和諾思（Charles James Fox & Frederick North　一七八三）
小威廉・彼得（William Pitt　the Younger　一七八三—一八〇一　托利黨）
亨利・阿丁頓（Henry Addington　一八〇一—一八〇四　托利黨）
小威廉・彼得（一八〇四—一八〇六　托利黨）
查理斯・福克斯（Charles James Fox　一八〇六—一八〇七　「全才內閣」）

波特蘭公爵（William Cavendish-Bentinck 一八〇七—一八〇九 托利黨）
史賓沙・珀西瓦爾（Spencer Perceval 一八〇九—一八一二 托利黨）
利物浦伯爵（Robert Banks Jenkinson 2nd Earl of Liverpool 一八一二—一八二七 托利黨）
佐治・坎寧（George Canning 一八二七 托利黨自由派）
哥打列治子爵（Frederick John Robinson The Viscount Goderich 一八二七 托利黨）
威靈頓公爵（Arthur Wellesley 1st Duke of Wellington 一八二八—一八三〇 托利黨）
格雷伯爵（Charles Grey 2nd Earl Grey 一八三〇—一八三四 輝格黨）
墨爾本子爵（William Lamb 2nd Viscount Melbourne 一八三四 輝格黨）
羅拔・皮爾（Robert Peel 一八三四—一八三五 保守黨）
墨爾本子爵（一八三五—一八四一 輝格黨）
羅拔・皮爾（一八四一—一八四六 保守黨）
約翰・羅素勳爵（Lord John Russell 一八四六—一八五二 輝格黨）
德比伯爵和本傑明・迪斯雷利（14th Earl of Derby & Benjamin Disraeli 一八五二 保守黨）
阿伯丁伯爵（George Hamilton-Gordon 4th Earl of Aberdeen 一八五二—一八五五 輝格黨與皮爾派聯合）
巴麥尊子爵（3rd Viscount Palmerston 一八五五—一八五八 輝格黨）
德比和迪斯雷利（一八五八—一八五九 保守黨）
巴麥尊子爵（一八五九—一八六五 輝格黨）
羅素伯爵（1st Earl Rusell 一八六五—一八六六 輝格自由黨）
德比和迪斯雷利（一八六六—一八六八 保守黨）
威廉・格拉斯頓（William Ewart Gladstone 一八六八—一八七四 自由黨）
本傑明・迪斯雷利（一八七四—一八八〇 保守黨）
格拉斯頓（一八八〇—一八八五 自由黨）
索爾茲伯里侯爵（Robert Arthur Talbot Gascoyne-Cecil 3rd Marquess of Salisbury 一八八五—一八八六 保守黨）
格拉斯頓（一八八六 自由黨）

索爾茲伯里侯爵（一八八六—一八九二　保守黨）
格拉斯頓（一八九二—一八九四　自由黨）
羅斯伯里伯爵（Archibald Philip Primrose 5th Earl of Rosebery　一八九四—一八九五　自由黨）
索爾茲伯里侯爵（一八九五—一九〇二　保守黨）
亞瑟・貝爾福（Arthur James Balfour　一九〇二—一九〇五　保守黨）
亨利・坎貝爾－班納文（Henry Campbell-Bannerman　一九〇五—一九〇八　自由黨）
夏拔・阿斯奎斯（Herbert Henry Asquith　一九〇八—一九一五　自由黨）
夏拔・阿斯奎斯（一九一五—一九一六　聯合政府）
勞萊・佐治（David Lloyd George　一九一六—一九二二　聯合政府）
博納・勞（Andrew Bonar Law　一九二二—一九二三　保守黨）
士丹利・寶雲（Stanley Baldwin　一九二三—一九二四　保守黨）
拉姆齊・麥當勞（James Ramsay MacDonald　一九二四　工黨）
士丹利・寶雲（一九二四—一九二九　保守黨）
拉姆齊・麥當勞（一九二九—一九三一　工黨）
拉姆齊・麥當勞（一九三一—一九三五　國民政府）
士丹利・寶雲（一九三五—一九三七　國民政府）
內維爾・張伯倫（Arthur Neville Chamberlain　一九三七—一九四〇　國民政府）
溫斯頓・邱吉爾（Winston Leonard Spencer-Churchill　一九四〇—一九四五　聯合政府）
溫斯頓・邱吉爾（一九四五　看守政府）
克萊曼・艾德禮（Clement Richard Attlee　一九四五—一九五一　工黨）
溫斯頓・邱吉爾（一九五一—一九五五　保守黨）
安東尼・伊登（Robert Anthony Eden　一九五五—一九五七　保守黨）
哈羅德・麥美倫（Maurice Harold Macmillan　一九五七—一九六三　保守黨）
何謨爵士（Alexander Frederick Douglas-Home　一九六三—一九六四　保守黨）

哈羅德・韋爾遜（James Harold Wilson　一九六四—一九七〇　工黨）
愛德華・希思（Edward Richard George Heath　一九七〇—一九七四　保守黨）
哈羅德・韋爾遜（一九七四—一九七六　工黨）
占士・卡拉漢（Leonard James Callaghan　一九七六—一九七九　工黨）
戴卓爾（Margaret Hilda Thatcher　一九七九—一九九〇　保守黨）
馬卓安（John Major　一九九〇—一九九七　保守黨）
貝理雅（Anthony Charles Lynton Blair　一九九七—二〇〇七　工黨）
白高敦（James Gordon Brown　二〇〇七—二〇一〇　工黨）
甘民樂（David William Donald Cameron　二〇一〇—二〇一五　聯合政府）
甘民樂（二〇一五—二〇一六　保守黨）
文翠珊（Theresa Mary May　二〇一六—二〇一七　保守黨）
文翠珊（二〇一七—二〇一九　聯合政府）
鮑里斯・約翰遜（Boris Johnson　二〇一九—二〇二二　保守黨）
卓慧思（Elizabeth Truss　二〇二二・九—二〇二二・十）
辛偉誠（Rishi Sunak　二〇二二・十—）

附錄三　英聯邦成員國一覽表

國別	加入英聯邦時間
安提瓜和巴布達	一九八一年十一月
澳大利亞	一九三一年一月
巴巴多斯	一九六六年十一月
巴布亞新幾內亞	一九七五年九月
巴哈馬	一九七三年七月
伯利茲	一九八一年九月
博茨瓦納	一九六六年九月
多米尼加	一九七八年十一月
岡比亞	一九六五年二月
格林納達	一九七四年二月
圭亞那	一九六六年五月
基里巴斯	一九七九年七月
加拿大	一九三一年七月
加納	一九五七年七月
津巴布韋	一九八〇年四月
肯尼亞	一九六三年十二月
萊索托	一九六六年十月
馬爾代夫	一九八二年七月
馬耳他	一九六四年十二月

國別	加入英聯邦時間
馬拉維	一九六四年七月
馬來西亞	一九五七年八月
毛里求斯	一九六八年三月
孟加拉	一九七二年三月
瑙魯	一九六八年一月
尼日利亞	一九六〇年十月
塞拉利昂	一九六一年四月
塞浦路斯	一九六一年三月
塞舌爾	一九七六年六月
聖克里斯托弗和尼維斯	一九八三年八月
聖盧西亞	一九七九年二月
聖文森特和格林納丁斯	一九七九年十月
斯里蘭卡	一九四八年二月
斯威士蘭	一九六八年九月
所羅門群島	一九七八年七月
坦桑尼亞	一九六一年十二月
湯加	一九七〇年六月
特立尼達和多巴哥	一九六二年八月
圖瓦盧	一九七八年十月

國別	加入英聯邦時間
瓦努阿圖	一九八〇年七月
文萊	一九八四年一月
烏幹達	一九六二年十月
西薩摩亞	一九七〇年八月
新加坡	一九六五年十月
新西蘭	一九三一年二月
牙買加	一九六二年八月
印度	一九四七年一月
贊比亞	一九六四年十月
巴基斯坦	一九八九年重新加入
南非	一九九四年重新加入

附錄四　進一步閱讀的書籍

通史方面的經典著作是 Sir George Clark 主編的 *Oxford History of England*，共十五卷，從二十世紀三十年代到六十年代出齊，有很高的學術水平，影響也很大，適宜於專業讀者閱讀。五十至六十年代企鵝出版社出版了一套適於大眾閱讀的英國通史叢書 *The Pelican History of England*，九卷，主編是 F.E. Morpurgo。這套書簡明扼要，通俗易懂，而且文字很生動，非常適合中國讀者閱讀。七十年代以後陸續出版了好幾套新的英國通史叢書，表達了英國史學界各種新的觀點和新的研究成果，並體現了史學研究的新方法、新領域，對有心的讀者來說，是很值得注意的。這幾套書各有特點，各有所長，都是大部頭、大分量的叢書，以學術見長，其中包括 Longman 出版社的 *A History of England*，十一卷，主編是 W.N.Medlicotl; Basil Blackwell 出版社的 *Fontana History of England*，十卷；以及劍橋大學出版社的 *The New History of England*，十卷，主編是 A.G.Dickens 和 Norman Gash。後面這套書從一四六〇年開始寫起，因此毋寧說是一套多卷本的近代英國史叢書。

單卷本的通史著作首推 Kenneth O.Morgan 主持的 *Oxford History of Britain*，此書一九八四年第一版，有中譯本，且有一個精美的插圖版本，其權威性比較大，但閱讀起來不太容易，對沒有基礎歷史知識的人更不容易，因其跳躍性較大，面廣而不連貫。可讀性較強的是 Clayton Roberts 和 David Roberts 的 *A History of England*（上下冊），一九八〇年初版，對一般讀者很適宜。較早的單卷本英國史包括 W.E. Lunt 的 *History of England*（一九四六）；Keith Feiling 的 *A History of England*（一九六三）；Sir George Clark 的 *English History*，*A Survey*（一九七一）等。G.M. Trevelyan 的 *A Social History of England*（一九四四）是第一部從社會史角度撰寫的英國通史，雖它在內容上與現在的「社會史」不完全一致，但仍傳遞了許多有趣的信息。Henry Hamilton 的 *History of the Homeland*（一九四七）也是一部通史性社會史，內容也十分有趣。但社會史方面最成功的通史著作是 Asa Briggs 在一九八三年出版的 *A Social History of England*（有中譯本），這是一本真正意義上的社會史，條理清楚，內容豐富，涵蓋面廣，系統性強，是一本值得一讀的好書。

中文通史著作以蔣孟引主持的《英國史》最為重要，它是我國學者自已撰寫的第一部英國通史，也是我國英國史研究的重要成果。在翻譯著作方面，邱吉爾的《英語國家史略》和莫爾頓的《人民的英國史》都屬於通史性質，但其閱讀價值僅屬一般。王覺非主持的《近代英國史》是我國學者撰寫的近代斷代史，錢乘旦主持的《二十世紀英國》是二十世紀斷代史。

如果對古代和中世紀感興趣，讀者可以先看上述叢書中相關的卷冊，也可以閱讀 *Cambridge Medieval History* 多卷通史中有關英國的章節。如果對某個專題感興趣，那就應該尋找相關的專著了，通史著作中都會列出有關的書目。有兩部古籍詳細記載了盎格魯—撒克遜人入侵的經過，其中一部是 Bede 的 *Ecclesiastical History of the English People*（有中譯本），另一部是八—十世紀修道院教士記載的 *Anglo-Saxon Chromical*，讀者若翻閱一下，會感到有興趣的。在羅馬不列顛研究中，F. J. Haverfield 是老輩學者中最有影響的一位；當代學者則以 Malcolm Todd 較為突出。盎格魯—撒克遜時期的研究以 H.M. Chadwick 和 R.H. Hodgkin 為代表，他們也是老派學者，新派學者則有 F.M. Stenton 和 J. Campbell 等。中世紀的憲政史是傳統史學研究的一個重要內容，在這方面，W. Stubbs 的 *Constitutional History of England*（一八九七）雖說老，卻仍然有參考價值。W.A. Morris 的 *Constitutional History of England to 1216*（一九三〇）和 G.B. Adams 的 *Constitutional History of England*（一九三四）也是這種情況，它們代表着傳統的憲政史方法。當代學者做的題目就比較小，也比較專，體現着現代歷史學的特點。當然也有做稍大一點題目的，比如 G.w.S. Barrow 的 *Feudal Britain 1066–1314*（一九五六）之類。

都鐸研究是英國史研究中的重頭，許多學者致力於這個時期。在這個方面，最不負眾望的是 G.R. Elton，他的作品很多，包括 *The Tutor Revolution in Government*（一九五三），*England Under the Tutors*（一九五五），

Reform and Renewal（一九七三），*Reform and Reformation*（一九七七）等，可以看出，Elton 走的是憲政史的路子。J.J. Scarisbrick 的 *Henry VIII*（一九六八）是一本出色的傳記，同時也是都鐸研究的重要成果。J.E. Neale 在一九三四年出版的 *Elizabeth* 有同樣的效果，當然這本書成書的時間比較早。都鐸研究中有一本很重要的著作後來引起廣泛重視，那就是 Laurence Stone 的 *The Crisis of the Aristocracy*（一九六五），這本書用貴族的衰落解釋社會的變化（或用社會的變化解釋貴族的衰落），是社會史研究方法的典範，但其中的觀點引起了不少爭論。

十七世紀英國革命是英國史研究的另一個熱門，Christopher Hill 是這個領域中最著名的學者。Hill 是馬克思主義歷史學家，他堅持用階級鬥爭的觀點解釋革命，認為革命體現了階級鬥爭。Hill 最重要的著作是 *The Century of Revolution*（一九六一），其他如 *God's Englishman*（一九七〇）也很有影響。後來許多學者針對他的觀點提出不同意見，其中包括 Derik Hirst。革命史方面早一點的學者有 S.R. Gardiner（*History of England 1603–1642*；一八八三—一八八四年出版）和 G.P. Gooch（*History of English Democratic ideas in the Seventeenth Century*，一九二七年出版），他們也是很有名氣的。不同學者對英國革命做出了各種解釋，其觀點從憲政衝突到宗教對抗等等不一而足。

十八世紀研究中最引人注目的是 E.P. Thompson 和他的研究成果 *The Making of the English Working Class*（一九六三，有中譯本），此書現在已經是公認的世界名著。Thompson 也是一位馬克思主義歷史學家，他提出了工人階級「形成」的理論，強調「階級意識」在階級形成中的重要作用。他的主要論文後來編成一本書，題為 *The Customs in Common*（一九九一），這是又一本理論性很強的著作，其中提出了「道德經濟學」的概念，對十八世紀民眾與統治者的關係作了深刻的分析。Sir Lewis Namier 也是一位重要的十八世紀史學家，他在 *The Structure of Politics at the Accession of George III*（一九五一）一書中提出了用社會結構變化來解釋政治變化的觀點，這在當時是非常有新意的。

有關工業革命的著述中，最簡明扼要的是 T.S. Ashton 的 *The industrial Revolution*（一九六八），但其觀點比較保守；David S. Landes 的 *The Unbound Prometheus*（一九六九）和 Eric Hobsbawm 的 *industry and Empire*（一九六八）是兩本很重要的著作，內容很豐富，觀點極鮮明，前者偏重經濟，後者偏重社會，了解工業革命應該是不得不看。Hobsbawm 是第三位重要的馬克思主義歷史學家，他的著作還包括 *The Age of Revolution*（一九六二，有中譯本），*The Age of Capital*（一九七五，有中譯本）等，都是對工業革命時期的社會做出解釋（但其內容涉及整個歐洲，而不僅限於英國）。他後來出版的 *Nations and Nationalism since* 1780（一九九〇，有中譯本）為他贏得了國際聲譽。工業革命史研究中早一點的著作是 Paul Mantoux 的 *The industrial Revolution of the Eighteenth Century*（一九一一，有中譯本），其中偏重細節描述，但仍是很有價值的。

與工業革命相關的是經濟史，其中第一本重要的著作是 J.H. Clapham 的 *An Economic History of Britain*（一九三三，有中譯本）。這本書承認工業革命是一次「飛躍」，認為它不是甚麼「革命」，由此就引發了曠日持久的工業革命是不是「革命」的論戰，至今餘波未歇。當代經濟史作家中最重要的有 Phylis Deane，他和 W.A. Cole 合著的 *British Economic Growth 1688–1959*（一九六二）是一部「純」經濟史著作，學術價值很高，並肯定工業革命是一次「革命」。B.R. Mithell 的 *Abstract of British Historical Statistics* 及他和 H.G. Jones 合著的 *Second Abstract of British Historical Statistics* 提供了大量的統計資料，使對經濟史感興趣的讀者能夠接觸到很多直觀的數據，可說是對 Deane 著作的數據補充，因此很有價值。

工業革命引起社會變化，這是許多學者非常關注的問題，相關著作也相當多。Harold Perkin 的 *The Origins of Modern English Society*（一九六九）是一本重要的著作，很有影響，其中對許多問題進行了探討。J.F.C. Harrison, John Foster, Asa Brigs, E. Halevy 等人在這方面也都各有成就，他們涉及的領域不同，但有一個共同點，就是都主張「自下而上地」看歷史，人民群眾是他們觀察的重點，這是「社會史學家」最重要的一個貢獻，體現着二十世紀下半葉西方史學的全新動向。Edward Royle 的 *Modern Britain, A Social History 1750–1997*

（一九九七，第二版）是全面表現工業革命以後兩百年社會變化的作品，有很強的閱讀價值。十八世紀末，隨着工業革命的進展，民眾政治與民眾騷動成為引人注目的問題，在這個方面進行研究而做出突出貢獻的是 E.P. Thompson（*Customs in Common*），此外 Alfred Cobban, J.R. Dinwiddy, Ann J.Hone 等人也各有所成。H.T. Dickinson 的研究比較突出，他的 *Liberty and Property*（一九七七），*The Politics of the People in Eighteenth Century Britain*（一九九五）等，都是很有學術深度的作品，也有廣泛的影響。

工人階級問題是這個領域裡最重要的問題之一，在這方面研究最多，爭論也最多。J.L.&Barbara Hammond 夫婦在二十世紀初出版的「勞工三部曲」（*The Village Labourer, The Town Labourer, The Skilled Labourer*）首先把這個問題提了出來，並做出了「悲觀」的判斷（即工人階級在工業革命中深受苦難）。其他學者（包括 Clapham，Hartwell 等）則提出「樂觀」的觀點（即工業革命使所有人受益），這個爭論貫穿二十世紀並持續進行，直到 Thompson 出版 *The Making of the English Working Class* 而把爭論推向了又一個高潮。

與此相關的是工人運動問題，事實上，Hammond 夫婦和 Thompson 的著作中都討論了這個問題，並各自提出了不同的觀點。Sidney & Beatrice Webb 夫婦的 *The History of Trade Unionism*（一八九四）是最早研究工會運動史的著作，後來 G.D.H. Cole 也在這個領域做出了很大貢獻；他們都是費邊社的成員。Henry Pelling 是工人運動史和工黨史專家，他關於工黨早期史的研究負有盛名，其著作包括：*A History of British Trade Unionism*（一九六三），*The Origins of the Labour Party*（一九六五）等。憲章運動史最好的學者是 E.P. Thompson 的夫人 Dorothy Thompson，她的 *The Chartists*（一九八四）是一部成功的作品。二十世紀下半葉還發生過「工人貴族」問題的大討論，許多馬克思主義歷史學家投入論爭，出版的重要著作有 Hobsbawm 的 *The Labouring Men*（一九六八），R.Q. Gray 的 *The Aristocracy of Labour in Nineteenth Century Britain*（一九八一）等。

十九世紀政治史：研究第一次議會改革及民眾改革運動的有兩部重要作品：John Cannon 的 *Parliamentary Reform 1640–1832*（一九七三）和 Michael Brock 的 *The Great Reform Act*（一九七三）；研究第二次議會改革的有

F.B. Smith 的 *The Making of the Second Reform Bill*（一九六六）。這些書都詳細地記敘改革的過程，文字也很耐讀。研究自由黨和保守黨及相關政治的著作相當多，但一般都選擇一個較小的題目或一個政治家的生平做切入口，企圖以小見大。多數課題都做得很小，但也很細，比如某一屆政府的若干年時間，或某一個政治家的一段生平。略大一點的題目也是有的，比如 John Vincent 的 *The Formation of the Liberal Party 1857–1868*（一九六六）和 Martin Pugh 的 *The Making of Modern British Politics 1867–1939*（一九八二），這些就算相當大的題目了。讀者若想了解此時期政黨和政治的概貌，仍以讀斷代通史性質的書為好。

英帝國史是英國歷史中一個重要的分支，也可說是一項專門的學問。經典的帝國通史多卷本系列是 J. Holland Rose 主編的 *Cambridge History of the British Empire*（一九二九—一九五九），它至今仍具有極大的權威性。近幾年牛津大學組織編寫的 *Oxford History of the British Empire*，由 William R. Louis 任主編，共五卷，已基本出齊。這套書在觀點和風格上都蓄意創新，取得了不小的成就，堪與劍橋帝國史抗衡。單卷本帝國通史中最具權威的是 P.J. Marshall 的 *Cambridge History of the British Empire*（一九九六），這是了解帝國史的必讀之書。T.O. Lloyd 的 *The British Empire 1558–1995*（一九九七）也是一部很好的單卷本通史；Marshall 和 Lloyd 在帝國史方面都很有造詣，他們寫了很多書。在帝國解體和非殖民化方面，John Darwin 的研究頗具影響（*Britain and Decolonisation*，一九八八；*The End of the British Empire*，一九九一等）。D. George Boyce 的 *Decolonisation and the British Empire 1775–1997*（一九九九）也是一本出色的書，值得一讀。

二十世紀史是最近二三十年興起的一個新的方向，越來越多的歷史學家投入到這個領域，而且取得了很大成就。在政治史方面，Malcolm Pearce 和 Geoffrey Stewart 的 *British Political History*（一九九二）十分出色，其內容詳盡，敘述生動，史料多而不艱澀，對了解二十世紀史十分有幫助。Alfred F. Havigurst 的 *Britain in Transition*（一九八五，第四版）是另一本二十世紀斷代史，它的特點是面廣，不局限於政治史，也值得一讀。第二次世界大戰以後的斷代史中首推 Kenneth O. Morgan 的 *The People's Peace*（一九九二），這本書出版後，已取得很大成功。二十世紀的社會史方面，John Stevenson 的 *British Society 1914–1945*（一九八四）和 Arthur Marwick 的 *British Society since 1945*（一九八二）堪稱姊妹篇，它們成功地展現了二十世紀英國的社會變化，對我們認識一個工業社會向「後工業」的轉化有很大的幫助。Pat Thane 的 *Foundations of the Welfare State*（一九八二）是福利國家問題的專著，這是二十世紀社會史的一個重要方面。值得一提的是，由 Paul Johnson 主持的 *20th Century Britain—Economic, Socialand Cultural Change*（一九九四）是一本極有意義的社會史研究著作，它包括二十多位作者撰寫的論文，每一位作者都是一個方面的專家，因此全書涉及二十世紀英國社會的方方面面，很有參考價值。在社會史方面還有一書值得一提，就是 Martin J. Wiener 的 *English Culture and the Decline of the industrial Spirit*（一九八一），書中從社會文化的角度來解釋二十世紀英國的衰落，因此引起了普遍的注意。

應該說，長期以來，英國史研究領域是成果集中湧現，大師雲集的。英國民族從來就非常重視史學的研究，他們積累了深厚的基礎，取得了很多的成就。以上所列只是諸多成果中的很小一部分，但其中包括許多重要的著述，值得中國學者使用閱讀。本書將這些成果附列於此，希圖為感興趣的讀者提供更多的讀書指向。

近二十年西方史學界受「後現代主義」影響比較深，「解構」和「修正」盛行。「解構」是對歷史學的理念和方法進行衝擊，否定歷史的客觀性和存在性；「修正」是對過往的研究結果進行修改，經常是反其道而行之。英國歷史學界也受到「後現代主義」衝擊，不過相比於其他一些國家，多數英國學者仍能堅守歷史學的基本原則，雖說「反其道而行之」的情況並不少見。這是我們在閱讀晚近出版的著作時，應該了解的。

「大眾史學」是過去二三十年流行的另一個特點，在英國歷史學界也有很強的表現，BBC 拍攝的一套英國史電視片就是典型。作家和記者撰寫歷史書是「大眾史學」的常見現象，他們的作品一般比較生動，適合大眾閱讀，當然在專業學術標準方面可能會有欠缺。有兩本書可視為這方面的參照對象，一本是彼得·阿克羅伊德撰寫的《倫敦傳》，另本是勞倫斯·占士撰寫的《大英帝國的崛起與衰落》，都已翻譯成中文。

下面這份書單是過去二十年裡專業歷史學著作中有較大影響、學界評價比較高的一些作品，由我的朋友、國際著名歷史學家、愛丁堡大學教授哈里狄金森（Harry Dickinson）提供給中國讀者，作為本書的補充參考書，讀者們可根據需要選擇閱讀：

(1)Christopher Dyer, *Making a Living in the Middle Ages: The People of Britain 850-1520.*

(2)Martin Wall, *The Anglo-Saxon Age: The Birth of England.*

(3)David Bates, *The Normans and Empire.*

(4)Gerald L. Harriss, *Shaping the Nation: England 1360-1461.*

(5)Christopher Dyer, *An Age of Transition: Economy and Society in England in the Late Middle Ages.*

(6)T.W. Moody, F.X. Martin and Others, *Early Modern Ireland 1534-1691.*

(7)Austin H.Woolrych, *Britain in Revolution 1625-1660.*

(8)Blair Worden, *The English Civil Wars 1640-1660.*

(9)T.C. Smout(ed.), *Anglo-Scottish Relations from 1603-1900.*

(10)Thomas M. Devine, *Scotland and the Union 1707-2007.*

(11)Ian McBride, *Eighteenth-Century Ireland: The Isle of Slaves.*

(12)Thomas M.Devine, *The Scottish Nation, 1700-2007.*

(13)Christopher Whatley, *The Industrial Revolution in Scotland.*

(14)Emma Griffin, *Liberty's Dawn: A People's History of the Industrial Revolution.*

(15)Robert C. Allen, *The British Industrial Revolution in Global Perspective.*

(16)H. T. Dickinson(ed.), *A Companion to Eighteenth-Century Britain.*

(17)Alvin Jackson, *Two Unions: Ireland, Scotland and the Survival of the United Kingdom, 1707-2007.*

(18)John Charmley, *A History of Conservative Politics since 1830.*

(19)Alvin Jackson, *Ireland 1798-1998: War, Peace and Beyond.*

(20)Robert N. W. Blake, *The Conservative Party from Peel to Major.*

(21)Noel W. Thompson, *Political Economy of the Labour Party: The Economics of Democratic Socialism, 1884-1995.*

(22)Ewen Cameron, *Impaled upon a Thistle: Scotland since 1880.*

(23)David Rubenstein, *The Labour Party and British Society, 1880-2005.*

(24)David Dutton, *A History of the Liberal Party since 1900.*

(25)Selina Todd, *The People: The Rise and Fall of the Working Class 1910-2010.*

(26)Peter A. Lynch, *The History of the Scottish National Party.*

(27)Martin Pugh, *Speak for Britain! A New History of the Labour Party.*

(28)Anthony Seldon and Peter Snowdon, *The Conservative Party.*

(29)Stuart Ball, *The Conservative Party since 1945.*

(30)Ross Mckibbin, *Democracy and Political Culture: Studies in Modern British History.*

謹此向哈里・狄金森教授致以謝意！

後記

《英國史》（繁體中文版）在香港出版，與海外讀者見面，我們很高興。雖說香港回歸已經二十多年，與內地交流日益頻繁，但兩地書籍來往仍舊不方便，現在香港中和出版有限公司將此書引進香港，讓我們有機會結識香港朋友，對此我們十分興奮。

我第一次去香港是在上個世紀的八十年代初，當時有朋友告誡說：出門要講英語，不要說普通話。我那時就很有感觸：哦，原來這就是殖民主義！現在當然不同了，香港回歸後發生了巨大變化，與內地的聯繫越來越密切，尤其是「大灣區」這個概念提出後，兩地更加融為一體。經濟上的互聯互通創造着共同的利益，文化上的互聯互通連接了心靈的認知，所以雙方的知識交流就是一個重要方面，它產生思想共鳴。我們這本《英國史》在香港出版，可以向香港讀者介紹內地學者的研究成果。

英國對中國人來說不陌生，因為英國第一個打開了中國的大門，迫使中國走向世界。英國對香港人來說更不陌生了，因為在英國的統治下香港經歷過一個半世紀。但香港人對英國是不是了解呢？也許未見得。

香港一九九七年回歸後，英國的統治結束了，但對英國的了解仍然是需要的。英國曾經是世界最强國，它如何走到這個位置上、後來又怎麼丟掉了？英國留下甚麼遺產，如何看待這些遺產？哪些是可以借鑒的，哪些應該引以為戒？英帝國如何出現、又如何消失？英國如何統治殖民地，應如何認識殖民統治？……當然還有其他問題，這些問題，我相信香港讀者都會感興趣。

回答這些問題就需要了解英國的歷史，這本《英國史》就簡單介紹了英國歷史。英國的歷史很有特點，最大的特點是：它的歷史相對平穩，比起歐洲其他國家，它的動盪相對比較少。在近代之前它默默無聞，近代以後却勃然崛起，成為現代文明的開創者。現代世界的政治、經濟形態是從英國開始的，現代思想文化也得益於英國人做出的重大貢獻，所有這些都影響了世界歷史的進程，即便到現在，在英國已經全面衰落的時候，其影響仍然在發揮作用。所以，英國對人類文明發展的貢獻是明確的，讀者需要了解這些貢獻。但同時英國也犯過很多錯誤，比如它的工業革命就充滿過失，令廣大民眾經受了許多苦難；它在全世界攫取財富和土地，給殖民地帶來無數破壞。這些情況，也是讀者需要了解的。英國的衰落與殖民地的丟失是同步而行的，二十世紀，當殖民地人民覺醒、奮起反抗殖民統治時，大英帝國也就瓦解了。

關於英國，有一些說法流傳甚廣，攪亂了人們的思想。比如大憲章是民主政治的起始，有民主才會有工業革命，等等。這些說法之所以錯誤，是因為它們不符合歷史的真實，而只有了解真實的歷史，才能够判斷這些說法。讀者們面前的這本《英國史》雖然篇幅不大，只是單卷本，但對英國歷史作了完整的介紹，對其中許多關鍵事件都作了詳細的敘述，通過敘述事實，讓讀者形成正確的認識。

本書由我和許潔明分工寫作，修訂本增加了第二十章，使時間下限延續到二〇二〇年，從而給讀者提供了一部更加完整的《英國通史》。全書分工為：許潔明撰寫第一章至第九章，我寫第十章至第二十章。書後所附「進一步閱讀的書籍」增加了新近出版的書，可供感興趣的讀者進一步閱讀。

寫一部英國通史一直是我的一個夙願，現在這個版本應該是較完整地介紹了英國歷史的主體線索，比較客觀，比較能體現英國的特色，也較能反映國際學術界的最新研究成果。歷史的威力就在於「真」，希望讀者在讀完這本《英國史》後，對英國這個國家和它的歷史會有正確的認識。書中有不少觀點是我們自己的，若有不當，敬請讀者指教。書中使用的插圖相當精美，作為讀者兼作者，我們向出版社致敬！讀者關注我們的寫作，我們也要向讀者致謝！

錢乘旦

二〇二三年四月